中华人民共和国交通运输行业标准

桥梁专用产品标准汇编（二）

A collection of standards for dedicated bridge products（II）

人民交通出版社股份有限公司　汇编

人民交通出版社股份有限公司
China Communications Press Co.,Ltd.

内 容 提 要

本书汇编了交通运输部发布实施的桥梁专用产品标准(2010~2013年)21项。上述标准为国内领先,达到国际先进水平,对规范产品市场和新产品的推广应用具有促进作用。本书可供广大桥梁科技工作者和产品生产企业使用。

图书在版编目(CIP)数据

桥梁专用产品标准汇编. 2/人民交通出版社股份有限公司汇编. —北京:人民交通出版社股份有限公司,2014.9
ISBN 978-7-114-11731-2

Ⅰ.①桥… Ⅱ.①人… Ⅲ.①桥梁工程-产品标准-汇编-中国 Ⅳ.①U44-65

中国版本图书馆 CIP 数据核字(2014)第 220210 号
京朝工商广字第 8042 号(1-1)

书 名:	桥梁专用产品标准汇编(二)
著 作 者:	人民交通出版社股份有限公司
责任编辑:	刘永芬 赵瑞琴
出版发行:	人民交通出版社股份有限公司
地 址:	(100011)北京市朝阳区安定门外外馆斜街 3 号
网 址:	http://www.ccpress.com.cn
销售电话:	(010)59757973
总 经 销:	人民交通出版社股份有限公司发行部
经 销:	各地新华书店
印 刷:	北京市密东印刷有限公司
开 本:	880×1230 1/16
插 页:	8
印 张:	32
字 数:	856 千
版 次:	2014 年 11 月 第 1 版
印 次:	2014 年 11 月 第 1 次印刷
书 号:	ISBN 978-7-114-11731-2
定 价:	150.00 元

(有印刷、装订质量问题的图书由本公司负责调换)

总 目 次

1. JT/T 803—2011 填充型环氧涂层钢绞线预应力锚索 ································· 1
2. JT/T 804—2011 分体式钢箱梁 ·· 21
3. JT/T 821—2011 混凝土桥梁结构表面用防腐涂料 ··································· 43
4. JT/T 822—2011 公路桥梁铅芯隔震橡胶支座 ·· 93
5. JT/T 823—2011 大型公路桥梁中压配电系统技术条件 ··························· 125
6. JT/T 842—2012 公路桥梁高阻尼隔震橡胶支座 ····································· 143
7. JT/T 843—2012 公路桥梁弹塑性钢减震支座 ·· 201
8. JT/T 850—2013 挤压锚固钢绞线拉索 ··· 229
9. JT/T 851—2013 合成材料调高盆式支座 ·· 247
10. JT/T 852—2013 公路桥梁摩擦摆式减隔震支座 ··································· 267
11. JT/T 853—2013 无粘结钢绞线体外预应力束 ······································· 285
12. JT/T 854—2013 公路桥梁球型支座规格系列 ······································· 309
13. JT/T 855—2013 桥梁挤扩支盘桩 ·· 333
14. JT/T 861—2013 桥梁成品预应力钢绞线束 ·· 353
15. JT/T 870—2013 桥梁风障 ·· 363
16. JT/T 871—2013 混凝土灌注桩用高强钢塑声测管 ······························· 381
17. JT/T 872—2013 公路桥梁多级水平力盆式支座 ··································· 397
18. JT/T 873—2013 公路桥梁多级水平力球型支座 ··································· 421
19. JT/T 874—2013 公路桥梁钢铰板式橡胶支座 ······································· 441
20. JT/T 875—2013 基桩自平衡法静载试验用荷载箱 ······························· 463
21. JT/T 876—2013 填充型环氧涂层钢绞线体外预应力束 ······················· 485

ICS 93.040
P28
备案号：

中华人民共和国交通运输行业标准

JT/T 803—2011

填充型环氧涂层钢绞线预应力锚索

Prestressed ground anchors of filled epoxy-coated strand

2011-06-13 发布　　　　　　　　　　　　　　　　2011-09-01 实施

中华人民共和国交通运输部 发布

JT/T 803—2011

目 次

前言
1 范围
2 规范性引用文件
3 术语和定义
4 分类、型号与规格
5 技术要求
6 试验方法
7 检验规则
8 标志、包装、运输、储存
9 其他
附录A(规范性附录) 填充型环氧涂层钢绞线预应力锚索产品规格
附录B(资料性附录) 填充型环氧涂层钢绞线预应力锚索的钻孔直径
附录C(规范性附录) 填充型环氧涂层钢绞线预应力锚索外锚头技术参数
附录D(规范性附录) 填充型环氧涂层钢绞线预应力锚索防腐耐久性能试验方法

前　言

本标准按照 GB/T 1.1—2009 给出的规则起草。
本标准由中国公路学会桥梁和结构工程分会提出并归口。
本标准起草单位：江阴法尔胜住电新材料有限公司、广东省公路勘察规划设计院有限公司。
本标准主要起草人：梁立农、单继安、彭向荣、赵军、金平、孙向东、费汉兵、蔡晓英、马伟杰。

JT/T 803—2011

填充型环氧涂层钢绞线预应力锚索

1 范围

本标准规定了填充型环氧涂层钢绞线预应力锚索产品的分类、技术要求、试验方法、检验规则、标志、包装和储存等。

本标准适用于道路岩土工程中的预应力锚索,尤其是地层环境复杂、容易发生腐蚀的工作场合的预应力锚索。隧道、基坑支护和其他建筑工程中采用的预应力锚索可参照执行。

2 规范性引用文件

下列文件对于本文件的应用是必不可少的。凡是注日期的引用文件,仅注日期的版本适用于本文件。凡是不注日期的引用文件,其最新版本(包括所有的修改单)适用于本文件。

GB/T 230.1 金属材料 洛氏硬度试验 第1部分:试验方法(A、B、C、D、E、F、G、H、K、N、T标尺)
GB/T 231.1 金属材料 布氏硬度试验 第1部分:试验方法
GB/T 10125 人造气氛腐蚀试验 盐雾试验
GB/T 14370 预应力筋用锚具、夹具和连接器
JG 161 无粘结预应力钢绞线
JG 3007 无粘结预应力筋专用防腐油脂
JTG/T F50 公路桥涵施工技术规范
JT/T 737 填充型环氧涂层钢绞线

3 术语和定义

下列术语和定义适用于本文件。

3.1
无黏结环氧涂层钢绞线 unbonded epoxy-coated strand

在填充型环氧涂层钢绞线外表面涂装防腐润滑脂并热挤包覆高密度聚乙烯(HDPE)护层的预应力钢绞线。

3.2
填充型环氧涂层钢绞线预应力锚索 prestressing ground anchors of filled epoxy-coated strand

索体由填充型环氧涂层钢绞线组成的预应力锚索。

3.3
拉力型锚索 tension type ground anchor

预应力锚索经张拉受力后,锚固段注浆体处于受拉状态的锚索。

3.4
压力型锚索 compression type ground anchor

预应力锚索经张拉受力后,锚固段注浆体处于受压状态的锚索。

3.5
全长黏结预应力锚索 bonded prestressed ground anchor

预应力锚索在锚固段注浆并经张拉锁定后,再对自由段锚孔进行灌浆封孔后,锚索与孔壁结合成整

体,其自由段与被锚固介质不能相对滑动的预应力锚索。

3.6

无黏结预应力锚索 unbonded prestressed ground anchor

预应力锚索经张拉锁定后,其自由段与被锚固介质能相对滑动的预应力锚索。无黏结预应力锚索可采用在自由段安装有护套管的环氧涂层钢绞线或采用涂装油脂并热挤包覆HDPE护层的无黏结环氧涂层钢绞线。

3.7

荷载分散型锚索 load-dispersive type ground anchor

将预应力锚索的黏结传力单元或机械式内锚头均匀间隔分布于锚固段,使张拉荷载分散作用于锚固段的不同部位的锚索。荷载分散型锚索主要有拉力分散型和压力分散型。

3.8

钢绞线—锚具组装件 strand-anchorage assembly

单根或多根钢绞线和安装在端部的锚具组合装配而成的受力单元。

4 分类、型号与规格

4.1 分类

按预应力锚索的锚固段注浆体承受荷载类型,锚索可分为:
——拉力型,如图1所示,代号为:L;
——拉力分散型,如图2所示,代号为:LF;
——压力型,如图3所示,代号为:Y;
——压力分散型,如图4所示,代号为:YF。

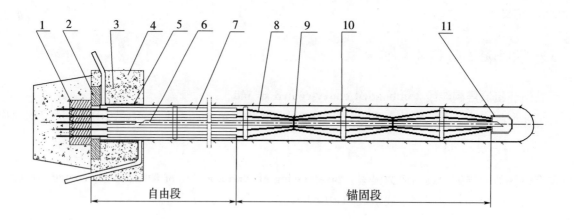

说明:
1——外锚头;　　5——预埋管;　　9——紧扎带;
2——锚垫板;　　6——灌浆管;　　10——隔离架;
3——螺旋筋;　　7——护套管;　　11——导向帽。
4——锚墩;　　　8——环氧涂层钢绞线;

图1 拉力型锚索构造示意图

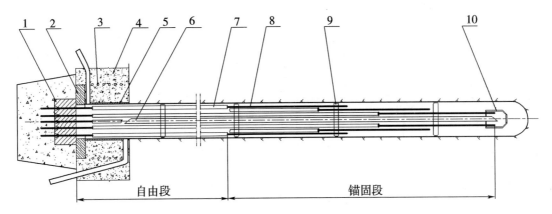

说明：
1——外锚头；   4——锚墩；   7——护套管；   10——导向帽。
2——锚垫板；   5——预埋管；   8——环氧涂层钢绞线；
3——螺旋筋；   6——灌浆管；   9——隔离架；

图 2　拉力分散型锚索构造示意图

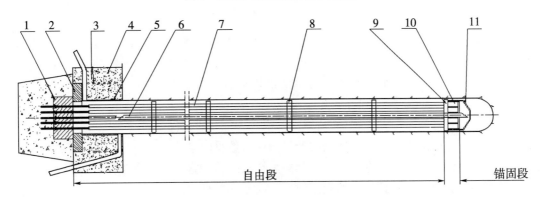

说明：
1——外锚头；   4——锚墩；   7——无黏结环氧涂层钢绞线；   10——挤压锚；
2——锚垫板；   5——预埋管；   8——隔离架；   11——导向帽。
3——螺旋筋；   6——灌浆管；   9——承载板；

图 3　压力型锚索构造示意图

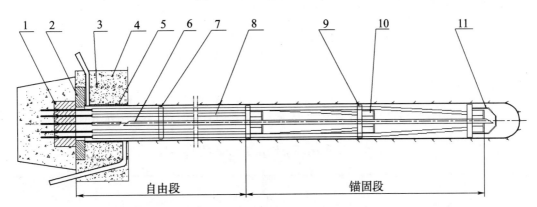

说明：
1——外锚头；   4——锚墩；   7——隔离架；   10——挤压锚；
2——锚垫板；   5——预埋管；   8——无黏结环氧涂层钢绞线；   11——导向帽。
3——螺旋筋；   6——灌浆管；   9——承载板；

图 4　压力分散型锚索构造示意图

4.2 型号

填充型环氧涂层钢绞线锚索产品的型号由产品代号、钢绞线直径、钢绞线根数和锚固段荷载类型组成（生产企业的体系代号只在需要时加注）。

特殊的或有必要阐明特点的锚索产品,可增加文字或图样以准确表达。

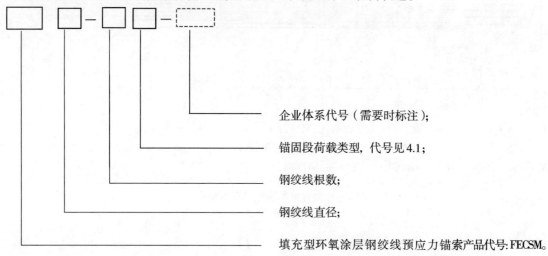

示例：

钢绞线根数为10根、直径为15.20mm 的拉力型预应力锚索,标记为FECSM15—10L。

4.3 产品规格

4.3.1 填充型环氧涂层钢绞线预应力锚索的产品规格参数见附录A。

4.3.2 各荷载类型的填充型环氧涂层钢绞线预应力锚索的钻孔直径参数参见附录B。

4.3.3 填充型环氧涂层钢绞线预应力锚索的外锚头技术参数见附录C。

5 技术要求

5.1 材料

5.1.1 填充型环氧涂层钢绞线

填充型环氧涂层钢绞线的技术性能应符合JT/T 737规定的要求。

注：空隙不填充的环氧涂层钢绞线会从内部发生腐蚀,不推荐其作为岩土锚固使用。

5.1.2 无黏结环氧涂层钢绞线

无黏结环氧涂层钢绞线应满足表1规定的技术参数,其他技术性能应满足JG 161的规定要求。

表1 无黏结环氧涂层钢绞线技术参数

钢绞线公称直径 （mm）	防腐润滑脂质量 W （g/m）	护层厚度[a] （mm）
15.20	≥29	≥1.0
[a] 水工及地下水丰富地段护套厚度不小于1.2mm。		

5.1.3 锚具

5.1.3.1 预应力锚索所用的锚具技术性能应符合 GB/T 14370 的规定要求,应有锚具制造厂提供的有效检验合格证明。

5.1.3.2 锚具各组件的尺寸应符合设计图样的要求。

5.1.3.3 锚具制造厂供货时,应提供锚具各组件的表面硬度的规定值。

5.1.4 护套管

护套管应由热塑性树脂材料制作,可采用的材料有高密度聚乙烯(HDPE)、聚丙烯(PP)、聚氯乙烯(PVC)。护套管的制作材料不得采用再生材料。护套管厚度应满足表2规定。

表2 护套管壁厚   单位为毫米

护套管材料	公称厚度	最小厚度
HDPE/PP	1.5	1.25
PVC	1.0	0.9

5.1.5 隔离架、对中架

锚索编制用的隔离架、对中架应采用聚乙烯(PE)或聚氯乙烯(PVC)材料制作。

5.1.6 紧扎带

锚索编制用的紧扎带应采用自锁式尼龙扎带或活扣尼龙扎带。

5.1.7 锚头防腐材料

5.1.7.1 锚头防腐材料若采用防腐油脂,其技术性能应符合 JG 3007 规定的要求。

5.1.7.2 锚头防腐材料若采用防腐蜡油,其技术性能应满足表3的规定。

表3 蜡油防腐材料技术指标

项 目		技术指标	试验方法
滴熔点(℃)		≥77	GB/T 8026
水分(%)		≤0.1	JG 3007
针入度(-20℃)		无裂缝	GB/T 269
钢网分油量(40℃,7d)(%)		≤0.5	SH/T 0324
耐腐蚀(45号钢片,100℃,24h)(%)		≤0.5	JG 3007
耐湿热(45号钢片,30d)(级)		≤2	JG 3007
耐盐雾(45号钢片,30d)(级)		≤2	JG 3007
氧化安定性 (99℃,100h,78.5×10^{4}Pa)	氧化后压力降(Pa)	≤14.7×10^4	JG 3007
	氧化后酸值(mg KOH/g)	≤1.0	
对套管的兼容性 (65℃,40d)	吸油率(%)	≤10	JG 3007
	拉伸强度变化率(%)	≤10	
黏附性		金属黏附性好	目测

5.1.7.3 锚头防腐材料若采用水泥浆,水泥浆应符合 JTG/T F50 关于孔道压浆的规定,并满足以下要求:
a) 水泥采用普通硅酸盐水泥;
b) 强度等级不低于 M30。

5.2 构造要求

5.2.1 填充型环氧涂层钢绞线预应力锚索的自由长度不宜小于 8m;当自由段长度小于 8m 时,应适当提高设计安全系数或采用低回缩的夹片锚具(带锚圈的锚具)。

5.2.2 拉力型锚索和全长黏结预应力锚索应采用嵌砂的填充型环氧涂层钢绞线。

5.2.3 无黏结预应力锚索可选用以下构造方式:
a) 采用无黏结环氧涂层钢绞线制作,适用于压力型和压力分散型锚索;
b) 采用在自由段套装护套管的环氧涂层钢绞线制作,在自由段与锚固段分界处,缠绕胶布进行固接和密封处理,缠绕长度两侧不得小于 100mm;适用于拉力型和拉力分散型锚索。

5.2.4 锚固段的内锚头采用挤压锚组件时,在富含地下水和腐蚀环境下的应用场合,应对挤压锚组件采取防护措施。

5.2.5 荷载分散型锚索的每组锚固单元之间的间距应均匀分布,各间距误差应不大于 10mm。并对每组锚固单元进行有区分的标记,在锚索张拉前,该标记不得损坏。

5.2.6 隔离架上应预留灌浆管和排气管的通道。隔离架和对中架的结构不得影响注浆体在锚孔内及在绞线之间自由流动。

5.2.7 视锚索刚度情况,沿锚索轴线方向每隔 1.0m~2.0m 设置一个隔离架或对中架。

5.2.8 锚索的各钢绞线和注浆管应排列平顺,不产生交叉、缠绕的现象,并用紧扎带捆扎牢固,捆扎间距宜为 2.0m。

5.2.9 二次灌浆所用止浆密封装置的安装位置应符合设计要求,位置误差应不大于 50mm。

5.2.10 编制锚索时,宜在锚索端部设置钝圆或圆锥外形的导向帽。

5.2.11 成品锚索的钢绞线环氧涂层、HDPE 护层和护套管不能有损伤,在单根绞线上的损伤部位不得多于两处。HDPE 护层和护套管有损伤时应用防水胶布缠绕密封严实;环氧涂层损伤处应采用环氧修补液进行修补,修补后经 3kV 电压检测,确保无针孔。

5.3 锚索性能要求

5.3.1 黏结性能

拉力型锚索或有黏结型锚索使用的嵌砂型环氧涂层钢绞线与注浆体的黏结性能应符合 JT/T 737 的规定要求。

5.3.2 防腐性能

锚索在张拉至 70% 的标准抗拉强度的状态下,经过 3 000h 的盐雾试验,索体表面应没有锈蚀和针孔。

5.3.3 静载性能

锚索的静载性能,由钢绞线—锚具组装件在静载试验台座上测定的锚具效率系数 η_a 和达到实测极限拉力时组装件受力长度的总应变 ε_{apu} 来确定。

锚具效率系数按式(1)计算:

$$\eta_{\mathrm{a}} = \frac{F_{\mathrm{apu}}}{\eta_{\mathrm{p}} \cdot F_{\mathrm{pm}}} \tag{1}$$

式中：F_{apu}——钢绞线—锚具组装件的实测极限拉力，单位为千牛（kN）；
　　　F_{pm}——钢绞线的实际平均极限抗拉力，单位为千牛（kN），由钢绞线试件实测破断荷载平均值计算得出；
　　　η_{a}——钢绞线—锚具组装件静载试验测得的锚具效率系数；
　　　η_{p}——钢绞线效率系数，按 GB/T 14370 的规定取值。

锚索的静载性能应同时满足下列要求：

$$\eta_{\mathrm{a}} \geqslant 0.95 ; \varepsilon_{\mathrm{apu}} \geqslant 2\%$$

5.3.4 动载疲劳性能

锚索组装件应满足循环次数为 200 万次的疲劳荷载性能试验。试验应力上限为钢绞线抗拉强度标准值的 65%，疲劳应力幅度不应小于 80MPa。工程有特殊需要时，试验应力上限及疲劳应力幅度取值可另定。

锚索组装件经受 200 万次循环荷载后，锚具零件不应疲劳破坏，环氧涂层钢绞线因锚具夹持作用发生疲劳破坏的截面面积不应大于试件总截面面积的 5%。

6 试验方法

6.1 锚具硬度

根据锚具各组件的硬度规定值，采用洛氏硬度计或布氏硬度计，按 GB/T 230.1 或 GB/T 231.1 的规定进行表面硬度检验。

6.2 锚索外观、构造和尺寸

用肉眼、钢卷尺和游标卡尺观测或测量锚索的外观质量、构造尺寸，注意检查产品外观是否有损伤和裂缝。

6.3 黏结性能

嵌砂型环氧涂层钢绞线的黏结性能试验方法按 JT/T 737 的规定进行。

6.4 防腐性能

锚索的防腐性能试验方法按附录 D 的规定进行。

6.5 锚索的静载性能

锚索组装件的静载性能试验按 GB/T 14370 的规定进行。

6.6 动载疲劳性能

锚索组装件的动载疲劳性能试验按 GB/T 14370 的规定进行。

7 检验规则

7.1 检验分类

检验分为出厂检验和型式检验。

7.2 出厂检验

出厂检验为生产厂家在每批产品出厂前进行的产品质量控制性检验。有不合格项目者不得出厂。

7.3 型式检验

型式检验为生产厂家对产品性能全面控制的检验。有下列情况之一时,应进行型式检验:
a) 新产品或老产品转厂生产的试制定型鉴定;
b) 正式生产后,如结构、材料、工艺有较大改变,可能影响产品性能时;
c) 正常生产时,定期或积累一定产量后,每两至三年进行一次检验;
d) 产品长期停产后,恢复生产时;
e) 出厂检验结果与上次型式检验有较大差异时;
f) 国家质量监督机构提出进行型式检验的要求时。

7.4 检验项目

出厂检验和型式检验项目应符合表4的规定。

表4 检 验 项 目

检验项目	技术要求	试验方法	出厂检验	型式检验	抽样方法
锚具硬度	5.1.3	6.1	√	√	(3%~5%)热处理炉批
锚索外观、构造和尺寸	5.2	6.2	√	√	100%逐根检验
黏结性能	5.3.1	6.3	—	√	3组
锚索防腐性能	5.3.2	6.4	—	√	3组
锚索静载性能	5.3.2	6.5	√	√	3组
锚索动载疲劳性能	5.3.4	6.6	—	√	3组

注:"√"表示该项目进行检验。

7.5 判定规则和复验规则

全部出厂检验项目均符合要求,则判为合格。锚具硬度不合格时,应重新加倍取样对该项目进行复验,若复验结果仍不合格,则应对全部供货产品逐件检验,合格者方可使用。

检验黏结性能、防腐性能、静载性能和动载疲劳性能时,如出现一组试件的检验结果不符合要求时,允许另取双倍数量的试件重做试验,若全部试件合格,即可判定本批产品合格;若仍有一组试件不符合要求,则该批产品为不合格品。

8 标志、包装、运输、储存

8.1 标志

每根锚索上均应有标牌,注明产品名称、规格型号、锚索编号、锚索长度、质量、制造厂名、生产日期、执行标准号等。

8.2 包装

除供货合同特殊要求外,锚索采用分体包装。锚索的索体采用单根或数根一组成捆状或盘状捆扎包装,包装采用的所有捆扎带都应加衬垫;锚具及其他组件出厂时应经防锈处理后成箱包装。

8.3 运输、储存

8.3.1 锚索在运输、装卸过程中应轻装轻卸,防止相互挤压、碰撞造成包装及产品损伤。

8.3.2 锚索产品应存放在无腐蚀环境和干燥清洁处,避免产品遭受锈蚀、沾污、机械损伤或散失。

9 其他

交货时应向用户提供下述有关技术资料:
a) 质量证明文件,应包括产品规格型号、性能试验结果、质量、数量、供方名称、地址、检验出厂日期、生产厂家质检部门印记等;
b) 产品使用说明书。

附 录 A
（规范性附录）
填充型环氧涂层钢绞线预应力锚索产品规格

填充型环氧涂层钢绞线预应力锚索产品规格参数见表 A.1。

表 A.1 锚索规格参数表

规 格 型 号	组成锚索的钢绞线束公称截面积 A_p（mm²）	组成锚索的钢绞线束单位质量 W（kg/m）	锚索抗拉破断力标准值 F_{ptk}（kN）
FECSM15—2	280	2.202	520
FECSM15—3	420	3.303	780
FECSM15—4	560	4.404	1 040
FECSM15—5	700	5.505	1 300
FECSM15—6	840	6.606	1 560
FECSM15—7	980	7.707	1 820
FECSM15—8	1 120	8.808	2 080
FECSM15—9	1 260	9.909	2 340
FECSM15—10	1 400	11.01	2 600
FECSM15—11	1 540	12.111	2 860
FECSM15—12	1 680	13.212	3 120
FECSM15—13	1 820	14.313	3 380
FECSM15—14	1 960	15.414	3 640
FECSM15—15	2 100	16.515	3 900
FECSM15—16	2 240	17.616	4 160
FECSM15—17	2 380	18.717	4 420
FECSM15—18	2 520	19.818	4 680
FECSM15—19	2 660	20.919	4 940

注1：环氧涂层钢绞线的抗拉强度标准值 f_{ptk} 按 1 860MPa 计；
注2：钢绞线束的抗拉破断力 $F_{ptk}=f_{ptk}\times A_p$；
注3：建议容许锚固力 $F_a=0.6\times F_{ptk}$。

附 录 B
（资料性附录）
填充型环氧涂层钢绞线预应力锚索的钻孔直径

填充型环氧涂层钢绞线预应力锚索钻孔直径参数见表 B.1。

表 B.1 预应力锚索钻孔直径参数表

规 格	拉力型和拉力分散锚索（mm）	压力型锚索（mm）	压力分散型锚索 直径（mm）	压力分散型锚索 各承载单元钢绞线分布示例（根）
FECSM15—2	φ90	φ140	—	—
FECSM15—3	φ90	φ140	φ120	2＋1
FECSM15—4	φ115	φ140	φ140	2＋2
FECSM15—5	φ115	φ140	φ140	3＋2
FECSM15—6	φ115	φ140	φ140	3＋3
FECSM15—7	φ135	φ150	φ140	3＋2＋2
FECSM15—8	φ135	φ160	φ150	3＋3＋2
FECSM15—9	φ135	φ170	φ150	3＋3＋3
FECSM15—10	φ155	φ180	φ165	4＋3＋3
FECSM15—11	φ155	φ180	φ165	4＋4＋3
FECSM15—12	φ155	φ180	φ165	4＋4＋4
FECSM15—13	φ155	φ190	φ170	4＋3＋3＋3
FECSM15—14	φ160	φ190	φ170	4＋3＋3＋4
FECSM15—15	φ160	φ200	φ170	3＋4＋4＋4
FECSM15—16	φ160	φ200	φ170	4＋4＋4＋4
FECSM15—17	φ160	φ205	φ180	4＋4＋3＋3＋3
FECSM15—18	φ165	φ205	φ180	4＋4＋4＋3＋3
FECSM15—19	φ165	φ205	φ180	4＋4＋4＋4＋3

注1：锚索的钻孔直径与地质条件、注浆体强度等因素相关，需设计验算确定，本表仅作参考；
注2：压力分散型锚索的钻孔直径还与承载单元的分布相关，本表分布示例的数据排列，左起依次为长锚固单元至短锚固单元。

附 录 C
（规范性附录）
填充型环氧涂层钢绞线预应力锚索外锚头技术参数

C.1 普通封锚型外锚头

C.1.1 普通封锚型外锚头结构见图 C.1。

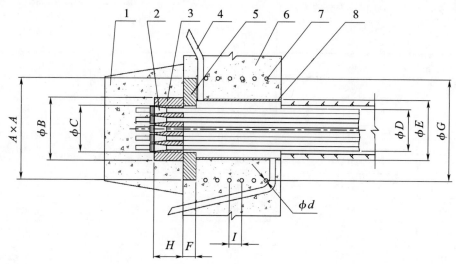

说明：
1——封锚混凝土；　4——孔口段灌浆及排气管；　7——螺旋筋；
2——夹片；　　　　5——锚垫板；　　　　　　　8——预埋管。
3——锚板；　　　　6——锚墩；

图 C.1　普通封锚型外锚头构造

C.1.2 普通封锚型外锚头技术参数见表 C.1。

表 C.1　普通封锚型外锚头技术参数表　　　单位为毫米

规　格	锚 垫 板			锚　板		螺 旋 筋			预埋管
	A	ϕC	F	ϕB	H	ϕG	I	ϕd	ϕE
FECSM15—2	190	$\phi 65$	20	$\phi 85$	60	$\phi 190$	40	$\phi 10$	$\phi 76/5$
FECSM15—3	210	$\phi 70$	25	$\phi 95$	60	$\phi 210$	40	$\phi 10$	$\phi 83/5$
FECSM15—4	225	$\phi 80$	25	$\phi 110$	60	$\phi 225$	50	$\phi 12$	$\phi 89/5$
FECSM15—5	240	$\phi 92$	30	$\phi 125$	60	$\phi 240$	50	$\phi 12$	$\phi 102/5$
FECSM15—6	250	$\phi 102$	30	$\phi 138$	60	$\phi 250$	50	$\phi 12$	$\phi 114/5$
FECSM15—7	255	$\phi 102$	32	$\phi 145$	60	$\phi 255$	50	$\phi 14$	$\phi 114/5$
FECSM15—8	285	$\phi 112$	36	$\phi 155$	65	$\phi 285$	50	$\phi 14$	$\phi 121/5$

表 C.1(续)   单位为毫米

规格	锚垫板			锚板		螺旋筋			预埋管
	A	φC	F	φB	H	φG	I	φd	φE
FECSM15—9	295	φ123	36	φ168	65	φ295	50	φ14	φ133/5
FECSM15—10	310	φ136	40	φ180	70	φ310	60	φ16	φ146/5
FECSM15—11	320	φ139	42	φ185	70	φ320	60	φ16	φ152/5
FECSM15—12	320	φ139	45	φ190	70	φ320	60	φ16	φ152/5
FECSM15—13	330	φ145	48	φ200	70	φ330	60	φ16	φ168/5
FECSM15—14	340	φ150	48	φ205	70	φ340	60	φ20	φ168/5
FECSM15—15	350	φ157	48	φ215	80	φ350	60	φ20	φ168/5
FECSM15—16	360	φ162	48	φ220	85	φ360	60	φ20	φ168/5
FECSM15—17	375	φ168	50	φ230	85	φ375	60	φ20	φ180/5
FECSM15—18	375	φ172	50	φ235	90	φ375	60	φ20	φ180/5
FECSM15—19	380	φ172	60	φ240	90	φ380	60	φ20	φ180/5

锚墩混凝土强度等级不低于 C30；
锚下压浆应密实；
封锚混凝土的抗渗等级不低于 P8；
允许使用结构尺寸与锚具配套的铸造式喇叭形锚垫板。

C.2 防腐型外锚头

C.2.1 防腐型外锚头结构见图 C.2。

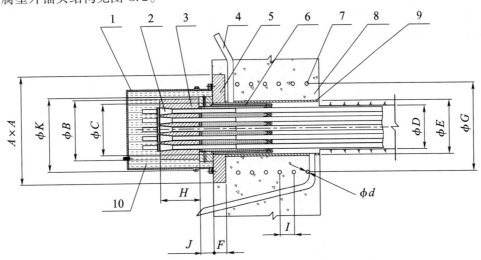

说明：
1——防护罩； 4——孔口段灌浆及排气管； 7——螺旋筋； 10——防腐材料。
2——夹片；   5——锚垫板；   8——锚墩；
3——锚板；   6——密封筒；   9——预埋管；

图 C.2 防腐型外锚头构造

C.2.2 防腐型外锚头技术参数见表 C.2。

表 C.2 防腐型外锚头技术参数表　　　　单位为毫米

规格	锚垫板			锚板		密封筒		螺旋筋		预埋管
	A	ϕC	F	ϕB	H	ϕK	J	ϕG	I	ϕd	ϕE
FECSM15—2	200	φ92	20	φ85	60	φ105	25	φ210	40	φ10	φ102/5
FECSM15—3	210	φ99	20	φ95	60	φ115	25	φ220	40	φ10	φ108/5
FECSM15—4	225	φ105	25	φ110	60	φ130	25	φ225	50	φ12	φ114/5
FECSM15—5	240	φ118	30	φ125	60	φ145	25	φ240	50	φ12	φ127/5
FECSM15—6	250	φ131	30	φ138	60	φ158	25	φ255	50	φ12	φ140/5
FECSM15—7	255	φ131	32	φ145	60	φ165	25	φ255	50	φ14	φ140/5
FECSM15—8	285	φ143	36	φ155	65	φ175	25	φ285	50	φ14	φ152/5
FECSM15—9	295	φ150	36	φ168	65	φ188	25	φ295	50	φ14	φ159/5
FECSM15—10	310	φ169	40	φ180	70	φ200	30	φ310	60	φ16	φ180/5
FECSM15—11	320	φ169	42	φ185	70	φ205	30	φ320	60	φ16	φ180/5
FECSM15—12	320	φ169	45	φ190	70	φ210	30	φ320	60	φ16	φ180/5
FECSM15—13	330	φ169	48	φ200	70	φ220	30	φ330	60	φ16	φ180/5
FECSM15—14	340	φ178	48	φ205	70	φ225	30	φ340	60	φ20	φ194/5
FECSM15—15	350	φ190	48	φ215	80	φ235	30	φ350	60	φ20	φ203/5
FECSM15—16	360	φ190	48	φ220	85	φ235	30	φ360	60	φ20	φ203/5
FECSM15—17	375	φ204	50	φ230	85	φ250	32	φ375	60	φ20	φ219/6
FECSM15—18	375	φ204	50	φ235	90	φ250	32	φ375	60	φ20	φ219/6
FECSM15—19	380	φ204	55	φ240	90	φ260	32	φ380	60	φ20	φ219/6
锚墩混凝土强度等级不低于C30。											

附 录 D
（规范性附录）
填充型环氧涂层钢绞线预应力锚索防腐耐久性能试验方法

D.1 试件制作

D.1.1 限于试验室条件时，在不影响试验效果的前提下，试件允许用单孔或小规格锚索替代制作。

D.1.2 试件所用的环氧涂层钢绞线表面应无护套且不涂抹油脂。

D.1.3 试件长度应能满足盐雾试验装置的空间要求，但试样的净长度不低于0.7m。

D.1.4 试件应如图D.1所示，在支架上张拉至70%标准抗拉强度后锁定锚固。

D.1.5 对试件的两端锚具进行封堵处理，支架表面采取适当的防腐措施，以免影响试验结果。

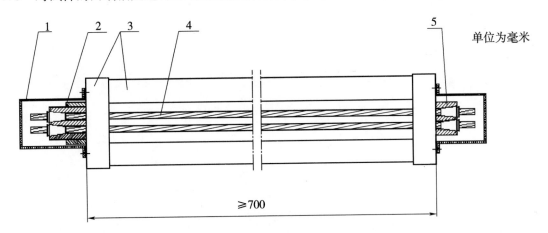

说明：
1——封盖；
2——张拉端锚固装置；
3——支架；
4——环氧钢绞线；
5——固定端锚固装置。

图 D.1 试件构造示意图

D.2 盐雾试验

D.2.1 盐雾试验的方法、设备、操作均应符合 GB/T 10125 的规定。

D.2.2 盐雾试验周期为3 000h。在试验周期内，盐雾喷射不得中断，只有当需要短暂观察试件时才能打开试验箱。

D.2.3 在试验周期内，应每隔168h目视检查试件状况，并作书面和拍照记录。

D.3 试验后试件的处理

试验后的试件按 GB/T 10125 的规定进行清理。作检查记录后，再用针孔检测仪作针孔检测，检测电压为3kV。

D.4 试验记录

在试验过程中以及试验结束后,应书面和拍照记录以下内容的试验结果:
a) 开始出现腐蚀的时间;
b) 试验后的外观;
c) 除去表面附着物或腐蚀产物后的外观;
d) 腐蚀缺陷如点蚀、裂纹、气泡和针孔的分布和数量。

D.5 试验报告

试验报告应符合 GB/T 10125 的规定要求。

ICS 93.040
P28
备案号:

中华人民共和国交通运输行业标准

JT/T 804—2011

分体式钢箱梁

Separate steel box girder

2011-06-13 发布

2011-09-01 实施

中华人民共和国交通运输部 发布

JT/T 804—2011

目　次

前言
1　范围
2　规范性引用文件
3　术语和定义
4　要求
5　试验方法
6　检验规则
7　存放和运输
8　梁段现场吊装连接

前 言

本标准按照 GB/T 1.1—2009 给出的规则起草。

本标准由中国公路学会桥梁和结构工程分会提出并归口。

本标准起草单位:中交公路规划设计院有限公司、中铁宝桥集团有限公司。

本标准主要起草人:崔冰、王辉平、李军平、钱叶祥、李拴林、徐亮、孙立雄、朱新华、童育强、王民献。

分体式钢箱梁

1 范围

本标准规定了分体式钢箱梁的术语和定义、要求、试验方法、检验规则、存放和运输以及梁段现场吊装连接。

本标准适用于分体式钢箱梁的生产和验收,其他钢箱梁可参照执行。

2 规范性引用文件

下列文件对于本文件的应用是必不可少的。凡是注日期的引用文件,仅注日期的版本适用于本文件。凡是不注日期的引用文件,其最新版本(包括所有的修改单)适用于本文件。

GB/T 700	碳素结构钢
GB/T 706	热轧型钢
GB/T 714	桥梁用结构钢
GB/T 1031	产品几何技术规范(GPS) 表面结构 轮廓法 表面粗糙度参数及其数值
GB/T 1591	低合金高强度结构钢
GB/T 1228	钢结构用高强度大六角头螺栓
GB/T 1229	钢结构用高强度大六角螺母
GB/T 1230	钢结构用高强度垫圈
GB/T 1231	钢结构用高强度大六角头螺栓、大六角螺母、垫圈技术条件
GB/T 3323—2005	金属熔化焊焊接接头射线照相
GB/T 5117	碳钢焊条
GB/T 5118	低合金钢焊条
GB/T 5293	埋弧焊用碳钢焊丝和焊剂
GB/T 8110	气体保护电弧焊用碳钢、低合金钢焊丝
GB/T 8162	结构用无缝钢管
GB/T 10045	碳钢药芯焊丝
GB/T 10433	电弧螺柱焊用圆柱头焊钉
GB/T 11345	钢焊缝手工超声波探伤方法和探伤结果分级
GB/T 12470	埋弧焊用低合金钢焊丝和焊剂
GB/T 14957	熔化焊用钢丝
GB/T 17493	低合金钢药芯焊丝
GB 50205	钢结构工程施工质量验收规范
JB/T 3223	焊接材料质量管理规程
JB/T 6061	无损检测 焊缝磁粉检测
JGJ 82	钢结构高强度螺栓连接的设计、施工及验收规程
JT/T 722	公路桥梁钢结构防腐涂装技术条件
JTG/T F50	公路桥涵施工技术规范
TB/T 2137	铁路钢桥栓接板面抗滑移系数试验方法

TB 10212　　　　　铁路钢桥制造规范

3 术语和定义

下列术语和定义适用于本文件。

3.1
分体式钢箱梁　separate steel box girder
由两边钢箱梁和中间横向连接梁组成的构造形式。

3.2
零件　part
组成分体式钢箱梁结构的最小单元。其中顶板、底板、腹板、横隔板、纵隔板、锚箱(锚固耳板)、U形肋和拼接板等为主要零件，其余为次要零件。

3.3
板单元　plate unit
组成分体式钢箱梁结构的基本单元，主要包括：顶板单元、底板单元、横隔板单元、纵隔板单元和腹板单元等。

3.4
边箱梁　side box girder
组成分体式钢箱梁的主要单元，由顶板、底板、横隔板、纵隔板和腹板等构成的封闭箱体，位于分体式钢箱梁两边侧。

3.5
横向连接梁　cross tie-beam
组成分体式钢箱梁的主要单元，是将边箱梁横向连接为整体的主要连接结构，主要类型有箱形梁和工形梁。

3.6
梁段　segment
设计图中划分的分体式钢箱梁制造段。

3.7
预拼装　preassembly
为确保分体式钢箱梁桥位吊装线形，采用多段连续整体组装法，将分体式钢箱梁梁段按制造线形进行拼装的过程。

4 要求

4.1 一般要求

4.1.1 钢箱梁加工前应完成下列工作：
  a) 对设计文件进行工艺性审查，当需要修改设计时应取得设计单位同意，并按有关规定程序履行变更手续；
  b) 根据设计文件绘制施工图并编制制造工艺等文件；
  c) 根据设计结构的特点及制造难点，确定必要的工艺性试验。

4.1.2 设备完好，工装模具应满足在制造期内产品质量控制要求，并应对所用工装模具进行定期检查、调整。

4.1.3 计量器具、仪器仪表等应经法定计量单位检验合格并在有效期内使用。制造、安装、验收用的量具应采用统一标准,并具有相同的精度等级。

4.2 材料

4.2.1 钢材应符合设计文件和表1的要求,除有生产厂家的质量证明文件外,还应进行抽样复验。抽样检验应按同一厂家、同一材质、同一板厚、同一出厂状态每10个炉批号抽验一组试件,复验合格后方能使用。

表1 钢材要求

钢材名称	要求	钢材名称	要求
碳素结构钢	GB/T 700	低合金高强度结构钢	GB/T 1591
热轧型钢	GB/T 706[ ]结构用无缝钢管	GB/T 8162	
桥梁用结构钢	GB/T 714		

4.2.2 焊接材料应符合设计文件和现行标准的要求,还应按有关标准逐批抽样复验,复验合格后方能使用。焊接材料管理应按JB/T 3223的规定执行。

4.2.3 涂装材料的品种、规格、性能等应符合设计要求,其检验应符合JT/T 722相关要求,还应按有关标准逐批抽样复验,经抽样复验合格后方能使用。

4.2.4 高强度螺栓连接副质量及检验应符合GB/T 1228 ~ GB/T 1231的规定。

4.2.5 圆柱头焊钉、焊接瓷环质量及检验应符合GB/T 10433的规定。

4.3 加工

4.3.1 钢板预处理

4.3.1.1 钢板应辊平,并清理表面油污及其他杂物。

4.3.1.2 钢板表面采用喷砂或抛丸除锈,并喷涂车间底漆,涂装厚度为 $20\mu m \sim 25\mu m$。

4.3.2 放样及号料

4.3.2.1 放样及号料前应检查钢料的牌号、规格和质量。

4.3.2.2 放样及号料应根据施工图和工艺文件进行,并按要求预留加工量和焊接收缩量。

4.3.2.3 主要零件下料时应保证钢材轧制方向与其主要受力方向一致。

4.3.3 切割

4.3.3.1 精密切割(数控、自动、半自动)后边缘不进行机加工的零件,切割面质量符合表2的规定。

表2 切割面质量要求

项目	用于主要零件	用于次要零件
表面粗糙度 Ra(μm)	50	100
崩坑	不允许	1m长度内允许有一处1mm
塌角(圆形半径)(mm)	≤0.5	
切割面垂直度(mm)	≤0.05t,且不大于2.0	
注:t为钢板厚度。		

4.3.3.2 手工焰切尺寸允许偏差为±2.0mm。
4.3.3.3 剪切仅适用于次要零件或边缘进行机加工的零件,其尺寸允许偏差为±2.0mm,剪切边缘应整齐无毛刺、反口、缺肉等缺陷。
4.3.3.4 切割面硬度不宜超过HV350,切割面不得有裂纹,圆弧部位应修磨匀顺。

4.3.4 零件矫正

4.3.4.1 零件矫正宜采用冷矫,冷矫时的环境温度不宜低于-5℃,矫正前,剪切边反口应修平,切割边的挂渣应铲净,矫正后的钢料表面不应有明显的凹痕和其他损伤。
4.3.4.2 采用热矫时,其温度应控制在600℃~800℃范围内,矫正后零件温度应缓慢冷却,降至室温以前,不得直接锤击零件和用水急冷。
4.3.4.3 零件矫正允许偏差应符合表3的规定。

表3 零件矫正允许偏差　　　　单位为毫米

名称	简图	项目	说明	允许偏差
钢板		平面度	每米范围	$f \leq 1.0$
钢板		直线度	全长范围 $L \leq 8m$	$f \leq 2.0$
钢板		直线度	全长范围 $L > 8m$	$f \leq 3.0$
型钢		直线度	每米范围	$f \leq 0.5$
型钢		角钢肢垂直度	连接部位	$\Delta \leq 0.5$ a
型钢		角钢肢垂直度	其余部位	$\Delta \leq 1.0$
型钢		角钢肢、槽钢肢平面度	连接部位	[ ]$\Delta \leq 0.5$
型钢		角钢肢、槽钢肢平面度	其余部位	[ ]$\Delta \leq 1.0$
型钢		工字钢、槽钢腹板平面度	连接部位	$\Delta \leq 0.5$
型钢		工字钢、槽钢腹板平面度	其余部位	$\Delta \leq 1.0$
型钢		工字钢、槽钢翼缘垂直度	连接部位	[ ]$\Delta \leq 0.5$
型钢		工字钢、槽钢翼缘垂直度	其余部位	[ ]$\Delta \leq 1.0$
a 用角式样板卡样时,角度不得大于90°。				

4.3.5 弯曲成型

4.3.5.1 主要零件冷作弯曲时,环境温度不得低于-5℃,内侧弯曲半径不得小于板厚的15倍,弯曲后不得产生裂纹。

4.3.5.2 U形肋采用辊轧或弯曲成型后,圆角外边缘不得有裂纹,U形肋尺寸允许偏差应符合表4的规定。

表4 U形肋尺寸允许偏差　　　　　　　单位为毫米

名称	简图	项目	允许偏差
U形肋	（U形肋截面简图，标注 B、b、h_1、h_2）	开口宽度 B	+2.0 -1.0
		底宽度 b	±1.5
		肢高 h_1、h_2	±1.5
		两肢差 $\lvert h_1 - h_2 \rvert$	≤2.0
		竖弯、旁弯	≤$L/1\,000$ 或 ≤6,取较小值
		四角不平度	≤4.0

注:L 为U形肋长度。

4.3.6 零件机加工

4.3.6.1 加工面的表面粗糙度 Ra 不得大于 25μm,零件边缘的加工深度不得小于3mm。当边缘硬度不超过 HV350 时,加工深度不受此限。

4.3.6.2 边缘加工允许偏差应符合表5的要求。

表5 边缘加工允许偏差

项目		允许偏差
零件宽度 B、长度 L(mm)	B、L≤2.0m	±0.5
	B、L>2.0m	±1.0
加工边直线度(mm)		≤$L/8\,000$,且不大于1.5
加工面垂直度(mm)		≤5%t,且不大于0.5
加工面表面粗糙度 Ra(μm)		25

注:L 为钢板长度,t 为钢板厚度。

4.3.6.3 加工时应避免油污污染钢材,加工后铲磨掉边缘的飞刺、挂渣,使端面光滑匀顺。

4.3.6.4 焊接坡口可采用机加工或切割工艺,过渡段坡口应打磨匀顺。

4.3.7 制孔

4.3.7.1 螺栓孔应采用钻孔样板或数控钻床钻孔的工艺方法,高强螺栓孔不得采用冲孔、气割孔。制成的孔应呈正圆柱形,孔壁表面粗糙度 Ra 不大于 25μm,孔缘无损伤不平,无刺屑。

4.3.7.2 螺栓孔允许偏差应符合表6的规定。

表6 螺栓孔允许偏差

单位为毫米

螺栓直径	螺栓孔径	允许偏差	
		孔径	孔壁垂直度
M20	φ22	+0.7 0	$t \leq 30$时,不大于0.3; $t > 30$时,不大于0.5
M22	φ24	+0.7 0	
M24	φ26	+0.7 0	
M27	φ29	+0.7 0	
M30	φ33	+0.7 0	
>M30	>φ33	+1.0 0	

注:t为钢板厚度。

4.3.7.3 螺栓孔距允许偏差应符合表7的规定。

表7 螺栓孔距允许偏差

单位为毫米

定位方法	检查项目	允许偏差	说 明
用钻孔样板、数控钻孔	两相邻孔距	±0.4	
	构件极边孔距	±1.0	
	两组孔群中心距	±1.0	
	孔群中心线与杆件中心线的横向偏移	2.0	只适用于临时构造等
号钻的孔	两相邻孔距	±1.0	
	极边及对角线孔距	±1.5	
	孔中心与孔群中心线的横向偏移	2.0	

4.4 组装

4.4.1 一般规定

4.4.1.1 组装前应熟悉施工图和工艺文件,认真核对零件编号、外形尺寸和坡口方向。
4.4.1.2 组装前应彻底清除待焊区域的铁锈、氧化铁皮、油污、水分等有害物,使其表面显露出金属光泽,清除范围应符合图1的规定。
4.4.1.3 采用埋弧焊焊接的焊缝,在焊缝的端部连接引板,引板的材质、厚度、坡口应与所焊件相同。
4.4.1.4 需做产品试板检验时,宜在焊缝端部连接试板,试板应与其代表的焊缝相连接。
4.4.1.5 部件组装允许偏差应符合表8的规定。

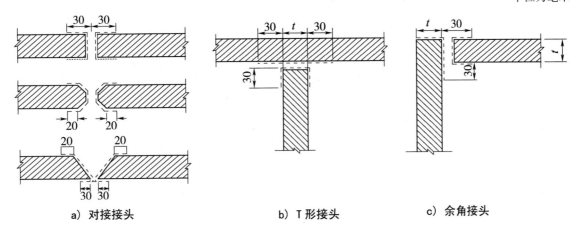

a) 对接接头　　　　　　b) T形接头　　　　　　c) 余角接头

图 1　组装前的清除范围

表 8　部件组装允许偏差

单位为毫米

简　图	项　目		允 许 偏 差
	对接高低差 Δ_1	$t<25$	0.5
		$t \geqslant 25$	1.0
	对接间隙 Δ_2		1.0
	面板倾斜 Δ		0.5
	组装间隙 Δ		1.0
	板肋组装中心偏离 Δ		1.0
	板中心对位组装中心偏离 Δ		1.0

31

4.4.1.6 焊接接头组装允许偏差应符合表9的规定。

表9 焊接接头组装允许偏差

简图	项目	允许偏差
	坡口角度 $\alpha(°)$	±5
	坡口钝边 $P(mm)$	±2
	坡口间隙 $b(mm)$	±2
	坡口错边 $S(mm)$	<1
	坡口间隙 $b(mm)$	±2
	坡口错边 $S(mm)$	<1
	衬垫与板间隙 $a(mm)$	<0.5
	坡口角度 $\alpha(°)$	±5
	坡口钝边 $P(mm)$	±2

4.4.2 板单元组装

4.4.2.1 板单元组装在专用胎架上进行,U形肋、板条肋组装允许偏差不大于1mm,并使其与面板密贴。

4.4.2.2 板单元组装应考虑工艺留量,板单元组装允许偏差应符合表10的规定。

表10 板单元组装允许偏差　　　　　　　　　　　　　　　　　单位为毫米

名称	简图	项目		允许偏差	检测方法
顶板单元、底板单元		U形肋中心距 s	端部、横隔板	±1	用钢卷尺测量
			其他部位	±2	用钢卷尺测量
		横隔板间距 S		±2	用钢卷尺测量
		横向平面度 f		≤2	用平尺、塞尺测量
		纵向平面度		≤4/4.0m	用平尺、塞尺测量
		四角不平度		≤5	放置平台上,四角中有三角接触平台,悬空一角与平台间隙
腹板单元		板条肋中心距 s	端部、横隔板	±1	用钢卷尺测量
			其他部位	±2	用钢卷尺测量
		长度 L、宽度 B		±2	用钢卷尺测量
		横向平面度 f		≤2	用平尺、塞尺测量
		纵向平面度		≤4/4.0m	用平尺、塞尺测量
		四角不平度		≤5	放置平台上,四角中有三角接触平台,悬空一角与平台间隙

表10（续） 单位为毫米

名称	简图	项目	允许偏差	检测方法
横隔板单元		长度L	±2	用钢卷尺测量
		高度H_1、H_2	±2	用钢卷尺测量
		横向平面度f	≤2	用平尺、塞尺测量
		纵向平面度	≤4/4.0m	用平尺、塞尺测量
		对角线相对差	≤4	用钢卷尺测量
纵隔板单元		长度L	±2	用钢卷尺测量
		高度H	±2	用钢卷尺测量
		横向平面度f	≤2	用平尺、塞尺测量
		纵向平面度	≤4/4.0m	用平尺、塞尺测量
		对角线相对差	≤4	用钢卷尺测量

4.4.3 梁段组装

4.4.3.1 梁段在组装胎架上采用正装法组装，并用马板固定。

4.4.3.2 组装胎架外应设置基准点，由各基准点控制每一个被组装部件的位置在允许的误差范围内。

4.4.3.3 分体式钢箱梁梁段组装时宜先组装两边箱梁，待其检测合格后，再将两边箱梁与横向连接梁组装成整体。

4.4.3.4 梁段组装应考虑工艺留量，梁段允许偏差应符合表11的规定。

表11 梁段允许偏差 单位为毫米

名称	简图	项目	允许偏差	检测方法
横向连接箱形梁		长度L	±2.0	用钢卷尺测量
		高度H	±2.0	用钢卷尺测量
		宽度B	±2.0	用钢卷尺测量
		旁弯	≤5.0	拉钢丝后用钢板尺测量
		横断面对角线差	2.0	用钢卷尺测量
横向连接工字梁		长度L	±2.0	用钢卷尺测量
		高度H	±2.0	用钢卷尺测量
		宽度B	±2.0	用钢卷尺测量
		旁弯	≤5.0	拉钢丝后用钢板尺测量
		腹板与翼缘中心线偏移	2	画线后用钢板尺测量
梁长		顶板长度L_1	±2	以梁两端检查线为基准，用钢卷尺测量长度，合龙段长度根据实测结果确定
		底板长度L_2		

33

表 11(续)
单位为毫米

名称	简 图	项 目	允许偏差	检 测 方 法
梁高		横隔板处[ ]	±2	以底部为基准,采用水准仪测量高度
		其余部位[ ]	±4	
梁宽		梁宽 B	$\pm(3+b/2)$ [a]	在梁段两端口用钢卷尺测量宽度
端口尺寸		对角线差 $\lvert L_1 - L_2 \rvert$	≤6	用钢卷尺测量对角线,检查测量值之差
吊点位置		同一梁段两耳板高差	≤5	用水准仪测量两耳板孔中心高差
		吊点中心距桥轴线偏差	±3	用钢卷尺测量
		两吊点中心连接线与桥轴线垂直度 α 偏差	2′	用经纬仪测量
顶板		四角(A、B、C、D)水平高差	±6	用水准仪测量,测点在两端横隔板上
		1/2 对角线(AO_1、BO、A_1O_1、B_1O)差	≤8	用钢卷尺测量,测点在两端检查线上
旁弯		f	$L/2\,000$,且≤5	L 为梁段长度,用经纬仪、钢板尺测量
板面平面度		横桥向 f	≤$S_1/250$	用钢板尺测量纵肋及横隔板间距
		纵桥向 f	≤$S_2/500$	
2%桥面横坡		Δ	+0.2% −0.1%	用水平仪测量同一断面处

[a] 可根据第一次预拼装钢箱梁制作精度将其允许误差调整为:$\pm(3+b/2)$,b 为腹板中心间距,以米(m)计,但是相邻钢箱梁腹板错边量小于2mm。

4.5 焊接

4.5.1 一般要求

4.5.1.1 焊接工艺规程应按照通过评审的焊接工艺评定报告编制。

4.5.1.2 焊接材料使用要求如下：
   a) 焊接材料应通过焊接工艺评定确定，经检验合格后方可投入使用；
   b) 焊条、焊剂应按产品说明书烘干使用；
   c) CO_2 气体纯度应大于 99.5%。

4.5.1.3 主要部件在室内制作时，应在组装后 24h 内焊接，超过 24h 的可根据不同情况在焊接部位进行清理和去湿处理后方可施焊；在室外制作时，应在组装后立即施焊。

4.5.1.4 焊接工作宜在室内进行，施焊环境湿度宜在 80% 以下，低合金钢的焊接环境温度宜在 5℃ 以上，普通碳素钢的焊接环境温度宜在 0℃ 以上。

4.5.1.5 焊接预热温度通过焊接试验、焊接工艺评定、焊接环境及焊缝拘束度等确定，预热范围一般为焊缝两侧 100mm 以上，距焊缝 50mm 测温。

4.5.1.6 焊接时严禁在母材的非焊接部位引弧。

4.5.2 定位焊

4.5.2.1 定位焊前应按图纸及工艺文件检查焊件的几何尺寸、坡口尺寸、根部间隙、焊接部位的清理情况等，如不符合要求不得实施定位焊。

4.5.2.2 定位焊缝应距设计焊缝端部 30mm 以上，定位焊长度为 50mm～100mm，间距为 400mm～600mm，定位焊缝的焊脚尺寸不得大于设计焊脚尺寸的 1/2，且应大于或等于 4mm。

4.5.2.3 定位焊焊缝质量应符合 4.5.5 的要求，对于开裂的定位焊缝，应在保证焊件组装尺寸正确的条件下补充定位焊，并清除开裂的焊缝。

4.5.3 气体保护焊与埋弧自动焊

4.5.3.1 各种焊缝在施焊前应将定位焊的熔渣清除干净后再施焊。

4.5.3.2 气体保护焊应随时清除喷嘴上的飞溅物，并保证气体干燥装置始终保持加热状态。

4.5.3.3 埋弧自动焊应在距设计焊缝端部 80mm 以外的引板上起、熄弧。

4.5.3.4 埋弧自动焊焊接过程中不宜断弧，如有断弧则应将停弧处刨成 1:5 的斜坡，并搭接 50mm 再引弧施焊，焊后搭接处应修磨匀顺。

4.5.4 圆柱头焊钉的焊接

4.5.4.1 圆柱头焊钉的焊接工艺应按通过评审的焊接工艺评定报告编制。

4.5.4.2 圆柱头焊钉的焊接应采用专用焊接设备，焊接前需铲磨掉焊钉部位钢板面的车间底漆，使其露出金属光泽；少量平位、立位及其他位置也可采用手工焊接。

4.5.4.3 每日每台班开始生产前或更改一种焊接条件时，应按规定的焊接工艺试焊两个圆柱头焊钉，进行外观和弯曲 30° 角检验，焊缝和热影响区应无裂缝，检验合格后方可进行正式焊接。

4.5.4.4 瓷环应按规定要求烘干使用。

4.5.5 焊缝质量

4.5.5.1 所有焊缝不得有裂纹、未熔合、焊瘤、夹渣、未填满弧坑等缺陷，并应符合表 12 的规定。

表 12 焊缝外观质量   单位为毫米

项目	焊缝种类	质量要求	
气孔	横向、纵向对接焊缝	不容许	
	主要角焊缝	直径小于1.0	每米不多于三个,间距不小于20mm,但焊缝端部10mm之内不允许
	其他焊缝	直径小于1.5	
咬边	受拉部件横向对接焊缝	不容许	
	U肋角焊缝翼板侧受拉区		
	受压部件横向对接焊缝 U肋角焊缝受压区	$\Delta \leq 0.3$	
	主要角焊缝、纵向对接焊缝	$\Delta \leq 0.5$	
	其他焊缝	$\Delta \leq 1$	
焊脚尺寸	埋弧焊	$K_{0}^{+2.0}$	
	手弧焊	$K_{-1.0}^{+2.0}$ [a]	
焊波	角焊缝	$\Delta \leq 2$（任意25mm范围内）	
余高	对接焊缝	$b \leq 15$: $\Delta \leq 3$	
		$15 < b \leq 25$: $\Delta \leq 4$	
		$b > 25$: $\Delta \leq 4b/25$	
余高铲磨	横向对接焊缝	$\Delta_1 \leq 0.5$ $\Delta_2 \leq 0.3$	

[a] 手工角焊缝总长的10%范围内 $K_{-1.0}^{+3.0}$。

4.5.5.2 经外观检查合格的焊缝方能进行无损检验,无损检验应在焊接24h后进行。

4.5.5.3 焊缝超声波探伤应符合GB/T 11345的规定,焊缝超声波探伤范围、检验等级及验收级别应符合表13的规定,焊缝超声波探伤检验的距离—波幅曲线灵敏度符合表14的规定。

表 13 焊缝超声波探伤范围、检验等级及验收级别   单位为毫米

检验部位	检验等级	探伤比例	探伤范围	验收级别
顶板、底板、腹板、纵隔板等构件的横向、纵向对接焊缝,横隔板横向对接焊缝,产品试板对接焊缝	B	100%	全长	I级

表 13（续） 单位为毫米

检验部位	检验等级	探伤比例	探伤范围	验收级别
横隔板纵向对接焊缝,顶底板、腹板的纵向板条肋、横向连接梁与边箱梁连接的板条肋的对接焊缝	B	100%	焊缝两端各1 000	Ⅱ级
图纸要求的全熔透角焊缝	B	100%	全长	Ⅰ级
图纸要求的部分熔透角焊缝、贴角焊缝	A	100%	焊缝两端各1 000,必要时中间加探1 000	Ⅱ级

表 14 超声波探伤距离—波幅曲线灵敏度

焊缝验收等级	板厚（mm）	判 废 线	定 量 线	评 定 线
对接焊缝	8~46	$\phi 3mm \times 40mm - 6\ dB$	$\phi 3mm \times 40mm - 14\ dB$	$\phi 3mm \times 40mm - 20\ dB$
	46~56	$\phi 3mm \times 40mm - 2\ dB$	$\phi 3mm \times 40mm - 10\ dB$	$\phi 3mm \times 40mm - 16\ dB$
全熔透角焊缝	8~56	$\phi 3mm \times 40mm - 4\ dB$	$\phi 3mm \times 40mm - 10\ dB$	$\phi 3mm \times 40mm - 16\ dB$
		$\phi 6mm$	$\phi 3mm$	$\phi 2mm$
部分熔透角焊缝	10~56	$\phi 3mm \times 40mm - 4\ dB$	$\phi 3mm \times 40mm - 10\ dB$	$\phi 3mm \times 40mm - 16\ dB$
贴角焊缝Ⅱ级	10~25	$\phi 1mm \times 2mm$	$\phi 1mm \times 2mm - 6\ dB$	$\phi 1mm \times 2mm - 12\ dB$
	25~56	$\phi 1mm \times 2mm + 4\ dB$	$\phi 1mm \times 2mm - 4\ dB$	$\phi 1mm \times 2mm - 10\ dB$

注1：$\phi 3mm \times 40mm$ 为横通孔；$\phi 1mm \times 2mm$ 为柱孔；$\phi 2mm$、$\phi 3mm$、$\phi 6mm$ 为平底孔；
注2：熔透角焊缝纵波直探头扫查时,使用 $\phi 2mm$、$\phi 3mm$、$\phi 6mm$ 平底孔试块。

4.5.5.4 超声波探伤等级评定时,不允许存在位于判废区的缺陷,位于长度评定区的缺陷应按表15的规定进行评级；当判定为裂纹、未熔合、未焊透(对接焊缝)等危害性缺陷者,应判为不合格。

表 15 位于长度评定区缺陷的验收等级 单位为毫米

评定等级	板厚	单个缺陷指示长度	多个缺陷的累积指示长度
对接焊缝Ⅰ级	8~56	$t/4$,最小可为8	在任意 $9t$ 焊缝长度范围不超过 t
对接焊缝Ⅱ级	8~56	$t/2$,最小可为10	在任意 $4.5t$ 焊缝长度范围不超过 t
熔透角焊缝Ⅰ级	8~56	$t/3$,最小可为10	
角焊缝Ⅱ级	10~56	$t/2$,最小可为10	

注1：t 为母材厚板,母材板厚不同时,可按薄板评定；
注2：缺陷指示长度小于8mm时,可按5mm计。

4.5.5.5 焊缝射线探伤应符合 GB/T 3323 的规定,焊缝 X 射线照相探伤范围、检验等级及验收级别应符合表16的规定。

表 16 焊缝 X 射线照相探伤范围、检验等级及验收级别　　　　　　　单位为毫米

检验部位		检验等级	探伤比例	探伤范围	验收级别
顶底板纵向对接焊缝		B	焊缝条数的10%	焊缝两端和中间部位各250~300范围	GB/T 3323—2005 附录C的Ⅱ级
横向连接梁盖腹板与边箱梁的对接焊缝		B	焊缝条数的10%	任意抽查一处长250~300	GB/T 3323—2005 附录C的Ⅱ级
梁段间对接焊缝	顶板十字交叉焊缝	B	焊缝条数的100%	纵横向各250~300	GB/T 3323—2005 附录C的Ⅱ级
	底板十字交叉焊缝		焊缝条数的30%		
	腹板		焊缝条数的100%	焊缝两端各250~300	

4.5.5.6 磁粉探伤应符合 JB/T 6061 的规定,焊缝磁粉探伤范围及验收级别应符合表17的规定。

表 17 焊缝磁粉探伤范围及验收级别　　　　　　　单位为毫米

检验部位	探伤比例	探伤范围	验收级别
U型肋角焊缝	焊缝条数的100%	焊缝两段各1 000范围	JB/T 6061 2X级
板条肋角焊缝	焊缝条数的10%	任意抽查一处长250~300	JB/T 6061 2X级

4.5.5.7 采用超声波和磁粉进行局部探伤的焊缝,当发现裂纹时,应将该条焊缝的探伤范围延至全长;采用射线探伤的焊缝,当发现超标缺陷时,应在发现超标缺陷片位两端各增加一个片位长度进行检验;若检验结果还不合格时,应在该次发现缺陷的片位一端再增加两个片位长度进行检验;若检验结果仍不合格,应对发现缺陷的片位至下一个片位之间的全部焊缝进行检验。

4.5.5.8 圆柱头焊钉焊完之后,应及时敲掉圆柱头焊钉周围的瓷环进行外观检查,焊钉底角应周边饱满,无折边、咬边。

4.5.6 修磨及返修

4.5.6.1 质量检验缺陷超标时,应进行返修,修补方法应按表18的规定执行。

表 18 缺陷修补方法

缺陷种类	修补方法
切除焊接引弧板、临时连接板时留下的缺陷以及钢材表面麻坑划痕等	伤及钢材表面深度0.3mm~1mm的缺陷,用砂轮磨平,深度超过1mm,用手工补焊后砂轮修磨匀顺
咬边	深度小于0.5mm用砂轮磨顺,深度大于0.5mm用手工补焊后砂轮修磨匀顺
裂纹	查明原因,提出防止措施,用碳弧气刨清除缺陷时应由裂纹端各外延50mm
气孔、夹渣、未熔透、凹坑等缺陷	用碳弧气刨清除缺陷,用手工焊返修,焊后磨顺
自动焊、半自动焊起弧或落弧的凹坑	自动、半自动焊起弧或落弧的弧坑,在继续施焊或补焊时,将原来弧坑部分或被清除部位的焊缝两端刨成不陡于1:5的斜坡,再继续焊接
气割边缘的缺口(或崩坑)	深度2mm以内的,用砂轮磨顺;超过2mm的,磨出坡口补焊后修磨匀顺

4.5.6.2 返修区域修补后,返修部位及补焊受影响的区域应按原探伤条件进行复验,复验结果应满足焊缝相应的级别。

4.5.7 产品试板

4.5.7.1 产品试板应与产品同时焊接,其数量应符合表19的规定,接头数量少于表中数量时应做一组产品试板。

表19 产品试板数量

焊缝类型		接头数量	产品试板数量
受拉横向对接焊缝	接头长度≤1 000mm	32条	1块
	接头长度>1 000mm	24条	1块
顶板、底板及腹板桥位横向对接焊缝		10条	1块
顶板、底板纵向对接焊缝		30条	1块
横向连接梁与边箱梁对接焊缝		10个断面	平、立、仰焊缝各1块

4.5.7.2 产品试板的材质、厚度、轧制方向和坡口形式应与母材相同,长度应满足试验内容的需要。

4.5.7.3 产品试板的焊缝经探伤合格后进行接头拉伸、侧弯和焊缝金属低温冲击试验,试样数量和试验结果应符合相关标准的规定。

4.5.7.4 若试验结果不合格,则应先查明原因,然后对该试板代表的接头进行处理,并重新进行检验。

4.6 部件矫正

4.6.1 矫正时应优先采用机械矫正方法,矫正时应缓慢加力,矫正总变形量不得大于2%,环境温度不宜低于5℃。

4.6.2 采用热矫时温度应控制在600℃~800℃范围内,严禁过烧,不宜在同一部位多次重复加热,温度降至室温前,不得锤击钢材和用水急冷。

4.6.3 矫正后,板单元允许偏差应符合表10的规定。

4.7 预拼装

4.7.1 预拼装在胎架上进行,胎架应有足够的刚度,其基础应有足够的承载力。

4.7.2 每轮预拼装的梁段数不少于五段,预拼装梁段制造完成后,进行连续匹配预拼装,预拼装检查合格后,留下最后一个梁段参与下一轮预拼装。

4.7.3 梁段预拼装允许偏差应符合表20的规定。

表20 梁段预拼装允许偏差   单位为毫米

项 目	允许偏差	说 明	检测方法
预拼装长度	±2×N	分段累加总长,N为节段数	用钢卷尺、拉力器测量
预拼装全长	±20	预拼装累加长度	计算
预拼装时最外两吊点纵向中心距	$±(5+0.15L_1)$	测量最外侧吊点中心距	用钢卷尺、拉力器测量
梁段中心线错位	≤1	梁段中心线与桥轴中心线偏差	用经纬仪测量
预拱度	$+(3+0.15L_2$ 且≤12$)$ $-(3+0.05L_2$ 且≤6$)$	沿桥轴线测量横隔板处高程	用水准仪测量

表20（续）

单位为毫米

项　目	允许偏差	说　明	检测方法
相邻两吊点纵距	±5	相邻两吊点中心距	用钢卷尺、拉力器测量
旁弯 f	$3+0.1L_3$，且任意 20m 测长内 $f<6$	测桥面中心线的平面内偏差	用经纬仪、紧线器、钢板尺测量
	≤5	单段箱梁	

注1：L_1 预拼装时最外两吊点中心距，单位为米(m)；
注2：L_2 为预拼装长度，单位为米(m)；
注3：L_3 为任意五个预拼装梁段长度，单位为米(m)。

4.8 涂装

4.8.1 涂装要求应符合 JT/T 722 的规定。

4.8.2 涂装前应对自由边双侧倒弧，倒弧半径宜为 2mm。

4.8.3 高强度螺栓连接面可采用无机富锌防锈防滑涂料，涂装厚度为 $120\mu m \pm 40\mu m$，也可采用喷铝，涂装厚度为 $150\mu m \pm 50\mu m$。

4.8.4 高强度螺栓连接面涂层初始抗滑移系数不小于0.55，安装时涂层抗滑移系数不小于0.45。

5 试验方法

5.1 加工

5.1.1 切割面表面粗糙度

按 GB/T 1031 用样板检查切割面表面粗糙度。

5.1.2 手工切割和剪切

用钢卷尺、直角尺和钢板尺检查。

5.1.3 零件矫正

用钢卷尺、平尺、拉力器、直角尺、钢板尺和塞尺检查。

5.1.4 U形肋尺寸

用钢卷尺、拉力器、直角尺、钢板尺和塞尺检查。

5.1.5 螺栓孔

用游标卡尺和试孔器检查。

5.1.6 螺栓孔距

用游标卡尺、钢板尺、钢卷尺和拉力器检查。

5.2 组装

用钢卷尺、拉力器、直角尺、钢板尺和塞尺对部件组装质量进行检查。

5.3 焊接

5.3.1 焊缝质量

5.3.1.1 外观
用焊脚检测器、目测、放大镜、钢板尺和钢卷尺进行检查。

5.3.1.2 超声波探伤
焊缝超声波探伤检验应符合 GB/T 11345 的规定。

5.3.1.3 射线探伤
焊缝射线探伤检验应符合 GB/T 3323 的规定。

5.3.1.4 磁粉探伤
磁粉探伤检验应符合 JB/T 6061 的规定。

5.3.2 圆柱头焊钉

5.3.2.1 圆柱头焊钉焊接完成后,每 100 个圆柱头焊钉至少抽三个进行弯曲检验。

5.3.2.2 用锤敲击圆柱头焊钉,使焊钉弯曲 30°时,检查焊缝和热影响区是否出现裂缝。

5.4 预拼装

预拼装检查应在无日照影响的条件下进行,并应有详细的记录,预拼装检测方法应按表 20 的规定进行。

5.5 涂装

5.5.1 涂装检验应符合 JT/T 722 的规定。

5.5.2 抗滑移系数试验方法应按 TB/T 2137 进行。

6 检验规则

6.1 产品检验分为预拼装检验和出厂检验。

6.2 预拼装检验项目按表 20 进行。

6.3 产品出厂时应进行出厂检验,出厂检验包括:
   a) 梁段的螺栓孔允许偏差,应符合 4.3.7 的规定;
   b) 梁段的涂层质量,应符合 4.8 的规定;
   c) 梁段允许偏差,应符合表 11 的规定;
   d) 梁段的焊缝质量,应符合表 12 ~ 表 17 的规定。

6.4 产品需经检验合格,并附有质量检验合格证方可出厂。

7 存放和运输

7.1 梁段存放场地坚实平整,有排水设施,支承处有足够的承载力。

7.2 梁段应单层存放,存放期间支点处不允许有不均匀沉降。

7.3 梁段在存放场地存放时,应按吊运顺序安排位置。

7.4 梁段采用船舶运输时,应对船舶进行稳定性验算,梁段的绑扎固定及运输应符合船舶运输的有关规定。

8 梁段现场吊装连接

8.1 梁段吊装并经调整就位后,按顺序连接接口临时连接件,经检查合格后,按顺序对称施焊。

8.2 梁段间的焊接应符合4.5的有关规定。

8.3 梁段间焊缝经检查合格后,按照先对接后角接的顺序焊接U形肋嵌补件。

8.4 梁段间采用栓焊连接时,应在焊缝焊接前初拧高强度螺栓,待焊缝焊接完并经检验合格后,再终拧高强度螺栓。高强度螺栓施工应遵照JGJ 82的规定执行。

8.5 现场环缝、栓接面补涂装以及最后一道面漆涂装应符合4.8的有关规定。

ICS 93.040;87.040
P 28
备案号:

中华人民共和国交通运输行业标准

JT/T 821—2011

混凝土桥梁结构表面用防腐涂料

Anti-corrosive coatings for concrete bridge surface

2011-11-28 发布　　　　　　　　　　2012-04-01 实施

中华人民共和国交通运输部 发布

JT/T 821—2011

总　目　次

混凝土桥梁结构表面用防腐涂料　第1部分:溶剂型涂料
混凝土桥梁结构表面用防腐涂料　第2部分:湿表面涂料
混凝土桥梁结构表面用防腐涂料　第3部分:柔性涂料
混凝土桥梁结构表面用防腐涂料　第4部分:水性涂料

中华人民共和国交通运输行业标准

JT/T 821.1—2011

混凝土桥梁结构表面用防腐涂料
第1部分：溶剂型涂料

Anti-corrosive coatings for concrete bridge surface
Part 1: Solvent based coatings

2011-11-28 发布　　　　　　　　　　　2012-04-01 实施

中华人民共和国交通运输部 发布

JT/T 821.1—2011

目　次

前言
1　范围
2　规范性引用文件
3　分类和分级
4　要求
5　试验方法
6　检验规则
7　标志、包装和储存
附录 A(规范性附录)　抗氯离子渗透性试验方法

前　言

JT/T 821《混凝土桥梁结构表面用防腐涂料》分为四个部分：
——第1部分：溶剂型涂料；
——第2部分：湿表面涂料；
——第3部分：柔性涂料；
——第4部分：水性涂料。

本部分为 JT/T 821 的第1部分。

本部分按照 GB/T 1.1—2009 给出的规则起草。

本部分由中国公路学会桥梁和结构工程分会提出并归口。

本部分起草单位：北京航材百慕新材料技术工程股份有限公司、中国科学院海洋研究所、中国建筑材料检验认证中心、国家涂料质量监督检验中心、中交公路规划设计院有限公司、中航工业北京航空材料研究院。

本部分主要起草人：李运德、杨振波、杨文颐、李伟华、苏春海、商汉章、李春、张亮、姜小刚、胡立明、黄玖梅。

JT/T 821.1—2011

混凝土桥梁结构表面用防腐涂料
第1部分：溶剂型涂料

1 范围

JT/T 821 的本部分规定了混凝土桥梁结构表面用长效溶剂型防腐涂料的分类和分级、要求、试验方法、检验规则、标志、包装和储存等内容。

本部分适用于混凝土桥梁结构表面用长效溶剂型防腐涂料，主要用于大气区或施工及养护时处于大气环境下干湿交替区的混凝土结构表面防护和装饰。

本部分不适用于柔性涂料。

2 规范性引用文件

下列文件对于本文件的应用是必不可少的。凡是注日期的引用文件，仅注日期的版本适用于本文件。凡是不注日期的引用文件，其最新版本（包括所有的修改单）适用于本文件。

GB 1720—1979	漆膜附着力测定法
GB/T 1723—1993	涂料粘度测定法
GB/T 1725—2007	色漆、清漆和塑料 不挥发物含量的测定
GB 1727—1992	漆膜一般制备法
GB/T 1728—1979	漆膜、腻子膜干燥时间测定法
GB/T 1731—1993	漆膜柔韧性测定法
GB/T 1732—1993	漆膜耐冲击测定法
GB/T 1733—1993	漆膜耐水性测定法
GB/T 1766—2008	色漆和清漆 涂层老化的评级方法
GB/T 1865—2009	色漆和清漆 人工气候老化和人工辐射曝露 滤过的氙弧辐射
GB/T 3186	色漆、清漆和色漆与清漆用原材料 取样
GB/T 6750—2007	色漆和清漆 密度的测定 比重瓶法
GB/T 6753.1—2007	色漆、清漆和印刷油墨 研磨细度的测定
GB/T 8170	数值修约规则与极限数值的表示和判定
GB 9264—1988	色漆流挂性的测定
GB/T 9271—2008	色漆和清漆 标准试板
GB 9274—1988	色漆和清漆 耐液体介质的测定
GB/T 9278—2008	涂料试样状态调节和试验的温湿度
GB/T 9750	涂料产品包装标志
GB/T 13491	涂料产品包装通则
HG/T 3792—2005	交联型氟树脂涂料
JT/T 695—2007	混凝土桥梁结构表面涂层防腐技术条件

3 分类和分级

产品分为底漆、中间漆和面漆三类。底漆包括环氧封闭底漆，分为普通型和高固体分型两种；中间漆包括环氧云铁中间漆,分为普通型和厚浆型两种;面漆包括丙烯酸聚氨酯面漆和氟碳面漆,氟碳面漆分为优等品和一等品。

4 要求

4.1 产品配套体系的选择按照 JT/T 695—2007 的规定进行。

4.2 环氧封闭底漆的技术要求见表1。环氧云铁中间漆的技术要求见表2。丙烯酸聚氨酯面漆和氟碳面漆的技术要求见表3。

4.3 配套涂层体系技术要求见表4。

表1 环氧封闭底漆的技术要求

项 目		技 术 要 求	
		普通型	高固体分型
在容器中状态		淡黄色或其他色透明均一液体	
细度(μm)		≤15	
不挥发物含量(%)		40~50	70~90
干燥时间(h)	表干	≤2	≤6
	实干	≤12	≤24
黏度(涂-4杯)(s)		≤25	≤35
柔韧性(mm)		≤2	
附着力(划圈法)(级)		1	
耐冲击性(cm)		50	

表2 环氧云铁中间漆的技术要求

项 目		技 术 要 求	
		普通型	厚浆型
在容器中状态		搅拌混合后,无硬块,呈均匀状态	
细度(μm)		≤90	
不挥发物含量(%)		≥75	≥85
		符合产品要求,允许偏差值±2	
密度(g/mL)		1.7~1.9	
		符合产品要求,允许偏差值±0.05	
干燥时间(h)	表干	≤1	≤4
	实干	≤8	≤24
抗流挂性(μm)		≥150	≥250
柔韧性(mm)		≤2	
附着力(划圈法)(级)		≤2	
耐冲击性(cm)		50	

表3 丙烯酸聚氨酯面漆和氟碳面漆的技术要求

项目		技术要求	
		丙烯酸聚氨酯面漆	氟碳面漆
在容器中状态		搅拌混合后,无硬块,呈均匀状态	
细度(μm)		≤35	
不挥发物含量(%)		≥55	
干燥时间(h)	表干	≤1	
	实干	≤12	
柔韧性(mm)		≤2	
附着力(划圈法)(级)		≤2	
耐冲击性(cm)		50	
耐水性,24h		漆膜无失光、变色、起泡等现象	
耐酸性,10% H_2SO_4,240h		白色漆膜无失光、变色、起泡等现象。其他颜色漆膜无起泡、开裂、明显变色和失光等现象	
耐碱性,10% NaOH,240h		漆膜无变化	优等品漆膜无失光、变色、起泡等现象。一等品漆膜无起泡、开裂、明显变色和失光等现象
主剂溶剂可溶物氟含量[a](%)		—	≥24(优等品) ≥22(一等品)

[a] 生产氟碳涂料所用的FEVE氟碳树脂的氟含量,优等品不小于25,一等品不小于23。

表4 配套涂层体系技术要求

项目	技术要求
耐碱性,720h	漆膜无起泡、开裂、脱落等现象,附着力≥3MPa或混凝土破坏
耐人工气候老化性(h)	丙烯酸聚氨酯面漆1 000h,氟碳面漆一等品3 000h,氟碳面漆优等品5 000h,漆膜无起泡、脱落和粉化等现象,允许轻微变色,保光率≥80%
抗氯离子渗透性[mg/(cm^2·d)]	≤1.5×10^{-4}

5 试验方法

5.1 取样

产品按GB/T 3186的规定取样。取样量根据检验需要确定。

5.2 涂料试样的状态调节和试验的温湿度

除另有规定外,涂料样品应在(23±2)℃条件下放置24h后进行相应试验,制备漆膜时控制温度条件在15℃~30℃之间,相对湿度不大于85%。

除另有规定外,制备好的样板,应在GB/T 9278—2008规定的标准条件下放置规定的时间后,按有关检验方法进行性能测试。检测项目中除了明确规定的试验条件外,均在GB/T 9278—2008规定的标准条件下测定。

5.3 试验样板的制备

5.3.1 试验用底材及表面处理

5.3.1.1 试验用马口铁板和钢板应符合GB/T 9271—2008的要求,马口铁板的处理应按GB/T 9271—2008中4.3的规定进行,钢板的处理应按GB/T 9271—2008中3.5的规定进行。

5.3.1.2 配套涂层体系耐碱性试验的底材选用和处理按JT/T 695—2007中附录B.1的规定进行。

5.3.1.3 试验用水泥砂浆板制备方法及表面处理如下:
   a) 将水、水泥(采用P.O32.5)和砂(ISO标准砂)按照1:1:6的比例混合后倒入150mm×70mm×20mm的金属模具成型;
   b) 在温度(20±2)℃、湿度不小于80%的条件下静置24h后脱模,在温度(20±2)℃的水中养护6d,再在GB/T 9278—2008规定的标准条件下静置7d以上;
   c) 采用符合规定的150号水砂纸,对成型试板朝下的一面进行充分研磨并清理干净,作为待施涂的试板面。

5.3.2 试验样板的制备

试验样板的制备按照GB 1727—1992的规定进行,试验样板制备要求见表5。

表5 试验样板制备要求

项 目	底材类型	底材尺寸(mm)	涂装要求
漆膜干燥时间、柔韧性、附着力(划圈法)、耐冲击性	马口铁板	120×50×(0.2~0.3)	喷涂一道。漆膜厚度要求为:底漆、面漆的厚度要求为(20±3)μm;中间漆的厚度要求为(25±5)μm,养护7d
面漆耐水性	钢板	120×50×(0.45~0.55)	施涂两道,间隔时间为24h,漆膜总厚度为(45±5)μm,养护14d
面漆耐酸性、耐碱性	钢板	120×50×(0.45~0.55)	施涂环氧底漆两道、面漆两道,每道间隔24h,漆膜总厚度(100±10)μm,养护14d
配套涂层体系耐碱性	混凝土块	100×100×100	采用刷涂法按底漆、中间漆和面漆的顺序涂装,每道间隔24h。漆膜厚度:底漆为(30±5)μm,中间漆为(160±20)μm,氟碳面漆为(60±5)μm,丙烯酸聚氨酯面漆为(80±10)μm,养护14d
耐人工气候老化性、自然气候曝露[a]	水泥砂浆板	150×70×20	
抗氯离子渗透性	涂料细度纸	150×150	

[a] 耐候性能可选用其他底材及适宜的配套底漆。

5.4 操作方法

5.4.1 在容器中状态

打开容器,用调刀或搅拌棒搅拌进行目视判断。

5.4.2 细度

按 GB/T 6753.1—2007 的规定进行。可将涂料调整到合适的黏度后测试,一般涂-4 黏度为(45±5)s。

5.4.3 不挥发物含量

按 GB/T 1725—2007 的规定进行。烘烤温度(105±2)℃,烘烤时间为 2h,试样量为(2±0.2)g。

5.4.4 干燥时间

按 GB/T 1728—1979 的规定,表干按乙法,实干按甲法进行。

5.4.5 黏度

按 GB/T 1723—1993 的涂-4 黏度计法规定进行。

5.4.6 柔韧性

按 GB/T 1731—1993 的规定进行。

5.4.7 附着力

按 GB 1720—1979 的规定进行。

5.4.8 耐冲击性

按 GB/T 1732—1993 的规定进行。

5.4.9 密度

按 GB/T 6750—2007 的规定进行。

5.4.10 抗流挂性

按 GB 9264—1988 的规定进行。

5.4.11 耐水性

按 GB/T 1733—1993 中甲法的规定进行。结果评定按 GB/T 1766—2008 的规定进行。

5.4.12 耐酸性

按 GB 9274—1988 中甲法的规定进行。结果评定按 GB/T 1766—2008 的规定进行。

5.4.13 耐碱性

按 GB 9274—1988 中甲法的规定进行。结果评定按 GB/T 1766—2008 的规定进行。

5.4.14 主剂溶剂可溶物氟含量

按 HG/T 3792—2005 规定的试验方法进行,并对检测值进行矫正。本标准规定的氟含量为 HG/T 3792—2005 规定的氟含量检测值的 1.05 倍。

5.4.15 配套涂层体系耐碱性

耐碱性试验按 JT/T 695—2007 中附录 B.1 的规定进行。耐碱性试验后按 JT/T 695—2007 中附录

B.3 的规定进行涂层体系的附着力测试。

5.4.16 耐人工气候老化性

按 GB/T 1865—2009 中方法 1 循环 A 的规定进行。结果评定按 GB/T 1766—2008 的规定进行。

5.4.17 抗氯离子渗透性

按附录 A 的规定进行。

6 检验规则

6.1 检验分类

6.1.1 产品检验分为出厂检验和型式检验。
6.1.2 出厂检验项目包括在容器中状态、细度、不挥发物含量、干燥时间、黏度、密度、抗流挂性。
6.1.3 型式检验项目包括第 4 章所列全部技术要求。

6.2 检验批次

正常情况下，耐冲击性、柔韧性、附着力（划圈法）每月检验一次；面漆的耐水性、耐酸性、耐碱性和主剂溶剂可溶物氟含量每年检验一次；配套涂层体系耐碱性、抗氯离子渗透性每两年检验一次；耐人工气候老化性、自然气候曝露每五年检验一次。

6.3 检验结果的评定

6.3.1 检验结果的判定按 GB/T 8170 中修约值比较法进行。
6.3.2 应检项目的检验结果均达到本部分要求时，判定该批产品为合格。

7 标志、包装和储存

7.1 标志

按 GB/T 9750 的规定进行。

7.2 包装

按 GB/T 13491 中一级包装要求的规定进行。

7.3 储存

产品储存时应保证通风、干燥，防止日光直接照射并应隔离火源、远离热源。产品应根据类型定出储存期，并在包装标志上明示。

附 录 A
（规范性附录）
抗氯离子渗透性试验方法

A.1 试验仪器

试验仪器如下：
a) 试验应采用内径为 40mm～50mm 的有机玻璃试验槽；
b) 湿膜厚度规；
c) 磁性测厚仪。

A.2 试验步骤

A.2.1 试验用漆膜的制作。采用 150mm×150mm 的涂料细度纸作增强材料，将其平铺于玻璃板上，依照表5 的涂装要求或配套涂料使用说明书的要求制备漆膜，然后剪成直径为 60mm～70mm 的试件，共三块。

A.2.2 按图 A.1 所示方法进行抗氯离子渗透性试验，采用三组装置同时测试。使试件涂漆的一面朝向 3% NaCl 水溶液；细度纸的另一面朝向蒸馏水。置于室内温度为(25±2)℃条件下进行试验，经 30d 试验后，测定蒸馏水中的氯离子含量。

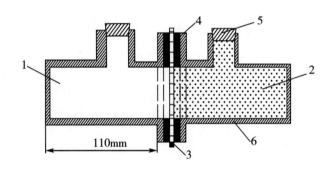

说明：
1——3% NaCl 水溶液；
2——蒸馏水；
3——试件（活动涂层片）；
4——硅橡胶填料；
5——硅橡胶塞；
6——内径为 40mm～50mm 的试验槽。

图 A.1 涂层抗氯离子渗透性试验装置示意图

A.3 结果计算和评定

A.3.1 结果计算

抗氯离子渗透性按公式（A.1）计算。

$$A = \frac{m}{30 \cdot S} \tag{A.1}$$

式中：A——涂层抗氯离子渗透性，单位为毫克每平方厘米每天$[mg/(cm^2 \cdot d)]$；

m——渗透后蒸馏水中氯离子的含量，单位为克(g)；

S——液体与试件的接触面积，单位为平方厘米(cm^2)。

A.3.2 评判依据

测试的三个数据中至少应有两个数据满足表4的技术要求。

中华人民共和国交通运输行业标准

JT/T 821.2—2011

混凝土桥梁结构表面用防腐涂料
第2部分:湿表面涂料

Anti-corrosive coatings for concrete bridge surface
Part 2: Wet-surface tolerant coatings

2011-11-28 发布　　　　　　　　　　　　2012-04-01 实施

中华人民共和国交通运输部 发布

JT/T 821.2—2011

目　次

前言
1　范围
2　规范性引用文件
3　分类
4　要求
5　试验方法
6　检验规则
7　标志、包装和储存

前　言

JT/T 821《混凝土桥梁结构表面用防腐涂料》分为四个部分：
——第1部分：溶剂型涂料；
——第2部分：湿表面涂料；
——第3部分：柔性涂料；
——第4部分：水性涂料。

本部分为 JT/T 821 的第2部分。

本部分按照 GB/T 1.1—2009 给出的规则起草。

本部分由中国公路学会桥梁和结构工程分会提出并归口。

本部分起草单位：北京航材百慕新材料技术工程股份有限公司、中国科学院海洋研究所、中国建筑材料检验认证中心、国家涂料质量监督检验中心、中交公路规划设计院有限公司、中航工业北京航空材料研究院。

本部分主要起草人：李运德、杨振波、杨文颐、苏春海、李伟华、商汉章、李春、张亮、姜小刚、胡立明、黄玖梅。

JT/T 821.2—2011

混凝土桥梁结构表面用防腐涂料
第2部分:湿表面涂料

1 范围

JT/T 821 的本部分规定了处于潮湿状态下的混凝土桥梁结构表面用防腐涂料的分类、要求、试验方法、检验规则、标志、包装和储存等内容。

本部分适用于混凝土桥梁结构表面处于涨落潮或干湿交替状态环境下涂装用材料。其他类似涂装环境条件下混凝土结构表面用涂料也可参照执行。

2 规范性引用文件

下列文件对于本文件的应用是必不可少的。凡是注日期的引用文件,仅注日期的版本适用于本文件。凡是不注日期的引用文件,其最新版本(包括所有的修改单)适用于本文件。

GB 1720—1979	漆膜附着力测定法
GB/T 1723—1993	涂料粘度测定法
GB/T 1725—2007	色漆、清漆和塑料 不挥发物含量的测定
GB 1727—1992	漆膜一般制备法
GB/T 1728—1979	漆膜、腻子膜干燥时间测定法
GB/T 1731—1993	漆膜柔韧性测定法
GB/T 1732—1993	漆膜耐冲击测定法
GB/T 1733—1993	漆膜耐水性测定法
GB/T 1740—2007	漆膜耐湿热测定法
GB/T 1766—2008	色漆和清漆 涂层老化的评级方法
GB/T 1768—2006	色漆和清漆 耐磨性的测定 旋转橡胶砂轮法
GB/T 1865—2009	色漆和清漆 人工气候老化和人工辐射曝露 滤过的氙弧辐射
GB/T 3186	色漆、清漆和色漆与清漆用原材料 取样
GB/T 6750—2007	色漆和清漆 密度的测定 比重瓶法
GB/T 6753.1—2007	色漆、清漆和印刷油墨 研磨细度的测定
GB/T 8170	数值修约规则及极限数值的表示和判定
GB 9264—1988	色漆流挂性的测定
GB/T 9271—2008	色漆和清漆 标准试板
GB 9274—1988	色漆和清漆 耐液体介质的测定
GB/T 9278—2008	涂料试样状态调节和试验的温湿度
GB/T 9750	涂料产品包装标志
GB/T 13491	涂料产品包装通则
JT/T 695—2007	混凝土桥梁结构表面涂层防腐技术条件
JT/T 821.1—2011	混凝土桥梁结构表面用防腐涂料 第1部分:溶剂型涂料

3 分类

产品分为底漆、中间漆和面漆三类。底漆选用潮湿表面容忍性封闭底漆；中间漆选用快干型环氧云铁厚浆漆；面漆包括快干型丙烯酸聚氨酯面漆和聚天门冬氨酸酯聚脲面漆。

4 要求

4.1 配套涂层体系见表1。
4.2 潮湿表面容忍性环氧封闭底漆的技术要求见表2。快干型环氧云铁厚浆漆的技术要求见表3。快干型丙烯酸聚氨酯面漆和聚天门冬氨酸酯聚脲面漆的技术要求见表4。
4.3 配套涂层体系技术要求见表5。

表1 配套涂层体系

配套涂层体系编号	涂料(涂层)名称	涂装道数	干膜厚度(μm)	涂装环境适应性	装饰效果
1	潮湿表面容忍性环氧封闭底漆	1	—	恶劣	一般
	快干型环氧云铁厚浆漆	3	450		
2	潮湿表面容忍性环氧封闭底漆	1	—	一般	较好
	快干型环氧云铁厚浆漆	2	300		
	快干型丙烯酸聚氨酯面漆	1~2	80		
3	潮湿表面容忍性环氧封闭底漆	1	—	较恶劣	较好
	快干型环氧云铁厚浆漆	2	300		
	聚天门冬氨酸酯聚脲面漆	1	100		

表2 潮湿表面容忍性环氧封闭底漆的技术要求

项 目		技术要求
在容器中状态		淡黄色或其他色透明均一液体
细度(μm)		≤15
不挥发物含量(%)		≥40
干燥时间(h)	表干	≤2
	实干	≤12
黏度(涂-4杯)(s)		≤25
柔韧性(mm)		≤2
附着力(划圈法)(级)		1
耐冲击性(cm)		50
潮湿混凝土基面施涂性		试样能够均匀涂刷,并且形成均匀涂膜

表3 快干型环氧云铁厚浆漆的技术要求

项 目		技 术 要 求
在容器中状态		搅拌混合后,无硬块,呈均匀状态
细度(μm)		≤90
不挥发物含量(%)		≥85
密度(g/mL)		1.55~1.65
干燥时间(h)	表干	≤1.5
	实干	≤8
抗流挂性(μm)		≥250
柔韧性(mm)		≤2
附着力(划圈法)(级)		≤2
耐冲击性(cm)		50

表4 快干型丙烯酸聚氨酯面漆和聚天门冬氨酸酯聚脲面漆的技术要求

项 目		技 术 要 求	
		快干型丙烯酸聚氨酯面漆	聚天门冬氨酸酯聚脲面漆
在容器中状态		搅拌混合后,无硬块,呈均匀状态	
细度(μm)		≤35	
不挥发物含量(%)		≥60	≥85
干燥时间(h)	表干	≤0.5	≤1
	实干	≤10	≤12
柔韧性(mm)		≤2	1
附着力(划圈法)(级)		≤2	1
耐冲击性(cm)		50	
耐水性,72h		漆膜无失光、变色、起泡等现象	
耐酸性(10% H_2SO_4,240h)		漆膜无起泡、开裂、明显变色和失光等现象	
耐碱性(10% NaOH,240h)			
耐磨性(1kg·500r)(g)		≤0.05	
适用期(min)		≥120	≥45

表5 配套涂层体系技术要求

项 目	技 术 要 求
配套涂层体系附着力(MPa)	≥2.5
耐湿热性,1 000h	漆膜无起泡、脱落和开裂等现象,允许轻微变色和轻微失光
人工加速老化性[a],1 500h	漆膜不起泡、不剥落、不开裂、不粉化、无明显变色
抗氯离子渗透性[mg/(cm^2·d)]	≤1.0×10^{-4}
[a] 表1中的配套涂层体系1不作要求。	

5 试验方法

5.1 取样

产品按 GB/T 3186 的规定取样。取样量根据检验需要确定。

5.2 涂料试样的状态调节和试验的温湿度

除另有规定外，涂料样品应在(23±2)℃条件下放置24h后进行相应试验，制备漆膜时控制温度条件在15℃~30℃之间。

除另有规定外，制备好的样板，应在 GB/T 9278—2008 规定的标准条件下放置规定的时间后，按有关检验方法进行性能测试。检测项目中除了明确规定的试验条件外，均在 GB/T 9278—2008 规定的标准条件下测定。

5.3 试验样板的制备

5.3.1 试验用底材及表面处理

5.3.1.1 试验用马口铁板和钢板应符合 GB/T 9271—2008 的要求，马口铁板的处理应按 GB/T 9271—2008 中4.3的规定进行，钢板的处理应按 GB/T 9271—2008 中3.5的规定进行。

5.3.1.2 配套涂层体系附着力、耐碱性试验的底材选用和处理按 JT/T 695—2007 中附录 B.1 的规定进行。

5.3.1.3 试验用水泥砂浆板制备方法及表面处理如下：

a) 将水、水泥（采用 P.O32.5）和砂（ISO 标准砂）按照 1:1:6 的比例混合后倒入 150mm × 70mm × 20mm 的金属模具成型；

b) 在温度(20±2)℃、湿度不小于80%的条件下静置24h后脱模，在温度(20±2)℃的水中养护6d，再在 GB/T 9278—2008 规定的标准条件下静置7d以上；

c) 采用符合规定的150号水砂纸，对成型试板朝下的一面进行充分研磨并清理干净，作为待施涂的试板面。

5.3.2 试验样板的制备

试验样板的制备按照 GB 1727—1992 的规定进行，试验样板制备要求见表6。

表6 试验样板制备要求

项 目	底材类型	底材尺寸 (mm)	涂装要求
漆膜干燥时间、柔韧性、附着力（划圈法）、耐冲击性	马口铁板	120×50×(0.2~0.3)	喷涂一道。漆膜厚度要求为：封闭底漆、快干型丙烯酸聚氨酯面漆的厚度要求为(20±3)μm；环氧云铁厚浆漆、聚天门冬氨酸酯聚脲面漆的厚度要求为(25±5)μm。养护7d
面漆耐水性	钢板	120×50×(0.45~0.55)	施涂两道，间隔时间为24h，快干型丙烯酸聚氨酯面漆漆膜总厚度为(45±5)μm，聚天门冬氨酸酯聚脲面漆的厚度要求为(80±5)μm。养护14d
面漆耐磨性	钢板	φ(100×10×1)	
面漆耐酸性、耐碱性	钢板	150×70×(0.8~1.5)	施涂环氧底漆两道、面漆两道，每道间隔24h，快干型丙烯酸聚氨酯面漆漆膜总厚度为(100±10)μm，聚天门冬氨酸酯聚脲面漆的漆膜总厚度为(120±10)μm。养护14d

表 6 （续）

项　目	底材类型	底材尺寸（mm）	涂装要求
抗氯离子渗透性	涂料细度纸	150×150	采用刷涂法按底漆、中间漆和面漆的顺序涂装，每道间隔24h。漆膜厚度：底漆为(30±5)μm，漆膜总厚度为(350±50)μm。养护14d
人工加速老化[a]	水泥砂浆板	150×70×20	
涂层体系附着力	混凝土块	100×100×100	制备好的基材浸泡在清水中24h后取出，用湿棉布擦去明水，空气中自然停放30min后采用刷涂法按底漆、中间漆和面漆的顺序涂装，每道间隔24h，每涂完一道漆在空气中养护4h后，浸入水中12h，再在空气中养护8h后涂装下一道漆。漆膜厚度：底漆为(30±5)μm，漆膜总厚度为(350±50)μm。养护14d
耐湿热性	水泥砂浆块	150×70×20	

[a] 可选用其他底材及适宜的配套底漆。

5.4 操作方法

5.4.1 在容器中状态

打开容器，用调刀或搅拌棒搅拌进行目视判断。

5.4.2 细度

按 GB/T 6753.1—2007 的规定进行。可将涂料调整到合适黏度后测试，一般涂-4 黏度为(45±5)s。

5.4.3 不挥发物含量

按 GB/T 1725—2007 的规定进行。烘烤温度(105±2)℃，烘烤时间为2h，试样量(2±0.2)g。

5.4.4 干燥时间

按 GB/T 1728—1979 的规定，表干按乙法，实干按甲法进行。

5.4.5 黏度

按 GB/T 1723—1993 的涂-4 黏度计法规定进行。

5.4.6 柔韧性

按 GB/T 1731—1993 的规定进行。

5.4.7 附着力

按 GB 1720—1979 的规定进行。

5.4.8 耐冲击性

按 GB/T 1732—1993 的规定进行。

5.4.9 潮湿混凝土基面施涂性

将水泥砂浆块浸泡在清水中2h后捞出,迅速用湿布擦除表面明水,在5min内,刷涂潮湿表面容忍性环氧封闭底漆。

5.4.10 密度

按 GB/T 6750—2007 的规定进行。

5.4.11 抗流挂性

按 GB 9264—1988 的规定进行。

5.4.12 耐水性

按 GB/T 1733—1993 中甲法的规定进行。结果评定按 GB/T 1766—2008 的规定进行。

5.4.13 耐酸性

按 GB 9274—1988 中甲法的规定进行。结果评定按 GB/T 1766—2008 的规定进行。

5.4.14 耐碱性

按 GB 9274—1988 中甲法的规定进行。结果评定按 GB/T 1766—2008 的规定进行。

5.4.15 耐磨性

按 GB/T 1768—2006 的规定进行。

5.4.16 适用期

在(23±2)℃条件下,将涂料各组分按规定的比例混合,测定其易于施涂的时间。

5.4.17 配套涂层体系附着力

按 JT/T 695—2007 中附录 B.3 的规定进行。

5.4.18 耐湿热性

按 GB/T 1740—2007 的规定进行。结果评定按 GB/T 1766—2008 的规定进行。

5.4.19 耐人工气候老化性

按 GB/T 1865—2009 中方法1循环A的规定进行。结果评定按 GB/T 1766—2008 的规定进行。

5.4.20 抗氯离子渗透性

按 JT/T 821.1—2011 中附录 A 的规定进行。

6 检验规则

6.1 检验分类

6.1.1 产品检验分为出厂检验和型式检验。

6.1.2 出厂检验项目包括在容器中状态、密度、黏度、细度、不挥发物含量、抗流挂性、干燥时间、适用期、潮湿混凝土基面施涂性。

6.1.3 型式检验项目包括第4章所列全部技术要求。

6.2 检验批次

正常情况下,耐冲击性、柔韧性、附着力(划圈法)每月检验一次;面漆的耐水性、耐酸性、耐碱性、耐磨性每年检验一次;配套涂层体系附着力、抗氯离子渗透性每两年检验一次;耐湿热性、耐人工气候老化性每五年检验一次。

6.3 检验结果的评定

6.3.1 检验结果的判定按GB/T 8170中修约值比较法进行。

6.3.2 应检项目的检验结果均达到本部分要求时,该批产品为合格。

7 标志、包装和储存

7.1 标志

按GB/T 9750的规定进行。

7.2 包装

按GB/T 13491中一级包装要求的规定进行。

7.3 储存

产品储存时应保证通风、干燥,防止日光直接照射并应隔离火源、远离热源。产品应根据类型定出储存期,并在包装标志上明示。

中华人民共和国交通运输行业标准

JT/T 821.3—2011

混凝土桥梁结构表面用防腐涂料
第3部分:柔性涂料

Anti-corrosive coatings for concrete bridge surface
Part 3: Flexible coatings

2011-11-28 发布　　　　　　　　　　　　2012-04-01 实施

中华人民共和国交通运输部 发布

目　次

前言
1　范围
2　规范性引用文件
3　分类
4　要求
5　试验方法
6　检验规则
7　标志、包装和储存
附录 A(规范性附录)　裂缝追随性能的测定

前 言

JT/T 821《混凝土桥梁结构表面用防腐涂料》分为四个部分：
——第 1 部分：溶剂型涂料；
——第 2 部分：湿表面涂料；
——第 3 部分：柔性涂料；
——第 4 部分：水性涂料。

本部分为 JT/T 821 的第 3 部分。

本部分按照 GB/T 1.1—2009 给出的规则起草。

本部分由中国公路学会桥梁和结构工程分会提出并归口。

本部分起草单位：北京航材百慕新材料技术工程股份有限公司、中国科学院海洋研究所、中国建筑材料检验认证中心、国家涂料质量监督检验中心、中交公路规划设计院有限公司、中航工业北京航空材料研究院。

本部分主要起草人：李运德、商汉章、白桦栋、刘伟、李伟华、杨文颐、唐瑛、张亮、姜小刚、胡立明、黄玖梅。

JT/T 821.3—2011

混凝土桥梁结构表面用防腐涂料
第3部分：柔性涂料

1 范围

JT/T 821 的本部分规定了混凝土桥梁结构表面用柔性防腐涂料的分类、要求、试验方法、检验规则、标志、包装和储存等内容。

本部分适用于已经出现裂纹或防止裂纹产生的桥梁混凝土结构表面用柔性防腐涂料，也可用于混凝土结构表面出现裂缝后采用化学灌浆或其他密封补强措施后的表面防护和修饰。

2 规范性引用文件

下列文件对于本文件的应用是必不可少的。凡是注日期的引用文件，仅注日期的版本适用于本文件。凡是不注日期的引用文件，其最新版本（包括所有的修改单）适用于本文件。

GB/T 528—2009　　　　硫化橡胶和热塑性橡胶　拉伸应力应变性能的测定
GB 1720—1979　　　　漆膜附着力测定法
GB/T 1723—1993　　　涂料粘度测定法
GB/T 1725—2007　　　色漆、清漆和塑料　不挥发物含量的测定
GB 1727—1992　　　　漆膜一般制备法
GB/T 1728—1979　　　漆膜、腻子膜干燥时间测定法
GB/T 1731—1993　　　漆膜柔韧性测定法
GB/T 1732—1993　　　漆膜耐冲击测定法
GB/T 1733—1993　　　漆膜耐水性测定法
GB/T 1766—2008　　　色漆和清漆　涂层老化的评级方法
GB/T 1865—2009　　　色漆和清漆　人工气候老化和人工辐射曝露　滤过的氙弧辐射
GB/T 3186　　　　　　色漆、清漆和色漆与清漆用原材料　取样
GB/T 6750—2007　　　色漆和清漆　密度的测定　比重瓶法
GB/T 6753.1—2007　　色漆、清漆和印刷油墨　研磨细度的测定
GB/T 8170　　　　　　数值修约规则与极限数值的表示和判定
GB/T 9271—2008　　　色漆和清漆　标准试板
GB 9274—1988　　　　色漆和清漆　耐液体介质的测定
GB/T 9278—2008　　　涂料试样状态调节和试验的温湿度
GB/T 9750　　　　　　涂料产品包装标志
GB/T 13491　　　　　涂料产品包装通则
HG/T 3792—2005　　　交联型氟树脂涂料
JT/T 695—2007　　　　混凝土桥梁结构表面涂层防腐技术条件
JT/T 821.1—2011　　　混凝土桥梁结构表面用防腐涂料　第1部分：溶剂型涂料

3 分类

产品分为底漆、中间漆和面漆三类。底漆为环氧封闭底漆；中间漆为柔性环氧中间漆或柔性聚氨酯

JT/T 821.3—2011

中间漆;面漆为柔性聚氨酯面漆或柔性氟碳面漆。

4 要求

4.1 配套涂层体系按照表1的规定进行。
4.2 环氧封闭底漆的技术要求见表2。柔性环氧中间漆和柔性聚氨酯中间漆的技术要求见表3。柔性聚氨酯面漆和柔性氟碳面漆的技术要求见表4。
4.3 配套涂层体系技术要求见表5。

表1 配套涂层体系

涂层	涂料品种	施工道数	干膜厚度（μm）
底涂层	环氧封闭底漆	1	—
中间涂层	柔性环氧中间漆或柔性聚氨酯中间漆	1~2	80~200[a]
面涂层	柔性聚氨酯面漆或柔性氟碳面漆	2	≥100 ≥60

[a] 中间涂层厚度依据混凝土基面状况、腐蚀环境情况、预期防腐年限而定。

表2 环氧封闭底漆的技术要求

项 目		技 术 要 求
在容器中状态		淡黄色或其他色透明均一液体
细度（μm）		≤15
不挥发物含量（%）		≥40
干燥时间（h）	表干	≤4
	实干	≤24
黏度（涂-4杯）（s）		≤25
柔韧性（mm）		1
附着力（划圈法）（级）		1
耐冲击性（cm）		50

表3 柔性环氧中间漆和柔性聚氨酯中间漆的技术要求

项 目	技 术 要 求
在容器中状态	搅拌混合后，无硬块，呈均匀状态
细度（μm）	≤60
不挥发物含量（%）	≥90
黏度（涂-4杯）（s）	40~100
密度（g/mL）	≤1.45

76

表3(续)

项 目		技术要求
干燥时间(h)	表干	≤4
	实干	≤24
拉伸强度(MPa)		≥8
拉断伸长率(%)		≥60

表4 柔性聚氨酯面漆和柔性氟碳面漆的技术要求

项 目		技 术 要 求	
		柔性聚氨酯面漆	柔性氟碳面漆
在容器中状态		搅拌混合后,无硬块,呈均匀状态	
细度(μm)		≤35	
主剂溶剂可溶物氟含量(%)		—	≥20
不挥发物含量(%)		≥80	≥60
黏度(涂-4杯)(s)		40~80	
干燥时间(h)	表干	≤4	≤2
	实干	≤24	≤24
拉伸强度(MPa)		≥10	
拉断伸长率(%)		≥150	≥100
耐水性,24h		漆膜无失光、变色、起泡等现象	
耐酸性,10% H_2SO_4,72h		漆膜无起泡、开裂、明显变色和明显失光等现象	
耐碱性,10% NaOH,72h			

表5 配套涂层体系技术要求

项 目	技 术 要 求
附着力(MPa)	≥1.5
耐人工气候老化性(h)	柔性聚氨酯面漆1 000h,柔性氟碳面漆3 000h,漆膜无起泡、脱落和粉化等现象,允许轻微变色
裂缝追随性(mm)	≥1
抗氯离子渗透性[mg/($cm^2 \cdot d$)]	≤2.0×10^{-4}

5 试验方法

5.1 取样

产品按 GB/T 3186 的规定取样。取样量根据检验需要确定。

5.2 涂料试样的状态调节和试验的温湿度

除另有规定外,涂料样品应在(23±2)℃条件下放置24h后进行相应试验,制备漆膜时控制温度条件在15℃~30℃之间。

除另有规定外,制备好的样板,应在GB/T 9278—2008规定的标准条件下放置规定的时间后,按有关检验方法进行性能测试。检测项目中除了明确规定的试验条件外,均在GB/T 9278—2008规定的标准条件下测定。

5.3 试验样板的制备

5.3.1 试验用底材及表面处理

5.3.1.1 试验用马口铁板和钢板应符合GB/T 9271—2008的要求,马口铁板的处理应按GB/T 9271—2008中4.3的规定进行,钢板的处理应按GB/T 9271—2008中3.5的规定进行。

5.3.1.2 试验用水泥砂浆板制备方法及表面处理如下:

a) 将水、水泥(采用P.O32.5)和砂(ISO标准砂)按照1:1:6的比例混合后倒入150mm×70mm×20mm的金属模具成型;

b) 在温度(20±2)℃、湿度不小于80%的条件下静置24h后脱模,在温度(20±2)℃的水中养护6d,再在GB/T 9278—2008规定的标准条件下静置7d以上;

c) 采用符合规定的150号水砂纸,对成型试板朝下的一面进行充分研磨并清理干净,作为待施涂的试板面。

5.3.2 试验样板的制备

5.3.2.1 试验样板的制备按照GB 1727—1992的规定进行,试验样板制备要求见表6。

表6 试验样板制备要求

项目	底材类型	底材尺寸 (mm)	涂装要求
漆膜干燥时间、柔韧性、附着力(划圈法)、耐冲击性	马口铁板	120×50×(0.2~0.3)	喷涂一道。漆膜厚度要求为:底漆、面漆的厚度要求为(20±3)μm;中间漆的厚度要求为(30±5)μm。养护7d
面漆的耐水性	钢板	120×50×(0.45~0.55)	施涂两道,间隔时间为24h。漆膜总厚度为(45±5)μm。养护14d
面漆耐酸性、耐碱性	钢板	120×50×(0.45~0.55)	施涂环氧底漆两道、面漆两道,每道间隔24h。漆膜总厚度(100±10)μm。养护14d
裂缝追随性	水泥砂浆板	120×40×10	采用刷涂法按底漆(一道)、中间漆(两道)和面漆(两道)的顺序涂装,每道间隔24h。漆膜厚度:底漆为(30±5)μm,中间漆为(200±20)μm,柔性氟碳面漆为(60±5)μm,柔性聚氨酯面漆为(80±10)μm。养护14d
涂层体系附着力	水泥砂浆板	150×70×20	
耐人工气候老化性[a]	水泥砂浆板	150×70×20	
抗氯离子渗透性	涂料细度纸	150×150	

[a] 可选用其他底材及适宜的配套底漆。

5.3.2.2 拉伸强度、拉断伸长率测试用涂膜制备方法如下:制备涂膜用模具如图1所示。将不锈钢模框内边缘及与聚四氟乙烯板接触缝隙处涂上凡士林等适宜的油脂,然后将足够量的涂料(湿膜厚度1mm)倒入模具中,用不锈钢板刮平,7d后脱模,再把涂膜反过来平放7d后测试。

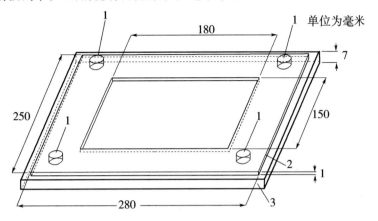

说明:
1——螺母;
2——模框;
3——底板。

图1 制备涂膜用模具

5.4 操作方法

5.4.1 在容器中状态

打开容器,用调刀或搅拌棒搅拌进行目视判断。

5.4.2 细度

按 GB/T 6753.1—2007 的规定进行。

5.4.3 不挥发物含量

按 GB/T 1725—2007 的规定进行。烘烤温度(105±2)℃,烘烤时间为2h,试样量(2±0.2)g。

5.4.4 干燥时间

按 GB/T 1728—1979 的规定,表干按乙法,实干按甲法进行。

5.4.5 黏度

按 GB/T 1723—1993 的涂-4黏度计法规定进行。

5.4.6 柔韧性

按 GB/T 1731—1993 的规定进行。

5.4.7 附着力

按 GB 1720—1979 的规定进行。

5.4.8 耐冲击性

按 GB/T 1732—1993 的规定进行。

5.4.9 密度

按 GB/T 6750—2007 的规定进行。

5.4.10 拉伸强度

按 GB/T 528—2009 的规定进行。拉伸速率为 50mm/min。

5.4.11 拉断伸长率

按 GB/T 528—2009 的规定进行。拉伸速率为 50mm/min。

5.4.12 主剂溶剂可溶物氟含量

按 HG/T 3792—2005 规定的试验方法进行,并对检测值进行矫正。本标准规定的氟含量为 HG/T 3792—2005 规定的氟含量检测值的 1.05 倍。

5.4.13 耐水性

按 GB/T 1733—1993 中甲法的规定进行。结果评定按 GB/T 1766—2008 的规定进行。

5.4.14 耐酸性

按 GB 9274—1988 中甲法的规定进行。结果评定按 GB/T 1766—2008 的规定进行。

5.4.15 耐碱性

按 GB 9274—1988 中甲法的规定进行。结果评定按 GB/T 1766—2008 的规定进行。

5.4.16 配套涂层体系附着力

按 JT/T 695—2007 中附录 B.3 的规定进行。

5.4.17 耐人工气候老化性

按 GB/T 1865—2009 中方法 1 循环 A 的规定进行。结果评定按 GB/T 1766—2008 的规定进行。

5.4.18 裂缝追随性

按附录 A 的规定进行。

5.4.19 抗氯离子渗透性

按 JT/T 821.1—2011 中附录 A 的规定进行。

6 检验规则

6.1 检验分类

6.1.1 产品检验分为出厂检验和型式检验。
6.1.2 出厂检验项目包括在容器中状态、细度、不挥发物含量、黏度、密度、干燥时间。
6.1.3 型式检验项目包括第 4 章所列全部技术要求。

6.2 检验批次

正常情况下,耐冲击性、柔韧性、附着力(划圈法)每月检验一次;拉伸强度、拉断伸长率、耐水性、耐酸性、耐碱性每年检验一次;主剂溶剂可溶物氟含量、配套涂层体系附着力、抗氯离子渗透性每两年检验一次;裂缝追随性、耐人工气候老化性每五年检验一次。

6.3 检验结果的评定

6.3.1 检验结果的判定按 GB/T 8170 中修约值比较法进行。

6.3.2 应检项目的检验结果均达到本部分要求时,判定该批产品为合格。

7 标志、包装和储存

7.1 标志

按 GB/T 9750 的规定进行。

7.2 包装

按 GB/T 13491 中一级包装要求的规定进行。

7.3 储存

产品储存时应保证通风、干燥,防止日光直接照射并应隔离火源、远离热源。产品应根据类型定出储存期,并在包装标志上明示。

附 录 A
（规范性附录）
裂缝追随性能的测定

A.1 基材制备

A.1.1 采用灰砂比3∶1、水灰比1∶2的灰浆（水泥采用P.O32.5,砂采用ISO标准砂）,倒入120mm×40mm×10mm的金属模具成型,在温度(20±2)℃、湿度不小于80%的条件下养护24h后脱模,在温度(20±2)℃的水中养护6d,再在GB/T 9278—2008规定的标准条件下养护7d。

A.1.2 如图A.1所示,在成型混凝土板的上表面用切割机切割深度为5mm的缺口（背面用于涂覆表面涂层材料）,然后沿着缺口将混凝土试件掰开。折断的两部分重新拼合后用胶带黏结在钢板表面。

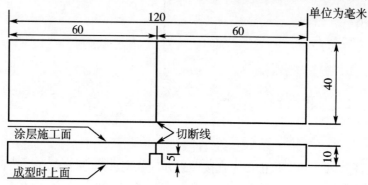

图 A.1 基材形状

A.2 试板制备

A.2.1 首先除去混凝土试件表面的脆弱层及油污、浮浆、粉尘、腐蚀性物质等,再使用抹刀将聚合物水泥砂浆等适宜的找平材料顺着基板连接缝涂抹均匀,抹缝宽度应该控制在20mm以内。待找平材料硬化后,使用符合规定的150号砂纸磨平,并清理干净。

A.2.2 按照表6中规定的涂装工艺要求将表面涂层材料涂布在接板表面上,避免涂料流入接缝里,在连接板的两侧留出30mm的空白。然后,在GB/T 9278—2008规定的标准条件下养护14d,形成试验件。

A.3 样品测试

A.3.1 将养护后的三块试板从不锈钢板上小心剥离下来,固定在电子拉力试验机具有一定间隙的夹具之间。在恒定拉伸速率5mm/min下对样品进行拉伸试验。

A.3.2 按照伸长率计算涂膜的裂缝追随性能。伸长率按照外涂层破坏前,应力—应变曲线最大应力值对应的应变值确定。

中华人民共和国交通运输行业标准

JT/T 821.4—2011

混凝土桥梁结构表面用防腐涂料
第4部分:水性涂料

Anti-corrosive coatings for concrete bridge surface
Part 4: Water based coatings

2011-11-28 发布　　　　　　　　　　2012-04-01 实施

中华人民共和国交通运输部 发布

JT/T 821.4—2011

目 次

前言
1 范围
2 规范性引用文件
3 分类和分级
4 要求
5 试验方法
6 检验规则
7 标志、包装和储存

前 言

JT/T 821《混凝土桥梁结构表面用防腐涂料》分为四个部分：
——第1部分：溶剂型涂料；
——第2部分：湿表面涂料；
——第3部分：柔性涂料；
——第4部分：水性涂料。
本部分为JT/T 821的第4部分。
本部分按照GB/T 1.1—2009给出的规则起草。
本部分由中国公路学会桥梁和结构工程分会提出并归口。
本部分起草单位：北京航材百慕新材料技术工程股份有限公司、中国科学院海洋研究所、中国建筑材料检验认证中心、国家涂料质量监督检验中心、中交公路规划设计院有限公司、中航工业北京航空材料研究院。
本部分主要起草人：李运德、沙金、师华、唐瑛、杨文颐、李伟华、吕化工、张亮、姜小刚、胡立明、黄玖梅。

混凝土桥梁结构表面用防腐涂料
第4部分：水性涂料

1 范围

JT/T 821 的本部分规定了混凝土桥梁结构表面用水性防腐涂料的分类和分级、要求、试验方法、检验规则、标志、包装和储存等内容。

本部分适用于 JT/T 695 规定的处于中等以下腐蚀环境下的大气区混凝土桥梁结构表面用长效型水性防腐涂料，也适用于其他类似使用环境的混凝土结构表面用水性防腐涂料。

2 规范性引用文件

下列文件对于本文件的应用是必不可少的。凡是注日期的引用文件，仅所注日期的版本适用于本文件。凡是不注日期的引用文件，其最新版本（包括所有的修改单）适用于本文件。

GB/T 528—2009	硫化橡胶和热塑性橡胶 拉伸应力应变性能的测定
GB 1727—1992	漆膜一般制备法
GB/T 1728—1979	漆膜、腻子膜干燥时间测定法
GB/T 1733—1993	漆膜耐水性测定法
GB/T 1766—2008	色漆和清漆 涂层老化的评级方法
GB/T 1865—2009	色漆和清漆 人工气候老化和人工辐射曝露 滤过的氙弧辐射
GB/T 3186	色漆、清漆和色漆与清漆用原材料 取样
GB/T 6753.1—2007	色漆、清漆和印刷油墨 研磨细度的测定
GB/T 8170	数值修约规则与极限数值的表示和判定
GB/T 9265—2009	建筑涂料 涂层耐碱性的测定
GB/T 9271—2008	色漆和清漆 标准试板
GB/T 9278—2008	涂料试样状态调节和试验的温湿度
GB/T 9750	涂料产品包装标志
GB/T 9755—2001	合成树脂乳液外墙涂料
GB/T 13491	涂料产品包装通则
GB/T 50082—2009	普通混凝土长期性能和耐久性能试验方法标准
HG/T 4104—2009	建筑用水性氟涂料
JG/T 25—1999	建筑涂料涂层耐冻融循环性测定法
JT/T 695—2007	混凝土桥梁结构表面涂层防腐技术条件

3 分类和分级

产品分为底漆、中间漆和面漆三类。底漆为水性丙烯酸封闭底漆或水性环氧封闭底漆；中间漆为水性丙烯酸中间漆；面漆为水性氟碳面漆，分为优等品和一等品。

4 要求

4.1 配套涂层体系见表1。

4.2 水性丙烯酸封闭底漆和水性环氧封闭底漆的技术要求见表2。水性丙烯酸中间漆的技术要求见表3。水性氟碳面漆的技术要求见表4。

4.3 配套涂层体系技术要求见表5。

表1 配套涂层体系

涂 层	涂料品种	施工道数	最小干膜厚度（μm）
底涂层	水性丙烯酸封闭底漆或水性环氧封闭底漆	1	—
中间涂层	水性丙烯酸中间漆	2	80
面涂层	水性氟碳面漆	2	60

表2 水性丙烯酸封闭底漆和水性环氧封闭底漆的技术要求

项 目	技术要求	
	水性丙烯酸封闭底漆	水性环氧封闭底漆
在容器中状态	乳白色等透明或半透明均一液体	
漆膜外观	漆膜均匀，无流挂、发花、针孔、开裂和剥落等异常现象	
低温稳定性(%)	不变质	
干燥时间（表干）(h)	≤2	≤3
耐碱性,168h	漆膜无起泡、开裂、明显变色和失光等现象	漆膜无失光、变色、起泡等现象

表3 水性丙烯酸中间漆的技术要求

项 目	技术要求
在容器中状态	搅拌混合后，无硬块，呈均匀状态
细度(μm)	≤80
低温稳定性	不变质
漆膜外观	漆膜均匀，无流挂、发花、针孔、开裂和剥落等异常现象
干燥时间（表干）(h)	≤2
拉伸强度(MPa)	≥1.5
拉断伸长率(%)	≥100
耐水性(h)	168h漆膜不起泡、不开裂、不粉化，允许轻微变色和失光

表4 水性氟碳面漆的技术要求

项 目	技术要求		
	含氟丙烯酸类[b]	FEVE类	PVDF类
在容器中状态	搅拌混合后，无硬块，呈均匀状态		
细度(μm)	≤40		

表4(续)

项 目	技术要求		
	含氟丙烯酸类[b]	FEVE类	PVDF类
低温稳定性	不变质		
漆膜外观	漆膜均匀,无流挂、发花、针孔、开裂和剥落等异常现象		
基料中氟含量[a](%)	≥6	≥14	≥16
干燥时间(h)	≤2		
拉伸强度(MPa)	≥1.5		
拉断伸长率(%)	≥100		
耐水性(h)	168h 漆膜不起泡、不开裂、不粉化,允许很轻微变色和失光		

[a] 制备涂料所用氟树脂的氟含量:含氟丙烯酸类型不小于8%;FEVE类型不小于16%;PVDF类型不小于18%。
[b] 含氟丙烯酸类应通过红外光谱或其他适宜的检测手段鉴定不含氯元素。

表5 配套体系技术要求

项 目	技术要求
附着力(MPa)	≥1.0
人工加速老化性(h)	优等品5 000h,一等品3 000h,漆膜无起泡、脱落、粉化、明显变色等现象
中性化深度,28d(mm)	≤1
耐冻融循环性,5 次	漆膜无起泡、开裂、剥落、掉粉、明显变色、明显失光等现象

5 试验方法

5.1 取样

产品按 GB/T 3186 的规定取样。取样量根据检验需要确定。

5.2 涂料试样的状态调节和试验的温湿度

除另有规定外,涂料样品应在(23±2)℃条件下放置24h后进行相应试验,制备漆膜时控制温度条件在(15~30)℃之间。

除另有规定外,制备好的样板,应在 GB/T 9278—2008 规定的标准条件下放置规定的时间后,按有关检验方法进行性能测试。检测项目中除了明确规定的试验条件外,均在 GB/T 9278—2008 规定的标准条件下测定。

5.3 试验样板的制备

5.3.1 试验用底材及表面处理

5.3.1.1 试验用纤维补强水泥板及表面处理应符合 GB/T 9271—2008 的要求。

5.3.1.2 试验用水泥砂浆板制备方法及表面处理如下:
   a) 将水、水泥(采用 P.O32.5)和砂(ISO 标准砂)按照1:1:6的比例混合后倒入 150mm×70mm×20mm 的金属模具成型;

b) 在温度(20±2)℃、湿度不小于80%的条件下静置24h后脱模,在温度(20±2)℃的水中养护6d,再在GB/T 9278—2008规定的标准条件下静置7d以上;

c) 采用符合规定的150号水砂纸,对成型试板朝下的一面进行充分研磨并清理干净,作为待施涂的试板面。

5.3.2 试验样板的制备

试验样板的制备按照GB 1727—1992的规定进行,试验样板制备要求见表6。

表6 试验样板制备要求

项 目	底材类型	底材尺寸 (mm)	涂装要求
漆膜干燥时间	纤维补强水泥板	150×70×(3~6)	施涂一道。漆膜厚度为(30±3)μm
耐水性、耐碱性	纤维补强水泥板	150×70×(3~6)	施涂两道,间隔时间为24h。漆膜总厚度为(60±5)μm。养护14d
配套体系各项性能	水泥砂浆板	150×70×20	采用刷涂法按底漆、中间漆和面漆的顺序涂装,每道间隔24h。涂膜厚度按照表1的规定。养护14d
拉伸强度、拉断伸长率	聚四氟乙烯板	300×300×(5~10)	施涂2道,间隔24~48h。两道刷涂方向成90°角,漆膜总厚度为(250±50)μm。养护14d

5.4 操作方法

5.4.1 在容器中状态

打开容器,用调刀或搅拌棒搅拌进行目视判断。

5.4.2 漆膜外观

样板在散射日光下目视观察。

5.4.3 低温稳定性

按GB/T 9755—2001中5.5的规定进行。双组分涂料仅检验主剂。

5.4.4 干燥时间

按GB/T 1728—1979的规定,表干按乙法进行,实干按甲法进行。

5.4.5 耐碱性

按GB/T 9265—2009的规定进行。结果评定按GB/T 1766—2008的规定进行。细度按GB/T 6753.1—2007的规定进行。

5.4.6 拉伸强度

按GB/T 528—2009的规定进行。拉伸速率为50mm/min。

5.4.7 拉断伸长率

按 GB/T 528—2009 的规定进行。拉伸速率为 50mm/min。

5.4.8 耐水性

按 GB/T 1733—1993 中甲法的规定进行。结果评定按 GB/T 1766—2008 的规定进行。

5.4.9 基料中氟含量

按 HG/T 4104—2009 中附录 A 的规定进行。

5.4.10 附着力

按 JT/T 695—2007 中附录 B.1 的规定进行。

5.4.11 耐人工气候老化性

按 GB/T 1865—2009 中方法 1 循环 A 的规定进行。结果评定按 GB/T 1766—2008 的规定进行。

5.4.12 中性化深度

按 GB/T 50082—2009 的规定进行。除测试面外,其他面用环氧涂料封闭(至少三道,漆膜厚度不小于 400μm)。

5.4.13 耐冻融循环性

按 JG/T 25—1999 的规定进行。结果评定按 GB/T 1766—2008 的规定进行。

6 检验规则

6.1 检验分类

6.1.1 产品检验分为出厂检验和型式检验。

6.1.2 出厂检验项目包括在容器中状态、细度、漆膜外观、干燥时间。

6.1.3 型式检验项目包括本标准所列全部技术要求。正常情况下,低温稳定性、耐水性、耐碱性、拉伸强度、拉断伸长率、附着力、耐冻融循环性每年检验一次;中性化深度、耐人工气候老化性每五年检验一次。

6.2 检验结果的评定

6.2.1 检验结果的判定按 GB/T 8170 中修约值比较法进行。

6.2.2 应检项目的检验结果均达到本部分要求时,该试验样品为符合本部分要求。

7 标志、包装和储存

7.1 标志

按 GB/T 9750 的规定进行。

7.2 包装

按 GB/T 13491 中二级包装的要求进行。

7.3 储存

产品储存时应保证通风、干燥,防止日光直接照射,储存温度在5℃以上。产品应根据类型定出储存期,并在包装标志上明示。

ICS 93.040
P 28
备案号：

中华人民共和国交通运输行业标准

JT/T 822—2011

公路桥梁铅芯隔震橡胶支座

Lead rubber bearing isolator for highway bridge

2011-11-28 发布

2012-04-01 实施

中华人民共和国交通运输部　发布

JT/T 822—2011

目 次

前言
1 范围
2 规范性引用文件
3 术语和定义
4 符号
5 产品分类、型号及结构
6 技术要求
7 试验方法
8 检验规则
9 标志、包装、运输和储存
附录 A(资料性附录) 铅芯隔震橡胶支座规格系列
参考文献

前 言

本标准按照 GB/T 1.1—2009 给出的规则起草。

本标准由中国公路学会桥梁和结构工程分会提出并归口。

本标准起草单位：柳州东方工程橡胶制品有限公司、华中科技大学、陕西省公路勘察设计院、西安市政院、天津城建院、四川省交通厅公路规划勘察设计研究院、中交第一公路勘察设计研究院有限公司、上海彭浦橡胶制品有限公司、成都市新筑路桥机械股份有限公司、株洲时代新材料科技股份有限公司、衡水宝力工程橡胶有限公司、衡水丰泽工程橡胶科技开发有限公司、衡水橡胶股份有限公司、衡水震泰隔震器材有限公司、辽宁北方橡塑机械有限公司、江苏万宝桥梁构件有限公司、江苏扬州合力橡胶制品有限公司。

本标准主要起草人：资道铭、叶明坤、袁涌、陈长海、刘健新、庄卫林、葛胜锦、吴德兴、游钰涛、胡宇新、庾光忠、张郡、王恒光、李金宝、赵烽、熊申伟、袁建东、陆骏。

JT/T 822—2011

公路桥梁铅芯隔震橡胶支座

1 范围

本标准规定了公路桥梁用铅芯隔震橡胶支座的分类、型号、结构、技术要求、试验方法、检验规则及标志、包装、运输和储存等。

本标准适用于公路桥梁用竖向承载力不大于 16 000kN 的铅芯隔震橡胶支座。

2 规范性引用文件

下列文件对于本文件的应用是必不可少的。凡是注日期的引用文件，仅注日期的版本适用于本文件。凡是不注日期的引用文件，其最新版本（包括所有的修改单）适用于本文件。

GB/T 469　铅锭
GB/T 528　硫化橡胶或热塑性橡胶　拉伸应力应变性能的测定
GB/T 912　碳素结构钢和低合金结构钢热轧薄钢板及钢带
GB/T 1682　硫化橡胶低温脆性的测定　单试样法
GB/T 3274　碳素结构钢和低合金结构钢热轧厚钢板和钢带
GB/T 3512　硫化橡胶或热塑性橡胶　热空气加速老化和耐热试验
GB/T 6031　硫化橡胶或热塑性橡胶硬度的测定（10～100IRHD）
GB/T 7759　硫化橡胶、热塑性橡胶　常温、高温和低温下压缩永久变形测定
GB/T 7760　硫化橡胶或热塑性橡胶与硬质板材粘合强度测定 90°剥离法
GB/T 7762　硫化橡胶或热塑性橡胶　耐臭氧龟裂　静态拉伸试验法
HG/T 2198　硫化橡胶物理试验方法的一般要求
JT/T 722　公路桥梁钢结构防腐涂装技术条件
JTG D60　公路桥涵设计通用规范

3 术语和定义

下列术语和定义适用于本文件。

3.1

铅芯隔震橡胶支座　lead rubber bearing isolator
内部含有单个或多个铅芯，以提高支座的阻尼性能，并减少结构地震力作用的橡胶支座。

3.2

设计压应力　design compressive stress
设计采用的作用于支座上的压应力。

3.3

屈服前刚度　pre-yield stiffness
铅芯隔震橡胶支座中铅芯屈服前支座的水平刚度。

3.4

屈服后刚度　post-yield stiffness
铅芯隔震橡胶支座中铅芯屈服后支座的水平刚度。

3.5

第一形状系数 1st shape factor

支座中单层橡胶层的有效平面面积与其自由侧表面积之比。

3.6

第二形状系数 2nd shape factor

内部橡胶层有效宽度(有效直径)与内部橡胶总厚度之比。

3.7

等效阻尼比 equivalent damping ratio

支座产生水平剪切应变时,一个往复循环所损耗的能量与最大弹性储能之比。

3.8

水平等效刚度 shear equivalent stiffness

支座产生水平剪切应变时,一个滞回曲线(荷载—位移)中,连接正负位移峰值点直线的斜率。

3.9

弹性储能 elastic strain energy

弹性材料在形变过程中由于弹性形变而储存的能量。

3.10

铅芯屈服力 load-yield force

铅芯材料开始产生宏观塑性变形时的力。

4 符号

下列符号适用于本文件。

A——外连接钢板宽度,单位为毫米(mm);

A_e——铅芯隔震橡胶支座有效承压面积,单位为平方毫米(mm^2);

A_p——铅芯面积,单位为平方毫米(mm^2);

a——矩形铅芯隔震橡胶支座宽度,单位为毫米(mm);

a_e——矩形铅芯隔震橡胶支座的有效宽度(加劲钢板宽度),单位为毫米(mm);

B——外连接钢板长度,单位为毫米(mm);

b——矩形铅芯隔震橡胶支座长度,单位为毫米(mm);

b_e——矩形铅芯隔震橡胶支座的有效长度(加劲钢板长度),单位为毫米(mm);

D——外连接钢板直径,单位为毫米(mm);

d——圆形铅芯隔震橡胶支座直径,单位为毫米(mm);

d_e——圆形铅芯隔震橡胶支座的有效直径(加劲钢板直径),单位为毫米(mm);

d_p——铅芯直径,单位为毫米(mm);

E——铅芯隔震橡胶支座的竖向弹性模量($E=45S_1G$),单位为兆帕(MPa);

E_b——橡胶弹性体体积模量($E_b=2\,000$ MPa),单位为兆帕(MPa);

$F_{1.5}$——压应力为1.5MPa时的支座竖向力(按支座有效面积计算),单位为千牛(kN);

F_6——压应力为6MPa时的支座竖向力(按支座有效面积计算),单位为千牛(kN);

$F(u_{Bej})$——铅芯隔震橡胶支座产生位移u_{Bej}时的水平力,单位为千牛(kN);

G——橡胶剪切弹性模量,单位为兆帕(MPa);

H——铅芯隔震橡胶支座组装外连接钢板后的总高度,单位为毫米(mm);

h——铅芯隔震橡胶支座高度,单位为毫米(mm);
h_{Bm}——支座等效阻尼比;
h_{Bm}'——试样实测等效阻尼比计算值;
h_{Bj}——施加 11 个周期水平反复荷载中第 j 个周期的支座等效阻尼比;
h_p——铅芯高度,单位为毫米(mm);
K_{Bj}——施加 11 个周期水平反复荷载中第 j 个周期的铅芯隔震橡胶支座水平等效刚度,单位为千牛/毫米(kN/mm);
K_{Bm}——铅芯隔震橡胶支座水平等效刚度,单位为千牛/毫米(kN/mm);
K_{Bm}'——水平等效刚度实测值,单位为千牛/毫米(kN/mm);
K_v——铅芯隔震橡胶支座的竖向刚度,单位为千牛/毫米(kN/mm);
K_v'——竖向刚度实测值,单位为千牛/毫米(kN/mm);
L——锚固长度,单位为毫米(mm);
l_a——外连接钢板单宽边上均布的螺栓最长间距,单位为毫米(mm);
l_{a1}——外连接钢板单宽边上均布的螺栓等间距,单位为毫米(mm);
l_b——外连接钢板单长边上均布的螺栓最长间距,单位为毫米(mm);
l_{b1}——外连接钢板单长边上均布的螺栓等间距,单位为毫米(mm);
n——内部橡胶层数;
n_a——外连接钢板单宽边上均布的螺栓等间距数量;
n_b——外连接钢板单长边上均布的螺栓等间距数量;
R_{ck}——支座反力,单位为千牛(kN);
S_1——第一形状系数;
S_2——第二形状系数;
T_e——铅芯隔震橡胶支座橡胶层总厚度,$T_e = n \times t_e$,单位为毫米(mm);
t——外连接钢板厚度,单位为毫米(mm);
t_e——铅芯隔震橡胶支座中间单层橡胶厚度,单位为毫米(mm);
t_s——铅芯隔震橡胶支座中间单层加劲钢板厚度,单位为毫米(mm);
u_{Bej}——产生应变时的水平位移,单位为毫米(mm);
W_j——弹性储能,由试验确定;
ΔW_j——支座的耗能,即滞回曲线所包围的面积,由试验确定;
θ——支座转角,单位为弧度(rad);
δ_1——竖向荷载为 6MPa 时的竖向位移,单位为毫米(mm);
δ_2——竖向荷载为 1.5MPa 时的竖向位移,单位为毫米(mm);
σ_{max}——最大设计压应力。

5 产品分类、型号及结构

5.1 产品分类

铅芯隔震橡胶支座按形状分为矩形铅芯隔震橡胶支座和圆形铅芯隔震橡胶支座。

5.2 铅芯隔震橡胶支座的型号

5.2.1 矩形铅芯隔震橡胶支座型号表示方法

矩形铅芯隔震橡胶支座型号表示方法如下:

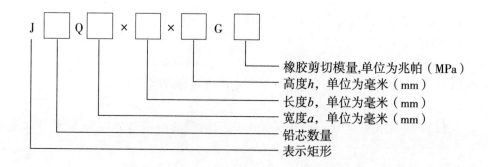

示例：

支座有四个铅芯，宽度为1 320mm，长度为1 320mm，支座高度为273mm，橡胶剪切弹性模量为1.2MPa的矩形铅芯隔震橡胶支座型号表示为：J4Q1320×1320×273G1.2。

5.2.2 圆形铅芯隔震橡胶支座型号表示方法

圆形铅芯隔震橡胶支座型号表示方法如下：

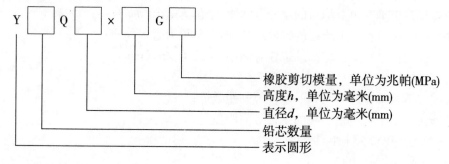

示例：

支座有四个铅芯，直径为520mm，支座高度为135mm，橡胶剪切弹性模量为1.0MPa的圆形铅芯隔震橡胶支座型号表示为：Y4Q520×135G1.0。

5.3 铅芯隔震橡胶支座结构

5.3.1 铅芯隔震橡胶支座结构示意图

支座结构形式见图1和图2。

5.3.2 铅芯隔震橡胶支座结构要求

铅芯隔震橡胶支座保护橡胶层的厚度不应小于10mm。同一支座中单层橡胶胶层厚度应一致；加劲钢板不允许拼接，且厚度应一致。其他结构性能及尺寸要求见表1。

表1 铅芯隔震橡胶支座结构尺寸要求

支座长边b或直径d(mm)	厚 度(mm)		第二形状系数S_2	铅芯面积与支座有效面积之比A_p/A_e	铅芯高与直径之比h_p/d_p
	支座中间单层橡胶厚度t_e	支座中间单层加劲钢板厚度t_s			
350	$6 \leq t_e \leq 12$	≥3	≥4	$0.03 \leq (A_p/A_e) \leq 0.1$	$1.25 \leq (h_p/d_p) \leq 5$
420	$8 \leq t_e \leq 14$				
470	$9 \leq t_e \leq 16$				
520	$9 \leq t_e \leq 18$				
570	$10 \leq t_e \leq 20$				
620	$11 \leq t_e \leq 21$				
670	$12 \leq t_e \leq 23$				

表1(续)

支座长边 b 或直径 d (mm)	厚 度(mm)		第二形状系数 S_2	铅芯面积与支座有效面积之比 A_p/A_e	铅芯高与直径之比 h_p/d_p
	支座中间单层橡胶厚度 t_e	支座中间单层加劲钢板厚度 t_s			
720	$13 \leq t_e \leq 26$	≥3	≥4	$0.03 \leq (A_p/A_e) \leq 0.1$	$1.25 \leq (h_p/d_p) \leq 5$
770	$13 \leq t_e \leq 26$				
820	$14 \leq t_e \leq 28$				
870	$15 \leq t_e \leq 30$				
920	$16 \leq t_e \leq 32$				
970	$17 \leq t_e \leq 34$				
1 020	$18 \leq t_e \leq 35$	≥5	≥4	$0.03 \leq (A_p/A_e) \leq 0.1$	$1.25 \leq (h_p/d_p) \leq 5$
1 070	$19 \leq t_e \leq 37$				
1 120	$20 \leq t_e \leq 39$				
1 170	$21 \leq t_e \leq 41$				
1 220	$22 \leq t_e \leq 43$				
1 270	$23 \leq t_e \leq 45$				
1 320	$24 \leq t_e \leq 46$				
1 370	$25 \leq t_e \leq 45$				
1 420	$25 \leq t_e \leq 48$				
1 470	$26 \leq t_e \leq 50$				

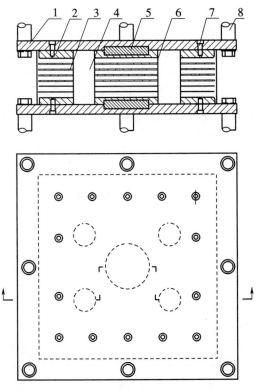

说明：
1——外连接钢板；4——铅芯；7——内六角螺钉；
2——封板；　5——剪切键；8——套筒螺栓。
3——加劲钢板；6——橡胶。

图1　矩形铅芯隔震橡胶支座结构

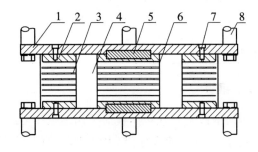

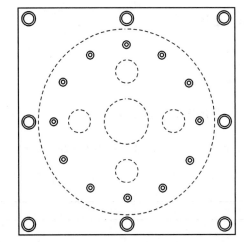

说明：
1——外连接钢板；4——铅芯；7——内六角螺钉；
2——封板；　5——剪切键；8——套筒螺栓。
3——加劲钢板；6——橡胶。

图2　圆形铅芯隔震橡胶支座结构

6 技术要求

6.1 工作环境条件

铅芯隔震橡胶支座适用的环境温度范围为 -25℃ ~ 60℃。

6.2 材料

6.2.1 橡胶材料物理性能

支座用橡胶采用天然胶,其物理性能应满足表2的要求。

表2 橡胶材料物理性能要求

项 目		单 位	要 求		
剪切弹性模量		MPa	0.8	1.0	1.2
扯断伸长率		%	≥550		≥500
拉伸强度		MPa	≥18		
橡胶与钢板黏结剥离强度		kN/m	≥10		
热空气老化试验 (70℃×168h)	拉伸强度变化率	%	±15		
	扯断伸长变化率	%	±20		
	硬度变化	IRHD	-5 ~ +10		
恒定压缩永久变形(70℃×24h)		%	≤30		
耐臭氧老化[臭氧浓度 $50×10^{-8}$,20%伸长,(40℃±2℃)×96h]		—	无龟裂		
脆性温度		℃	≤ -50		

6.2.2 钢板

加劲钢板及外连接钢板应采用不低于Q235A性能的钢板,封板应采用不低于Q345A性能的钢板。化学成分、力学性能应符合GB/T 912及GB/T 3274的规定。

6.2.3 金属铅

铅芯应采用纯度不低于99.99%的高纯度铅锭,铅的化学成分应符合GB/T 469的规定。

6.3 力学性能

6.3.1 设计压应力容许值

铅芯隔震橡胶支座设计压应力容许值应符合表3的规定。

表3 支座设计压应力容许值

项 目		设计压应力容许值 σ_{max} (MPa)
最大设计压应力	$S_1 < 8$	8
	$8 \leq S_1 < 12$	S_1
	$S_1 \geq 12$	12
最小压力		≥1.5
注1:最大设计压应力容许值是指支座发生剪切应变为0.7后,其上下钢板重叠的面积所容许承受的压应力值。		
注2:S_1——支座第一形状系数,$7 \leq S_1 \leq 13$。		

6.3.2 第一、第二形状系数计算

矩形铅芯隔震橡胶支座第一形状系数 S_1 按式(1)计算,第二形状系数 S_2 按式(2)计算。

$$S_1 = \frac{A_e}{2(a_e + b_e)t_e} \tag{1}$$

$$S_2 = \frac{a_e}{T_e} \tag{2}$$

圆形铅芯隔震橡胶支座第一形状系数 S_1 按式(3)计算,第二形状系数 S_2 按式(4)计算。

$$S_1 = \frac{A_e}{\pi d_e \cdot t_e} \tag{3}$$

$$S_2 = \frac{d_e}{T_e} \tag{4}$$

矩形支座: $\qquad A_e = a_e \times b_e \tag{5}$

圆形支座: $\qquad A_e = \frac{\pi d_e^2}{4} \tag{6}$

6.3.3 支座竖向及水平性能

铅芯隔震橡胶支座成品的竖向及水平性能应符合表4的规定。

表4 支座成品的竖向及水平性能

序 号	项 目		性 能 要 求
1	竖向性能	竖向刚度	实测值 $K_v' = K_v \pm K_v \times 30\%$
		压缩变形量	设计荷载下,压缩变形量小于支座橡胶总厚度的7%
2	水平性能	水平等效刚度	实测值 $K_{Bm}' = K_{Bm} \pm K_{Bm} \times 15\%$
		等效阻尼比	实测值 $h_{Bm}' = h_{Bj} \pm h_{Bj} \times 15\%$
		最大水平位移	最大水平剪切变形不小于橡胶总厚度的300%

6.3.4 竖向刚度及转角计算

铅芯隔震橡胶支座成品的竖向刚度按式(7)计算。

$$K_v = \frac{EA_e}{T_e} \tag{7}$$

铅芯隔震橡胶支座成品的转角按式(8)计算。

$$\theta = 2\left(\frac{R_{ck}T_e}{A_e E} + \frac{R_{ck}T_e}{A_e E_b}\right) / a_e \tag{8}$$

6.3.5 力学相关稳定性能要求

在满足以上基本力学性能条件下,支座还应满足以下相关稳定性要求:
a) 压力稳定性:保证铅芯隔震橡胶支座在不同压力下的水平等效刚度和等效阻尼比的实测值变化率在 ±15% 以内;
b) 温度稳定性:在 −25℃ ~ +40℃ 的温度范围内,铅芯隔震橡胶支座的水平等效刚度和等效阻尼比的实测值变化率在 ±20% 以内;
c) 频率稳定性:保证在不同的频率(模拟地震波)下铅芯隔震橡胶支座的水平等效刚度和等效阻

尼比的实测值变化率在 ±15% 以内;

d) 水平疲劳稳定性:铅芯隔震橡胶支座在承受水平和竖向的反复循环荷载作用时,要求其具有良好的耐疲劳能力;每 1 000 次循环加载后测试的水平等效刚度和等效阻尼比的实测值变化率在 ±15% 以内。

注:支座的水平等效刚度和等效阻尼比的实测值变化率,即力学相关稳定性试验实测值与常规检验实测值之间的变化率。

6.4 外观质量

铅芯隔震橡胶支座成品的外观质量应符合表5的规定。

表5 支座成品的外观质量要求

序号	项 目	成品外观质量要求
1	气泡、杂质	不允许
2	凹凸不平缺陷	当支座平面面积小于 0.15m² 时,不多于两处;大于 0.15m² 时,不多于四处,且每处凹凸高度不超过 0.5mm,面积不超过 6mm²
3	侧面裂纹、加劲钢板外露	不允许
4	掉块、崩裂、机械损伤	不允许
5	钢板与橡胶黏结处开裂或剥离	不允许

6.5 平面尺寸偏差

铅芯隔震橡胶支座成品平面尺寸允许偏差应符合表6的规定。

表6 支座成品平面尺寸允许偏差

项 目		范围(mm)	尺寸允许偏差
铅芯隔震橡胶支座	宽度 a、长度 b、直径 d	$(a、b、d) \leq 500$	$(0 \sim 5)$ mm
		$500 < (a、b、d) \leq 1\ 500$	$(0 \sim +1)\%$
		$1\ 500 < (a、b、d)$	$(0 \sim 15)$ mm
	高度 h	≤ 160	$\pm 2.5\%$
		>160	± 4mm
	平面度	短边或直径长度的 1/400	
组装产品	组装总高 H	允许公差 $\pm (h \times 2\% + 2.5$mm$)$,且 ≤ 8mm	

6.6 外连接钢板平面公差

外连接钢板平面尺寸的允许偏差应符合表7的规定。

表7 外连接钢板直径和边长的允许偏差　　　　单位为毫米

厚度 t	$(A、B 或 D) < 1\ 000$	$1\ 000 \leq (A、B 或 D) < 3\ 150$	$3\ 150 \leq (A、B 或 D) < 6\ 000$
$20 \leq t < 30$	± 2.0	± 2.5	± 3.0
$30 \leq t < 50$	± 2.5	± 3.0	± 3.5
$t \geq 50$	± 3.5	± 4.0	± 4.5

6.7 外连接钢板厚度允许偏差

外连接钢板厚度的允许偏差应符合表8的规定。

表8 外连接钢板厚度的允许偏差　　　　单位为毫米

标 称 尺 寸	$(A、B 或 D) < 1\ 600$	$1\ 600 \leqslant (A、B 或 D) < 2\ 000$
$20 \leqslant t < 30$	±0.70	±0.80
$30 \leqslant t < 50$	±0.80	±0.95
$t \geqslant 50$	±0.90	±1.10

6.8 外连接钢板螺栓孔位置允许偏差

外连接钢板螺栓孔位置和封板螺纹孔的允许偏差应符合表9的规定。

表9 螺栓孔位置的允许偏差　　　　单位为毫米

标 称 尺 寸	允 许 偏 差
$400 < (A、B 或 D) \leqslant 1\ 000$	±0.8
$1\ 000 < (A、B 或 D) \leqslant 2\ 000$	±1.2
$(A、B 或 D) > 2\ 000$	±2.0

6.9 支座钢件及附件防腐

支座钢件及附件的防腐应满足 JT/T 722 的要求。

7 试验方法

7.1 橡胶

7.1.1 拉伸强度、扯断伸长率的测定按 HG/T 2198、GB/T 528 的规定进行。

7.1.2 橡胶与钢板黏结剥离强度的测定按 GB/T 7760 的规定进行。

7.1.3 热空气老化试验方法按 GB/T 3512 的规定进行。

7.1.4 硬度试验按 GB/T 6031 的规定进行。

7.1.5 恒定压缩永久变形测定按 GB/T 7759 的规定进行(试样采用 a 型)。

7.1.6 耐臭氧老化试验按 GB/T 7762 的规定进行。

7.1.7 脆性温度试验按 GB/T 1682 的规定进行。

7.2 外观质量

支座外观质量用目测方法逐件进行检查。

7.3 平面尺寸

支座外形尺寸应用钢直尺量测,厚度应用游标卡尺或量规量测。对矩形支座,除应在四边上量测长短边尺寸外,还应量测平面与侧面对角线尺寸,厚度应在四边中点及对角线四角量测;对圆形支座,其直径、厚度应至少量测4次,测点应垂直交叉。外形尺寸和厚度取其实测值的平均值。

7.4 成品力学性能

7.4.1 竖向刚度

在23℃±3℃条件下,对试件连续施加竖向荷载4次。加载方法为:对试件施加竖向荷载至6MPa,持荷1min,然后将荷载卸至1.5MPa,持荷1min,测量第四次加载6MPa和1.5MPa时试件的压缩量,按式(9)计算竖向刚度。

$$K_v' = (F_6 - F_{1.5})/(\delta_1 - \delta_2) \tag{9}$$

7.4.2 压缩变形量

在23℃±3℃条件下,对试件连续施加竖向荷载4次。加载方法为:对试件施加竖向荷载至设计竖向承载力,持荷1min,然后将荷载卸至0.5MPa,持荷1min,测量第四次加载到设计荷载的竖向位移。

7.4.3 剪切175%时的水平等效刚度及等效阻尼比

在23℃±3℃条件下,首先对试件施加竖向荷载6.0MPa,并在试验过程中保持恒定,然后以0.05Hz的频率,在水平方向施加反复水平荷载11次,使支座产生±175%橡胶总胶厚的水平位移。

支座水平等效刚度按式(10)计算。

$$K_{Bm}' = 1/10 \sum_{j=2}^{11} K_{Bj} \tag{10}$$

$$K_{Bj} = [F(u_{Bej}) - F(-u_{Bej})]/2u_{Bej} \tag{11}$$

等效阻尼比按式(12)计算。

$$h_{Bm}' = 1/10 \sum_{j=2}^{11} h_{Bj} \tag{12}$$

$$h_{Bj} = \Delta W_j/(2\pi W_j) \tag{13}$$

7.4.4 最大水平位移能力试验

在23℃±3℃条件下,首先对试件施加6MPa的竖向荷载,然后施加水平力,使支座水平剪切变形不小于支座橡胶总厚的300%,支座外观应无异常。支座完成试验后不能再使用。

7.5 力学相关稳定性能试验

7.5.1 压力稳定性

在23℃±3℃条件下,以0.05Hz的频率、±175% T_e 应变为振幅的正弦波,分别在3.0MPa、6.0MPa、9.0MPa、12.0MPa压力情况下对试件进行加载,每种压力条件下分别进行11次反复加载,取第二次至第十一次的滞回曲线,按式(10)和式(12)计算水平等效刚度、等效阻尼比,取其平均值。但是在每种压力条件下的试验之间,试件需要放置8h。

7.5.2 温度稳定性

试验前,可将试件放在温度控制箱中,待达到指定温度后,在30min内转移至试验装置中并完成试验。试验时,首先对试件施加竖向荷载6.0MPa,并在试验过程中保持恒定,然后以0.05Hz的频率、±175% T_e 应变为振幅的正弦波,分别在-25℃、-10℃、0℃、10℃、23℃、40℃温度条件下对试件进行加载,每种温度条件下分别进行11次反复加载,取第二次至第十一次的滞回曲线,按式(10)和式(12)计算水平等效刚度、等效阻尼比,取其平均值。但是在每种温度条件下的试验之间,试件需要放置8h。

7.5.3 频率稳定性

在23℃±3℃条件下,首先对试件施加竖向荷载6.0MPa,并在试验过程中保持恒定,然后以±175%

T_e 应变为振幅的正弦波,分别在 0.001Hz、0.05Hz、0.1Hz、0.5Hz 的频率下进行试验,每种频率分别进行 11 次反复加载,取第二次至第十一次的滞回曲线,按式(10)和式(12)的方法计算水平等效刚度、等效阻尼比,取其平均值。但是在每种频率条件下的试验之间,试件需要放置 8h。

7.5.4 水平疲劳试验

在 23℃±3℃ 条件下,首先对试件施加竖向荷载 6.0MPa,并在试验过程中保持恒定,然后以 180s 为周期、±70% T_e 应变为振幅的正弦波,对试件进行 5 000 次反复施加水平荷载,在未进行水平疲劳试验前和每完成 1 000 次反复加载时,按照水平等效刚度、等效阻尼比试验方法对试件进行试验,检测试件的水平等效刚度、等效阻尼比。但在每次完成水平等效刚度、等效阻尼比检测试验后,将试件静置 8h,再进行下 1 000 次的反复加载。

7.6 支座的试验项目及要求

铅芯隔震橡胶支座的试验项目及要求见表 10。

表 10 铅芯隔震橡胶支座力学性能试验项目

性　能	试验项目	试验方法	出厂检验	型式检验	试　件
压缩性能	竖向刚度	7.4.1	√	√	支座本体
	压缩变形量	7.4.2	△	√	
水平剪切性能	水平等效刚度	7.4.3	√	√	支座短边(或直径)≤1 020mm,使用本体; 支座短边(或直径)>1 020mm,使用本体或缩尺模型
	等效阻尼比	7.4.3	√	√	
极限剪切性能	最大水平位移	7.4.4	△	√	
力学相关稳定性能试验	压力稳定性	7.5.1	×	√	使用本体或缩尺模型
	温度稳定性	7.5.2	×	√	
	频率稳定性	7.5.3	×	√	
	水平疲劳试验	7.5.4	×	√	

缩尺模型的尺寸要求:按 1:2 进行缩尺,但支座短边(或直径)不应小于 420mm。
注:√——要进行试验;×——不进行试验;△——可选择进行试验。

8 检验规则

8.1 检验分类

铅芯隔震橡胶支座的检验分进厂原材料检验、出厂检验和型式检验三类。

8.1.1 进厂原材料检验

原材料检验为铅芯隔震橡胶支座加工用原材料及外协、外购件进厂时所进行的验收检验。

8.1.2 出厂检验

支座出厂时,出厂检验采用随机抽样检验方式进行,确认合格后,方可出厂。出厂时应附有产品质量合格证明文件。

8.1.3 型式检验

有下列情况之一时,应进行型式检验:
a) 新产品投产时,必须进行试制定型鉴定;
b) 正常生产后,当原材料、结构、工艺等有较大改变,可能对产品质量影响较大时;
c) 正常生产时,每五年检验一次;
d) 产品停产一年以上,恢复生产时;
e) 国家质量监督机构提出型式检验要求时;
f) 因特殊需要而应进行型式检验时。

8.2 检验项目

8.2.1 进厂原材料检验

支座用胶料性能,除热空气老化试验每季度进行一次,脆性温度试验每半年进行一次,耐臭氧老化试验每年进行一次外,胶料的其他性能及钢板、铅的性能每批进行检验。

8.2.2 支座的型式检验

8.2.2.1 支座的型式检验分为支座试制定型型式检验和定期检测型式检验。

8.2.2.2 支座试制定型时,应按7.6进行全部项目的成品力学性能试验。

8.2.2.3 定期检测时,仅进行竖向刚度和水平位移为 $\pm 175\% T_e$ 的水平等效刚度、等效阻尼比及最大水平位移能力检验。

8.2.3 支座的出厂检验

8.2.3.1 每件支座进行外观质量、平面尺寸检验。

8.2.3.2 铅芯隔震橡胶支座产品出厂前应对支座的竖向刚度、水平等效刚度及等效阻尼比进行质量控制试验,每工程抽检不少于20%,并且不少于一件,检验合格后方可交货使用。支座试验应在制造厂或专门试验机构进行。

8.3 检验结果的判定

8.3.1 进厂原材料应附有原材料进厂材质证明书,经检验全部项目合格后方可使用,不合格材料不允许用于生产。

8.3.2 支座外观质量、平面尺寸检验结果应符合6.4、6.5的要求。

8.3.3 支座竖向刚度、水平等效刚度及等效阻尼比试验结果应符合6.3.3的规定。

8.3.4 型式检验有效性的认可,大规格可以涵盖小规格。

8.3.5 支座出厂检验时,若有一项不合格,则应从该批产品中随机再取双倍支座,重新进行复检。如复检结果仍不合格,则判定该批产品为不合格,不合格产品不得出厂。

9 标志、包装、运输和储存

9.1 标志

9.1.1 标志

生产厂家的商标应在模具内侧面刻出,以在每件支座上留有永久性标记。每件支座应有标签,其内容应包括产品商标、生产厂家厂名、生产日期、规格尺寸和检验标志。

9.1.2 包装

铅芯隔震橡胶支座应根据分类、规格分别包装。包装应牢固可靠,防止运输过程中被损坏,包装外应注明生产厂家、产品名称、规格。

9.2 运输

铅芯隔震橡胶支座在运输过程中,应避免阳光直接暴晒、雨雪浸淋,并应保持清洁,不能与影响橡胶质量的物质相接触。

9.3 储存

9.3.1 储存铅芯隔震橡胶支座产品的库房应干燥通风,室温应保持在 -15℃~35℃ 范围内,产品应堆放整齐,保持清洁,严禁与酸、碱、油类、有机溶剂等相接触,并应距热源1m,离地面0.1m以上。

9.3.2 铅芯隔震橡胶支座储存期不宜超过两年,超过两年后在应用时要进行有关检验,检验结果应符合本标准的规定与要求。

附 录 A
（资料性附录）
铅芯隔震橡胶支座规格系列

A.1 矩形铅芯隔震橡胶支座

A.1.1 矩形铅芯隔震橡胶支座组装示意图见图 A.1。

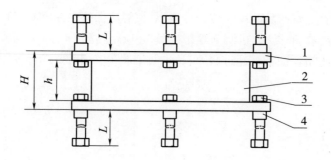

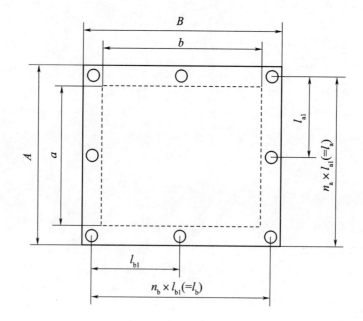

说明：
1——外连接钢板；
2——矩形铅芯隔震橡胶支座；
3——螺栓；
4——套筒。

图 A.1 矩形铅芯隔震橡胶支座组装示意图

A.1.2 J4Q 矩形铅芯隔震橡胶支座规格系列及主要附件尺寸见表 A.1。

表 A.1 J4Q 矩形铅芯隔震橡胶支座规格系列参数

支座平面尺寸 $a \times b$ (mm×mm)	承载力 (kN)	位移量 (mm)	支座高度 h (mm)	组装后高度 H (mm)	外连接钢板 $A \times B$ (mm×mm)	螺栓间距 $n_a \times l_{a1} (= l_a)$ $n_b \times l_{b1} (= l_b)$ (mm)	螺栓规格	锚固长度 L (mm)	铅芯屈服力 (kN)	剪切弹性模量 G (MPa)	屈服前刚度 (kN/mm)	屈服后刚度 (kN/mm)	水平等效刚度 K_{Bm} (kN/mm)	等效阻尼比 h_{Bm} (%)
300×420	1 000	±50	137	177	380×500	1×330(=330) 1×450(=450)	M16	250	67	0.8	5.4	0.8	1.4	22.3
		±50	137	177						1	7.4	1.1	1.8	18.9
		±50	137	177						1.2	9.3	1.4	2.0	16.3
350×350	1 000	±50	137	177	430×430	1×380(=380)	M16	250	67	0.8	5.2	0.8	1.3	22.7
		±50	137	177						1	7.1	1.1	1.6	19.3
		±50	137	177						1.2	9.0	1.4	1.9	16.7
350×520	1 500	±50	125	165	450×620	1×390(=390) 1×560(=560)	M20	250	96	0.8	8.7	1.4	2.2	21.9
		±50	125	165						1	11.9	1.8	2.7	18.6
		±50	125	165						1.2	14.9	2.3	3.1	16.0
420×420	1 500	±50	125	165	520×520	1×460(=460)	M20	250	96	0.8	8.3	1.3	2.1	22.4
		±75	169	209						0.8	5.6	0.9	1.4	22.4
		±50	125	165						1	11.4	1.8	2.6	19.1
		±75	169	209						1	7.6	1.2	1.7	19.1
		±50	125	165						1.2	14.5	2.2	3.1	16.5
		±75	169	209						1.2	9.6	1.5	2.1	16.5
470×570	2 000	±75	177	217	590×690	1×520(=520) 1×620(=620)	M24	250	150	0.8	7.4	1.1	1.9	22.6
		±75	177	217						1	10.2	1.6	2.4	19.1
		±75	177	217						1.2	12.9	2.0	2.7	16.5
520×520	2 000	±50	121	161	640×640	1×570(=570)	M24	250	150	0.8	12.6	1.9	3.2	22.5
		±75	177	217						0.8	7.6	1.2	1.9	22.5
		±50	121	161						1	17.2	2.6	3.9	19.1
		±75	177	217						1	10.3	1.6	2.4	19.1
		±50	121	161						1.2	21.8	3.4	4.7	16.5
		±75	177	217						1.2	13.1	2.0	2.8	16.5
520×620	2 500	±75	172	212	670×770	1×580(=580) 1×680(=680)	M30	300	171	0.8	9.5	1.5	2.3	21.4
		±75	172	212						1	12.9	2.0	2.9	18.3
		±75	172	212						1.2	16.2	2.5	3.4	15.6
570×570	2 500	±50	127	167	720×720	1×630(=630)	M30	300	171	0.8	14.4	2.2	3.6	21.5
		±75	172	212						0.8	9.6	1.5	2.4	21.5
		±50	127	167						1	19.6	3.0	4.4	18.2
		±75	172	212						1	13.0	2.0	2.9	18.2
		±50	127	167						1.2	24.7	3.8	5.2	15.7
		±75	172	212						1.2	16.5	2.5	3.4	15.7

表 A.1(续)

支座平面尺寸 $a \times b$ (mm×mm)	承载力 (kN)	位移量 (mm)	支座高度 h (mm)	组装后高度 H (mm)	外连接钢板 $A \times B$ (mm×mm)	螺栓间距 $n_a \times l_{a1}(=l_a)$ $n_b \times l_{b1}(=l_b)$ (mm)	螺栓规格	锚固长度 L (mm)	铅芯屈服力 (kN)	剪切弹性模量 G (MPa)	屈服前刚度 (kN/mm)	屈服后刚度 (kN/mm)	水平等效刚度 K_{Bm} (kN/mm)	等效阻尼比 h_{Bm} (%)
570×670	3 000	±75	175	225	720×820	1×630(=630) 1×730(=730)	M30	300	193	0.8	12.1	1.9	2.9	20.5
		±75	175	225						1	16.3	2.5	3.6	17.3
		±75	175	225						1.2	20.4	3.1	4.2	14.9
620×620	3 000	±75	175	225	770×770	1×680(=680)	M30	300	193	0.8	12.2	1.9	2.9	20.6
		±100	223	273						0.8	8.9	1.4	2.1	20.6
		±75	175	225						1	16.4	2.5	3.6	17.4
		±100	223	273						1	12.0	1.8	2.6	17.4
		±75	175	225						1.2	20.7	3.2	4.2	14.9
		±100	223	273						1.2	15.0	2.3	3.1	14.9
670×670	4 000	±75	183	233	820×820	1×730(=730)	M30	300	216	0.8	13.6	2.1	3.2	19.9
		±100	217	267						0.8	10.8	1.7	2.6	19.9
		±75	183	233						1	18.2	2.8	3.9	16.7
		±100	217	267						1	14.6	2.2	3.1	16.7
		±75	183	233						1.2	22.8	3.5	4.6	14.4
		±100	217	267						1.2	18.2	2.8	3.7	14.4
720×720	4 500	±100	227	277	900×900	1×790(=790)	M36	360	267	0.8	11.4	1.8	2.8	20.9
		±100	227	277						1	15.4	2.4	3.4	17.6
		±100	227	277						1.2	19.4	3.0	4.0	15.2
770×770	5 000	±100	218	268	950×950	1×840(=840)	M36	360	323	0.8	13.2	2.0	3.3	21.8
		±125	256	306						0.8	10.8	1.7	2.7	21.8
		±100	218	268						1	18.0	2.8	4.1	18.2
		±125	256	306						1	14.7	2.3	3.3	18.2
		±100	218	268						1.2	22.8	3.5	4.8	15.9
		±125	256	306						1.2	18.6	2.9	3.9	15.9
820×820	5 500	±100	215	265	1 030×1 030	1×900(=900)	M42	420	353	0.8	15.4	2.4	3.8	21.1
		±125	257	307						0.8	12.3	1.9	3.0	21.1
		±100	215	265						1	20.8	3.2	4.6	17.8
		±125	257	307						1	16.6	2.6	3.7	17.8
		±100	215	265						1.2	26.2	4.0	5.4	15.4
		±125	257	307						1.2	21.0	3.2	4.4	15.4

表 A.1(续)

支座平面尺寸 $a \times b$ (mm×mm)	承载力 (kN)	位移量 (mm)	支座高度 h (mm)	组装后高度 H (mm)	外连接钢板 $A \times B$ (mm×mm)	螺栓间距 $n_a \times l_{a1}(=l_a)$ $n_b \times l_{b1}(=l_b)$ (mm)	螺栓规格	锚固长度 L (mm)	铅芯屈服力 (kN)	剪切弹性模量 G (MPa)	屈服前刚度 (kN/mm)	屈服后刚度 (kN/mm)	水平等效刚度 K_{Bm} (kN/mm)	等效阻尼比 h_{Bm} (%)
870×870	6 500	±100	223	273	1 080× 1 080	1×950(=950)	M42	420	384	0.8	16.7	2.6	4.0	20.3
		±125	267	317						0.8	13.4	2.1	3.2	20.3
		±150	289	339						0.8	12.2	1.9	2.9	20.3
		±100	223	273						1	22.6	3.5	4.9	17.3
		±125	267	317						1	18.0	2.8	3.9	17.3
870×870	6 500	±150	289	339	1 080× 1 080	1×950(=950)	M42	420	384	1	16.4	2.5	3.6	17.3
		±100	223	273						1.2	28.4	4.4	5.8	14.9
		±125	267	317						1.2	22.7	3.5	4.6	14.9
		±150	289	339						1.2	20.6	3.2	4.2	14.9
920×920	7 500	±100	214	270	1 070× 1 070	2×490(=980)	M30	300	417	0.8	20.7	3.2	4.9	20.0
	7 500	±125	260	316						0.8	16.1	2.5	3.8	20.0
	6 500	±150	306	362						0.8	13.2	2	3.1	20.0
	7 500	±100	214	270						1	27.8	4.3	6.0	16.8
	7 500	±125	260	316						1	21.6	3.3	4.6	16.8
	6 500	±150	306	362						1	17.7	2.7	3.8	16.8
	7 500	±100	214	270						1.2	34.9	5.4	7.1	14.5
	7 500	±125	260	316						1.2	27.1	4.2	5.5	14.5
	6 500	±150	306	362						1.2	22.2	3.4	4.5	14.5
970×970	8 000	±125	269	325	1 150× 1 150	2×520 (=1 040)	M36	360	486	0.8	16.7	2.6	4.0	20.5
	7 500	±150	293	349						0.8	15.0	2.3	3.6	20.5
	8 000	±125	269	325						1	22.5	3.5	4.9	17.5
	7 500	±150	293	349						1	20.3	3.1	4.4	17.5
	8 000	±125	269	325						1.2	28.4	4.4	5.8	15.1
	7 500	±150	293	349						1.2	25.5	3.9	5.3	15.1
1 020× 1 020	9 000	±100	240	296	1 200× 1 200	2×545 (=1 090)	M36	360	561	0.8	22.2	3.4	5.5	21.4
		±125	267	323						0.8	19.4	3.0	4.8	21.4
		±150	321	377						0.8	15.6	2.4	3.9	21.4
		±100	240	296						1	30.1	4.6	6.7	18.1
		±125	267	323						1	26.4	4.1	5.9	18.1
		±150	321	377						1	21.1	3.2	4.7	18.1
		±100	240	296						1.2	38.1	5.9	7.9	15.6
		±125	267	323						1.2	33.3	5.1	6.9	15.6
		±150	321	377						1.2	26.6	4.1	5.6	15.6

表 A.1(续)

支座平面尺寸 $a \times b$ (mm×mm)	承载力 (kN)	位移量 (mm)	支座高度 h (mm)	组装后高度 H (mm)	外连接钢板 $A \times B$ (mm×mm)	螺栓间距 $n_a \times l_{a1}(=l_a)$ $n_b \times l_{b1}(=l_b)$ (mm)	螺栓规格	锚固长度 L (mm)	铅芯屈服力 (kN)	剪切弹性模量 G (MPa)	屈服前刚度 (kN/mm)	屈服后刚度 (kN/mm)	水平等效刚度 K_{Bm} (kN/mm)	等效阻尼比 h_{Bm} (%)
1 070 × 1 070	10 000	±150	303	359	1 250 × 1 250	2×570 (=1 140)	M36	360	601	0.8	18.5	2.9	4.5	20.7
	9 000	±175	359	415						0.8	15.1	2.3	3.7	20.7
	10 000	±150	303	359						1	25.0	3.8	5.5	17.4
	9 000	±175	359	415						1	20.5	3.1	4.5	17.4
	10 000	±150	303	359						1.2	31.5	4.8	6.5	15.2
	9 000	±175	359	415						1.2	25.8	4.0	5.3	15.2
1 120 × 1 120	11 000	±125	283	339	1 300 × 1 300	2×595 (=1 190)	M36	360	683	0.8	21.5	3.3	5.3	21.5
		±150	312	368						0.8	19.1	2.9	4.7	21.5
	10 000	±175	370	426						0.8	15.6	2.4	3.9	21.5
	11 000	±125	283	339						1	29.2	4.5	6.5	18.2
		±150	312	368						1	25.9	4.0	5.8	18.2
	10 000	±175	370	426						1	21.2	3.3	4.7	18.2
	11 000	±125	283	339						1.2	36.8	5.7	7.7	15.7
		±150	312	368						1.2	32.8	5.0	6.8	15.7
	10 000	±175	370	426						1.2	26.8	4.1	5.6	15.7
1 170 × 1 170	12 000	±150	321	377	1 380 × 1 380	2×625 (=1 250)	M42	420	727	0.8	20.3	3.1	5.0	20.8
	11 000	±175	351	407						0.8	18.3	2.8	4.5	20.8
		±200	381	437						0.8	16.6	2.6	4.1	20.8
	12 000	±150	321	377						1	27.5	4.2	6.1	17.8
	11 000	±175	351	407						1	24.7	3.8	5.5	17.8
		±200	381	437						1	22.5	3.5	5.0	17.8
	12 000	±150	321	377						1.2	34.7	5.3	7.2	15.3
	11 000	±175	351	407						1.2	31.2	4.8	6.5	15.3
		±200	381	437						1.2	28.4	4.4	5.9	15.3
1 220 × 1 220	13 000	±125	268	324	1 430 × 1 430	2×650 (=1 300)	M42	420	771	0.8	27.7	4.3	6.7	20.4
		±150	299	355						0.8	24.2	3.7	5.9	20.4
	12 000	±175	361	417						0.8	19.4	3.0	4.7	20.4
		±200	392	448						0.8	17.6	2.7	4.3	20.4
	13 000	±125	268	324						1	37.4	5.7	8.2	17.4
		±150	299	355						1	32.7	5.0	7.1	17.4
	12 000	±175	361	417						1	26.2	4.0	5.7	17.4
		±200	392	448						1	23.8	3.7	5.2	17.4
	13 000	±125	268	324						1.2	47.0	7.2	9.7	15.0
		±150	299	355						1.2	41.2	6.3	8.5	15.0
	12 000	±175	361	417						1.2	32.9	5.1	6.8	15.0
		±200	392	448						1.2	29.9	4.6	6.1	15.0

表 A.1(续)

支座平面尺寸 $a \times b$ (mm×mm)	承载力 (kN)	位移量 (mm)	支座高度 h (mm)	组装后高度 H (mm)	外连接钢板 $A \times B$ (mm×mm)	螺栓间距 $n_a \times l_{a1}(=l_a)$ $n_b \times l_{b1}(=l_b)$ (mm)	螺栓规格	锚固长度 L (mm)	铅芯屈服力 (kN)	剪切弹性模量 G (MPa)	屈服前刚度 (kN/mm)	屈服后刚度 (kN/mm)	水平等效刚度 K_{Bm} (kN/mm)	等效阻尼比 h_{Bm} (%)
1 270 × 1 270	14 500	±150	307	363	1 480 × 1 480	2×675 (=1 350)	M42	420	865	0.8	24.9	3.8	6.1	21.2
	13 000	±175	339	395						0.8	22.1	3.4	5.4	21.2
		±200	403	459						0.8	18.1	2.8	4.5	21.2
	14 500	±150	307	363						1	33.7	5.2	7.5	17.9
	13 000	±175	339	395						1	30.0	4.6	6.6	17.9
1 270 × 1 270	13 000	±200	403	459	1 480 × 1 480	2×675 (=1 350)	M42	420	865	1	24.5	3.8	5.4	17.9
	14 500	±150	307	363						1.2	42.5	6.5	8.8	15.4
		±175	339	395						1.2	37.8	5.8	7.9	15.4
	13 000	±200	403	459						1.2	30.9	4.8	6.4	15.4
1 320 × 1 320	15 500	±150	339	419	1 560 × 1 560	2×710 (=1 420)	M48	480	964	0.8	25.6	3.9	6.4	21.4
	14 500	±175	372	452						0.8	22.7	3.5	5.7	21.4
		±200	405	485						0.8	20.5	3.2	5.1	21.4
	15 500	±150	339	419						1	34.7	5.3	7.8	18.1
	14 500	±175	372	452						1	30.9	4.8	6.9	18.1
		±200	405	485						1	27.8	4.3	6.2	18.1
	15 500	±150	339	419						1.2	43.9	6.8	9.2	15.6
	14 500	±175	372	452						1.2	39.0	6.0	8.2	15.6
		±200	405	485						1.2	35.1	5.4	7.4	15.6
1 370 × 1 370	15 500	±175	381	461	1 610 × 1 610	2×735 (=1 470)	M48	480	1 015	0.8	23.9	3.7	5.9	21.3
		±200	415	495						0.8	21.6	3.3	5.3	21.3
		±175	381	461						1	32.5	5.0	7.2	18.0
		±200	415	495						1	29.2	4.5	6.5	18.0
		±175	381	461						1.2	41.0	6.3	8.5	15.5
		±200	415	495						1.2	36.9	5.7	7.7	15.5

注1:位移量为环境温度引起的铅芯隔震橡胶支座剪切变形允许值。
注2:水平等效刚度及等效阻尼比均为对应铅芯隔震橡胶支座175%的剪应变情况下的数值。
注3:矩形铅芯隔震橡胶支座产品使用的螺栓、螺钉、剪切键参照 GB 20688.3 进行设计。
注4:本标准中没有涵盖的支座规格需根据实际情况进行特殊设计。
注5:矩形铅芯隔震橡胶支座外连接钢板为正方形时,其每个单边上的螺栓间距都相同,在参数表上只用一行表示。

A.2 圆形铅芯隔震橡胶支座

A.2.1 圆形铅芯隔震橡胶支座组装示意图见图 A.2。

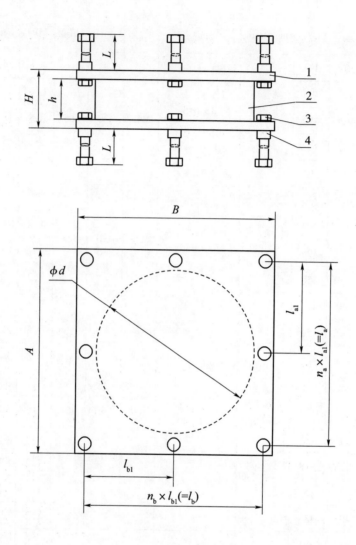

说明：
1——外连接钢板；
2——圆形铅芯隔震橡胶支座；
3——螺栓；
4——套筒。

图 A.2 圆形铅芯隔震橡胶支座组装示意图

A.2.2 Y4Q 圆形铅芯隔震橡胶支座规格系列及主要附件尺寸见表 A.2。

表 A.2 Y4Q 圆形铅芯隔震橡胶支座规格系列参数

支座平面尺寸 d (mm)	承载力 (kN)	位移量 (mm)	支座高度 h (mm)	组装后高度 H (mm)	外连接钢板 $A \times B$ (mm×mm)	螺栓间距 $n_a \times l_{a1}(=l_a)$ $n_b \times l_{b1}(=l_b)$ (mm)	螺栓规格	锚固长度 L (mm)	铅芯屈服力 (kN)	剪切弹性模量 G (MPa)	屈服前刚度 (kN/mm)	屈服后刚度 (kN/mm)	水平等效刚度 K_{Bm} (kN/mm)	等效阻尼比 h_{Bm} (%)
420	1 000	±50	133	173	560×560	1×490(=490)	M24	250	61	0.8	6.4	1.0	1.5	19.3
		±75	169	209						0.8	4.6	0.7	1.1	19.3
		±50	133	173						1	8.2	1.3	1.8	16.2
		±75	169	209						1	6.2	1.0	1.3	16.2
		±50	133	173						1.2	10.3	1.6	2.1	13.9
		±75	169	209						1.2	7.5	1.2	1.5	13.9
470	1 500	±50	128	168	650×650	1×560(=560)	M30	300	81	0.8	8.1	1.3	1.9	20.0
		±75	180	220						0.8	5.2	0.8	1.2	20.0
		±50	128	168						1	10.6	1.7	2.3	16.7
		±75	180	220						1	6.9	1.1	1.5	16.7
		±50	128	168						1.2	13.3	2.1	2.8	14.3
		±75	180	220						1.2	8.7	1.3	1.8	14.3
520	2 000	±50	135	175	700×700	1×610(=610)	M30	300	96	0.8	9.3	1.4	2.1	19.3
		±75	177	217						0.8	6.5	1.0	1.5	19.3
		±50	135	175						1	12.1	1.9	2.6	16.2
		±75	177	217						1	8.7	1.3	1.8	16.2
		±50	135	175						1.2	15.2	2.4	3.1	13.9
		±75	177	217						1.2	10.8	1.7	2.2	13.9
570	2 300	±50	143	199	790×790	1×680(=680)	M36	360	113	0.8	12.1	1.9	2.8	18.9
		±75	188	244						0.8	8.1	1.2	1.8	18.9
		±50	143	199						1	15.9	2.5	3.4	15.8
		±75	188	244						1	10.8	1.7	2.3	15.8
		±50	143	199						1.2	19.9	3.1	4.0	13.5
		±75	188	244						1.2	13.2	2.1	2.7	13.5
620	2 700	±50	149	205	840×840	1×730(=730)	M36	360	142	0.8	12.8	2.0	3.0	19.6
		±75	181	237						0.8	9.8	1.5	2.3	19.6
		±100	229	285						0.8	7.1	1.1	1.7	19.6
		±50	149	205						1	17.1	2.7	3.7	16.6
		±75	181	237						1	13.1	2.0	2.8	16.6
		±100	229	285						1	9.5	1.5	2.0	16.6
		±50	149	205						1.2	21.5	3.4	4.4	14.2
		±75	181	237						1.2	16.4	2.5	3.3	14.2
		±100	229	285						1.2	11.7	1.8	2.4	14.2

表 A.2（续）

支座平面尺寸 d (mm)	承载力 (kN)	位移量 (mm)	支座高度 h (mm)	组装后高度 H (mm)	外连接钢板 $A \times B$ (mm×mm)	螺栓间距 $n_a \times l_{a1}(=l_a)$ $n_b \times l_{b1}(=l_b)$ (mm)	螺栓规格	锚固长度 L (mm)	铅芯屈服力 (kN)	剪切弹性模量 G (MPa)	屈服前刚度 (kN/mm)	屈服后刚度 (kN/mm)	水平等效刚度 K_{Bm} (kN/mm)	等效阻尼比 h_{Bm} (%)
670	3 200	±75	196	252	920×920	1×795(=795)	M42	420	162	0.8	10.8	1.7	2.5	19.3
		±100	232	288						0.8	8.6	1.3	2.0	19.3
		±75	196	252						1	14.4	2.2	3.0	16.2
		±100	232	288						1	11.5	1.8	2.4	16.2
		±75	196	252						1.2	17.7	2.8	3.6	13.9
		±100	232	288						1.2	14.2	2.2	2.9	13.9
720	3 700	±75	185	241	970×970	1×845(=845)	M42	420	193	0.8	13.2	2.0	3.1	19.7
		±100	242	298						0.8	9.2	1.4	2.2	19.7
		±75	185	241						1	17.6	2.7	3.8	16.5
		±100	242	298						1	12.3	1.9	2.6	16.5
		±75	185	241						1.2	21.8	3.4	4.5	14.2
		±100	242	298						1.2	15.5	2.4	3.1	14.2
770	4 300	±75	192	248	990×990	2×440(=880)	M36	360	216	0.8	14.3	2.2	3.3	19.3
		±100	232	288						0.8	11.1	1.7	2.6	19.3
		±125	272	328						0.8	9.1	1.4	2.1	19.3
		±75	192	248						1	19.1	2.9	4.0	16.2
		±100	232	288						1	14.9	2.3	3.1	16.2
		±125	272	328						1	12.2	1.9	2.6	16.2
		±75	192	248						1.2	23.7	3.7	4.8	13.9
		±100	232	288						1.2	18.6	2.9	3.7	13.9
		±125	272	328						1.2	15.2	2.3	3.0	13.9
820	5200	±75	183	239	1 070×1 070	2×475(=950)	M42	420	241	0.8	18.0	2.8	4.1	19.0
	4600	±100	227	283						0.8	13.5	2.1	3.1	19.0
		±125	293	349						0.8	9.8	1.5	2.3	19.0
	5200	±75	183	239						1	23.8	3.7	5.1	15.9
	4600	±100	227	283						1	18.1	2.8	3.8	15.9
		±125	293	349						1	13.1	2.0	2.8	15.9
	5200	±75	183	239						1.2	29.8	4.6	6.0	13.6
	4600	±100	227	283						1.2	22.4	3.5	4.5	13.6
		±125	293	349						1.2	16.4	2.5	3.3	13.6

表 A.2(续)

支座平面尺寸 d (mm)	承载力 (kN)	位移量 (mm)	支座高度 h (mm)	组装后高度 H (mm)	外连接钢板 $A \times B$ (mm×mm)	螺栓间距 $n_a \times l_{a1}(=l_a)$ $n_b \times l_{b1}(=l_b)$ (mm)	螺栓规格	锚固长度 L (mm)	铅芯屈服力 (kN)	剪切弹性模量 G (MPa)	屈服前刚度 (kN/mm)	屈服后刚度 (kN/mm)	水平等效刚度 K_{Bm} (kN/mm)	等效阻尼比 h_{Bm} (%)
870	5 800	±75	189	245	1 120 × 1 120	2 ×500 (=1 000)	M42	420	283	0.8	19.0	2.9	4.4	19.6
	5 300	±100	235	291						0.8	14.2	2.2	3.3	19.6
		±125	281	337						0.8	11.4	1.8	2.6	19.6
	5 800	±75	189	245						1	25.3	3.9	5.4	16.5
	5 300	±100	235	291						1	19.0	2.9	4.0	16.5
		±125	281	337						1	15.2	2.3	3.2	16.5
	5 800	±75	189	245						1.2	31.4	4.9	6.4	14.1
	5 300	±100	235	291						1.2	23.6	3.7	4.8	14.1
		±125	281	337						1.2	19.1	2.9	3.8	14.1
920	6600	±75	195	251	1 170 × 1 170	2 ×525 (=1 050)	M42	420	323	0.8	19.9	3.1	4.7	19.9
	6000	±100	243	299						0.8	14.9	2.3	3.5	19.9
		±125	291	347						0.8	11.9	1.8	2.8	19.9
		±150	315	371						0.8	10.9	1.7	2.6	19.9
	6600	±75	195	251						1	26.7	4.1	5.7	16.7
	6000	±100	243	299						1	20.0	3.1	4.3	16.7
		±125	291	347						1	16.0	2.5	3.4	16.7
		±150	315	371						1	14.6	2.2	3.1	16.7
	6600	±75	195	251						1.2	33.5	5.2	6.8	14.3
	6000	±100	243	299						1.2	24.9	3.9	5.1	14.3
		±125	291	347						1.2	20.1	3.1	4.1	14.3
		±150	315	371						1.2	18.3	2.8	3.7	14.3
970	7400	±75	201	257	1 220 × 1 220	2 ×550 (=1 100)	M42	420	352	0.8	21.3	3.3	5.0	19.6
	6900	±100	226	282						0.8	18.2	2.8	4.2	19.6
		±125	276	332						0.8	14.2	2.2	3.3	19.6
		±150	326	382						0.8	11.6	1.8	2.7	19.6
	7400	±75	201	257						1	28.5	4.4	6.1	16.4
	6900	±100	226	282						1	24.4	3.8	5.2	16.4
		±125	276	332						1	19.0	2.9	4.0	16.4
		±150	326	382						1	15.5	2.4	3.3	16.4
	7400	±75	201	257						1.2	35.4	5.5	7.2	14.1
	6900	±100	226	282						1.2	30.6	4.7	6.1	14.1
		±125	276	332						1.2	23.8	3.7	4.8	14.1
		±150	326	382						1.2	19.5	3.0	3.9	14.1

表 A.2(续)

支座平面尺寸 d (mm)	承载力 (kN)	位移量 (mm)	支座高度 h (mm)	组装后高度 H (mm)	外连接钢板 $A \times B$ (mm×mm)	螺栓间距 $n_a \times l_{a1}(=l_a)$ $n_b \times l_{b1}(=l_b)$ (mm)	螺栓规格	锚固长度 L (mm)	铅芯屈服力 (kN)	剪切弹性模量 G (MPa)	屈服前刚度 (kN/mm)	屈服后刚度 (kN/mm)	水平等效刚度 K_{Bm} (kN/mm)	等效阻尼比 h_{Bm} (%)
1 020	7 600	±100	233	289	1 270 × 1 270	2 × 575 (=1 150)	M42	420	384	0.8	19.4	3.0	4.5	19.3
		±125	285	341						0.8	15.1	2.3	3.5	19.3
		±150	311	367						0.8	13.6	2.1	3.1	19.3
		±100	233	289						1	25.9	4.0	5.5	16.2
		±125	285	341						1	20.2	3.1	4.3	16.2
		±150	311	367						1	18.1	2.8	3.8	16.2
		±100	233	289						1.2	32.2	5.0	6.5	13.9
		±125	285	341						1.2	25.2	3.9	5.0	13.9
		±150	311	367						1.2	22.7	3.5	4.5	13.9
1 070	8 400	±100	246	302	1 320 × 1 320	2 × 600 (=1 200)	M42	420	417	0.8	20.5	3.2	4.7	19.1
		±125	274	330						0.8	18.0	2.8	4.1	19.1
		±150	330	386						0.8	14.4	2.2	3.3	19.1
		±100	246	302						1	27.4	4.2	5.8	16.0
		±125	274	330						1	24.0	3.7	5.0	16.0
		±150	330	386						1	19.2	3.0	4.0	16.0
		±100	246	302						1.2	34.3	5.3	6.8	13.7
		±125	274	330						1.2	30.0	4.6	6.0	13.7
		±150	330	386						1.2	24.0	3.7	4.8	13.7
1 120	9 200	±125	282	338	1 410 × 1 410	2 × 630 (=1 260)	M48	480	486	0.8	18.4	2.8	4.3	20.0
		±150	340	396						0.8	14.7	2.3	3.5	20.0
		±125	282	338						1	24.7	3.8	5.3	16.8
		±150	340	396						1	19.7	3.0	4.2	16.8
		±125	282	338						1.2	31.0	4.8	6.3	14.5
		±150	340	396						1.2	24.8	3.8	5.0	14.5
1 170	11 000	±125	290	346	1 460 × 1 460	2 × 655 (=1 310)	M48	480	523	0.8	19.4	3.0	4.5	19.8
		±150	320	376						0.8	17.2	2.7	4.0	19.8
		±175	350	406						0.8	15.5	2.4	3.6	19.8
		±125	290	346						1	26.0	4.0	5.6	16.6
		±150	320	376						1	23.1	3.6	4.9	16.6
		±175	350	406						1	20.8	3.2	4.4	16.6
		±125	290	346						1.2	32.6	5.0	6.6	14.2
		±150	320	376						1.2	29.0	4.5	5.8	14.2
		±175	350	406						1.2	26.1	4.0	5.3	14.2

表 A.2(续)

支座平面尺寸 d (mm)	承载力 (kN)	位移量 (mm)	支座高度 h (mm)	组装后高度 H (mm)	外连接钢板 $A \times B$ (mm×mm)	螺栓间距 $n_a \times l_{a1}(=l_a)$ $n_b \times l_{b1}(=l_b)$ (mm)	螺栓规格	锚固长度 L (mm)	铅芯屈服力 (kN)	剪切弹性模量 G (MPa)	屈服前刚度 (kN/mm)	屈服后刚度 (kN/mm)	水平等效刚度 K_{Bm} (kN/mm)	等效阻尼比 h_{Bm} (%)
1 220	12 000	±100	242	298	1 510× 1 510	2×680 (=1 360)	M48	480	561	0.8	26.1	4.0	6.1	19.6
		±125	274	330						0.8	22.4	3.5	5.2	19.6
		±150	306	362						0.8	19.6	3.0	4.6	19.6
		±175	370	426						0.8	15.7	2.4	3.6	19.6
		±100	242	298						1	35.0	5.4	7.4	16.4
		±125	274	330						1	30.0	4.6	6.4	16.4
		±150	306	362						1	26.2	4.0	5.6	16.4
		±175	370	426						1	21.0	3.2	4.5	16.4
		±100	242	298						1.2	43.9	6.7	8.8	14.0
		±125	274	330						1.2	37.6	5.8	7.5	14.0
		±150	306	362						1.2	32.9	5.1	6.6	14.0
		±175	370	426						1.2	26.3	4.0	5.3	14.0
1 270	12 000	±125	281	337	1 610× 1 610	2×720 (=1 440)	M56	560	600	0.8	23.5	3.6	5.4	19.3
		±150	314	370						0.8	20.6	3.2	4.8	19.3
		±175	347	403						0.8	18.3	2.8	4.2	19.3
		±200	413	469						0.8	15.0	2.3	3.5	19.3
		±125	281	337						1	31.5	4.8	6.7	16.2
		±150	314	370						1	27.6	4.2	5.8	16.2
		±175	347	403						1	24.5	3.8	5.2	16.2
		±200	413	469						1	20.0	3.1	4.2	16.2
		±125	281	337						1.2	39.4	6.1	7.9	13.9
		±150	314	370						1.2	34.5	5.3	6.9	13.9
		±175	347	403						1.2	30.7	4.7	6.1	13.9
		±200	413	469						1.2	25.1	3.9	5.0	13.9
1 320	13 000	±125	314	384	1 660× 1 660	2×745 (=1 490)	M56	560	640	0.8	24.7	3.8	5.7	19.1
		±150	350	420						0.8	21.6	3.3	5.0	19.1
		±175	386	456						0.8	19.2	3.0	4.4	19.1
		±200	422	492						0.8	17.3	2.7	4.0	19.1
	13 000	±125	314	384						1	33.0	5.1	6.9	16.0
		±150	350	420						1	28.9	4.4	6.1	16.0
		±175	386	456						1	25.7	3.9	5.4	16.0
		±200	422	492						1	23.1	3.6	4.9	16.0
	13 000	±125	314	384						1.2	41.3	6.4	8.2	13.7
		±150	350	420						1.2	36.1	5.6	7.2	13.7
		±175	386	456						1.2	32.1	4.9	6.4	13.7
		±200	422	492						1.2	28.9	4.4	5.8	13.7

表 A.2（续）

支座平面尺寸 d (mm)	承载力 (kN)	位移量 (mm)	支座高度 h (mm)	组装后高度 H (mm)	外连接钢板 $A\times B$ (mm×mm)	螺栓间距 $n_a\times l_{a1}(=l_a)$ $n_b\times l_{b1}(=l_b)$ (mm)	螺栓规格	锚固长度 L (mm)	铅芯屈服力 (kN)	剪切弹性模量 G (MPa)	屈服前刚度 (kN/mm)	屈服后刚度 (kN/mm)	水平等效刚度 K_{Bm} (kN/mm)	等效阻尼比 h_{Bm} (%)
1 370	14 500	±125	284	354	1 710×1 710	2×770 (=1 540)	M56	560	709	0.8	29.8	4.6	6.9	19.4
	13 500	±150	321	391						0.8	25.5	3.9	5.9	19.4
		±175	395	465						0.8	19.8	3.1	4.6	19.4
	14 500	±125	284	354						1	39.8	6.1	8.4	16.3
	13 500	±150	321	391						1	34.1	5.3	7.2	16.3
		±175	395	465						1	26.5	4.1	5.6	16.3
	14 500	±125	284	354						1.2	49.6	7.7	10.0	13.9
	13 500	±150	321	391						1.2	42.5	6.6	8.6	13.9
		±175	395	465						1.2	33.3	5.1	6.7	13.9
1 420	15 500	±125	290	360	1 710×1 710	4×391 (=1 564)	M48	480	771	0.8	30.7	4.7	7.2	19.7
		±150	328	398						0.8	26.3	4.1	6.2	19.7
		±175	366	436						0.8	23.0	3.5	5.4	19.7
		±125	290	360						1	41.1	6.3	8.8	16.5
		±150	328	398						1	35.3	5.4	7.5	16.5
		±175	366	436						1	30.9	4.7	6.6	16.5
		±125	290	360						1.2	51.6	7.9	10.4	14.2
		±150	328	398						1.2	44.2	6.8	8.9	14.2
		±175	366	436						1.2	38.7	6.0	7.8	14.2
1 470	15 500	±125	302	372	1 810×1 810	4×410 (=1 640)	M56	560	817	0.8	31.0	4.8	7.2	19.5
		±150	342	412						0.8	26.6	4.1	6.2	19.5
		±175	382	452						0.8	23.3	3.6	5.4	19.5
		±200	422	492						0.8	20.7	3.2	4.8	19.5
		±125	302	372						1	41.5	6.4	8.8	16.3
		±150	342	412						1	35.6	5.5	7.6	16.3
		±175	382	452						1	31.2	4.8	6.6	16.3
		±200	422	492						1	27.7	4.3	5.9	16.3
		±125	302	372						1.2	52.1	8.0	10.4	14.0
		±150	342	412						1.2	44.6	6.9	9.0	14.0
		±175	382	452						1.2	39.1	6.0	7.8	14.0
		±200	422	492						1.2	34.7	5.3	7.0	14.0

注1：位移量为环境温度引起的铅芯隔震橡胶支座剪切变形允许值。
注2：水平等效刚度及等效阻尼比均为对应铅芯隔震橡胶支座175%的剪应变情况下的数值。
注3：圆形铅芯隔震橡胶支座产品使用的螺栓、螺钉、剪切键参照 GB 20688.3 进行设计。
注4：本标准中没有涵盖的支座规格需根据实际情况进行特殊设计。
注5：圆形铅芯隔震橡胶支座外连接钢板均为正方形，其每个单边上的螺栓间距都相同，在参数表上只用一行表示。

参 考 文 献

[1] 中华人民共和国国家标准.GB 20688.3—2006 橡胶支座 第3部分:建筑隔震橡胶支座[S].北京:中国标准出版社,2007.

ICS 93.040
P 28
备案号：

中华人民共和国交通运输行业标准

JT/T 823—2011

大型公路桥梁中压配电系统技术条件

Technical conditions for medium-voltage power distribution system of
large highway bridges

2011-11-28 发布　　　　　　　　　　　　　　2012-04-01 实施

中华人民共和国交通运输部　发布

JT/T 823—2011

目 次

前言
1 范围
2 规范性引用文件
3 术语和定义
4 一般特性
5 中压配电设备和电缆的选择
6 中压配电系统的安全防护
7 中压配电系统的自动化
8 中压电气装置的安装
9 中压电气装置的检验
附录A（资料性附录） 小容量配电变压器低压侧单相接地故障电流及低压最大供电半径计算值
附录B（资料性附录） 中压交联聚乙烯绝缘电力电缆线路的工作电容、充电电流及充电功率计算值
参考文献

前 言

本标准按照 GB/T 1.1—2009 给出的规则起草。

本标准由中国公路学会桥梁和结构工程分会提出并归口。

本标准起草单位：江苏中压电气工程有限公司、中交公路规划设计院有限公司、江苏省交通规划设计院股份有限公司、扬州大学。

本标准主要起草人：戴明星、孟凡超、翁双安、杨根成、蔡泽斌、钱凤翔、沈先福、徐永明、王立山、王承海。

JT/T 823—2011

大型公路桥梁中压配电系统技术条件

1 范围

本标准规定了大型公路桥梁长距离分散性负荷中压配电系统(以下简称"中压配电系统")的一般特性、配电设备和电缆的选择、安全防护、自动化及中压电气装置的安装与检验要求。

本标准适用于大型公路桥梁(含其统一采用中压配电的接线、隧道等)长距离分散性负荷与公用电网相隔离的用户侧中压配电系统。

2 规范性引用文件

下列文件对于本文件的应用是必不可少的。凡是注日期的引用文件,仅注日期的版本适用于本文件。凡是不注日期的引用文件,其最新版本(包括所有的修改单)适用于本文件。

GB/T 156　标准电压
GB 16895.21　建筑物电气装置　第4-41部分:安全防护　电击防护
GB 16895.28　建筑物电气装置　第7-714部分:特殊装置或场所的要求　户外照明装置
GB 50052　供配电系统设计规范
GB 50053　10kV及以下变电所设计规范
GB 50054　低压配电设计规范
GB/T 50062　电力装置的继电保护和自动装置设计规范
GB 50150　电气装置安装工程　电气设备交接试验标准
GB 50168　电气装置安装工程　电缆线路施工及验收规范
GB 50169　电气装置安装工程　接地装置施工及验收规范
GB 50303　建筑电气安装工程施工质量验收规范

3 术语和定义

下列术语和定义适用于本文件。

3.1
中压　medium voltage(MV)
用于大型公路桥梁内部配电系统的电压,系统标称电压为3kV~10kV。

3.2
分散性负荷　dispersed loads
分散布置于大型公路桥梁中的小容量负荷,如桥梁照明、监控、除湿、通风、检修等用电。

3.3
中压隔离变压器　MV isolating transformer
输入绕组与输出绕组在电气上彼此隔离且输入电压与输出电压均为中压的电力变压器。

3.4
中压开关设备　MV switchgear
中压开关与控制、测量、保护、调节装置及辅件、外壳和支持件等部件及电气和机械的联结组成的总称。

[GB/T 2900.20—1994,定义 3.2]

3.5

中压保护柜 MV protection cabinet

用于长距离中压配电电缆线路保护,适应分散性照明负荷特点且可频繁通断控制的小型中压开关设备。

3.6

中压配电变压器 MV distribution transformer

由较高电压(中压)降至最末级配电电压,直接做配电用的电力变压器。

[GB/T 2900.15—1997,定义 3.1.3]

3.7

组合式变压器 combined transformer

本体一次侧装有中压电缆插入式终端、中压限流熔断器、热保护装置,二次侧采用低压电缆引出的密封式中压配电变压器。

3.8

埋地式变压器 buried transformer

防护等级为 IP68,可安装在地面以下专用井内的组合式变压器。

4 一般特性

4.1 系统结构

4.1.1 中压配电系统设备组成包括中压隔离变压器、中压开关设备(中压保护柜)、中压配电电缆及分支箱、中压配电变压器(组合式变压器)及低压配电设备等。

4.1.2 中压配电系统宜采用按功能划分的多回路树干式。

4.1.3 中压配电变压器的设置应遵循"小容量、短半径、密布点"的原则。当变压器低压配电系统的接地形式为 TN-S 系统时,其低压最大供电半径应根据低压配电线路末端发生单相接地故障时的保护灵敏度要求确定。小容量配电变压器低压侧单相接地故障电流及低压最大供电半径计算值参见附录 A。

4.1.4 桥梁结构内部邻近的不同中压配电回路中配电变压器间,宜设置低压联络线。

4.1.5 中压配电系统的供电电源应符合 GB 50052 和 GB 50053 的规定。

4.2 系统电压

4.2.1 中压配电回路容量较小时,配电电压宜采用 3kV~6kV。当中压配电回路容量较大,配电距离长时,配电电压宜采用 10kV。

4.2.2 低压配电电压宜采用 220/380V。

4.2.3 系统电压等级应符合 GB/T 156 的规定。

4.3 系统接地

4.3.1 中压配电系统的中性点应采用有效接地方式,即系统在各种条件下应使零序电抗与正序电抗之比(X_0/X_1)为正值且不大于 3,其零序电阻与正序电抗之比(R_0/X_1)为正值且不大于 1。

4.3.2 中压配电系统中性点采用直接接地方式时,应校验单相接地故障电流产生的电动力效应和热效应对系统设备和电缆的影响。

4.3.3 中压配电系统中性点采用低电阻接地方式时,接地电阻值的选择应保证长距离配电线路末端发生单相接地时可靠断开故障线路。

4.3.4 中压电气装置应采用共用接地装置,利用桥梁主墩或建筑物的基础钢筋作自然接地极,并实施等电位联结。接地装置的接地电阻按最小值要求确定。

4.4 系统无功补偿

4.4.1 主变电站电源进线侧的功率因数值应符合当地供电部门的有关规定。

4.4.2 长距离分散性负荷的感性无功功率应单独设置电容器补偿,长距离电缆线路中的小容量配电变压器低压侧不应设置集中补偿电容器组。

4.4.3 无功补偿容量宜按无功功率曲线或无功补偿计算方法确定。计算时应计及长距离中压电缆线路的容性充电功率。长距离中压电缆线路的容性充电功率可根据电缆制造厂提供的工作电容值估算或通过实测获得。中压交联聚乙烯绝缘电力电缆线路的工作电容及充电功率计算值参见附录B。

4.4.4 空载或轻载运行状态下的长距离中压电缆线路的容性充电功率宜采取下列措施进行补偿:
    a) 长距离中压电缆线路的照明负荷被切除的同时切除该中压电缆线路;
    b) 不能切除而又处于轻载运行状态下的长距离中压电缆线路采取并联电抗器分散补偿:
    [DW]1) 并联电抗器的容量可按长距离中压电缆线路容性充电功率的60%~70%选取,应避免产生谐振;
    2) 并联电抗器应随中压电缆线路的照明负荷投入(退出)的同时退出(投入)运行。

4.4.5 低压无功补偿装置应采用复合开关电器、半导体开关电器等,具有过零自动投切功能。

5 中压配电设备和电缆的选择

5.1 一般要求

5.1.1 中压配电设备和电缆应满足正常运行、检修、短路和过电压情况下的要求,并考虑远景发展。

5.1.2 设置在桥梁结构内部(包括主塔横梁内或平台上)的中压配电设备应采用专门设计的设备或采取适当措施,以适应外部环境(如温度、湿度、振动、盐雾、台风等)的影响。

5.2 中压隔离变压器

5.2.1 主变电站中压隔离变压器宜采用干式变压器,并满足下列要求:
    a) 应选用节能环保、低损耗、低噪声变压器;
    b) 应采用D,yn11联结组别;
    c) 与配电装置同室布置的干式变压器,应带有防护等级为IP4X的外壳、温控温显装置和风机等。

5.2.2 中压隔离变压器的容量宜不小于负荷侧所有中压配电变压器的容量之和。

5.3 中压开关设备

5.3.1 桥梁内部中压配电系统应采用小型开关设备,馈线柜应采用适应长距离分散性负荷特点专门设计的中压保护柜。

5.3.2 中压保护柜的主开关电器应能开断长距离电缆线路充电电流。中压交联聚乙烯绝缘电力电缆线路的充电电流计算值参见附录B。

5.3.3 桥梁照明(景观照明)中压配电系统的断电控制宜设置在主变电站中压保护柜处,其主开关电器的电气寿命应能满足照明频繁控制的要求。中压保护柜的主开关电器宜采用SF6接触器与熔断器组合电器。

5.3.4 中压保护柜宜配置自动检测和显示中压配电系统对地绝缘电阻的装置。当中压配电系统对地绝缘电阻值低于 GB 50150 的规定时,禁止主开关电器合闸。

5.3.5 中压开关设备应具备"五防"闭锁功能,配置带电指示器和电缆故障指示器。处在高潮湿环境中的中压开关设备,宜在设备内加装去湿电加热器。

5.4 中压配电变压器

5.4.1 中压配电变压器应采用适应长距离分散性负荷特点专门设计的小容量组合式变压器,并满足下列要求:

    a) 应选用节能环保、寿命期内免维护或少维护变压器;
    b) 应采用 D,yn11 联结组别;额定容量在 50kV·A 以下时,宜采用 Y,zn11 联结组别;
    c) 安装在桥梁接线用地范围内的埋地式变压器应选择油浸式变压器,其外壳防护等级应为 IP68,并具有抗腐蚀措施;
    d) 安装在桥梁结构内部(包括主塔横梁内或平台上)、隧道配电洞室内的变压器应选择干式绝缘或非可燃性液体绝缘变压器;干式绝缘变压器外壳防护等级不低于 IP45,并具有抗腐蚀措施。

5.4.2 组合式变压器可根据需要采用三相变压器或中压侧额定电压等于三相系统标称电压的单相变压器。

5.4.3 组合式变压器负荷率不宜大于 0.7,最高不得大于 0.8。

5.4.4 组合式变压器与中压电缆的连接应安全可靠,便于安装和维护并适应变压器外壳防护要求。中压电缆插入式终端额定电流应大于中压配电线路最大负荷电流,且不应低于 80A。

5.4.5 中压电缆插入式终端盒的母线及馈线均应绝缘封闭,进出线均应配备带电显示器或防止带电插拔的联锁装置。

5.5 中压配电电缆

5.5.1 中压配电电缆宜采用三相统包型交联聚乙烯绝缘铜芯电力电缆,根据敷设环境采用铠装或防水外护套。敷设在大型公路桥梁主塔、箱梁、锚碇等结构内部的配电电缆应采用无卤低烟阻燃型。

5.5.2 中压配电电缆导体截面应满足允许温升、电压损失、短路热稳定及单相接地故障保护灵敏性等条件,其最小截面面积应不小于 $16mm^2$。

5.5.3 中压配电电缆的金属屏蔽层截面应满足在单相接地故障或不同地点两相同时发生故障时的短路容量要求。中压配电系统采用有效接地方式时,中压配电电缆宜采用铜丝屏蔽型,其屏蔽层截面面积应不小于 $16mm^2$。

5.6 中压配电电缆分支箱

5.6.1 中压配电电缆分支箱应采用小容量插拔式馈出结构的产品。其额定电流应大于中压配电线路最大负荷电流,且不应低于 80A。

5.6.2 中压配电电缆分支箱不宜超过四单元,母线及馈线均应绝缘封闭,进出线均应配备带电显示器或防止带电插拔的联锁装置,所有出线均应配置电缆故障指示器。

6 中压配电系统的安全防护

6.1 一般要求

6.1.1 中压配电系统在出现过负荷、相间短路、接地故障、过电压及欠电压等故障和异常运行状态时应有相应保护,用于切断供电电源或发出报警信号。

6.1.2 中压配电系统的保护应满足可靠性、选择性、速动性和灵敏性的要求。保护装置应采用微机型,并应符合 GB/T 50062 的规定。

6.2 中压配电线路的电流保护

6.2.1 对中压配电线路的相间短路,宜采用中压限流熔断器保护,或装设微机过电流保护和延时电流速断保护,保护动作于切断供电电源。

6.2.2 中压配电线路应采用动作特性能适应照明装置的启动电流大、长距离中压配电线路末端故障电流小等特点的微机电流保护装置。

6.2.3 对中压配电线路的单相接地故障,应装设微机零序电流保护。零序电流保护的动作整定值应不小于长距离电缆线路的单相接地电容电流的1.3倍,保护延时0.2s动作。

6.2.4 对中压配电线路的过负荷,应装设过负荷保护。保护宜带时限动作于信号,必要时动作于跳闸。

6.2.5 当中压配电线路采用白天断电而夜间通电的运行方式时,中压配电线路上宜装设微机绝缘监测装置。

6.3 中压配电变压器的电流保护

6.3.1 对中压配电变压器的绕组相间短路,可采用中压限流熔断器保护。限流熔断器的熔体电流应与变压器容量相匹配。

6.3.2 对照明配电变压器的过负荷,应装设过负荷保护。保护采用埋设在变压器绕组内的热保护装置作用于变压器低压侧总断路器跳闸。

6.4 中压配电系统的过电压和欠电压保护

6.4.1 中压配电系统应设置雷电侵入波过电压保护。同一回路中压配电电缆的首端和末端应装设氧化锌避雷器,其中连接的配电变压器中压侧可不装设避雷器。

6.4.2 中压配电变压器低压侧应装设符合Ⅰ级分类试验标准的电涌保护器。

6.4.3 中压配电系统应装设欠电压保护,在系统出现失压时,动作于跳闸或报警。

6.5 中压电气装置的直接接触防护(基本防护)

6.5.1 中压电气装置应采用遮栏和外护物进行永久性防护。遮栏或外护物应牢固地加以固定。

6.5.2 中压配电系统的隔离开关、电缆插入式终端应具有联锁装置。

6.6 中压电气装置的间接接触防护(故障防护)

6.6.1 中压电气装置的间接接触防护应采取自动切断电源方式。

6.6.2 采取自动切断电源进行间接接触防护时,中压电气装置的外露可导电部分应进行保护接地,桥梁结构内部应作等电位联结。

6.6.3 中性点有效接地的三相三线制中压配电系统,电气装置所有外露可导电部分应通过保护导体与系统中性点相连接,系统中性点应在中压隔离变压器处或附近接地。保护导体的连接应连续可靠。

6.6.4 保护导体可利用中压配电电缆的金属铜丝屏蔽层、电缆铠装层或另敷设一根截面面积不小于 $25mm^2$ 的铜导体。

6.6.5 中压配电系统的间接接触防护可采用零序电流保护,发生接地故障时,零序电流保护装置应能在规定时间内切断电源。

6.6.6 低压配电系统的间接接触防护应符合 GB 16895.21、GB 16895.28 和 GB 50054 的规定。

6.6.7 大型公路桥梁低压配电系统的接地形式应采用 TN-S 系统。对无等电位联结条件的桥梁接线照明装置,配电变压器中压侧为有效接地系统时,低压配电系统的接地形式应采用 TT 系统。

6.6.8 低压 TN-S 系统采用过电流保护电器兼作间接接触防护时,应校验其保护灵敏性。

7 中压配电系统的自动化

7.1 中压配电系统应结合大桥运行管理特点,同步建设配电自动化系统。

7.2 中压配电自动化系统的远方监控中心宜设置在大型公路桥梁主变电站内,也可根据需要设置在大桥管理中心的监控中心内。

7.3 中压配电自动化系统的远方监控中心应对所辖范围内所有无人值守中压变电站、中压配电变压器及低压配电设备进行远方监控。对中压配电电缆分支箱进行远程监测。

7.4 中压配电自动化系统宜具备下列功能:
  a) 配电主站应具有实时数据采集与监控功能:
    1) 数据采集和监控包括数据采集、处理、传输,实时报警、状态监视、事件记录、遥控、定值远方切换、统计计算、事故追忆、历史数据存储、信息集成、趋势曲线和制表打印等功能;
    2) 馈电线路自动化正常运行状态下,实现运行电量参数遥测、设备状态遥信、开关设备的遥控、保护、自动装置定值的远方整定以及无功补偿装置的远方投切。
  b) 配电子站应具有数据采集、汇集处理与转发、传输、控制、故障处理和通信监视等功能。
  c) 配电远方终端应具有数据采集、传输、控制等功能,也可具备远程维护和后备电池高级管理等功能。

8 中压电气装置的安装

8.1 中压电气装置的安装,应按已批准的施工图设计文件和生产厂家提供的说明书进行,施工单位和电气专业人员应具备相应资质,并选用符合规范规程要求的材料。

8.2 按照第5章规定的电气设备的特性,在安装工程中不应受到损害。

8.3 中压电气装置的安装应符合 GB 50303 的规定。中压电缆线路的安装应符合 GB 50168 的规定。接地装置的安装应符合 GB 50169 的规定。

8.4 中压电气装置应设置警告牌或告示。

9 中压电气装置的检验

9.1 中压电气装置在投运前、设备大修或重大变更后,均应进行检验,并应符合本标准规定。

9.2 所有中压电气装置均应进行定期检验。

9.3 所有电气装置外露可导电部分的接地、等电位联结等状况每半年检验一次。

9.4 中压隔离变压器、中压开关设备、中压配电变压器、中压配电电缆的绝缘及连接状况每年检验一次。

附 录 A
（资料性附录）
小容量配电变压器低压侧单相接地故障电流及低压最大供电半径计算值

A.1 总则

大型公路桥梁长距离分散性负荷采用小容量配电变压器供电，低压配电系统的接地形式采用TN-S系统，且多采用过电流保护电器（如低压微型断路器）兼作低压配电线路的单相接地故障保护。由于配电变压器容量较小，低压配电电缆导体截面较小，线路末端单相接地故障电流很小，因此，在进行工程设计时，应进行校验。

A.2 计算公式

低压TN-S系统中发生单相接地故障时，若不计故障点阻抗时，单相接地故障电流为：

$$I_\mathrm{d} = \frac{220}{\sqrt{(R_{\Sigma \mathrm{L-PE}}^2 + X_{\Sigma \mathrm{L-PE}}^2)}} \tag{A.1}$$

式中：I_d——单相接地故障电流，单位为千安（kA）；

$R_{\Sigma \mathrm{L-PE}}$、$X_{\Sigma \mathrm{L-PE}}$——故障回路所有元件的总相—保护导体电阻、电抗，单位为毫欧（mΩ），包括配电变压器中压侧系统、配电变压器、低压母线及配电线路等元件的相—保护导体电阻、电抗。

A.3 计算条件

A.3.1 变压器10(6)kV侧短路容量取200MV·A和50MV·A计算。变压器容量S、负载损耗ΔP_k、阻抗电压$U_\mathrm{k}\%$等参数取自GB/T 10228—2008。

A.3.2 计算时不考虑变压器至低压配电箱的电源进线及母线相—保护导体阻抗。

A.3.3 低压配电线路采用交联聚乙烯绝缘铜芯电缆，其相—保护导体电阻、电抗取自《工业与民用配电设计手册》。

A.4 计算结果表

配电变压器容量为30kV·A、50kV·A、100kV·A时低压配电线路单相接地故障电流计算值分别见表A.1~表A.3。

表A.1 变压器容量为30kV·A时低压配电线路单相接地故障电流计算值

变压器技术参数		$S=30\mathrm{kV \cdot A}, \Delta P_\mathrm{k}=0.78\mathrm{kW}, U_\mathrm{k}\%=4$				
低压电缆截面面积（mm²）		5×10	5×16	4×25+1×16	4×35+1×16	4×50+1×25
线路长度（m）	中压系统短路容量（MV·A）	变压器容量为30kV·A时低压配电线路单相接地故障电流（kA）				
5	50	0.95	0.98	0.98	0.99	1.00
5	200	0.95	0.98	0.98	0.99	1.00
50	50	0.50	0.63	0.68	0.71	0.79
50	200	0.50	0.63	0.68	0.71	0.79
100	50	0.32	0.44	0.49	0.52	0.63
100	200	0.32	0.44	0.49	0.52	0.63

表 A.1（续）

变压器技术参数		$S=30\mathrm{kV\cdot A}, \Delta P_k=0.78\mathrm{kW}, U_k\%=4$				
低压电缆截面面积(mm²)		5×10	5×16	4×25+1×16	4×35+1×16	4×50+1×25
线路长度 (m)	中压系统短路容量 (MV·A)	变压器容量为30kV·A时低压配电线路单相接地故障电流 （kA）				
150	50	0.23	0.33	0.38	0.41	0.52
	200	0.23	0.33	0.38	0.41	0.52
200	50	0.18	0.27	0.31	0.34	0.44
	200	0.18	0.27	0.31	0.34	0.44
250	50	0.15	0.22	0.26	0.29	0.38
	200	0.15	0.22	0.26	0.29	0.38
300	50	0.13	0.19	0.23	0.25	0.34
	200	0.13	0.19	0.23	0.25	0.34
350	50	0.11	0.17	0.20	0.22	0.30
	200	0.11	0.17	0.20	0.22	0.30
400	50	0.10	0.15	0.18	0.20	0.27
	200	0.10	0.15	0.18	0.20	0.27
450	50	0.09	0.13	0.16	0.18	0.25
	200	0.09	0.13	0.16	0.18	0.25
500	50	0.08	0.12	0.15	0.16	0.23
	200	0.08	0.12	0.15	0.16	0.23

表 A.2 变压器容量为50kV·A时低压配电线路单相接地故障电流计算值

变压器技术参数		$S=50\mathrm{kV\cdot A}, \Delta P_k=1.12\mathrm{kW}, U_k\%=4$				
低压电缆截面面积(mm²)		5×10	5×16	4×25+1×16	4×35+1×16	4×50+1×25
线路长度 (m)	中压系统短路容量 (MV·A)	变压器容量为50kV·A时低压配电线路单相接地故障电流 （kA）				
5	50	1.50	1.57	1.59	1.60	1.63
	200	1.51	1.58	1.60	1.61	1.64
50	50	0.62	0.83	0.92	0.98	1.15
	200	0.62	0.84	0.93	0.98	1.16
100	50	0.36	0.52	0.60	0.65	0.84
	200	0.36	0.52	0.60	0.66	0.84
150	50	0.25	0.38	0.44	0.49	0.65
	200	0.25	0.38	0.44	0.49	0.65
200	50	0.19	0.30	0.35	0.39	0.53
	200	0.19	0.30	0.35	0.39	0.53
250	50	0.16	0.24	0.29	0.32	0.46
	200	0.16	0.24	0.29	0.32	0.46

表A.2(续)

变压器技术参数		$S=50\mathrm{kV\cdot A}, \Delta P_k = 1.12\mathrm{kW}, U_k\% = 4$				
低压电缆截面面积(mm^2)		5×10	5×16	$4\times25+1\times16$	$4\times35+1\times16$	$4\times50+1\times25$
线路长度 (m)	中压系统短路容量 ($\mathrm{MV\cdot A}$)	变压器容量为50kV·A时低压配电线路单相接地故障电流 (kA)				
300	50	0.13	0.21	0.25	0.27	0.39
	200	0.13	0.21	0.25	0.27	0.39
350	50	0.11	0.18	0.21	0.24	0.34
	200	0.11	0.18	0.21	0.24	0.34
400	50	0.10	0.16	0.19	0.21	0.31
	200	0.10	0.16	0.19	0.21	0.31
450	50	0.09	0.14	0.17	0.19	0.28
	200	0.09	0.14	0.17	0.19	0.28
500	50	0.08	0.13	0.15	0.17	0.25
	200	0.08	0.13	0.15	0.17	0.25

表A.3 变压器容量为100kV·A时低压配电线路单相接地故障电流计算值

变压器技术参数		$S=100\mathrm{kV\cdot A}, \Delta P_k = 1.80\mathrm{kW}, U_k\% = 4$				
低压电缆截面面积(mm^2)		5×10	5×16	$4\times25+1\times16$	$4\times35+1\times16$	$4\times50+1\times25$
线路长度 (m)	中压系统短路容量 ($\mathrm{MV\cdot A}$)	变压器容量为100kV·A时低压配电线路单相接地故障电流 (kA)				
5	50	2.69	2.92	2.98	3.02	3.12
	200	2.73	2.97	3.04	3.08	3.18
50	50	0.73	1.07	1.24	1.34	1.72
	200	0.73	1.08	1.24	1.35	1.73
100	50	0.39	0.60	0.71	0.79	1.09
	200	0.39	0.60	0.71	0.79	1.09
150	50	0.27	0.42	0.50	0.55	0.79
	200	0.27	0.42	0.50	0.55	0.79
200	50	0.20	0.32	0.38	0.43	0.62
	200	0.20	0.32	0.38	0.43	0.62
250	50	0.16	0.26	0.31	0.35	0.50
	200	0.16	0.26	0.31	0.35	0.50
300	50	0.14	0.22	0.26	0.29	0.43
	200	0.14	0.22	0.26	0.29	0.43
350	50	0.12	0.19	0.22	0.25	0.37
	200	0.12	0.19	0.22	0.25	0.37

表 A.3(续)

变压器技术参数		$S=100\mathrm{kV\cdot A}, \Delta P_k=1.80\mathrm{kW}, U_k\%=4$				
低压电缆截面面积(mm^2)		5×10	5×16	$4\times25+1\times16$	$4\times35+1\times16$	$4\times50+1\times25$
线路长度 (m)	中压系统短路容量 ($\mathrm{MV\cdot A}$)	变压器容量为 $100\mathrm{kV\cdot A}$ 时低压配电线路单相接地故障电流 (kA)				
400	50	0.10	0.16	0.20	0.22	0.33
	200	0.10	0.16	0.20	0.22	0.33
450	50	0.09	0.15	0.18	0.20	0.29
	200	0.09	0.15	0.18	0.20	0.29
500	50	0.08	0.13	0.16	0.18	0.26
	200	0.08	0.13	0.16	0.18	0.26

A.5 计算结果表的应用

当采用微型断路器兼作低压配电系统的间接接触防护时,应满足下列条件:

$$I_d / I_{r3} \geq 1.3 \qquad (A.2)$$

式中:I_d——低压配电线路末端的单相接地故障电流,单位为安培(A),可从表 A.1 ~ 表 A.3 中查得;

I_{r3}——微型断路器的瞬时脱扣器动作电流,单位为安培(A),对 C 型脱扣器,为其额定电流的 4 ~ 7 倍。取 7 倍校验。

若不满足公式(A.2)要求,则应缩短低压供电半径或增大导体截面。若采取上述措施后,仍不满足公式(A.2)要求,则应采用剩余电流保护电器 RCD 作为低压配电系统的间接接触防护。RCD 额定剩余不动作电流应不小于被保护线路和设备正常运行时泄漏电流最大值的 2 倍。

当小容量变压器低压侧采用微型断路器兼作间接接触防护时,其低压最大供电半径计算值见表 A.4 ~ 表 A.6。

表 A.4 变压器容量为 30kV·A 时低压最大供电半径计算值

变压器技术参数	$S=30\mathrm{kV\cdot A}, \Delta P_k=0.78\mathrm{kW}, U_k\%=4$				
低压电缆截面面积 (mm^2)	5×10	5×16	$4\times25+1\times16$	$4\times35+1\times16$	$4\times50+1\times25$
断路器额定电流 (A)	变压器容量为 $30\mathrm{kV\cdot A}$ 时低压最大供电半径 (m)				
6	737	—	—	—	—
10	431	687	836	941	—
16	258	411	500	562	847
20	200	319	388	436	656
25	154	245	298	334	502
32	113	180	218	245	367

表 A.5　变压器容量为 50kV·A 时低压最大供电半径计算值

变压器	$S=50\text{kV}\cdot\text{A}, \Delta P_k=1.12\text{kW}, U_k\%=4$				
低压电缆截面面积（mm²）	5×10	5×16	4×25+1×16	4×35+1×16	4×50+1×25
断路器额定电流（A）	变压器容量为 50kV·A 时低压最大供电半径（m）				
6	751	—	—	—	—
10	444	709	863	971	—
16	272	434	528	594	895
20	214	342	416	468	705
25	168	268	326	367	552
32	128	204	247	278	418
40	99	157	191	215	322
50	—	120	145	163	245

表 A.6　变压器容量为 100kV·A 时低压最大供电半径计算值

变压器	$S=100\text{kV}\cdot\text{A}, \Delta P_k=1.8\text{kW}, U_k\%=4$				
低压电缆截面面积（mm²）	5×10	5×16	4×25+1×16	4×35+1×16	4×50+1×25
断路器额定电流（A）	变压器容量为 100kV·A 时低压最大供电半径（m）				
6	759	—	—	—	—
10	453	724	881	991	—
16	281	449	546	614	927
20	223	357	434	488	737
25	177	283	345	388	585
32	137	219	266	299	451
40	108	173	210	236	356
50	—	136	165	186	280
63	—	—	128	144	217
80	—	—	—	110	165
100	—	—	—	—	126

附 录 B
（资料性附录）
中压交联聚乙烯绝缘电力电缆线路的工作电容、充电电流及充电功率计算值

3kV～10kV 中压交联聚乙烯电缆线路的工作电容、充电电流及充电功率计算值见表 B.1～表 B.4。表 B.1～表 B.4 中电缆工作电容值根据 GB/T 12706.1—2008 所规定的结构尺寸计算。

表 B.1　3.6/6kV 交联聚乙烯电缆线路的工作电容、充电电流及充电功率计算值

电缆导体截面面积 (mm²)	工作电容 (μF/km)	系统标称电压 U_r=6kV	
		充电电流(A/km)	充电功率(kvar/km)
3×25	0.242	0.264	2.739
3×35	0.268	0.292	3.034
3×50	0.302	0.329	3.416
3×70	0.346	0.377	3.913
3×95	0.388	0.422	4.380
3×120	0.424	0.461	4.788
3×150	0.468	0.505	5.253
3×185	0.506	0.550	5.719
3×240	0.543	0.591	6.138

表 B.2　6/6kV 交联聚乙烯电缆线路的工作电容、充电电流及充电功率计算值

电缆导体截面面积 (mm²)	工作电容 (μF/km)	系统标称电压 U_r=6kV	
		充电电流(A/km)	充电功率(kvar/km)
3×25	0.192	0.209	2.170
3×35	0.211	0.230	2.385
3×50	0.237	0.258	2.679
3×70	0.269	0.293	3.041
3×95	0.300	0.326	3.391
3×120	0.327	0.356	3.696
3×150	0.357	0.388	4.036
3×185	0.387	0.421	4.375
3×240	0.429	0.467	4.849

表 B.3　6/10kV 交联聚乙烯电缆线路的工作电容、充电电流及充电功率计算值

电缆导体截面面积 (mm²)	工作电容 (μF/km)	系统标称电压 $U_r=10$kV	
		充电电流(A/km)	充电功率(kvar/km)
3×25	0.192	0.348	6.029
3×35	0.211	0.383	6.625
3×50	0.237	0.430	7.442
3×70	0.269	0.488	8.447
3×95	0.300	0.544	9.420
3×120	0.327	0.593	10.268
3×150	0.357	0.647	11.210
3×185	0.387	0.702	12.152
3×240	0.429	0.778	13.471

表 B.4　8.7/10kV、8.7/15kV 交联聚乙烯电缆线路的工作电容、充电电流及充电功率计算值

电缆导体截面面积 (mm²)	工作电容 (μF/km)	系统标称电压 $U_r=10$kV	
		充电电流(A/km)	充电功率(kvar/km)
3×25	0.158	0.286	4.949
3×35	0.173	0.313	5.417
3×50	0.192	0.348	6.019
3×70	0.217	0.393	6.804
3×95	0.240	0.435	7.536
3×120	0.260	0.472	8.173
3×150	0.283	0.514	8.899
3×185	0.312	0.566	9.806
3×240	0.344	0.623	10.798

参 考 文 献

［1］中华人民共和国国家标准. GB/T 2900.15—1997 电工术语 变压器、互感器、调压器和电抗器. 北京：中国标准出版社,1997.

［2］中华人民共和国国家标准. GB/T 2900.20—1994 电工术语 高压开关设备. 北京：中国标准出版社,1994.

［3］中华人民共和国国家标准. GB/T 10228—2008 干式电力变压器技术参数和要求. 北京：中国标准出版社,2008.

［4］中华人民共和国国家标准. GB/T 12706.1—2008 额定电压1kV（U_m = 1.2kV）到35kV（U_m = 40.5kV）挤包绝缘电力电缆及附件 第1部分：额定电压1kV（U_m = 1.2kV）和3kV（U_m = 3.6kV）电缆. 北京：中国标准出版社,2008.

［5］中国航空工业规划设计研究院,等. 工业与民用配电设计手册（3版）. 北京：中国电力出版社,2005.

ICS 93.040;83.140.99
P 28
备案号:

中华人民共和国交通运输行业标准

JT/T 842—2012

公路桥梁高阻尼隔震橡胶支座

High damping seismic isolation rubber bearings
for highway bridges

2012-09-26 发布　　　　　　　　　　　　2013-02-01 实施

中华人民共和国交通运输部 发布

目　次

前言
引言
1　范围
2　规范性引用文件
3　术语、定义和符号
4　分类、型号及结构形式
5　技术要求
6　试验方法
7　检验规则
8　标志、包装、运输和储存
附录A(资料性附录)　公路桥梁高阻尼隔震橡胶支座技术参数
附录B(资料性附录)　公路桥梁高阻尼隔震橡胶支座规格系列

前 言

本标准按照 GB/T 1.1—2009 给出的规则起草。

本标准由中国公路学会桥梁和结构工程分会提出并归口。

本标准主编单位：中交第一公路勘察设计研究院有限公司。

本标准参编单位：西安中交土木科技有限公司、广州大学工程抗震研究中心、成都市新筑路桥机械股份有限公司、株洲时代新材料科技股份有限公司、衡水宝力工程橡胶有限公司、衡水市橡胶总厂有限公司、丰泽工程橡胶科技开发股份有限公司、柳州东方工程橡胶制品有限公司、长安大学、东南大学、陕西鸿博百川工程材料有限公司。

本标准主要起草人：刘士林、葛胜锦、丁小军、潘长平、王伟、彭泽友、崔杰、赵国辉、周明华、夏玉龙、庾光忠、陈广进、赵东来、王恒光、张毅、游珏涛、资道铭、宁响亮、于成云、李建军。

引 言

公路桥梁高阻尼隔震橡胶支座具有结构合理、外观简洁、阻尼效果好、技术性能稳定、维护成本低、耐久性能好等特点,有着良好的推广应用前景。为进一步规范公路桥梁高阻尼隔震橡胶支座的技术质量要求,促进产品标准化、系列化和产业化,特制定本标准。

本标准的发布机构提请注意,声明符合本标准时,可能涉及"4.3 高阻尼隔震橡胶支座结构形式"相关的专利的使用。

本标准的发布机构对于专利的真实性、有效性和范围无任何立场。

该专利持有人已向本标准的发布机构保证,他愿意同任何申请人在合理且无歧视的条款和条件下,就专利授权许可进行谈判。该专利持有人的声明已在本标准的发布机构备案。相关信息可以通过以下联系方式获得:

专利持有人姓名:中交第一公路勘察设计研究院有限公司

地址:陕西省西安市高新区科技二路63号

邮编:710075

请注意除上述专利外,本标准的某些内容仍可能涉及专利。本标准的发布机构不承担识别这些专利的责任。

JT/T 842—2012

公路桥梁高阻尼隔震橡胶支座

1 范围

本标准规定了公路桥梁高阻尼隔震橡胶支座的产品分类、型号、结构形式、技术要求、试验方法、检验规则、标志、包装、运输和储存等。

本标准适用于承载力为 500kN～15 000kN 具有高阻尼性能的隔震橡胶支座,适用于抗震设防烈度为 9 度及以下地震烈度区的公路桥梁及市政、铁路桥梁工程。

2 规范性引用文件

下列文件对于本文件的应用是必不可少的。凡是注日期的引用文件,仅注日期的版本适用于本文件。凡是不注日期的引用文件,其最新版本(包括所有的修改单)适用于本文件。

GB/T 528	硫化橡胶或热塑性橡胶 拉伸应力应变性能的测定
GB/T 699	优质碳素结构钢
GB/T 700	碳素结构钢
GB/T 1591	低合金高强度结构钢
GB/T 1682	硫化橡胶低温脆性的测定 单试样法
GB/T 1804	一般公差 未注公差的线性及角度尺寸的公差
GB/T 3077	合金结构钢
GB/T 3512	硫化橡胶或热塑性橡胶 热空气加速老化和耐热试验
GB/T 6031	硫化橡胶或热塑性橡胶硬度的测定(10～100IRHD)
GB/T 7759	硫化橡胶、热塑性橡胶 常温、高温和低温下压缩永久变形测定
GB/T 7760	硫化橡胶或热塑性橡胶与硬质板材粘合强度的测定 90°剥离法
GB/T 7762	硫化橡胶或热塑性橡胶 耐臭氧龟裂 静态拉伸试验
GB/T 8923	涂装前钢板表面锈蚀等级和除锈等级
GB/T 9870.1	硫化橡胶或热塑性橡胶动态性能的测定 第1部分:通则
GB/T 12832	橡胶结晶效应的测定 硬度测量法
GB/T 18684	锌铬涂层 技术条件
GB/T 20688.1—2007	橡胶支座 第1部分:隔震橡胶支座试验方法
GB 20688.2	橡胶支座 第2部分:桥梁隔震橡胶支座
CJJ 166	城市桥梁抗震设计规范
HG/T 2198	硫化橡胶物理试验方法的一般要求
JB/T 8928	钢铁制件机械镀锌
JT/T 722	公路桥梁钢结构防腐涂装技术条件
JTG/T B02-01	公路桥梁抗震设计细则

3 术语、定义和符号

3.1 术语和定义

GB 20688.2 界定的以及下列术语和定义适用于本文件。

3.1.1
高阻尼隔震橡胶支座 high damping seismic isolation rubber bearings(HDR)
用复合橡胶制成具有高阻尼性能的隔震橡胶支座,通过高阻尼橡胶支座在水平方向大位移剪切变形及滞回耗能实现减隔震功能。

3.1.2
有效尺寸 effective size
矩形支座内部橡胶层(或加劲钢板)边长,圆形支座内部橡胶层(或加劲钢板)直径。

3.1.3
竖向压缩刚度 vertical compression stiffness
设计竖向承压力与竖向变形量之比。

3.1.4
支座水平屈服力 horizontal yielding force of bearing
在支座滞回曲线(荷载—位移)中,屈服点对应的支座水平力。

3.1.5
初始水平刚度 horizontal stiffness before yielding
在支座滞回曲线(荷载—位移)中,屈服点前的直线斜率。

3.1.6
屈服后水平刚度 horizontal stiffness after yielding
在支座滞回曲线(荷载—位移)中,屈服点后的直线斜率。

3.1.7
水平等效刚度 horizontal equivalent stiffness
在支座滞回曲线(荷载—位移)中,连接最高峰值点与最低峰值点之间的直线斜率。

3.1.8
等效阻尼比 equivalent damping ratio
一个荷载循环所吸收的能量与弹性变形能之比,即 $\xi = \dfrac{W_d}{2\pi W}$。

3.2 符号

下列符号适用于本文件。

A_0——有效面积,支座内部橡胶的平面面积,单位为平方毫米(mm^2);

A_e——支座顶面和底面之间的有效重叠面积,单位为平方毫米(mm^2);

a——加劲钢板纵边长度,单位为毫米(mm);

a_i, b_j——从试验结果得到的统计系数;

b——加劲钢板横边长度,单位为毫米(mm);

d——圆形支座规格,单位为毫米(mm);

d_0——加劲钢板外径,单位为毫米(mm);

d_i——加劲钢板开孔直径,单位为毫米(mm);

E_{ap}——橡胶表观弹性模量,单位为兆帕(MPa);

E_0——橡胶弹性模量,单位为兆帕(MPa);

E_∞——橡胶体积弹性模量,单位为兆帕(MPa);

E_c^s——与形状系数(S_1)相关的修正压缩弹性模量,单位为兆帕(MPa);

E_c——橡胶修正压缩弹性模量,单位为兆帕(MPa);

G ——橡胶剪切模量,单位为兆帕(MPa);

G_1, G_2 ——初始水平刚度、屈服后水平刚度所对应的剪切模量,单位为兆帕(MPa);

$G_{av}(\gamma)$ ——压缩荷载产生的平均剪应变 γ 对应的剪切模量,单位为兆帕(MPa);

$G_{eq}(\gamma)$ ——剪应变为 γ 时的等效剪切模量,单位为兆帕(MPa);

h ——支座总高度(不含预埋钢板厚度),单位为毫米(mm);

K_1 ——初始水平刚度,单位为千牛每毫米(kN/mm);

K_2 ——屈服后水平刚度,单位为千牛每毫米(kN/mm);

K_h ——水平等效刚度,单位为千牛每毫米(kN/mm);

K_v ——竖向压缩刚度,单位为千牛每毫米(kN/mm);

$l_a \times l_b$ ——矩形支座规格(l_a 为纵桥向,l_b 为横桥向),单位为毫米(mm);

n ——内部有效橡胶层数;

P_0 ——设计压力(承载力),单位为千牛(kN);

P_{max} ——最大设计压力,单位为千牛(kN);

P_{min} ——最小设计压力,单位为千牛(kN);

Q ——支座位移引起的剪力,单位为千牛(kN);

Q_d ——滞回曲线与竖轴(阻尼力坐标轴)交点对应的支座剪力,单位为千牛(kN);

Q_y ——支座水平屈服力,单位为千牛(kN);

S_1 ——第一形状系数;

S_2 ——第二形状系数;

T_r ——橡胶层总厚度 $T_r = n \times t_r$,单位为毫米(mm);

t ——封层钢板厚度,单位为毫米(mm);

t_1 ——预埋钢板厚度,单位为毫米(mm);

t_2 ——支座钢板厚度,单位为毫米(mm);

t_r ——单层橡胶厚度,单位为毫米(mm);

t_s ——加劲钢板厚度,单位为毫米(mm);

W ——一个荷载循环对应的弹性应变能;

W_d ——滞回曲线包络面积(一个荷载循环所吸收的能量);

X ——剪切位移,单位为毫米(mm);

X_y ——屈服位移,单位为毫米(mm);

X'_e ——地震作用引起的支座剪切位移,单位为毫米(mm);

X_0 ——支座设计剪切位移,单位为毫米(mm);

X'_0 ——温度、制动力、混凝土收缩徐变等作用引起的支座剪切位移,单位为毫米(mm);

X_1 ——支座容许剪切位移,单位为毫米(mm);

X_2 ——支座极限剪切位移,单位为毫米(mm);

Y ——压缩变形量,单位为毫米(mm);

α ——支座剪切角,单位为弧度(rad);

α_1 ——经验修正系数,$\alpha_1 = 45$;

γ_c ——压力引起的剪应变;

γ_s ——反复加载试验时的剪应变;

γ_t ——转动引起的剪应变;

γ_u ——极限性能试验时的剪应变;

γ_e ——大变形剪切试验时的剪应变;

γ'_e ——地震作用引起的剪应变;

γ_0 ——设计剪应变(100% 剪应变);

γ_0' ——温度、制动力、混凝土收缩徐变等作用引起的剪应变;

$\sum \gamma$ ——总剪应变;

ε ——支座压应变;

θ ——设计转角,单位为弧度(rad);

θ_a ——矩形支座纵桥向设计转角,单位为弧度(rad);

θ_b ——矩形支座横桥向设计转角,单位为弧度(rad);

κ ——与橡胶硬度相关的弹性模量修正系数;

ξ ——等效阻尼比,单位为百分比(%);

σ_{max} ——最大设计压应力,单位为兆帕(MPa);

σ_{min} ——最小设计压应力,单位为兆帕(MPa);

σ_t ——支座设计拉应力,单位为兆帕(MPa);

σ_0 ——支座设计压应力,单位为兆帕(MPa)。

4 分类、型号及结构形式

4.1 分类

4.1.1 按结构分类

支座按其结构分为:

a) Ⅰ型支座——支座本体与上、下支座钢板采用螺栓连接;

b) Ⅱ型支座——支座本体与上预埋钢板采用卡榫连接,与下封层钢板采用硫化黏结。

注:除以上两种结构外,也可采用其他可靠的连接结构形式。

4.1.2 按形状分类

支座按其本体平面形状分为:

a) 圆形支座——支座本体平面为圆形;

b) 矩形支座——支座本体平面为矩形。

4.2 型号

支座型号表示方法如下:

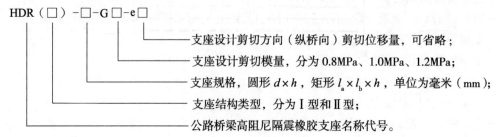

示例1:

Ⅰ型圆形高阻尼隔震橡胶支座,直径520mm,高度207mm,剪切模量1.0MPa,型号表示为:HDR(Ⅰ)-d520×207-G1.0。

示例2:

Ⅱ型矩形高阻尼隔震橡胶支座,纵桥向尺寸370mm,横桥向尺寸420mm,高度136mm,剪切模量0.8MPa,型号表示为:HDR(Ⅱ)-370×420×136-G0.8。

4.3 结构形式

4.3.1 高阻尼隔震橡胶支座Ⅰ型结构

Ⅰ型支座由预埋钢板、支座钢板、封层钢板、支座本体(叠层橡胶和加劲钢板)和锚固组件等组成,支座结构示意见图1。

4.3.2 高阻尼隔震橡胶支座Ⅱ型结构

Ⅱ型支座由预埋钢板、剪力卡榫、封层钢板、支座本体(叠层橡胶和加劲钢板)和锚固组件等组成,支座结构示意见图2。

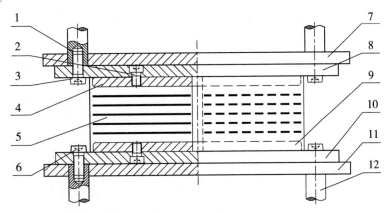

说明:
1——上套筒;　　　 7——上预埋钢板;
2——连接螺栓;　　 8——上支座钢板;
3——锚固螺栓;　　 9——下封层钢板;
4——上封层钢板;　10——下支座钢板;
5——支座本体;　　11——下预埋钢板;
6——锚固螺栓;　　12——下套筒。

图1　Ⅰ型支座结构示意

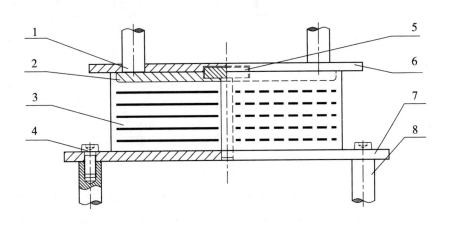

说明:
1——上套筒;　　　5——剪力卡榫;
2——上封层钢板;　6——上预埋钢板;
3——支座本体;　　7——下封层钢板;
4——锚固螺栓;　　8——下套筒。

图2　Ⅱ型支座结构示意

5 技术要求

5.1 支座性能要求

5.1.1 支座设计要求、设计参数及验算方法按 GB 20688.2、CJJ 166、JTG/T B02-01 并参照附录 A 的规定进行。支座设计承载力、防滑移水平力、剪切位移等应符合设计要求,其他性能指标应符合表1的规定。支座规格、性能参数等相关信息参见附录 B。

表1 高阻尼隔震橡胶支座的性能要求

项 目		性 能 要 求
竖向压缩刚度 K_v (kN/mm)		$K_v \pm K_v \times 30\%$
压缩变形量 Y (mm)		设计荷载下,不大于橡胶总厚度的7%
水平等效刚度 K_h (kN/mm)		$K_h \pm K_h \times 15\%$
设计转角 θ (rad)		≥ 0.006
设计压应力 σ_0 (MPa)	$S_1 \leq 8$	8
	$8 < S_1 < 12$	S_1
	$12 \leq S_1$	12
设计拉应力 σ_t (MPa)	卡榫结构	0
	$G = 0.8$	1.6
	$G \geq 1.0$	2.0
设计剪应变 γ_0 (%)		100
反复加载试验时的剪应变 γ_s (%)		150(Ⅱ型),175(Ⅰ型)
容许剪应变 γ_e (%)		200(Ⅱ型),250(Ⅰ型)
极限剪应变 γ_u (%)		300(Ⅱ型),350(Ⅰ型)
等效阻尼比 ξ		$12\% \pm (12\% \times 15\%)$ $15\% \pm (15\% \times 15\%)$ $17\% \pm (17\% \times 15\%)$
温度适用范围(℃)		-40℃~+60℃(天然橡胶),-25℃~+60℃(其他橡胶)

注1:支座水平剪切性能(容许剪应变、极限剪应变)分2级,反复加载试验时,支座的剪应变与支座的水平剪切性能分别对应。

注2:支座等效阻尼比分3级,应在反复加载试验时的剪应变 γ_s 下测试计算,适用于不同水平性能和结构形式。

5.1.2 支座剪切模量随温度下降而递增,当累年最冷月平均温度的平均值处于 -10℃~0℃时,支座设计剪切模量提高系数为1.5;当低于 -10℃时,提高系数为1.8;当低于 -25℃时,提高系数为2.0,进行桥梁结构检算。

5.1.3 支座剪切角 α 正切值,当不计制动力时,$\tan\alpha \leq 0.5$;当计入制动力时,$\tan\alpha \leq 0.7$。

5.2 力学相关稳定性要求

5.2.1 剪应变相关稳定性

在 $0.5\gamma_0$、$1.0\gamma_0$、$1.5\gamma_0$ 剪应变下,支座水平等效刚度和等效阻尼比的实测值变化率在 ±15% 以内。

5.2.2 压应力相关稳定性

在 3MPa、6MPa、9MPa、12MPa 压应力下,支座水平等效刚度和等效阻尼比的实测值变化率在 ±15% 以内。

5.2.3 频率相关稳定性

在加载频率为 0.01Hz、0.1Hz、0.5Hz、1.0Hz 时,支座水平等效刚度和等效阻尼比的实测值变化率在 ±15% 以内。

5.2.4 重复加载次数相关稳定性

在剪切性能反复加载 50 次时,第 1、3、5、10、20、30、50 次循环的支座水平等效刚度和等效阻尼比的实测值变化率在 ±15% 以内。

5.2.5 温度相关稳定性

测定温度对剪切性能的相关影响时,支座水平等效刚度和等效阻尼比在试验测试温度下与基准温度下测试值的变化率应符合表 2 的规定。

表2 温度相关稳定性要求

测试温度(℃)	−25 ±2	−10 ±2	0 ±2	+23 ±2	+40 ±2
支座水平等效刚度和等效阻尼比变化率(%)	−20 ~ +80	−20 ~ +50	−20 ~ +35	基准值	±20

5.3 极限性能要求

5.3.1
试件在设计压力作用下产生剪切位移,发生破坏、屈曲或翻滚时的剪应变应大于表 1 的规定。

5.3.2
对于 I 型支座,在容许剪应变 γ_e 下承受设计拉力时,支座不应发生拉剪破坏。

5.3.3
对于 II 型支座,竖向承载力应在最大设计压力 P_{max} 和最小设计压力 P_{min} 之间。

5.4 耐久性能要求

5.4.1 老化性能

水平等效刚度和等效阻尼比允许变化率为 ±30%。

5.4.2 徐变性能

支座使用 60 年后徐变应变不超过 10%。

5.4.3 疲劳性能

水平等效刚度允许变化率为 ±15%,试件外观无裂缝。

5.5 支座用橡胶材料物理机械性能

5.5.1
支座用橡胶宜采用天然橡胶或其他合成橡胶,不应使用任何再生胶或粉碎的硫化橡胶。

5.5.2
支座用高阻尼橡胶材料常规物理机械性能应符合表 3 的规定。

表3 橡胶材料常规物理机械性能

性 能			要 求	试验方法
拉伸性能	拉伸强度(MPa)		≥ 10	GB/T 528
	扯断伸长率(%)	$G=0.8$MPa	≥ 650	
		$G=1.0$MPa	≥ 600	
		$G=1.2$MPa	≥ 550	
热空气老化性能[a] 70℃×168h	拉伸强度变化率(%)		±15	GB/T 3512
	扯断伸长变化率(%)		±20	GB/T 528
硬度 IRHD			只作为质量控制指标	GB/T 6031
黏合性能	橡胶与金属黏结强度(N/mm)		≥ 10	GB/T 7760
	破坏类型		橡胶破坏	
压缩永久变形[a]【70℃×24h,压缩率25%】(%)			≤ 60	GB/T 7759
剪切性能	剪切模量(MPa)		0.8,1.0,1.2	GB/T 9870.1
	等效阻尼比(%)		12,15,17	
臭氧老化性能[a,b]	性能变化率($50×10^{-8}$,30%,40℃×96h)		无龟裂	GB/T 7762

[a] 所示性能测试项目的频率为每半年一次。
[b] 臭氧老化性能仅针对保护层橡胶测试项目。

5.5.3 型式检验增加的高阻尼橡胶材料物理机械性能应符合表4的规定。

表4 型式检验增加的橡胶材料物理机械性能

性 能	试验项目	要 求	试验方法
拉伸性能	100%拉应变时的定伸应力(MPa)	只作为质量控制指标	GB/T 528
热空气老化性能 70℃×168h	100%拉应变时的定伸应力变化率(%)	≤ 25	GB/T 3512 GB/T 528
剪切性能	剪切模量和等效阻尼比的温度相关性(%)	≤ 20	GB/T 9870.1
脆性性能	脆性温度(℃)	≤ -50	GB/T 1682
低温结晶性能	硬度变化率【-40℃时】(%)	≤ 20	GB/T 12832

5.6 支座用钢材性能

5.6.1 支座钢板、封层钢板和加劲钢板采用Q345低合金高强度结构钢,其性能应符合GB/T 1591的规定。

5.6.2 预埋钢板采用碳素结构钢,其性能应符合GB/T 700的规定。

5.6.3 套筒采用优质碳素结构钢,其性能应符合GB/T 699的规定。

5.6.4 螺栓采用合金结构钢,其性能应符合GB/T 3077的规定。

5.7 黏结剂

黏结剂应不可溶并具有热固性,其质量应稳定,橡胶与金属黏结强度应符合表3的规定。

5.8 外观质量要求

支座表面应光滑平整,外观质量应符合表5的规定。

表5 外观质量要求

缺陷名称	质量指标
缺胶	缺胶面积不超过150mm²,不应多于两处 内部嵌件不允许外露
凹凸不平	凹凸不超过1mm,面积不超过50mm²,不应多于三处
气泡、杂质	不允许
裂纹(侧面)	不允许
钢板外露(侧面)	不允许
掉块、崩裂、机械损伤	不允许
钢板与橡胶黏结处开裂或剥离	不允许
支座表面平整度	不大于支座平面对角线或直径的0.4%

5.9 解剖性能要求

支座解剖后的性能应符合表6的规定。

表6 解剖性能要求

项目名称	解剖检验指标
锯开后胶层厚度	胶层厚度应均匀,单层橡胶厚度 t_r 偏差应符合: —— $t_r \leq 10mm$ 时,偏差为 $\pm 0.4mm$; —— $10mm < t_r \leq 20mm$ 时,偏差为 $\pm 0.7mm$; —— $t_r > 20mm$ 时,偏差为 $\pm 1.0mm$
钢板与橡胶黏结性能	钢板与橡胶黏结应牢固,且无离层现象
保护层橡胶厚度	保护层厚度偏差为(0,+0.5)mm
剥离胶层橡胶性能	剥离胶层后,测定的橡胶性能与表3的规定相比,拉伸强度的下降率不应大于15%,扯断伸长率的下降率不应大于20%

5.10 尺寸公差要求

支座加工、外形尺寸公差及组装后尺寸公差应符合GB 20688.2的规定,未注尺寸公差应按GB/T 1804中c级的规定进行,各部件检验合格后方可进行装配。

5.11 支座防腐涂装

5.11.1 支座钢件外露表面(橡胶表面除外)应进行表面防腐蚀处理。

5.11.2 待涂装表面应进行表面预处理，清除附在表面的杂质，用稀释剂或清洗剂除去油污和脏物。

5.11.3 用喷射或抛射除锈法将涂装表面的氧化皮、铁锈及其他杂质清除干净后，用真空吸尘器将钢材表面清除一次。经喷射或抛射处理后，表面应符合GB/T 8923中Sa2.5级的规定。

5.11.4 支座使用在JT/T 722中的C1~C3腐蚀环境，支座外露钢件表面采用JT/T 722中配套编号为S05的涂装配套体系；若使用在C4~C5-M的腐蚀环境，则采用配套编号为S07、S09或S11的涂装配套体系。所有涂装配套体系的面漆均采用橘黄色。

5.11.5 涂装表面处理、涂装要求及涂层质量应符合JT/T 722的规定。

5.11.6 支座用锚固螺栓采用多元合金共渗或锌铬镀层等方法进行防护处理，应符合GB/T 18684的规定；套筒和锚杆宜采用镀锌进行防护处理，应符合JB/T 8928的规定。

6 试验方法

6.1 试验样品

支座及橡胶材料试验用样品及缩尺模型应符合GB/T 20688.1和GB 20688.2的规定。

6.2 试验条件及设备要求

6.2.1 除6.7.5外，试验温度为23℃±2℃。

6.2.2 除6.7.3外，受试验条件限制时，测试的频率不应低于0.01Hz。

6.2.3 剪切试验宜采用单剪试验，摩擦力对剪力的修正按GB/T 20688.1—2007附录E的规定进行，摩擦力应小于剪力的3%。

6.3 橡胶材料试验

橡胶材料试验方法按表3、表4和GB 20688.2的规定进行。

6.4 外观质量

支座外观质量检查，用目测或量具方法按表5的规定进行。

6.5 外形尺寸

6.5.1 支座外形尺寸应用钢直尺测量，高度应用游标卡尺或量规测量。

6.5.2 对于矩形支座，除应在四边上测量长短边尺寸外，还应测量平面与侧面对角线尺寸，高度应在四边中点及对角线中心处测量；对圆形支座的直径、高度应至少测量四次，测点应垂直交叉并测量圆心处高度。

6.5.3 外形尺寸和高度取实测平均值。

6.6 成品支座力学性能试验

6.6.1 竖向压缩刚度试验

成品支座竖向压缩刚度应按GB/T 20688.1—2007中6.3.1的试验方法在下列条件下进行：
——加载方法：应按GB/T 20688.1—2007中6.3.1.3的方法1进行；
——加载应力：从1.5MPa加载到6MPa。

6.6.2 压缩变形试验

成品支座压缩变形应按GB/T 20688.1—2007中6.3.1的试验方法在下列条件下进行：
——加载方法：应按GB/T 20688.1—2007中6.3.1.3的方法1进行；
——加载应力：从0.5MPa加载到设计压应力。

压缩变形量应取第三个循环从0.5MPa加载到设计压应力的竖向变形值。

6.6.3 水平等效刚度和等效阻尼比试验

成品支座水平等效刚度和等效阻尼比应按 GB/T 20688.1—2007 中 6.3.2 的试验方法在下列条件下进行：

——加载方法：应按 GB/T 20688.1—2007 中 6.3.2.2 的方法做 11 次循环进行；
——加载应力：竖向加载应力为 6MPa；
——反复加载剪应变 γ_s：按 150%、175% 与表 1 对应的 2 级支座水平性能分别进行；
——加载频率：循环剪切位移测试频率采用 0.5Hz。

水平等效刚度和等效阻尼比取第二次至第十一次循环的测试平均值，应按 GB/T 20688.1—2007 中 6.3.2.3 的规定计算。

6.6.4 大变形剪切试验

竖向施加 6MPa 压应力后，按表 1 支座容许剪应变循环加载水平位移，加载到末端停留时间不应低于 2min，循环剪切位移测试频率采用 0.5Hz，循环次数不应低于 11 次，支座外观应无异常或损伤。

6.6.5 拉伸性能试验

成品支座的拉伸性能应按 GB/T 20688.1—2007 中 6.6 的试验方法，在表 1 规定的设计拉应力和容许剪应变下进行，试验后支座外观应无异常或损伤。

6.7 力学相关稳定性试验

6.7.1 剪应变相关稳定性

竖向施加 6MPa 压应力后，按表 1 支座设计剪应变 γ_0 的 0.5、1.0、1.5 倍递增施加水平位移，循环剪切位移测试频率采用 0.5Hz，应按 GB/T 20688.1—2007 中 6.4.1 的试验方法进行。

6.7.2 压应变相关稳定性

按 150%、175% 与表 1 对应的 2 级支座水平性能分别加载后，竖向按 3MPa、6MPa、9MPa、12MPa 施加压应力，循环剪切位移测试频率采用 0.5Hz，应按 GB/T 20688.1—2007 中 6.4.2 的试验方法进行，循环加载次数为三次，取第三次测试值计算。每种应力测试间隔时间至少 8h。

6.7.3 频率相关稳定性

竖向施加 6MPa 压应力，按 150%、175% 与表 1 对应的 2 级支座水平性能分别加载后，循环剪切位移加载频率采用 0.01Hz、0.1Hz、0.5Hz、1.0Hz，应按 GB/T 20688.1—2007 中 6.4.3 的试验方法进行，循环加载次数为三次，取第三次测试值计算。每种频率测试间隔时间至少 8h。

6.7.4 重复加载次数相关稳定性

竖向施加 6MPa 压应力，按 150%、175% 与表 1 对应的 2 级支座水平性能分别施加水平位移，循环剪切位移测试频率采用 0.5Hz，应按 GB/T 20688.1—2007 中 6.4.4 的试验方法进行循环加载。基准值应取第二次至第十一次循环的测试平均值。试件在反复 50 次加载后应冷却至室温，冷却时间至少 8h。

6.7.5 温度相关稳定性

在 5.2.5 规定的温度条件下，竖向施加 6MPa 压应力，按 150%、175% 与表 1 对应的 2 级支座水平性能分别加载后，循环剪切位移测试频率采用 0.5Hz，应按 GB/T 20688.1—2007 中 6.4.5 的试验方法进行，循环加载次数为三次，取第三次测试值计算。

6.8 极限性能试验

竖向施加 6MPa 压应力，循环剪切位移测试频率采用 0.5Hz，应按 GB/T 20688.1—2007 中 6.5 的试验方法进行。

6.9 耐久性能试验

6.9.1 老化性能

老化性能试验按 GB/T 20688.1—2007 中 6.7.1 的规定进行。

6.9.2 徐变性能

徐变性能试验按 GB/T 20688.1—2007 中 6.7.2 的规定进行。

6.9.3 疲劳性能

疲劳性能试验按 GB/T 20688.1—2007 中 6.7.3 的规定进行。

6.10 解剖性能试验

支座解剖检验应随机抽取一个橡胶层数大于三层的支座,将其沿垂直方向锯开。胶层厚度和保护层厚度应用游标卡尺测量;钢板与橡胶黏结性能试验应按 GB/T 7760 的规定进行;剥离胶层橡胶性能试验应采用 HG/T 2198 的规定制成试样,按 GB/T 528 的规定进行。

7 检验规则

7.1 检验分类

支座检验分原材料及部件进厂检验、产品出厂检验和型式检验三类。

7.1.1 原材料及部件进厂检验

支座原材料及部件进厂检验,为支座加工原料及外协加工件进厂时进行的验收检验。

7.1.2 产品出厂检验

支座在出厂时应经检测部门质量控制试验,检验合格后,附合格证书,方可出厂使用。

7.1.3 型式检验

有下列情况之一时,应进行型式检验:
a) 新产品或老产品转厂生产的试制定型鉴定;
b) 正式生产后,如结构、材料、工艺有较大改变,可能影响产品性能时;
c) 正常生产时,每三年进行一次检验;
d) 产品停产两年后,恢复生产时;
e) 出厂检验结果与上次型式检验有较大差异时;
f) 国家质量监督机构或用户提出进行型式检验的要求时。

7.2 检验项目及检验周期

7.2.1 原材料及部件进厂检验

支座用原材料及部件进厂后检验项目及检验周期应符合表7的规定。对原材料及外协部件除有供应商的质保单外,支座生产厂应提供复检报告。

表7 支座用原材料及部件进厂检验项目及检验周期

检验项目	技术要求	检验频次
橡胶物理机械性能	5.5	每批(不大于500kg)
钢材机械性能	5.6	每批
黏结剂黏合性能	5.7	每批

7.2.2 出厂检验

支座出厂检验项目及检验周期应符合表8的规定。

表8 支座出厂检验项目及检验周期

检验项目	技术要求	试验方法	检验频次
支座各部件尺寸	支座设计图	5.10,6.5	每个
支座外观质量	5.8	6.4	每个
支座组装高度偏差	5.10	6.5	每个
支座表面防腐涂装	5.11	5.11	每个
成品支座压缩性能	5.1	6.6.1,6.6.2	支座总数的20%,7.3
成品支座转动性能	5.1	6.6.1	支座总数的20%,7.3
成品支座剪切性能	5.1	6.6.3	支座总数的20%,7.3
成品支座大变形剪切性能	5.1	6.6.4	每个工程项目至少一次
成品支座拉伸性能	5.1	6.6.5	每个工程项目至少一次
成品支座解剖性能	5.9	6.10	支座总数的0.5%

7.2.3 型式检验

支座型式检验项目及检验周期应符合表9的规定。

表9 支座型式检验项目及检验周期

检验项目	技术要求	试验方法	检验频次
支座原材料及部件性能	7.2.1	6.3,5.6	按7.1.3进行
支座出厂检验项目	7.2.2	7.2.2	按7.1.3进行
支座橡胶材料检验项目	5.5.3	6.3	按7.1.3进行
成品支座力学相关稳定性	5.2	6.7	按7.1.3进行
成品支座极限性能	5.3	6.8	按7.1.3进行
成品支座耐久性能	5.4	6.9	按7.1.3进行

7.3 抽样

支座出厂检验抽样应符合以下要求：
a) 产品抽样数量应不少于总数的20%,总数量不少于三件,每种规格的产品抽样数量不少于两件;若有不合格试样,则应按总数的50%检测,若仍有不合格试样,则应100%检测;
b) 可根据用户需求确定产品的抽样数量,但不应低于上述规定的最少抽样比例。

7.4 判定规则

7.4.1 在进厂检验中发现不合格原料或部件不应使用;在整体支座组装过程中发现不合格部件应进行更换,直至全部检验项目均合格。

7.4.2 出厂检验成品支座性能可采用随机抽样的方式确定检测试样。若有一件抽样试样的一项性能不合格,则该次抽样检验不合格。不合格品不应出厂。

7.4.3 支座外观质量检查,若有两项及以上不允许项目则直接报废,不应使用。其余不合格产品可进行一次修补,修补后仍不合格应报废处理,不应使用。

8 标志、包装、运输和储存

8.1 标志

8.1.1 支座本体和预埋组件安装时,应在醒目位置设置"横桥向"标识和方向指示箭头,且应保证其准确性。

8.1.2 支座本体和预埋组件的平面和侧面,应用醒目颜色的永久性线条标示出中心位置。

8.1.3 支座应设置铭牌,铭牌中含有完整的支座型号、设计竖向承载力、设计转角、设计位移、生产日期、出厂编号和生产厂家名称、技术来源等信息。

8.1.4 支座侧面应硫化有生产厂商标或名称以及生产批号等永久性标识。

8.1.5 支座纵桥向位移方向应设置位移标识和指示,需要设置预偏量时,应标示出预偏位置。

8.2 包装

8.2.1 支座应根据分类、规格分别包装。

8.2.2 包装应牢固可靠,包装外面应注明产品名称、规格、制造日期等信息。

8.2.3 包装内应附有产品合格证、质量检验单。

8.3 运输

支座在运输中,应避免阳光直接曝晒、雨淋、雪浸,并应保持清洁,不应与影响支座质量的物质相接触。

8.4 储存

储存支座的库房应干燥通风,支座应堆放整齐,保持清洁,严禁与酸、碱、油类、有机溶剂等相接触,并应距热源2m以上,且不能与地面直接接触。

附 录 A
（资料性附录）
公路桥梁高阻尼隔震橡胶支座技术参数

A.1 形状系数

支座第一形状系数和第二形状系数按式(A.1)~式(A.5)计算：
圆形支座：

$$S_1 = \frac{d_0 - d_i}{4t_r} \quad (A.1)$$

$$S_2 = \frac{d_0}{T_r} \quad (A.2)$$

矩形支座：

$$S_1 = \frac{4ab - \pi d_i^2}{4t_r(2a + 2b + \pi d_i)} \quad (A.3)$$

沿短边有约束：$S_2 = \dfrac{a}{T_r}$ (A.4)

沿短边无约束：$S_2 = \dfrac{b}{T_r}$ (A.5)

注：对有开孔的支座，有效承压面积应扣除开孔面积；自由表面积应包括橡胶层的孔洞表面积；若支座空洞灌满橡胶，则按无开孔支座考虑。开孔面积小于有效承压面积5%时，可不计开孔面积。

A.2 竖向压缩刚度

支座竖向压缩刚度按式(A.6)计算：

$$K_v = \frac{E_c A_0}{T_r} \quad (A.6)$$

A.3 橡胶修正压缩弹性模量

A.3.1 橡胶修正压缩弹性模量 E_c，按式(A.7)计算：

$$E_c = \left[\frac{1}{E_{ap}} + \frac{1}{E_\infty}\right]^{-1} \quad (A.7)$$

E_∞ 可由表 A.1 选取，E_{ap} 可按式(A.8)或式(A.9)计算：

a) 不考虑剪应变影响时：

$$E_{ap} = E_0 \cdot (1 + 2\kappa S_1^2) \quad (A.8)$$

b) 考虑剪应变影响时：

$$E_{ap} = 3G_{av}(\gamma) \cdot (1 + 2S_1^2) \quad (A.9)$$

式中：

$$\gamma = \sqrt{6S_1\varepsilon} \quad (A.10)$$

A.3.2 橡胶修正压缩弹性模量 E_c，也可按式(A.11)和式(A.12)经验公式进行估算：

a) 矩形支座：

$$E_c = \alpha_1 S_1 G \quad (A.11)$$

b) 圆形支座：

$$E_c = 0.75\alpha_1 S_1 G \quad (A.12)$$

G 可由表 A.1 选取：

表 A.1 支座橡胶材料力学性能参数

硬度	E_0(MPa)	G(MPa)	κ	E_∞(MPa)
55	3.60	0.8	0.68	1 080
60	4.93	1.0	0.62	1 145
65	6.25	1.2	0.55	1 210

A.4 支座的刚度

A.4.1 水平等效刚度

支座水平等效刚度按式(A.13)计算：

$$K_h = G \frac{A_0}{T_r} \tag{A.13}$$

考虑剪应变对剪切模量的影响时，按式(A.14)计算：

$$K_h = G_{eq}(\gamma) \frac{A_0}{T_r} \tag{A.14}$$

A.4.2 初始水平刚度和屈服后水平刚度

支座采用如图 A.1 所示的等效双线性恢复力模型进行分析计算时，K_1、K_2 按式(A.15)计算：

$$\begin{cases} K_1 = G_1 \dfrac{A_0}{T_r} \\ K_2 = G_2 \dfrac{A_0}{T_r} \end{cases} \tag{A.15}$$

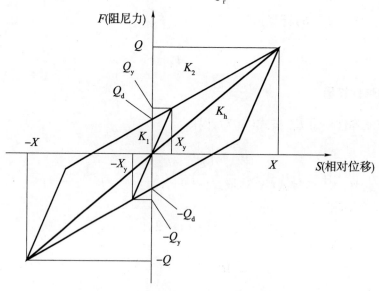

图 A.1 支座的等效双线性恢复力模型

式中，G_1、G_2 按式(A.16)计算：

$$\begin{cases} G_1(\gamma) = a_0 + a_1\gamma + a_2\gamma^2 + a_3\gamma^3 + a_4\gamma^4 \\ G_2(\gamma) = b_0 + b_1\gamma + b_2\gamma^2 + b_3\gamma^3 + b_4\gamma^4 \end{cases} \tag{A.16}$$

多项式中 $a_i = a_0 \cdots a_4$，$b_j = b_0 \cdots b_4$，根据所用的橡胶材料从大量的试验中统计得到。

等效双线性恢复力模型的屈服力 Q_y 和屈服位移 X_y 根据比例关系按式(A.17)计算：

$$\begin{cases} Q_y = \dfrac{G_1(\gamma)}{G_1(\gamma) - G_2(\gamma)} \cdot Q_d \\ X_y = \dfrac{Q_y}{K_1} \end{cases} \quad (A.17)$$

A.5 等效阻尼比

支座水平等效刚度和等效阻尼比计算示意如图 A.2 所示。支座按线性地震响应分析时，等效阻尼比按式(A.18)计算：

$$\xi = \frac{1}{2\pi} \cdot \frac{W_d}{W} = \frac{1}{2\pi} \cdot \frac{W_d}{K_h X^2} \quad (A.18)$$

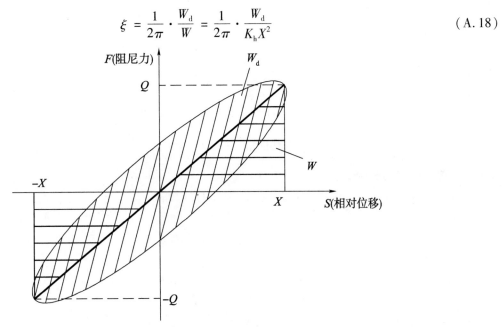

图 A.2 支座水平等效刚度和等效阻尼比

式中：

$$K_h = \frac{Q - (-Q)}{2X} \quad (A.19)$$

A.6 压应力

支座设计压应力、最大压应力和最小压应力应按式(A.20)～式(A.22)计算：

$$\sigma_0 = \frac{P_0}{A_0} \quad (A.20)$$

$$\sigma_{max} = \frac{P_{max}}{A_e} \quad (A.21)$$

$$\sigma_{min} = \frac{P_{min}}{A_0} \quad (A.22)$$

支座静载引起的设计压应力采用8MPa～12MPa。最大使用压应力为12MPa，最小使用压应力不小于6MPa。

A.7 剪应变

A.7.1 水平位移引起的剪应变

a) 温度、制动力、混凝土收缩徐变等作用引起的支座剪应变按式(A.23)计算：

$$\gamma'_0 = \frac{X'_0}{T_r} \qquad (A.23)$$

b) 地震作用引起的支座剪应变按式(A.24)计算：

$$\gamma'_e = \frac{X'_e}{T_r} \qquad (A.24)$$

A.7.2 压力引起的剪应变

支座压力引起的剪应变按式(A.25)或式(A.26)计算：

圆形支座：

$$\gamma_c = \frac{6.0 S_1 P_{max}}{E^s_c A_e} \qquad (A.25)$$

矩形支座：

$$\gamma_c = \frac{8.5 S_1 P_{max}}{E^s_c A_e} \qquad (A.26)$$

式中：

$$\text{当 } S_1 \leq 8 \text{ 时}, E^s_c = E_{ap} \qquad (A.27)$$

$$\text{其他情况时}, E^s_c = \frac{E_c + 3E_{ap}}{4} \qquad (A.28)$$

A.7.3 转动引起的剪应变

支座压力引起的剪应变式(A.29)或式(A.30)计算：

圆形支座：

$$\gamma_t = 6.0 S_1^2 \theta / n \qquad (A.29)$$

矩形支座：

$$\gamma_t = \frac{a^2 \theta_a + b^2 \theta_b}{2 t_r^2 n} \qquad (A.30)$$

A.7.4 总剪应变

总剪应变符合式(A.31)的规定：

$$\sum \gamma = \gamma'_e + \gamma_c + \gamma_t \leq \gamma_e \qquad (A.31)$$

A.8 支座验算

支座设计验算应符合 GB 20688.2 的规定。

A.9 连接件

连接件设计计算应符合 GB 20688.2 的规定。

附 录 B
（资料性附录）
公路桥梁高阻尼隔震橡胶支座规格系列

B.1 支座要求

B.1.1 高阻尼隔震橡胶支座规格系列及相关参数见表 B.1 ~ 表 B.4，表中参数代号（符号）定义见 3.2 的规定。

B.1.2 以下支座参数系列表中，HDR（Ⅰ）型支座水平力学性能参数 K_1、K_2、K_h、ξ 是在反复加载时的剪应变 $\gamma_s = 175\%$ 时测定（或设计计算）的；HDR（Ⅱ）型支座水平力学性能参数 K_1、K_2、K_h、ξ 是在反复加载时的剪应变 $\gamma_s = 150\%$ 时测定（或设计计算）的。

B.1.3 本附录表中设计剪切位移 X_0 值与支座有效橡胶层厚度 T_r 值相等，故表中未列出 T_r 值。

B.2 圆形支座规格系列

B.2.1 HDR（Ⅰ）型圆形规格系列

HDR（Ⅰ）型圆形支座结构示意见图 B.1，设计剪应变为 100%，容许剪应变为 250%，极限剪应变为 350%，其他设计参数见表 B.1。

单位为毫米

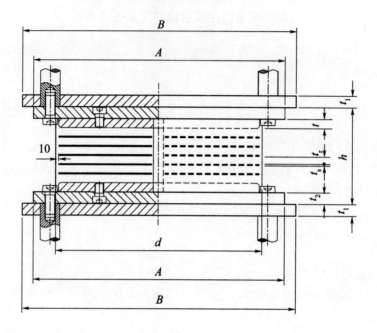

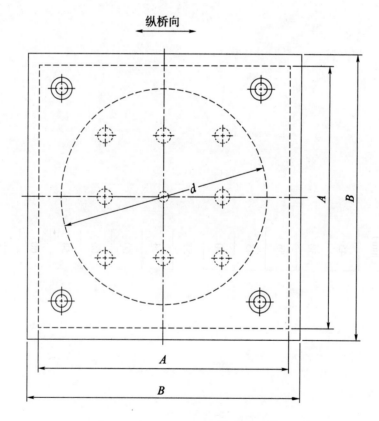

图 B.1 HDR(Ⅰ)型圆形支座结构示意

JT/T 842—2012

表 B.1 HDR(Ⅰ)型圆形高阻尼隔震橡胶支座规格系列参数

序号	规格尺寸 d (mm)	承载力 P_0 (kN)	剪切模量 G (MPa)	支座总高 h (mm)	设计位移 X_0 (mm)	容许位移 X_1 (mm)	极限位移 X_2 (mm)	单层橡胶厚度 t_r (mm)	加劲钢板厚度 t_s (mm)	封层钢板厚度 t (mm)	预埋钢板厚度 t_1 (mm)	支座钢板厚度 t_2 (mm)	支座钢板尺寸 A (mm)	预埋钢板尺寸 B (mm)	设计容许转角 θ (rad)	水平屈服力 Q_y (kN)	初始水平刚度 K_1 (kN/mm)	屈服后水平刚度 K_2 (kN/mm)	水平等效刚度 K_h (kN/mm)	竖向压缩刚度 K_v (kN/mm)	等效阻尼比 ξ (%)
1	270	532	0.8	149	45	112	157	5	3	20	20	20	320	340	0.010 3	20	4.19	0.64	0.86	319	15
			1.0	157	50	125	175						340	360	0.009 1	25	4.72	0.73	0.97	359	15
			1.2	165	55	137	192						340	360	0.008 4	33	6.47	0.76	1.06	392	17
2	295	704	0.8	149	45	112	157	5	3	20	20	20			0.009 1	24	5.06	0.78	1.04	431	15
			1.0	157	50	125	175						360	380	0.008 1	30	5.70	0.88	1.17	485	15
			1.2	165	55	137	192								0.007 4	39	7.81	0.92	1.28	529	17
3	320	787	0.8	158	54	135	189	6	3	20	20	20			0.010 3	29	5.06	0.78	1.04	394	15
			1.0	167	60	150	210						370	390	0.009 1	36	5.70	0.88	1.17	443	15
			1.2	176	66	165	231								0.008 4	47	7.75	0.91	1.27	483	17
4	345	987	0.8	158	54	135	189	6	3	20	20	20			0.009 2	34	5.94	0.91	1.22	505	15
			1.0	167	60	150	210						390	410	0.008 2	43	6.67	1.03	1.37	569	15
			1.2	176	66	165	231								0.007 5	55	9.16	1.08	1.50	620	17
5	370	1 092	0.8	167	63	157	220	7	3	20	20	20			0.010 3	40	5.89	0.91	1.21	468	15
			1.0	177	70	175	245						420	440	0.009 1	49	6.62	1.02	1.36	526	15
			1.2	187	77	192	269								0.008 4	64	9.10	1.07	1.49	574	17

表 B.1（续）

序号	规格尺寸 d (mm)	承载力 P_0 (kN)	剪切模量 G (MPa)	支座总高 h (mm)	设计位移 X_0 (mm)	容许位移 X_1 (mm)	极限位移 X_2 (mm)	单层橡胶厚度 t_r (mm)	加劲钢板厚度 t_s (mm)	封层钢板厚度 t (mm)	预埋钢板厚度 t_1 (mm)	支座钢板厚度 t_2 (mm)	支座钢板尺寸 A (mm)	预埋钢板尺寸 B (mm)	设计容许转角 θ (rad)	水平屈服力 Q_y (kN)	初始水平刚度 K_1 (kN/mm)	屈服后水平刚度 K_2 (kN/mm)	水平等效刚度 K_h (kN/mm)	竖向压缩刚度 K_v (kN/mm)	等效阻尼比 ξ (%)
6	395	1 317	0.8	167	63	157	220	7	3	20	20	20	440	460	0.009 3	45	6.77	1.04	1.39	579	15
			1.0	177	70	175	245						450	470	0.008 3	57	7.64	1.18	1.57	652	15
			1.2	187	77	192	269						450	470	0.007 6	74	10.44	1.23	1.71	711	17
7	420	1 445	0.8	176	72	180	252	8	3	20	20	20	470	490	0.010 3	52	6.77	1.04	1.39	542	15
			1.0	187	80	200	280								0.009 1	65	7.60	1.17	1.56	610	15
			1.2	198	88	220	308								0.008 4	84	10.38	1.22	1.70	665	17
8	445	1 694	0.8	176	72	180	252	8	3	20	20	20	490	510	0.009 4	59	7.64	1.18	1.57	653	15
			1.0	187	80	200	280						510	530	0.008 3	73	8.57	1.32	1.76	735	15
			1.2	198	88	220	308						510	530	0.007 6	94	11.72	1.38	1.92	802	17
9	470	1 848	0.8	185	81	202	283	9	3	20	20	20	520	540	0.010 3	66	7.60	1.17	1.56	616	15
			1.0	197	90	225	315								0.009 1	82	8.57	1.32	1.76	693	15
			1.2	209	99	247	346								0.008 4	106	11.72	1.38	1.92	756	17
10	520	2 244	0.8	181	80	200	280	10	3	20	20	20	620	640	0.009 1	81	9.49	1.46	1.95	757	15
			1.0	207	100	250	350						650	670	0.009 1	101	9.49	1.46	1.95	757	15
			1.2	220	110	275	385						650	670	0.008 4	131	13.00	1.53	2.13	826	17

JT/T 842—2012

表 B.1 (续)

序号	规格尺寸 d (mm)	承载力 P_0 (kN)	剪切模量 G (MPa)	支座总高 h (mm)	设计位移 X_0 (mm)	容许位移 X_1 (mm)	极限位移 X_2 (mm)	单层橡胶厚度 t_r (mm)	加劲钢板厚度 t_s (mm)	封层钢板厚度 t (mm)	预埋钢板厚度 t_1 (mm)	支座钢板厚度 t_2 (mm)	支座钢板尺寸 A (mm)	预埋钢板尺寸 B (mm)	设计容许转角 θ (rad)	水平屈服力 Q_y (kN)	初始水平刚度 K_1 (kN/mm)	屈服后水平刚度 K_2 (kN/mm)	水平等效刚度 K_h (kN/mm)	竖向压缩刚度 K_v (kN/mm)	等效阻尼比 ξ (%)
11	570	2 739	0.8	189	88	220	308	11	3	20	20	20	650	670	0.009 1	98	10.47	1.61	2.15	840	15
			1.0	217	110	275	385						680	700	0.009 1	123	10.47	1.61	2.15	840	15
			1.2	231	121	302	423		3				680	700	0.008 4	158	14.29	1.68	2.34	917	17
12	620	3 285	0.8	197	96	240	336	12	4	20	20	20	690	710	0.009 1	117	11.44	1.76	2.35	924	15
			1.0	236	120	300	420		4				720	740	0.009 1	146	11.44	1.76	2.35	924	15
			1.2	252	132	330	462						720	740	0.008 4	189	15.63	1.84	2.56	1 008	17
13	670	3 878	0.8	232	104	260	364	13	4	25	25	25	730	755	0.009 1	137	12.37	1.90	2.54	1 007	15
			1.0	266	130	325	455						750	775	0.009 1	171	12.37	1.90	2.54	1 007	15
			1.2	283	143	357	500						750	775	0.008 4	221	16.91	1.99	2.77	1 098	17
14	720	4 523	0.8	240	112	280	392	14	4	25	25	25	790	815	0.009 1	159	13.34	2.05	2.74	1 090	15
			1.0	276	140	350	490						820	845	0.009 1	199	13.34	2.05	2.74	1 090	15
			1.2	294	154	385	539		4				820	845	0.008 4	257	18.25	2.15	2.99	1 189	17
15	770	5 211	0.8	248	120	300	420	15	4	25	25	25	830	855	0.009 1	183	14.32	2.20	2.94	1 173	15
			1.0	286	150	375	525						850	875	0.009 1	229	14.32	2.20	2.94	1 173	15
			1.2	315	165	412	577		5				850	875	0.008 4	295	19.54	2.30	3.20	1 280	17

表 B.1（续）

序号	规格尺寸 d (mm)	承载力 P_0 (kN)	剪切模量 G (MPa)	支座总高 h (mm)	设计位移 X_0 (mm)	容许位移 X_1 (mm)	极限位移 X_2 (mm)	单层橡胶厚度 t_r (mm)	加劲钢板厚度 t_s (mm)	封层钢板厚度 t (mm)	预埋钢板厚度 t_1 (mm)	支座钢板厚度 t_2 (mm)	支座钢板尺寸 A (mm)	预埋钢板尺寸 B (mm)	设计容许转角 θ (rad)	水平屈服力 Q_y (kN)	初始水平刚度 K_1 (kN/mm)	屈服后水平刚度 K_2 (kN/mm)	水平等效刚度 K_h (kN/mm)	竖向压缩刚度 K_v (kN/mm)	等效阻尼比 ξ (%)
16	820	5 957	0.8	256	128	320	448	16	4	25	25	25	890	915	0.009 1	208	15.24	2.34	3.13	1 256	15
			1.0	305	160	400	560		5				910	935	0.009 1	260	15.24	2.34	3.13	1 256	15
			1.2	326	176	440	616		5				910	935	0.008 4	336	20.88	2.46	3.42	1 370	17
17	870	6 743	0.8	271	136	340	476	17	5	25	25	25	930	955	0.009 1	235	16.21	2.49	3.33	1 339	15
			1.0	315	170	425	595						950	975	0.009 1	294	16.21	2.49	3.33	1 339	15
			1.2	337	187	467	654						950	975	0.008 4	379	22.16	2.61	3.63	1 461	17
18	920	7 581	0.8	279	144	360	504	18	5	25	25	25	980	1 005	0.009 1	264	17.19	2.64	3.53	1 422	15
			1.0	325	180	450	630		6				1 010	1 035	0.009 1	330	17.19	2.64	3.53	1 422	15
			1.2	348	198	495	693		6				1 010	1 035	0.008 4	426	23.50	2.77	3.85	1 551	17
19	970	8 470	0.8	287	152	380	532	19	5	25	25	25	1 030	1 055	0.009 1	293	18.11	2.79	3.72	1 505	15
			1.0	344	190	475	665		6				1 080	1 105	0.009 1	367	18.11	2.79	3.72	1 505	15
			1.2	369	209	522	731		6				1 080	1 105	0.008 4	474	24.79	2.92	4.06	1 642	17
20	1 020	9 410	0.8	315	160	400	560	20	5	30	30	30	1 090	1 120	0.009 1	325	19.09	2.94	3.92	1 588	15
			1.0	374	200	500	700		6				1 110	1 140	0.009 1	407	19.09	2.94	3.92	1 588	15
			1.2	400	220	550	770		6				1 110	1 140	0.008 4	526	26.13	3.07	4.28	1 732	17

表 B.1（续）

序号	规格尺寸 d (mm)	承载力 P_0 (kN)	剪切模量 G (MPa)	支座总高 h (mm)	设计位移 X_0 (mm)	容许位移 X_1 (mm)	极限位移 X_2 (mm)	单层橡胶厚度 t_r (mm)	加劲钢板厚度 t_s (mm)	封层钢板厚度 t (mm)	预埋钢板厚度 t_1 (mm)	支座钢板厚度 t_2 (mm)	支座钢板尺寸 A (mm)	预埋钢板尺寸 B (mm)	设计容许转角 θ (rad)	水平屈服力 Q_y (kN)	初始水平刚度 K_1 (kN/mm)	屈服后水平刚度 K_2 (kN/mm)	水平等效刚度 K_h (kN/mm)	竖向压缩刚度 K_v (kN/mm)	等效阻尼比 ξ (%)
21	1 070	10 281	0.8	330	168	420	588	21	6	30	30	30	1 140	1 170	0.009 1	358	20.01	3.08	4.11	1 653	15
			1.0	384	210	525	735						1 180	1 210	0.009 1	448	20.01	3.08	4.11	1 653	15
			1.2	411	231	577	808						1 180	1 210	0.008 4	580	27.41	3.22	4.49	1 803	17
22	1 120	11 314	0.8	338	176	440	616	22	6	30	30	30	1 190	1 220	0.009 1	394	20.99	3.23	4.31	1 736	15
			1.0	394	220	550	770						1 210	1 240	0.009 1	492	20.99	3.23	4.31	1 736	15
			1.2	422	242	605	847						1 210	1 240	0.008 4	636	28.69	3.38	4.70	1 894	17
23	1 170	12 399	0.8	346	184	460	644	23	6	30	30	30	1 240	1 270	0.009 1	431	21.96	3.38	4.51	1 819	15
			1.0	413	230	575	805		7				1 280	1 310	0.009 1	538	21.96	3.38	4.51	1 819	15
			1.2	443	253	632	885		7				1 280	1 310	0.008 4	696	30.04	3.53	4.92	1 984	17
24	1 220	13 526	0.8	354	192	480	672	24	6	30	30	30	1 290	1 320	0.009 1	468	22.89	3.52	4.70	1 902	15
			1.0	423	240	600	840		7				1 310	1 340	0.009 1	585	22.89	3.52	4.70	1 902	15
			1.2	454	264	660	924		7				1 340	1 370	0.008 4	757	31.32	3.68	5.13	2 075	17
25	1 270	14 703	0.8	369	200	500	700	25	7	30	30	30	1 340	1 370	0.009 1	509	23.86	3.67	4.90	1 985	15
			1.0	433	250	625	875						1 380	1 410	0.009 1	636	23.86	3.67	4.90	1 985	15
			1.2	465	275	687	962						1 380	1 410	0.008 4	822	32.66	3.84	5.35	2 165	17

B.2.2 HDR(Ⅱ)型圆形规格系列

HDR(Ⅱ)型圆形支座结构示意见图B.2,设计剪应变为100%,容许剪应变为200%,极限剪应变为300%,其他设计参数见表B.2。

单位为毫米

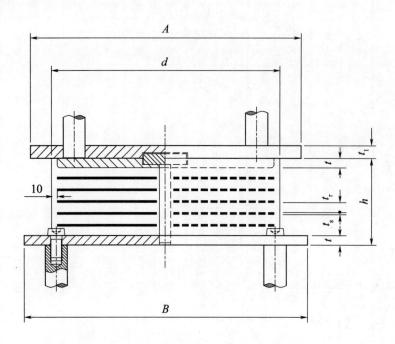

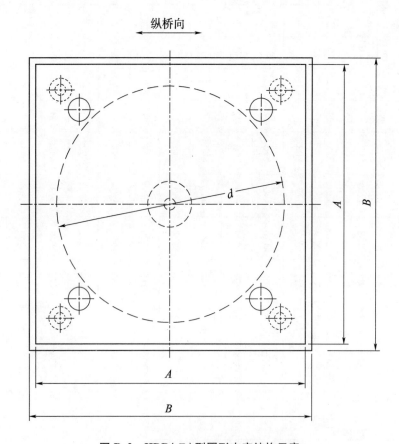

图 B.2 HDR(Ⅱ)型圆形支座结构示意

JT/T 842—2012

表 B.2 HDR(Ⅱ)型圆形高阻尼隔震橡胶支座规格系列参数

序号	规格尺寸 d (mm)	承载力 P_0 (kN)	剪切模量 G (MPa)	支座总高 h (mm)	设计位移 X_0 (mm)	容许位移 X_1 (mm)	极限位移 X_2 (mm)	单层橡胶厚度 t_r (mm)	加劲钢板厚度 t_s (mm)	封层钢板厚度 t (mm)	预埋钢板厚度 t_1 (mm)	支座钢板尺寸 A (mm)	预埋钢板尺寸 B (mm)	设计容许转角 θ (rad)	水平屈服力 Q_y (kN)	初始水平刚度 K_1 (kN/mm)	屈服后水平刚度 K_2 (kN/mm)	水平等效刚度 K_h (kN/mm)	竖向压缩刚度 K_v (kN/mm)	等效阻尼比 ξ (%)
1	270	532	0.8	109	45	90	135	5	3	20	20	320	340	0.010 3	17	2.37	0.68	0.86	319	12
			1.0	117	50	100	150							0.009 1	21	2.68	0.77	0.97	359	12
			1.2	125	55	110	165							0.008 4	26	5.16	0.79	1.06	392	15
2	295	704	0.8	109	45	90	135	5	3	20	20	340	360	0.009 1	21	2.87	0.82	1.04	431	12
			1.0	117	50	100	150							0.008 1	26	3.23	0.92	1.17	485	12
			1.2	125	55	110	165							0.007 4	31	6.23	0.96	1.28	529	15
3	320	787	0.8	118	54	108	162	6	3	20	20	370	370	0.010 3	25	2.87	0.82	1.04	394	12
			1.0	127	60	120	180							0.009 1	31	3.23	0.92	1.17	443	12
			1.2	136	66	132	198							0.008 4	37	6.18	0.95	1.27	483	15
4	345	987	0.8	118	54	108	162	6	3	20	20	390	390	0.009 2	29	3.37	0.96	1.22	505	12
			1.0	127	60	120	180							0.008 2	36	3.78	1.08	1.37	569	12
			1.2	136	66	132	198							0.007 5	44	7.30	1.12	1.50	620	15
5	370	1 092	0.8	127	63	126	189	7	3	20	20	420	420	0.010 3	34	3.34	0.95	1.21	468	12
			1.0	137	70	140	210							0.009 1	42	3.76	1.07	1.36	526	12
			1.2	147	77	154	231							0.008 4	51	7.26	1.12	1.49	574	15

表 B.2（续）

序号	规格尺寸 d (mm)	承载力 P_0 (kN)	剪切模量 G (MPa)	支座总高 h (mm)	设计位移 X_0 (mm)	容许位移 X_1 (mm)	极限位移 X_2 (mm)	单层橡胶厚度 t_r (mm)	加劲钢板厚度 t_s (mm)	封层钢板厚度 t (mm)	预埋钢板厚度 t_1 (mm)	支座钢板尺寸 A (mm)	预埋钢板尺寸 B (mm)	设计容许转角 θ (rad)	水平屈服力 Q_y (kN)	初始水平刚度 K_1 (kN/mm)	屈服后水平刚度 K_2 (kN/mm)	水平等效刚度 K_h (kN/mm)	竖向压缩刚度 K_v (kN/mm)	等效阻尼比 ξ (%)
6	395	1 317	0.8	127	63	126	189	7	3	20	20	440	440	0.009 3	39	3.84	1.10	1.39	579	12
			1.0	137	70	140	210							0.008 3	49	4.34	1.24	1.57	652	12
			1.2	147	77	154	231							0.007 6	59	8.33	1.28	1.71	711	15
7	420	1 445	0.8	136	72	144	216	8	3	20	20	470	470	0.010 3	44	3.84	1.10	1.39	542	12
			1.0	147	80	160	240							0.009 1	55	4.31	1.23	1.56	610	12
			1.2	158	88	176	264							0.008 4	67	8.28	1.27	1.70	665	15
8	445	1 694	0.8	136	72	144	216	8	3	20	20	480	480	0.009 4	50	4.34	1.24	1.57	653	12
			1.0	147	80	160	240							0.008 3	62	4.86	1.39	1.76	735	12
			1.2	158	88	176	264							0.007 6	75	9.35	1.44	1.92	802	15
9	470	1 848	0.8	145	81	162	243	9	3	20	20	510	510	0.010 3	56	4.31	1.23	1.56	616	12
			1.0	157	90	180	270							0.009 1	70	4.86	1.39	1.76	693	12
			1.2	169	99	198	297							0.008 4	85	9.35	1.44	1.92	756	15
10	520	2 244	0.8	141	80	160	240	10	3	20	20	570	570	0.009 1	69	5.38	1.54	1.95	757	12
			1.0	167	100	200	300							0.009 1	86	5.38	1.54	1.95	757	12
			1.2	180	110	220	330							0.008 4	104	10.37	1.60	2.13	826	15

表 B.2（续）

序号	规格尺寸 d (mm)	承载力 P_0 (kN)	剪切模量 G (MPa)	支座总高 h (mm)	设计位移 X_0 (mm)	容许位移 X_1 (mm)	极限位移 X_2 (mm)	单层橡胶厚度 t_r (mm)	加劲钢板厚度 t_s (mm)	封层钢板厚度 t (mm)	预埋钢板厚度 t_1 (mm)	支座钢板尺寸 A (mm)	预埋钢板尺寸 B (mm)	设计容许转角 θ (rad)	水平屈服力 Q_y (kN)	初始水平刚度 K_1 (kN/mm)	屈服后水平刚度 K_2 (kN/mm)	水平等效刚度 K_h (kN/mm)	竖向压缩刚度 K_v (kN/mm)	等效阻尼比 ξ (%)
11	570	2 739	0.8	149	88	176	264	11	3	20	20	620	620	0.009 1	84	5.94	1.70	2.15	840	12
			1.0	177	110	220	330							0.009 1	105	5.94	1.70	2.15	840	12
			1.2	191	121	242	363							0.008 4	126	11.39	1.75	2.34	917	15
12	620	3 285	0.8	157	96	192	288	12	3	20	20	670	670	0.009 1	100	6.49	1.85	2.35	924	12
			1.0	196	120	240	360							0.009 1	125	6.49	1.85	2.35	924	12
			1.2	212	132	264	396							0.008 4	150	12.47	1.92	2.56	1 008	15
13	670	3 878	0.8	182	104	208	312	13	4	25	25	730	730	0.009 1	117	7.01	2.00	2.54	1 007	12
			1.0	216	130	260	390							0.009 1	146	7.01	2.00	2.54	1 007	12
			1.2	233	143	286	429							0.008 4	176	13.49	2.08	2.77	1 098	15
14	720	4 523	0.8	190	112	224	336	14	4	25	25	780	780	0.009 1	136	7.57	2.16	2.74	1 090	12
			1.0	226	140	280	420							0.009 1	170	7.57	2.16	2.74	1 090	12
			1.2	244	154	308	462							0.008 4	205	14.56	2.24	2.99	1 189	15
15	770	5 211	0.8	198	120	240	360	15	4	25	25	830	830	0.009 1	156	8.12	2.32	2.94	1 173	12
			1.0	236	150	300	450							0.009 1	195	8.12	2.32	2.94	1 173	12
			1.2	265	165	330	495		5					0.008 4	235	15.58	2.40	3.20	1 280	15

表 B.2（续）

序号	规格尺寸 d (mm)	承载力 P_0 (kN)	剪切模量 G (MPa)	支座总高 h (mm)	设计位移 X_0 (mm)	容许位移 X_1 (mm)	极限位移 X_2 (mm)	单层橡胶厚度 t_r (mm)	加劲钢板厚度 t_s (mm)	封层钢板厚度 t (mm)	预埋钢板厚度 t_1 (mm)	支座钢板尺寸 A (mm)	预埋钢板尺寸 B (mm)	设计容许转角 θ (rad)	水平屈服力 Q_y (kN)	初始水平刚度 K_1 (kN/mm)	屈服后水平刚度 K_2 (kN/mm)	水平等效刚度 K_h (kN/mm)	竖向压缩刚度 K_v (kN/mm)	等效阻尼比 ξ (%)
16	820	5 957	0.8	206	128	256	384	16	4			880	880	0.009 1	178	8.64	2.47	3.13	1 256	12
			1.0	255	160	320	480		5	25	25			0.009 1	222	8.64	2.47	3.13	1 256	12
			1.2	276	176	352	528		5					0.008 4	268	16.65	2.56	3.42	1 370	15
17	870	6 743	0.8	221	136	272	408	17				930	930	0.009 1	201	9.19	2.63	3.33	1 339	12
			1.0	265	170	340	510		5	25	25			0.009 1	251	9.19	2.63	3.33	1 339	12
			1.2	287	187	374	561							0.008 4	302	17.68	2.72	3.63	1 461	15
18	920	7 581	0.8	229	144	288	432	18	5			980	980	0.009 1	225	9.75	2.78	3.53	1 422	12
			1.0	275	180	360	540			25	25			0.009 1	282	9.75	2.78	3.53	1 422	12
			1.2	298	198	396	594		5					0.008 4	339	18.75	2.88	3.85	1 551	15
19	970	8 470	0.8	237	152	304	456	19	6			1 030	1 030	0.009 1	251	10.27	2.93	3.72	1 505	12
			1.0	294	190	380	570		6	25	25			0.009 1	313	10.27	2.93	3.72	1 505	12
			1.2	319	209	418	627		5					0.008 4	377	19.77	3.04	4.06	1 642	15
20	1 020	9 410	0.8	255	160	320	480	20	6			1 090	1 090	0.009 1	278	10.82	3.09	3.92	1 588	12
			1.0	314	200	400	600			30	30			0.009 1	348	10.82	3.09	3.92	1 588	12
			1.2	340	220	440	660		6					0.008 4	419	20.84	3.21	4.28	1 732	15

B.3 矩形支座规格系列

B.3.1 HDR（Ⅰ）型矩形规格系列

HDR（Ⅰ）型矩形支座结构示意见图 B.3，设计剪应变为 100%，容许剪应变为 250%，极限剪应变为 350%，其他设计参数见表 B.3。

单位为毫米

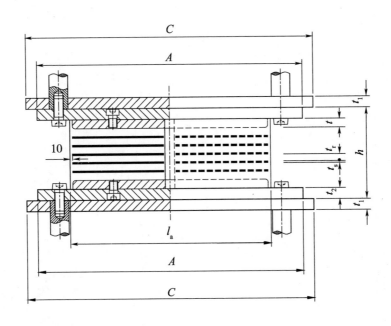

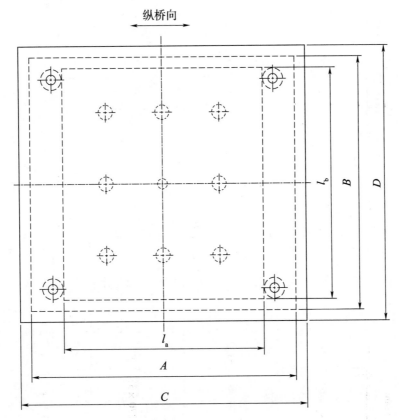

图 B.3 HDR（Ⅰ）型矩形支座结构示意

表 B.3 HDR(Ⅰ)型矩形高阻尼隔震橡胶支座规格系列参数

序号	规格尺寸 $l_a \times l_b$ (mm)	承载力 P_0 (kN)	剪切模量 G (MPa)	支座总高 h (mm)	设计位移 X_0 (mm)	容许位移 X_1 (mm)	极限位移 X_2 (mm)	单层橡胶厚度 t_r (mm)	加劲钢板厚度 t_s (mm)	封层钢板厚度 t (mm)	预埋钢板厚度 t_1 (mm)	支座钢板厚度 t_2 (mm)	支座钢板纵向尺寸 A (mm)	支座钢板横向尺寸 B (mm)	预埋钢板纵向尺寸 C (mm)	预埋钢板横向尺寸 D (mm)	设计容许转角 θ (rad)	水平屈服力 Q_y (kN)	初始水平刚度 K_1 (kN/mm)	屈服后水平刚度 K_2 (kN/mm)	水平等效刚度 K_h (kN/mm)	竖向压缩刚度 K_v (kN/mm)	等效阻尼比 ξ (%)
1	270×270	698	0.8	149	45	112	157	5	3	20	20	20	460	310	480	330	0.007 7	26	5.36	0.82	1.10	558	15
			1.0	157	50	125	175										0.006 8	32	6.04	0.93	1.24	628	15
			1.2	165	55	137	192										0.006 3	41	8.24	0.97	1.35	685	17
2	270×320	770	0.8	158	54	135	189	6	3	20	20	20	460	360	480	380	0.009 2	31	5.36	0.82	1.10	514	15
			1.0	167	60	150	210										0.008 2	39	6.04	0.93	1.24	578	15
			1.2	176	66	165	231										0.007 5	50	8.24	0.97	1.35	630	17
3	270×370	970	0.8	158	54	135	189	6	3	20	20	20	460	410	480	430	0.009 2	36	6.28	0.97	1.29	647	15
			1.0	167	60	150	210										0.008 2	45	7.06	1.09	1.45	728	15
			1.2	176	66	165	231										0.007 5	58	9.65	1.13	1.58	794	17
4	320×320	1 027	0.8	158	54	135	189	6	3	20	20	20	510	360	530	380	0.007 7	37	6.43	0.99	1.32	685	15
			1.0	167	60	150	210										0.006 8	46	7.26	1.12	1.49	770	15
			1.2	176	66	165	231										0.006 3	60	9.89	1.16	1.62	840	17
5	320×370	1 115	0.8	167	63	157	220	7	3	20	20	20	540	410	560	430	0.009 0	43	6.43	0.99	1.32	637	15
			1.0	177	70	175	245										0.008 0	54	7.26	1.12	1.49	716	15
			1.2	187	77	192	269										0.007 3	70	9.95	1.17	1.63	782	17

表 B.3（续）

序号	规格尺寸 $l_a \times l_b$ (mm)	承载力 P_0 (kN)	剪切模量 G (MPa)	支座总高 h (mm)	设计位移 X_0 (mm)	容许位移 X_1 (mm)	极限位移 X_2 (mm)	单层橡胶厚度 t_r (mm)	加劲钢板厚度 t_s (mm)	封层钢板厚度 t (mm)	预埋钢板厚度 t_1 (mm)	支座钢板厚度 t_2 (mm)	支座钢板纵向尺寸 A (mm)	支座钢板横向尺寸 B (mm)	预埋钢板纵向尺寸 C (mm)	预埋钢板横向尺寸 D (mm)	设计容许转角 θ (rad)	水平屈服力 Q_y (kN)	初始水平刚度 K_1 (kN/mm)	屈服后水平刚度 K_2 (kN/mm)	水平等效刚度 K_h (kN/mm)	竖向压缩刚度 K_v (kN/mm)	等效阻尼比 ξ (%)
6	320×420	1 360	0.8	167	63	157	220	7		20	20	20	510	460	530	480	0.009 0	49	7.35	1.13	1.51	777	15
			1.0	177	70	175	245						540		560		0.008 0	62	8.28	1.27	1.70	875	15
			1.2	187	77	192	269						540		560		0.007 3	80	11.36	1.34	1.86	954	17
7	370×370	1 418	0.8	167	63	157	220	7	3	20	20	20	560	410	580	430	0.007 7	51	7.55	1.16	1.55	810	15
			1.0	177	70	175	245						590		610		0.006 8	63	8.47	1.30	1.74	912	15
			1.2	187	77	192	269						590		610		0.006 3	82	11.60	1.36	1.90	995	17
8	370×420	1 521	0.8	176	72	180	252	8	3	20	20	20	590	460	610	480	0.008 8	58	7.55	1.16	1.55	761	15
			1.0	187	80	200	280						610		630		0.007 8	72	8.47	1.30	1.74	856	15
			1.2	198	88	220	308						610		630		0.007 2	93	11.60	1.36	1.90	934	17
9	370×470	1 814	0.8	176	72	180	252	8	3	20	20	20	590	510	610	530	0.008 8	65	8.47	1.30	1.74	907	15
			1.0	187	80	200	280						610		630		0.007 8	81	9.54	1.47	1.96	1 020	15
			1.2	198	88	220	308						610		630		0.007 2	105	13.06	1.54	2.14	1 113	17
10	420×420	1 872	0.8	176	72	180	252	8	3	20	20	20	640	460	660	480	0.007 7	66	8.62	1.33	1.77	936	15
			1.0	187	80	200	280						660		680		0.006 8	83	9.69	1.49	1.99	1 053	15
			1.2	198	88	220	308						660		680		0.006 3	107	13.25	1.56	2.17	1 149	17

表 B.3（续）

序号	规格尺寸 $l_a \times l_b$ (mm)	承载力 P_0 (kN)	剪切模量 G (MPa)	支座总高 h (mm)	设计位移 X_0 (mm)	容许位移 X_1 (mm)	极限位移 X_2 (mm)	单层橡胶厚度 t_r (mm)	加劲钢板厚度 t_s (mm)	封层钢板厚度 t (mm)	预埋钢板厚度 t_1 (mm)	支座钢板厚度 t_2 (mm)	支座钢板纵向尺寸 A (mm)	支座钢板横向尺寸 B (mm)	预埋钢板纵向尺寸 C (mm)	预埋钢板横向尺寸 D (mm)	设计容许转角 θ (rad)	水平屈服力 Q_y (kN)	初始水平刚度 K_1 (kN/mm)	屈服后水平刚度 K_2 (kN/mm)	水平等效刚度 K_h (kN/mm)	竖向压缩刚度 K_v (kN/mm)	等效阻尼比 ξ (%)
11	420×470	1990	0.8	185	81	202	283	9	3	20	20	20	640	510	660	530	0.0087	74	8.62	1.33	1.77	885	15
			1.0	197	90	225	315						660		680		0.0077	93	9.69	1.49	1.99	995	15
			1.2	209	99	247	346								680		0.0070	120	13.25	1.56	2.17	1086	17
12	420×520	2330	0.8	185	81	202	283	9	3	20	20	20	660	560	680	580	0.0087	83	9.59	1.48	1.97	1035	15
			1.0	197	90	225	315						690		710		0.0077	103	10.76	1.66	2.21	1165	15
			1.2	209	99	247	346						690		710		0.0071	134	14.77	1.74	2.42	1271	17
13	470×470	2389	0.8	185	81	202	283	9	3	20	20	20	710	510	730	530	0.0077	84	9.69	1.49	1.99	1062	15
			1.0	197	90	225	315						750		770		0.0068	105	10.91	1.68	2.24	1194	15
			1.2	209	99	247	346						750		770		0.0063	136	14.96	1.76	2.45	1303	17
14	470×520	2523	0.8	194	90	225	315	10	3	20	20	20	710	560	730	580	0.0085	93	9.69	1.49	1.99	1009	15
			1.0	207	100	250	350						750		770		0.0076	116	10.91	1.68	2.24	1135	15
			1.2	220	110	275	385						750		770		0.0070	151	14.96	1.76	2.45	1238	17
15	470×570	2907	0.8	194	90	225	315	10	3	20	20	20	710	610	730	630	0.0085	102	10.66	1.64	2.19	1163	15
			1.0	207	100	250	350						750		770		0.0076	128	12.03	1.85	2.47	1309	15
			1.2	220	110	275	385						750		770		0.0070	165	16.42	1.93	2.69	1428	17

表 B.3（续）

序号	规格尺寸 $l_a \times l_b$ (mm)	承载力 P_0 (kN)	剪切模量 G (MPa)	支座总高 h (mm)	设计位移 X_0 (mm)	容许位移 X_1 (mm)	极限位移 X_2 (mm)	单层橡胶厚度 t_r (mm)	加劲钢板厚度 t_s (mm)	封层钢板厚度 t (mm)	预埋钢板厚度 t_1 (mm)	支座钢板厚度 t_2 (mm)	支座钢板纵向尺寸 A (mm)	支座钢板横向尺寸 B (mm)	预埋钢板纵向尺寸 C (mm)	预埋钢板横向尺寸 D (mm)	设计容许转角 θ (rad)	水平屈服力 Q_y (kN)	初始水平刚度 K_1 (kN/mm)	屈服后水平刚度 K_2 (kN/mm)	水平等效刚度 K_h (kN/mm)	竖向压缩刚度 K_v (kN/mm)	等效阻尼比 ξ (%)
16	520×520	2 910	0.8	214	90	225	315	10	3	25	25	25	760	570	785	595	0.007 7	103	10.76	1.66	2.21	1 164	15
			1.0	227	100	250	350						800		825		0.006 8	129	12.12	1.87	2.49	1 310	15
			1.2	240	110	275	385						800		825		0.006 3	167	16.54	1.95	2.71	1 429	17
17	520×570	3 060	0.8	223	99	247	346	11	3	25	25	25	760	620	785	645	0.008 5	114	10.76	1.66	2.21	1 113	15
			1.0	237	110	275	385						800		825		0.007 5	142	12.12	1.87	2.49	1 252	15
			1.2	251	121	302	423						800		825		0.006 9	183	16.54	1.95	2.71	1 366	17
18	520×620	3 489	0.8	223	99	247	346	11	3	25	25	25	760	670	785	695	0.008 5	124	11.73	1.81	2.41	1 269	15
			1.0	237	110	275	385						800		825		0.007 5	155	13.24	2.04	2.72	1 427	15
			1.2	251	121	302	423						800		825		0.006 9	200	18.07	2.13	2.96	1 557	17
19	570×570	3 549	0.8	223	99	247	346	11	3	25	25	25	810	620	835	645	0.007 7	125	11.83	1.82	2.43	1 290	15
			1.0	237	110	275	385						850		875		0.006 8	156	13.34	2.05	2.74	1 451	15
			1.2	251	121	302	423						850		875		0.006 3	202	18.25	2.15	2.99	1 583	17
20	570×620	3 712	0.8	232	108	270	378	12	3	25	25	25	810	670	835	695	0.008 4	137	11.88	1.83	2.44	1 238	15
			1.0	247	120	300	420						850		875		0.007 5	171	13.34	2.05	2.74	1 392	15
			1.2	262	132	330	462						850		875		0.006 8	221	18.25	2.15	2.99	1 519	17

表 B.3（续）

序号	规格尺寸 $l_a \times l_b$ (mm)	承载力 P_0 (kN)	剪切模量 G (MPa)	支座总高 h (mm)	设计位移 X_0 (mm)	容许位移 X_1 (mm)	极限位移 X_2 (mm)	单层橡胶厚度 t_r (mm)	加劲钢板厚度 t_s (mm)	封层钢板厚度 t (mm)	预埋钢板厚度 t_1 (mm)	支座钢板厚度 t_2 (mm)	支座钢板纵向尺寸 A (mm)	支座钢板横向尺寸 B (mm)	预埋钢板纵向尺寸 C (mm)	预埋钢板横向尺寸 D (mm)	设计容许转角 θ (rad)	水平屈服力 Q_y (kN)	初始水平刚度 K_1 (kN/mm)	屈服后水平刚度 K_2 (kN/mm)	水平等效刚度 K_h (kN/mm)	竖向压缩刚度 K_v (kN/mm)	等效阻尼比 ξ (%)
21	570×670	4 186	0.8	232	108	270	378	12	3				810		835		0.008 4	148	12.85	1.98	2.64	1 396	15
			1.0	247	120	300	420		3	25	25	25	850	720	875	745	0.007 5	185	14.46	2.22	2.97	1 570	15
			1.2	272	132	330	462		4				850		875		0.006 8	239	19.78	2.33	3.24	1 713	17
22	620×620	4 248	0.8	232	108	270	378	12	3				890		915		0.007 7	149	12.95	1.99	2.66	1 415	15
			1.0	247	120	300	420		3	25	25	25	900	670	925	695	0.006 8	186	14.56	2.24	2.99	1 592	15
			1.2	272	132	330	462		4				900		925		0.006 3	240	19.90	2.34	3.26	1 737	17
23	620×670	4 428	0.8	249	117	292	409	13	4				890		915		0.008 3	161	12.95	1.99	2.66	1 362	15
			1.0	266	130	325	455		4	25	25	25	900	720	925	745	0.007 4	202	14.56	2.24	2.99	1 533	15
			1.2	283	143	357	500		4				900		925		0.006 8	261	19.90	2.34	3.26	1 672	17
24	620×720	4 950	0.8	249	117	292	409	13	4				890		915		0.008 3	174	13.93	2.14	2.86	1 523	15
			1.0	266	130	325	455		4	25	25	25	900	770	925	795	0.007 4	217	15.68	2.41	3.22	1 713	15
			1.2	283	143	357	500		4				900		925		0.006 8	281	21.43	2.52	3.51	1 869	17
25	670×670	5 009	0.8	249	117	292	409	13	4				940		965		0.007 7	175	14.02	2.16	2.88	1 541	15
			1.0	266	130	325	455		4	25	25	25	980	720	1 005	745	0.006 8	219	15.78	2.43	3.24	1 733	15
			1.2	283	143	357	500		4				980		1 005		0.006 3	282	21.55	2.54	3.53	1 891	17

表 B.3（续）

序号	规格尺寸 $l_a \times l_b$ (mm)	承载力 P_0 (kN)	剪切模量 G (MPa)	支座总高 h (mm)	设计位移 X_0 (mm)	容许位移 X_1 (mm)	极限位移 X_2 (mm)	单层橡胶厚度 t_r (mm)	加劲钢板厚度 t_s (mm)	封层钢板厚度 t (mm)	预埋钢板厚度 t_1 (mm)	支座钢板厚度 t_2 (mm)	支座钢板纵向尺寸 A (mm)	支座钢板横向尺寸 B (mm)	预埋钢板纵向尺寸 C (mm)	预埋钢板横向尺寸 D (mm)	设计容许转角 θ (rad)	水平屈服力 Q_y (kN)	初始水平刚度 K_1 (kN/mm)	屈服后水平刚度 K_2 (kN/mm)	水平等效刚度 K_h (kN/mm)	竖向压缩刚度 K_v (kN/mm)	等效阻尼比 ξ (%)
26	670×720	5 204	0.8	258	126	315	441	14	4	25	25	25	940	770	965	795	0.008 3	188	14.02	2.16	2.88	1 487	15
			1.0	276	140	350	490						980		1 005		0.007 4	235	15.78	2.43	3.24	1 673	15
			1.2	294	154	385	539						980		1 005		0.006 7	305	21.61	2.54	3.54	1 825	17
27	670×770	5 772	0.8	258	126	315	441	14	4	25	25	25	950	820	975	845	0.008 3	202	15.05	2.31	3.09	1 649	15
			1.0	276	140	350	490						980		1 005		0.007 4	252	16.90	2.60	3.47	1 855	15
			1.2	294	154	385	539						980		1 005		0.006 7	326	23.14	2.72	3.79	2 024	17
28	720×720	5 831	0.8	258	126	315	441	14	4	25	25	25	1 000	770	1 025	795	0.007 7	203	15.09	2.32	3.10	1 666	15
			1.0	276	140	350	490						1 030		1 055		0.006 8	254	16.99	2.61	3.49	1 875	15
			1.2	294	154	385	539						1 030		1 055		0.006 3	328	23.26	2.74	3.81	2 045	17
29	720×770	6 044	0.8	267	135	337	472	15	4	25	25	25	1 000	820	1 025	845	0.008 2	217	15.09	2.32	3.10	1 612	15
			1.0	286	150	375	525						1 030		1 055		0.007 3	272	16.99	2.61	3.49	1 813	15
			1.2	305	165	412	577						1 030		1 055		0.006 7	351	23.26	2.74	3.81	1 978	17
30	720×820	6 660	0.8	267	135	337	472	15	4	25	25	25	1 000	870	1 025	895	0.008 2	232	16.12	2.48	3.31	1 776	15
			1.0	286	150	375	525						1 030		1 055		0.007 3	290	18.11	2.79	3.72	1 998	15
			1.2	305	165	412	577						1 030		1 055		0.006 7	374	24.79	2.92	4.06	2 179	17

表 B.3（续）

序号	规格尺寸 $l_a \times l_b$ (mm)	承载力 P_0 (kN)	剪切模量 G (MPa)	支座总高 h (mm)	设计位移 X_0 (mm)	容许位移 X_1 (mm)	极限位移 X_2 (mm)	单层橡胶厚度 t_r (mm)	加劲钢板厚度 t_s (mm)	封层钢板厚度 t (mm)	预埋钢板厚度 t_1 (mm)	支座钢板厚度 t_2 (mm)	支座钢板纵向尺寸 A (mm)	支座钢板横向尺寸 B (mm)	预埋钢板纵向尺寸 C (mm)	预埋钢板横向尺寸 D (mm)	设计容许转角 θ (rad)	水平屈服力 Q_y (kN)	初始水平刚度 K_1 (kN/mm)	屈服后水平刚度 K_2 (kN/mm)	水平等效刚度 K_h (kN/mm)	竖向压缩刚度 K_v (kN/mm)	等效阻尼比 ξ (%)
31	770×770	6 718	0.8	267	135	337	472	15	4	25	25	25	1 080	820	1 105	845	0.007 7	233	16.21	2.49	3.33	1 792	15
			1.0	286	150	375	525										0.006 8	291	18.21	2.80	3.74	2 016	15
			1.2	305	165	412	577										0.006 3	376	24.91	2.93	4.08	2 199	17
32	770×820	6 945	0.8	276	144	360	504	16	4	25	25	25	1 080	870	1 105	895	0.008 2	249	16.21	2.49	3.33	1 737	15
			1.0	296	160	400	560										0.007 3	311	18.21	2.80	3.74	1 954	15
			1.2	316	176	440	616										0.006 7	401	24.91	2.93	4.08	2 131	17
33	770×870	7 609	0.8	276	144	360	504	16	5	25	25	25	1 080	920	1 105	945	0.008 2	264	17.19	2.64	3.53	1 902	15
			1.0	305	160	400	560										0.007 3	330	19.38	2.98	3.98	2 140	15
			1.2	326	176	440	616										0.006 7	427	26.50	3.12	4.34	2 334	17
34	820×820	7 665	0.8	296	144	360	504	16	4	30	30	30	1 130	880	1 160	910	0.007 7	265	17.29	2.66	3.55	1 917	15
			1.0	325	160	400	560		5								0.006 8	331	19.43	2.99	3.99	2 156	15
			1.2	346	176	440	616		5								0.006 3	429	26.62	3.13	4.36	2 353	17
35	820×870	7 907	0.8	313	153	382	535	17	4	30	30	30	1 130	930	1 160	960	0.008 2	282	17.29	2.66	3.55	1 861	15
			1.0	335	170	425	595		5								0.007 3	352	19.43	2.99	3.99	2 094	15
			1.2	357	187	467	654		5								0.006 7	456	26.62	3.13	4.36	2 284	17

JT/T 842—2012

表B.3(续)

序号	规格尺寸 $l_a \times l_b$ (mm)	承载力 P_0 (kN)	剪切模量 G (MPa)	支座总高 h (mm)	设计位移 X_0 (mm)	容许位移 X_1 (mm)	极限位移 X_2 (mm)	单层橡胶厚度 t_r (mm)	加劲钢板厚度 t_s (mm)	封层钢板厚度 t (mm)	预埋钢板厚度 t_1 (mm)	支座钢板厚度 t_2 (mm)	支座钢板纵向尺寸 A (mm)	支座钢板横向尺寸 B (mm)	预埋钢板纵向尺寸 C (mm)	预埋钢板横向尺寸 D (mm)	设计容许转角 θ (rad)	水平屈服力 Q_y (kN)	初始水平刚度 K_1 (kN/mm)	屈服后水平刚度 K_2 (kN/mm)	水平等效刚度 K_h (kN/mm)	竖向压缩刚度 K_v (kN/mm)	等效阻尼比 ξ (%)
36	820×920	8 618	0.8	313	153	382	535	17	5	30	30	30	1 130		1 160		0.008 2	299	18.31	2.82	3.76	2 028	15
			1.0	335	170	425	595						1 160	980	1 190	1 010	0.007 3	373	20.60	3.17	4.23	2 282	15
			1.2	357	187	467	654						1 160		1 190		0.006 7	482	28.14	3.31	4.61	2 489	17
37	870×870	8 655	0.8	313	153	382	535	17	5	30	30	30	1 180		1 210		0.007 7	299	18.36	2.82	3.77	2 042	15
			1.0	335	170	425	595						1 210	930	1 240	960	0.006 8	374	20.65	3.18	4.24	2 297	15
			1.2	357	187	467	654						1 210		1 240		0.006 3	484	28.27	3.33	4.63	2 506	17
38	870×920	8 936	0.8	322	162	405	567	18	5	30	30	30	1 180		1 210		0.008 1	317	18.36	2.82	3.77	1 986	15
			1.0	345	180	450	630						1 210	980	1 240	1 010	0.007 2	396	20.65	3.18	4.24	2 234	15
			1.2	368	198	495	693						1 210		1 240		0.006 6	512	28.27	3.33	4.63	2 438	17
39	870×970	9 675	0.8	322	162	405	567	18	5	30	30	30	1 180		1 210		0.008 1	335	19.38	2.98	3.98	2 154	15
			1.0	345	180	450	630						1 210	1 030	1 240	1 060	0.007 2	418	21.81	3.36	4.48	2 423	15
			1.2	368	198	495	693						1 210		1 240		0.006 6	541	29.85	3.51	4.89	2 644	17
40	920×920	9 705	0.8	322	162	405	567	18	5	30	30	30	1 230		1 260		0.007 7	335	19.43	2.99	3.99	2 167	15
			1.0	345	180	450	630						1 280	980	1 310	1 010	0.006 8	419	21.86	3.36	4.49	2 438	15
			1.2	368	198	495	693						1 280		1 310		0.006 2	542	29.91	3.52	4.90	2 660	17

表 B.3（续）

序号	规格尺寸 $l_a \times l_b$ (mm)	承载力 P_0 (kN)	剪切模量 G (MPa)	支座总高 h (mm)	设计位移 X_0 (mm)	容许位移 X_1 (mm)	极限位移 X_2 (mm)	单层橡胶厚度 t_r (mm)	加劲钢板厚度 t_s (mm)	封层钢板厚度 t (mm)	预埋钢板厚度 t_1 (mm)	支座钢板厚度 t_2 (mm)	支座钢板纵向尺寸 A (mm)	支座钢板横向尺寸 B (mm)	预埋钢板纵向尺寸 C (mm)	预埋钢板横向尺寸 D (mm)	设计容许转角 θ (rad)	水平屈服力 Q_y (kN)	初始水平刚度 K_1 (kN/mm)	屈服后水平刚度 K_2 (kN/mm)	水平等效刚度 K_h (kN/mm)	竖向压缩刚度 K_v (kN/mm)	等效阻尼比 ξ (%)
41	920×970	10 031	0.8	331	171	427	598	19					1 230				0.008 1	354	19.43	2.99	3.99	2 111	15
			1.0	355	190	475	665		5	30	30	30	1 280	1 030	1 310	1 060	0.007 2	443	21.86	3.36	4.49	2 375	15
			1.2	379	209	522	731						1 280		1 310		0.006 6	572	29.91	3.52	4.90	2 591	17
42	920×1 020	10 291	0.8	340	180	450	630	20					1 230				0.008 5	373	19.43	2.99	3.99	2 058	15
			1.0	365	200	500	700		5	30	30	30	1 280	1 080	1 310	1 110	0.007 6	466	21.86	3.36	4.49	2 315	15
			1.2	390	220	550	770						1 280		1 310		0.007 0	602	29.91	3.52	4.90	2 525	17
43	970×970	10 346	0.8	340	180	450	630	20					1 280				0.008 1	375	19.53	3.00	4.01	2 069	15
			1.0	365	200	500	700		5	30	30	30	1 330	1 030	1 360	1 060	0.007 2	468	21.96	3.38	4.51	2 328	15
			1.2	390	220	550	770						1 330		1 360		0.006 6	605	30.04	3.53	4.92	2 539	17
44	970×1 020	10 645	0.8	349	189	472	661	21					1 310				0.008 5	394	19.57	3.01	4.02	2 028	15
			1.0	375	210	525	735		5	30	30	30	1 330	1 080	1 360	1 110	0.007 6	493	22.01	3.39	4.52	2 282	15
			1.2	411	231	577	808		6				1 330		1 360		0.006 9	636	30.10	3.54	4.93	2 489	17
45	970×1 070	11 457	0.8	349	189	472	661	21					1 310				0.008 5	414	20.55	3.16	4.22	2 182	15
			1.0	384	210	525	735		5	30	30	30	1 330	1 130	1 360	1 160	0.007 6	517	23.08	3.55	4.74	2 455	15
			1.2	411	231	577	808		6				1 350		1 380		0.006 9	669	31.62	3.72	5.18	2 678	17

JT/T 842—2012

表 B.3（续）

序号	规格尺寸 $l_a \times l_b$ (mm)	承载力 P_0 (kN)	剪切模量 G (MPa)	支座总高 h (mm)	设计位移 X_0 (mm)	容许位移 X_1 (mm)	极限位移 X_2 (mm)	单层橡胶厚度 t_r (mm)	加劲钢板厚度 t_s (mm)	封层钢板厚度 t (mm)	预埋钢板厚度 t_1 (mm)	支座钢板厚度 t_2 (mm)	支座钢板纵向尺寸 A (mm)	支座钢板横向尺寸 B (mm)	预埋钢板纵向尺寸 C (mm)	预埋钢板横向尺寸 D (mm)	设计容许转角 θ (rad)	水平屈服力 Q_y (kN)	初始水平刚度 K_1 (kN/mm)	屈服后水平刚度 K_2 (kN/mm)	水平等效刚度 K_h (kN/mm)	竖向压缩刚度 K_v (kN/mm)	等效阻尼比 ξ (%)
46	1 020×1 020	11 516	0.8	349	189	472	661	21	5	30	30	30	1 360		1 390		0.008 1	415	20.60	3.17	4.23	2 193	15
			1.0	384	210	525	735		6				1 380	1 080	1 410	1 110	0.007 2	519	23.18	3.57	4.76	2 467	15
			1.2	411	231	577	808		6				1 400		1 430		0.006 6	670	31.68	3.73	5.19	2 691	17
47	1 020×1 070	11 830	0.8	366	198	495	693	22	6	30	30	30	1 360		1 390		0.008 5	436	20.65	3.18	4.24	2 151	15
			1.0	394	220	550	770		6				1 400	1 130	1 430	1 160	0.007 5	545	23.23	3.57	4.77	2 420	15
			1.2	422	242	605	847		6				1 400		1 430		0.006 9	703	31.75	3.73	5.20	2 640	17
48	1 020×1 120	12 690	0.8	366	198	495	693	22	6	30	30	30	1 380		1 410		0.008 5	456	21.62	3.33	4.44	2 307	15
			1.0	394	220	550	770		6				1 400	1 180	1 430	1 210	0.007 5	570	24.30	3.74	4.99	2 595	15
			1.2	422	242	605	847		6				1 400		1 430		0.006 9	737	33.27	3.91	5.45	2 831	17
49	1 070×1 070	12 634	0.8	386	198	495	693	22	6	35	35	35	1 430		1 465		0.008 1	457	21.67	3.33	4.45	2 297	15
			1.0	414	220	550	770		6				1 450	1 140	1 485	1 175	0.007 2	571	24.35	3.75	5.00	2 585	15
			1.2	442	242	605	847		6				1 450		1 485		0.006 6	738	33.33	3.92	5.46	2 819	17
50	1 070×1 120	12 972	0.8	395	207	517	724	23	6	35	35	35	1 430		1 465		0.008 4	479	21.72	3.34	4.46	2 255	15
			1.0	424	230	575	805		6				1 450	1 190	1 485	1 225	0.007 5	598	24.39	3.75	5.01	2 537	15
			1.2	453	253	632	885		6				1 480		1 515		0.006 9	773	33.39	3.93	5.47	2 768	17

表 B.3（续）

序号	规格尺寸 $l_a \times l_b$ (mm)	承载力 P_0 (kN)	剪切模量 G (MPa)	支座总高 h (mm)	设计位移 X_0 (mm)	容许位移 X_1 (mm)	极限位移 X_2 (mm)	单层橡胶厚度 t_r (mm)	加劲钢板厚度 t_s (mm)	封层钢板厚度 t (mm)	预埋钢板厚度 t_1 (mm)	支座钢板厚度 t_2 (mm)	支座钢板纵向尺寸 A (mm)	支座钢板横向尺寸 B (mm)	预埋钢板纵向尺寸 C (mm)	预埋钢板横向尺寸 D (mm)	设计容许转角 θ (rad)	水平屈服力 Q_y (kN)	初始水平刚度 K_1 (kN/mm)	屈服后水平刚度 K_2 (kN/mm)	水平等效刚度 K_h (kN/mm)	竖向压缩刚度 K_v (kN/mm)	等效阻尼比 ξ (%)
51	1 070×1 170	13 864	0.8	395	207	517	724						1 430		1 465		0.008 4	501	22.69	3.49	4.66	2 411	15
			1.0	424	230	575	805	23	6	35	35	35	1 480	1 240	1 515	1 275	0.007 5	625	25.51	3.93	5.24	2 713	15
			1.2	453	253	632	885						1 480		1 515		0.006 9	809	34.92	4.11	5.72	2 960	17
52	1 120×1 120	13 929	0.8	395	207	517	724						1 480		1 515		0.008 0	502	22.74	3.50	4.67	2 421	15
			1.0	424	230	575	805	23	6	35	35	35	1 530	1 190	1 565	1 225	0.007 2	627	25.56	3.93	5.25	2 724	15
			1.2	453	253	632	885						1 530		1 565		0.006 6	810	34.98	4.12	5.73	2 972	17
53	1 120×1 170	14 272	0.8	404	216	540	756						1 480		1 515		0.008 4	525	22.79	3.51	4.68	2 379	15
			1.0	434	240	600	840	24	6	35	35	35	1 530	1 240	1 565	1 275	0.007 5	655	25.61	3.94	5.26	2 676	15
			1.2	464	264	660	924						1 530		1 565		0.006 8	847	35.04	4.12	5.74	2 919	17
54	1 120×1 220	14 604	0.8	413	225	562	787						1 500		1 535		0.008 7	548	22.84	3.51	4.69	2 337	15
			1.0	444	250	625	875	25	6	35	35	35	1 530	1 290	1 565	1 325	0.007 8	684	25.66	3.95	5.27	2 629	15
			1.2	485	275	687	962						1 560		1 595		0.007 1	884	35.10	4.13	5.75	2 868	17
55	1 170×1 170	14 658	0.8	413	225	562	787						1 550		1 585		0.008 4	549	22.89	3.52	4.70	2 346	15
			1.0	444	250	625	875	25	6	35	35	35	1 580	1 240	1 615	1 275	0.007 4	685	25.71	3.96	5.28	2 639	15
			1.2	485	275	687	962		7				1 610		1 645		0.006 8	885	35.16	4.14	5.76	2 879	17

B.3.2 HDR(Ⅱ)型矩形规格系列

HDR(Ⅱ)型矩形支座结构示意见图 B.4，设计剪应变为 100%，容许剪应变为 200%，极限剪应变为 300%，其他设计参数见表 B.4。

单位为毫米

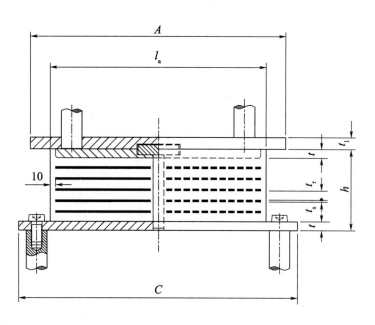

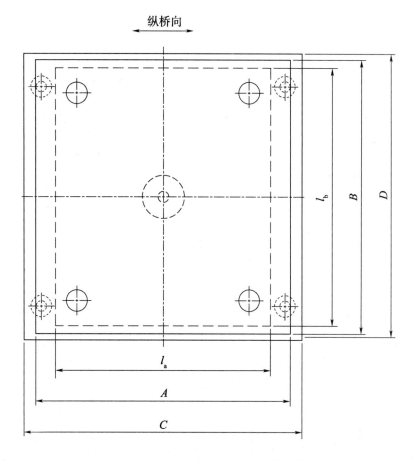

图 B.4 HDR(Ⅱ)型矩形支座结构示意

表 B.4 HDR(Ⅱ)型矩形高阻尼隔震橡胶支座规格系列参数

序号	规格尺寸 $l_a \times l_b$ (mm)	承载力 P_0 (kN)	剪切模量 G (MPa)	支座总高 h (mm)	设计位移 X_0 (mm)	容许位移 X_1 (mm)	极限位移 X_2 (mm)	单层橡胶厚度 t_r (mm)	加劲钢板厚度 t_s (mm)	封层钢板厚度 t (mm)	预埋钢板厚度 t_1 (mm)	预埋钢板纵向尺寸 A (mm)	预埋钢板横向尺寸 B (mm)	支座钢板纵向尺寸 C (mm)	支座钢板横向尺寸 D (mm)	设计容许转角 θ (rad)	水平屈服力 Q_y (kN)	初始水平刚度 K_1 (kN/mm)	屈服后水平刚度 K_2 (kN/mm)	水平等效刚度 K_h (kN/mm)	竖向压缩刚度 K_v (kN/mm)	等效阻尼比 ξ (%)
1	270×270	698	0.8	109	45	90	135	5								0.007 7	22	3.04	0.87	1.10	558	12
			1.0	117	50	100	150		3	20	20	310	310	460	310	0.006 8	27	3.42	0.98	1.24	628	12
			1.2	125	55	110	165									0.006 3	33	6.57	1.01	1.35	685	15
2	270×320	770	0.8	118	54	108	162	6								0.009 2	26	3.04	0.87	1.10	514	12
			1.0	127	60	120	180		3	20	20	310	360	460	360	0.008 2	33	3.42	0.98	1.24	578	12
			1.2	136	66	132	198									0.007 5	40	6.57	1.01	1.35	630	15
3	270×370	970	0.8	118	54	108	162	6								0.009 2	31	3.56	1.02	1.29	647	12
			1.0	127	60	120	180		3	20	20	310	410	460	410	0.008 2	39	4.00	1.14	1.45	728	12
			1.2	136	66	132	198									0.007 5	46	7.69	1.18	1.58	794	15
4	320×320	1 027	0.8	118	54	108	162	6								0.007 7	32	3.64	1.04	1.32	685	12
			1.0	127	60	120	180		3	20	20	360	360	510	360	0.006 8	40	4.11	1.18	1.49	770	12
			1.2	136	66	132	198									0.006 3	48	7.89	1.21	1.62	840	15

表 B.4（续）

序号	规格尺寸 $l_a \times l_b$ (mm)	承载力 P_0 (kN)	剪切模量 G (MPa)	支座总高 h (mm)	设计位移 X_0 (mm)	容许位移 X_1 (mm)	板限位移 X_2 (mm)	单层橡胶厚度 t_r (mm)	加劲钢板厚度 t_s (mm)	封层钢板厚度 t (mm)	预埋钢板厚度 t_1 (mm)	预埋钢板纵向尺寸 A (mm)	预埋钢板横向尺寸 B (mm)	支座钢板纵向尺寸 C (mm)	支座钢板横向尺寸 D (mm)	设计容许转角 θ (rad)	水平屈服力 Q_y (kN)	初始水平刚度 K_1 (kN/mm)	屈服后水平刚度 K_2 (kN/mm)	水平等效刚度 K_h (kN/mm)	竖向压缩刚度 K_v (kN/mm)	等效阻尼比 ξ (%)
5	320×370	1 115	0.8	127	63	126	189	7	3	20	20	360	410	510	410	0.009 0	37	3.64	1.04	1.32	637	12
			1.0	137	70	140	210									0.008 0	46	4.11	1.18	1.49	716	12
			1.2	147	77	154	231									0.007 3	56	7.94	1.22	1.63	782	15
6	320×420	1 360	0.8	127	63	126	189	7	3	20	20	360	460	510	460	0.009 0	42	4.17	1.19	1.51	777	12
			1.0	137	70	140	210									0.008 0	53	4.69	1.34	1.70	875	12
			1.2	147	77	154	231									0.007 3	64	9.06	1.39	1.86	954	15
7	370×370	1 418	0.8	127	63	126	189	7	3	20	20	410	410	560	410	0.007 7	43	4.28	1.22	1.55	810	12
			1.0	137	70	140	210									0.006 8	54	4.80	1.37	1.74	912	12
			1.2	147	77	154	231									0.006 3	65	9.25	1.42	1.90	995	15
8	370×420	1 521	0.8	136	72	144	216	8	3	20	20	410	460	560	460	0.008 8	49	4.28	1.22	1.55	761	12
			1.0	147	80	160	240									0.007 8	62	4.80	1.37	1.74	856	12
			1.2	158	88	176	264									0.007 2	74	9.25	1.42	1.90	934	15
9	370×470	1 814	0.8	136	72	144	216	8	3	20	20	410	510	590	510	0.008 8	56	4.80	1.37	1.74	907	12
			1.0	147	80	160	240									0.007 8	70	5.41	1.55	1.96	1 020	12
			1.2	158	88	176	264									0.007 2	84	10.42	1.60	2.14	1 113	15

表 B.4（续）

序号	规格尺寸 $l_a \times l_b$ (mm)	承载力 P_0 (kN)	剪切模量 G (MPa)	支座总高 h (mm)	设计位移 X_0 (mm)	容许位移 X_1 (mm)	极限位移 X_2 (mm)	单层橡胶厚度 t_r (mm)	加劲钢板厚度 t_s (mm)	封层钢板厚度 t (mm)	预埋钢板厚度 t_1 (mm)	预埋钢板纵向尺寸 A (mm)	预埋钢板横向尺寸 B (mm)	支座钢板纵向尺寸 C (mm)	支座钢板横向尺寸 D (mm)	设计容许转角 θ (rad)	水平屈服力 Q_y (kN)	初始水平刚度 K_1 (kN/mm)	屈服后水平刚度 K_2 (kN/mm)	水平等效刚度 K_h (kN/mm)	竖向压缩刚度 K_v (kN/mm)	等效阻尼比 ξ (%)
10	420×420	1 872	0.8	136	72	144	216	8	3	20	20	460	460	610	460	0.007 7	56	4.89	1.40	1.77	936	12
			1.0	147	80	160	240							640		0.006 8	71	5.49	1.57	1.99	1 053	12
			1.2	158	88	176	264							640		0.006 3	85	10.57	1.63	2.17	1 149	15
11	420×470	1 990	0.8	145	81	162	243	9	3	20	20	460	510	610	510	0.008 7	64	4.89	1.40	1.77	885	12
			1.0	157	90	180	270							640		0.007 7	79	5.49	1.57	1.99	995	12
			1.2	169	99	198	297							660		0.007 0	96	10.57	1.63	2.17	1 086	15
12	420×520	2 330	0.8	145	81	162	243	9	3	20	20	460	560	640	560	0.008 7	71	5.44	1.55	1.97	1 035	12
			1.0	157	90	180	270							660		0.007 7	88	6.10	1.74	2.21	1 165	12
			1.2	169	99	198	297							660		0.007 1	107	11.78	1.81	2.42	1 271	15
13	470×470	2 389	0.8	145	81	162	243	9	3	20	20	510	510	690	510	0.007 7	71	5.49	1.57	1.99	1 062	12
			1.0	157	90	180	270							710		0.006 8	89	6.19	1.77	2.24	1 194	12
			1.2	169	99	198	297							710		0.006 3	108	11.93	1.84	2.45	1 303	15
14	470×520	2 523	0.8	154	90	180	270	10	3	20	20	510	560	690	560	0.008 5	79	5.49	1.57	1.99	1 009	12
			1.0	167	100	200	300							710		0.007 6	99	6.19	1.77	2.24	1 135	12
			1.2	180	110	220	330							710		0.007 0	120	11.93	1.84	2.45	1 238	15

JT/T 842—2012

表 B.4（续）

序号	规格尺寸 $l_a \times l_b$ (mm)	承载力 P_0 (kN)	剪切模量 G (MPa)	支座总高 h (mm)	设计位移 X_0 (mm)	容许位移 X_1 (mm)	极限位移 X_2 (mm)	单层橡胶厚度 t_r (mm)	加劲钢板厚度 t_s (mm)	封层钢板厚度 t (mm)	预埋钢板厚度 t_1 (mm)	预埋钢板纵向尺寸 A (mm)	预埋钢板横向尺寸 B (mm)	支座钢板纵向尺寸 C (mm)	支座钢板横向尺寸 D (mm)	设计容许转角 θ (rad)	水平屈服力 Q_y (kN)	初始水平刚度 K_1 (kN/mm)	屈服后水平刚度 K_2 (kN/mm)	水平等效刚度 K_h (kN/mm)	竖向压缩刚度 K_v (kN/mm)	等效阻尼比 ξ (%)
15	470×570	2 907	0.8	154	90	180	270	10	3	20	20	510	610	690	610	0.008 5	87	6.05	1.73	2.19	1 163	12
			1.0	167	100	200	300							710		0.007 6	109	6.82	1.95	2.47	1 309	12
			1.2	180	110	220	330							740		0.007 0	132	13.10	2.02	2.69	1 428	15
16	520×520	2 910	0.8	164	90	180	270	10	3	25	25	570	570	760	570	0.007 7	88	6.10	1.74	2.21	1 164	12
			1.0	177	100	200	300							790		0.006 8	110	6.88	1.96	2.49	1 310	12
			1.2	190	110	220	330							790		0.006 3	133	13.20	2.03	2.71	1 429	15
17	520×570	3 060	0.8	173	99	198	297	11	3	25	25	570	620	760	620	0.008 5	97	6.10	1.74	2.21	1 113	12
			1.0	187	110	220	330							790		0.007 5	121	6.88	1.96	2.49	1 252	12
			1.2	201	121	242	363							790		0.006 9	146	13.20	2.03	2.71	1 366	15
18	520×620	3 489	0.8	173	99	198	297	11	3	25	25	570	670	760	670	0.008 5	106	6.65	1.90	2.41	1 269	12
			1.0	187	110	220	330							790		0.007 5	133	7.51	2.15	2.72	1 427	12
			1.2	201	121	242	363							800		0.006 9	159	14.41	2.22	2.96	1 557	15
19	570×570	3 549	0.8	173	99	198	297	11	3	25	25	620	620	840	620	0.007 7	107	6.71	1.92	2.43	1 290	12
			1.0	187	110	220	330							850		0.006 8	134	7.57	2.16	2.74	1 451	12
			1.2	201	121	242	363							850		0.006 3	161	14.56	2.24	2.99	1 583	15

表 B.4（续）

序号	规格尺寸 $l_a \times l_b$ (mm)	承载力 P_0 (kN)	剪切模量 G (MPa)	支座总高 h (mm)	设计位移 X_0 (mm)	容许位移 X_1 (mm)	极限位移 X_2 (mm)	单层橡胶厚度 t_r (mm)	加劲钢板厚度 t_s (mm)	封层钢板厚度 t (mm)	预埋钢板厚度 t_1 (mm)	预埋钢板纵向尺寸 A (mm)	预埋钢板横向尺寸 B (mm)	支座钢板纵向尺寸 C (mm)	支座钢板横向尺寸 D (mm)	设计容许转角 θ (rad)	水平屈服力 Q_y (kN)	初始水平刚度 K_1 (kN/mm)	屈服后水平刚度 K_2 (kN/mm)	水平等效刚度 K_h (kN/mm)	竖向压缩刚度 K_v (kN/mm)	等效阻尼比 ξ (%)
20	570×620	3 712	0.8	182	108	216	324	12	3	25	25	620	670	840	670	0.008 4	117	6.74	1.92	2.44	1 238	12
			1.0	197	120	240	360							850		0.007 5	146	7.57	2.16	2.74	1 392	12
			1.2	212	132	264	396							850		0.006 8	176	14.56	2.24	2.99	1 519	15
21	570×670	4 186	0.8	182	108	216	324	12	3	25	25	620	720	840	720	0.008 4	126	7.29	2.08	2.64	1 396	12
			1.0	197	120	240	360		3					850		0.007 5	158	8.20	2.34	2.97	1 570	12
			1.2	222	132	264	396		4					850		0.006 8	190	15.78	2.43	3.24	1 713	15
22	620×620	4 248	0.8	182	108	216	324	12	3	25	25	670	670	890	670	0.007 7	127	7.34	2.10	2.66	1 415	12
			1.0	197	120	240	360		3					900		0.006 8	159	8.26	2.36	2.99	1 592	12
			1.2	222	132	264	396		4					900		0.006 3	191	15.87	2.44	3.26	1 737	15
23	620×670	4 428	0.8	199	117	234	351	13	4	25	25	670	720	890	720	0.008 3	138	7.34	2.10	2.66	1 362	12
			1.0	216	130	260	390							900		0.007 4	172	8.26	2.36	2.99	1 533	12
			1.2	233	143	286	429							930		0.006 8	207	15.87	2.44	3.26	1 672	15
24	620×720	4 950	0.8	199	117	234	351	13	4	25	25	670	770	890	770	0.008 3	148	7.90	2.26	2.86	1 523	12
			1.0	216	130	260	390							930		0.007 4	186	8.89	2.54	3.22	1 713	12
			1.2	233	143	286	429							930		0.006 8	223	17.09	2.63	3.51	1 869	15

JT/T 842—2012

表 B.4（续）

序号	规格尺寸 $l_a \times l_b$ (mm)	承载力 P_0 (kN)	剪切模量 G (MPa)	支座总高 h (mm)	设计位移 X_0 (mm)	容许位移 X_1 (mm)	极限位移 X_2 (mm)	单层橡胶厚度 t_r (mm)	加劲钢板厚度 t_s (mm)	封层钢板厚度 t (mm)	预埋钢板厚度 t_1 (mm)	预埋钢板纵向尺寸 A (mm)	预埋钢板横向尺寸 B (mm)	支座钢板纵向尺寸 C (mm)	支座钢板横向尺寸 D (mm)	设计容许转角 θ (rad)	水平屈服力 Q_y (kN)	初始水平刚度 K_1 (kN/mm)	屈服后水平刚度 K_2 (kN/mm)	水平等效刚度 K_h (kN/mm)	竖向压缩刚度 K_v (kN/mm)	等效阻尼比 ξ (%)
25	670×670	5 009	0.8	199	117	234	351	13	4	25	25	720	720	950	720	0.007 7	149	7.95	2.27	2.88	1 541	12
			1.0	216	130	260	390									0.006 8	187	8.95	2.56	3.24	1 733	12
			1.2	233	143	286	429									0.006 3	225	17.19	2.64	3.53	1 891	15
26	670×720	5 204	0.8	208	126	252	378	14	4	25	25	720	770	980	770	0.008 3	161	7.95	2.27	2.88	1 487	12
			1.0	226	140	280	420									0.007 4	201	8.95	2.56	3.24	1 673	12
			1.2	244	154	308	462									0.006 7	242	17.24	2.65	3.54	1 825	15
27	670×770	5 772	0.8	208	126	252	378	14	4	25	25	720	820	950	820	0.008 3	173	8.53	2.44	3.09	1 649	12
			1.0	226	140	280	420							980		0.007 4	215	9.58	2.74	3.47	1 855	12
			1.2	244	154	308	462							1 010		0.006 7	260	18.45	2.84	3.79	2 024	15
28	720×720	5 831	0.8	208	126	252	378	14	4	25	25	770	770	1 000	770	0.007 7	173	8.56	2.45	3.10	1 666	12
			1.0	226	140	280	420							1 060		0.006 8	217	9.64	2.75	3.49	1 875	12
			1.2	244	154	308	462							1 060		0.006 3	261	18.55	2.85	3.81	2 045	15
29	720×770	6 044	0.8	217	135	270	405	15	4	25	25	770	820	1 000	820	0.008 2	186	8.56	2.45	3.10	1 612	12
			1.0	236	150	300	450							1 060		0.007 3	232	9.64	2.75	3.49	1 813	12
			1.2	255	165	330	495							1 080		0.006 7	280	18.55	2.85	3.81	1 978	15

表 B.4（续）

序号	规格尺寸 $l_a \times l_b$ (mm)	承载力 P_0 (kN)	剪切模量 G (MPa)	支座总高 h (mm)	设计位移 X_0 (mm)	容许位移 X_1 (mm)	极限位移 X_2 (mm)	单层橡胶厚度 t_r (mm)	加劲钢板厚度 t_s (mm)	封层钢板厚度 t (mm)	预埋钢板厚度 t_1 (mm)	预埋钢板纵向尺寸 A (mm)	预埋钢板横向尺寸 B (mm)	支座钢板纵向尺寸 C (mm)	支座钢板横向尺寸 D (mm)	设计容许转角 θ (rad)	水平屈服力 Q_y (kN)	初始水平刚度 K_1 (kN/mm)	屈服后水平刚度 K_2 (kN/mm)	水平等效刚度 K_h (kN/mm)	竖向压缩刚度 K_v (kN/mm)	等效阻尼比 ξ (%)
30	720×820	6 660	0.8	217	135	270	405	15	4	25	25	770	870	1 030		0.008 2	198	9.14	2.61	3.31	1 776	12
			1.0	236	150	300	450							1 060	870	0.007 3	247	10.27	2.93	3.72	1 998	12
			1.2	255	165	330	495							1 080		0.006 7	298	19.77	3.04	4.06	2 179	15
31	770×770	6 718	0.8	217	135	270	405	15	4	25	25	820	820	1 080	820	0.007 7	199	9.19	2.63	3.33	1 792	12
			1.0	236	150	300	450							1 130		0.006 8	249	10.33	2.95	3.74	2 016	12
			1.2	255	165	330	495							1 130		0.006 3	299	19.87	3.06	4.08	2 199	15
32	770×820	6 945	0.8	226	144	288	432	16	4	25	25	820	870	1 080	870	0.008 2	213	9.19	2.63	3.33	1 737	12
			1.0	246	160	320	480							1 130		0.007 3	265	10.33	2.95	3.74	1 954	12
			1.2	266	176	352	528							1 130		0.006 7	319	19.87	3.06	4.08	2 131	15
33	770×870	7 609	0.8	226	144	288	432	16	4	25	25	820	920	1 080	920	0.008 2	225	9.75	2.78	3.53	1 902	12
			1.0	255	160	320	480		5					1 130		0.007 3	282	10.99	3.14	3.98	2 140	12
			1.2	276	176	352	528		5					1 150		0.006 7	340	21.13	3.25	4.34	2 334	15
34	820×820	7 665	0.8	236	144	288	432	16	4	30	30	880	880	1 160	880	0.007 7	227	9.80	2.80	3.55	1 917	12
			1.0	265	160	320	480		5					1 180		0.006 8	283	11.02	3.15	3.99	2 156	12
			1.2	286	176	352	528		5					1 200		0.006 3	341	21.23	3.27	4.36	2 353	15

JT/T 842—2012

表 B.4（续）

序号	规格尺寸 $l_a \times l_b$ (mm)	承载力 P_0 (kN)	剪切模量 G (MPa)	支座总高 h (mm)	设计位移 X_0 (mm)	容许位移 X_1 (mm)	板限位移 X_2 (mm)	单层橡胶厚度 t_r (mm)	加劲钢板厚度 t_s (mm)	封层钢板厚度 t (mm)	预埋钢板厚度 t_1 (mm)	预埋钢板纵向尺寸 A (mm)	预埋钢板横向尺寸 B (mm)	支座钢板纵向尺寸 C (mm)	支座钢板横向尺寸 D (mm)	设计容许转角 θ (rad)	水平屈服力 Q_y (kN)	初始水平刚度 K_1 (kN/mm)	屈服后水平刚度 K_2 (kN/mm)	水平等效刚度 K_h (kN/mm)	竖向压缩刚度 K_v (kN/mm)	等效阻尼比 ξ (%)
35	820×870	7 907	0.8	253	153	306	459	17	5	30	30	880	930	1 160	930	0.008 2	241	9.80	2.80	3.55	1 861	12
			1.0	275	170	340	510							1 180		0.007 3	301	11.02	3.15	3.99	2 094	12
			1.2	297	187	374	561							1 200		0.006 7	363	21.23	3.27	4.36	2 284	15
36	820×920	8 618	0.8	253	153	306	459	17	5	30	30	880	980	1 160	980	0.008 2	255	10.38	2.97	3.76	2 028	12
			1.0	275	170	340	510							1 200		0.007 3	319	11.68	3.34	4.23	2 282	12
			1.2	297	187	374	561							1 230		0.006 7	383	22.45	3.45	4.61	2 489	15
37	870×870	8 655	0.8	253	153	306	459	17	5	30	30	930	930	1 210	930	0.007 7	256	10.41	2.97	3.77	2 042	12
			1.0	275	170	340	510							1 250		0.006 8	320	11.71	3.34	4.24	2 297	12
			1.2	297	187	374	561							1 280		0.006 3	385	22.54	3.47	4.63	2 506	15
38	870×920	8 936	0.8	262	162	324	486	18	5	30	30	930	980	1 210	980	0.008 1	271	10.41	2.97	3.77	1 986	12
			1.0	285	180	360	540							1 250		0.007 2	338	11.71	3.34	4.24	2 234	12
			1.2	308	198	396	594							1 280		0.006 6	408	22.54	3.47	4.63	2 438	15
39	870×970	9 675	0.8	262	162	324	486	18	5	30	30	930	1 030	1 230	1 030	0.008 1	286	10.99	3.14	3.98	2 154	12
			1.0	285	180	360	540							1 250		0.007 2	357	12.37	3.53	4.48	2 423	12
			1.2	308	198	396	594							1 280		0.006 6	431	23.81	3.66	4.89	2 644	15

表 B.4(续)

序号	规格尺寸 $l_a \times l_b$ (mm)	承载力 P_0 (kN)	剪切模量 G (MPa)	支座总高 h (mm)	设计位移 X_0 (mm)	容许位移 X_1 (mm)	极限位移 X_2 (mm)	单层橡胶厚度 t_r (mm)	加劲钢板厚度 t_s (mm)	封层钢板厚度 t (mm)	预埋钢板厚度 t_1 (mm)	预埋钢板纵向尺寸 A (mm)	预埋钢板横向尺寸 B (mm)	支座钢板纵向尺寸 C (mm)	支座钢板横向尺寸 D (mm)	设计容许转角 θ (rad)	水平屈服力 Q_y (kN)	初始水平刚度 K_1 (kN/mm)	屈服后水平刚度 K_2 (kN/mm)	水平等效刚度 K_h (kN/mm)	竖向压缩刚度 K_v (kN/mm)	等效阻尼比 ξ (%)
40	920×920	9 705	0.8	262	162	324	486	18	5	30	30	980	980	1 280	980	0.007 7	287	11.02	3.15	3.99	2 167	12
			1.0	285	180	360	540							1 330		0.006 8	358	12.40	3.54	4.49	2 438	12
			1.2	308	198	396	594							1 360		0.006 2	432	23.86	3.67	4.90	2 660	15

ICS 93.040
P 28
备案号：

中华人民共和国交通运输行业标准

JT/T 843—2012

公路桥梁弹塑性钢减震支座

Elastic – plastic steel damping bearings for highway bridges

2012-09-26 发布　　　　　　　　　　　　2013-02-01 实施

中华人民共和国交通运输部 发布

JT/T 843—2012

目　次

前言
引言
1　范围
2　规范性引用文件
3　术语、定义和符号
4　分类、型号及结构形式
5　技术要求
6　试验方法
7　检验规则
8　标志、包装、运输和储存
附录A（规范性附录）　弹塑性钢阻尼元件试验方法
附录B（规范性附录）　保险销和连接销剪切性能试验方法
附录C（规范性附录）　弹塑性钢减震支座阻尼特性试验方法

前　言

本标准按照 GB/T 1.1—2009 给出的规则起草。

本标准由中国公路学会桥梁和结构工程分会提出并归口。

本标准主编单位：中交第一公路勘察设计研究院有限公司。

本标准参编单位：西安中交土木科技有限公司、广州大学工程抗震研究中心、株洲时代新材料科技股份有限公司、成都市新筑路桥机械股份有限公司、衡水宝力工程橡胶有限公司、中铁大桥勘测设计院集团有限公司、中交公路规划设计院有限公司、衡水市橡胶总厂有限公司、丰泽工程橡胶科技开发股份有限公司、长安大学、陕西鸿博百川工程材料有限公司。

本标准主要起草人：刘士林、葛胜锦、吴明先、张敏、孟凡超、彭泽友、王伟、谭平、冯云成、潘长平、陈彦北、夏玉龙、陈广进、赵东来、张培基、翟敏刚、赵国辉、刘军、周亮、李建军。

引 言

公路桥梁弹塑性钢减震支座具有结构合理、外观简洁、技术性能稳定、阻尼效果显著、高耐候、长寿命、维护成本低等特点,有着良好的推广应用前景。为进一步规范公路桥梁弹塑性钢减震支座的技术质量要求,促进产品标准化、系列化和产业化,特制定本标准。

本标准的发布机构提请注意,声明符合本标准时,可能涉及"4.3 弹塑性钢减震支座结构形式"相关的专利的使用。

本标准的发布机构对于专利的真实性、有效性和范围无任何立场。

该专利持有人已向本标准的发布机构保证,他愿意同任何申请人在合理且无歧视的条款和条件下,就专利授权许可进行谈判。该专利持有人的声明已在本标准的发布机构备案。相关信息可以通过以下联系方式获得:

专利持有人姓名:中交第一公路勘察设计研究院有限公司

地址:陕西省西安市高新区科技二路63号

邮编:710075

请注意除上述专利外,本标准的某些内容仍可能涉及专利。本标准的发布机构不承担识别这些专利的责任。

JT/T 843—2012

公路桥梁弹塑性钢减震支座

1 范围

本标准规定了公路桥梁弹塑性钢减震支座的产品分类、型号、结构形式、技术要求、试验方法、检验规则、标志、包装、运输和储存等。

本标准适用于支座承载力为 2 000kN ~ 60 000kN 的弹塑性钢减震支座,适用于公路桥梁及市政、铁路桥梁工程。

2 规范性引用文件

下列文件对于本文件的应用是必不可少的。凡是注日期的引用文件,仅注日期的版本适用于本文件。凡是不注日期的引用文件,其最新版本(包括所有的修改单)适用于本文件。

GB/T 700　　　　　碳素结构钢
GB/T 1184　　　　 形状和位置公差　未注公差值
GB/T 1591　　　　 低合金高强度结构钢
GB/T 1800.1　　　 产品几何技术规范(GPS)　极限与配合　第 1 部分:公差、偏差和配合的基础
GB/T 1804　　　　 一般公差　未注公差的线性和角度尺寸的公差
GB/T 3077　　　　 合金结构钢
GB/T 4171　　　　 耐候结构钢
GB/T 17955—2009　桥梁球型支座
JT/T 391—2009　　公路桥梁盆式支座
JT/T 722　　　　　公路桥梁钢结构防腐涂装技术条件

3 术语、定义和符号

3.1 术语和定义

下列术语和定义适用于本文件。

3.1.1
弹塑性钢减震支座 elastic-plastic steel damping bearings
利用弹塑性钢阻尼元件的塑性性能吸收和耗散地震能量的减震支座。

3.1.2
初始水平刚度 horizontal stiffness before yielding
在滞回曲线(荷载—位移)中,屈服点前的直线斜率。

3.1.3
屈服后水平刚度 horizontal stiffness after yielding
在滞回曲线(荷载—位移)中,屈服点后的直线斜率。

3.1.4
水平等效刚度 horizontal equivalent stiffness

在滞回曲线(荷载—位移)中,连接最高峰值点与最低峰值点之间的直线斜率。

3.1.5

等效阻尼比 equivalent damping ratio

一个荷载循环所吸收的能量与弹性变形能之比,即 $\xi = W_d/(2\pi W)$。

3.1.6

阻尼间隙 damping gap

在支座水平滞回位移中仅有摩擦阻尼时的位移区间(弹塑性钢阻尼元件不工作的空隙)。

3.1.7

阻尼元件 damping component

支座用于吸收和耗散地震能量的弹塑性钢零件。

3.1.8

连接销 connecting pin

连接阻尼元件和支座本体的销状零件。

3.1.9

保险销 fuse pin

连接阻尼元件或挡块等其他部件的销状零件(超过设计剪力时允许剪断)。

3.2 符号

下列符号适用于本文件。

D_g——阻尼间隙(或滑移位移),单位为毫米(mm);

F——阻尼力,单位为千牛(kN);

F_d——设计阻尼力,单位为千牛(kN);

F_v——支座竖向承载力,单位为千牛(kN);

F_y——屈服时的阻尼力,单位为千牛(kN);

F_{0y}——支座起滑力,单位为千牛(kN);

f——摩擦力,单位为千牛(kN);

K_h——水平等效刚度,单位为千牛每毫米(kN/mm);

K_{0h}——摩擦对应的等效刚度,单位为千牛每毫米(kN/mm);

K_{1h}——阻尼元件对应的等效刚度,单位为千牛每毫米(kN/mm);

K_0——滑移前水平刚度,单位为千牛每毫米(kN/mm);

K_1——初始水平刚度,单位为千牛每毫米(kN/mm);

K_2——屈服后水平刚度,单位为千牛每毫米(kN/mm);

S——阻尼位移量,单位为毫米(mm);

S_d——设计阻尼位移,单位为毫米(mm);

S_y——屈服位移,单位为毫米(mm);

S_{0d}——滑动位移,单位为毫米(mm);

S_{0y}——滑移前位移,单位为毫米(mm);

W——一个荷载循环对应的弹性应变能;

W_d——滞回曲线包络面积(一个荷载循环所吸收的能量);

μ——摩擦系数;

ξ——等效阻尼比,单位为百分比(%)。

4 分类、型号及结构形式

4.1 分类

4.1.1 按使用性能分为：
a) 固定支座——具有竖向承载、竖向转动性能，代号为：GD；
b) 横向活动支座——具有竖向承载、竖向转动和横向滑移性能，代号为：HX；
c) 纵向活动支座——具有竖向承载、竖向转动和纵向滑移性能，代号为：ZX；
d) 双向活动支座——具有竖向承载、竖向转动和双向滑移性能，代号为：SX。

4.1.2 按支座本体结构形式分为：
a) 盆式支座——具有普通盆式支座的所有功能，代号为：PZ；
b) 球型支座——具有普通球型支座的所有功能，代号为：QZ。

4.1.3 按支座阻尼元件外观分为：
a) C型钢支座——阻尼元件结构形式"C"型，代号为：C；
b) E型钢支座——阻尼元件结构形式"E"型，代号为：E；
c) ND非线性阻尼辐支座——阻尼元件采用非线性结构形式，代号为：ND。

注：支座用阻尼元件也可采用其他结构形式。

4.1.4 按适用温度范围分为：
a) 常温型支座——适用温度范围：-25℃ ~ +60℃；
b) 耐寒型支座——适用温度范围：-40℃ ~ +60℃。

4.2 型号

支座型号表示方法如下：

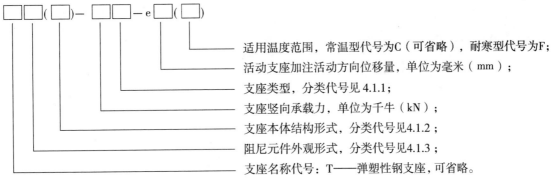

- 适用温度范围，常温型代号为C（可省略），耐寒型代号为F；
- 活动支座加注活动方向位移量，单位为毫米（mm）；
- 支座类型，分类代号见4.1.1；
- 支座竖向承载力，单位为千牛（kN）；
- 支座本体结构形式，分类代号见4.1.2；
- 阻尼元件外观形式，分类代号见4.1.3；
- 支座名称代号：T——弹塑性钢支座，可省略。

示例1：
设计竖向承载力为15 000kN，纵桥向位移为±100mm，阻尼元件为C型，双向活动耐寒型弹塑性钢减震盆式支座的型号表示为：TC(PZ)-15000SX-e100(F)，可简称为：CPZ-15000SX-e100(F)。

示例2：
设计竖向承载力为15 000kN，阻尼元件为ND非线性阻尼辐型，固定耐寒型弹塑性钢减震盆式支座的型号表示为：TND(PZ)-15000GD(F)，可简称为：NDPZ-15000GD(F)。

示例3：
设计竖向承载力为20 000kN，纵桥向位移为±150mm，阻尼元件为E型，纵向活动常温型弹塑性钢减震球型支座的型号表示为：TE(QZ)-20000ZX-e150(C)，可简称为：EQZ-20000ZX-e150。

示例4：
设计竖向承载力为20 000kN，纵桥向位移为±150mm，阻尼元件为ND非线性阻尼辐型，纵向活动常温型弹塑性钢减震球型支座的型号表示为：TND(QZ)-20000ZX-e150(C)，可简称为：NDQZ-20000ZX-e150。

4.3 结构形式

弹塑性钢减震支座的基本结构由支座本体与弹塑性钢阻尼元件组成;支座本体的结构形式为盆式支座或球型支座;弹塑性钢阻尼元件的外观形状可采用 C 型(图1)、E 型(图2)、非线性阻尼辐型(图3、图4)等形状。

弹塑性钢减震支座可根据桥梁减隔震设计的需要,增加特殊装置(元件),如速度锁定装置、位移锁定装置等。

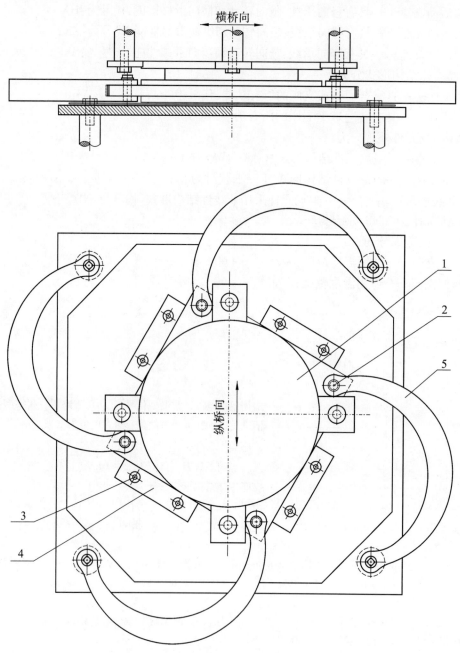

说明:
1——支座本体;　　4——限位导轨;
2——连接销;　　　5——C 型弹塑性钢阻尼元件。
3——保险销;

图1　C 型弹塑性钢减震支座结构示意图(固定型)

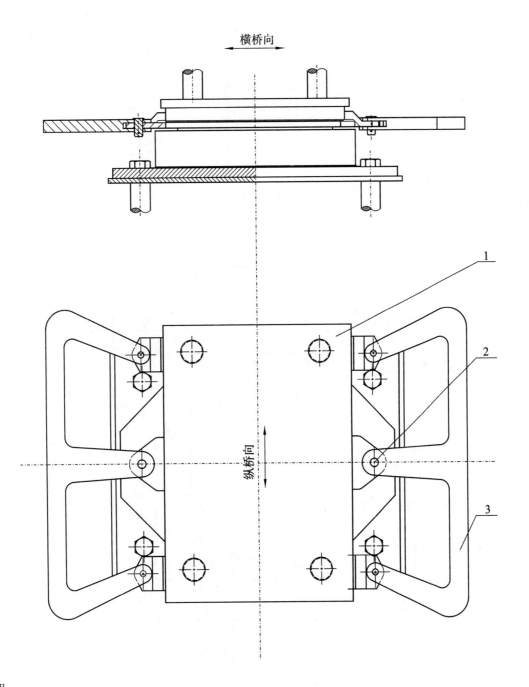

说明:
1——支座本体;
2——连接销;
3——E型弹塑性钢阻尼元件。

图2 E型弹塑性钢减震支座结构示意图(纵向活动型)

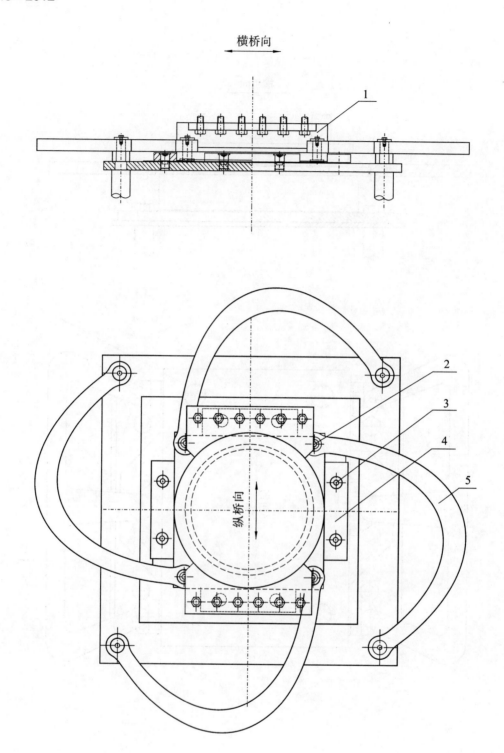

说明：
1——支座本体；　　4——限位导轨；
2——连接销；　　　5——非线性阻尼辐。
3——保险销；

图3　非线性阻尼辐减震支座结构示意图(固定型)

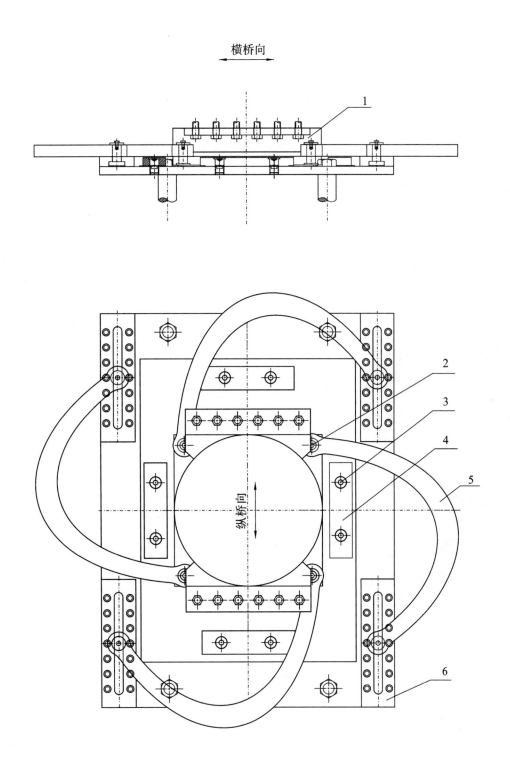

说明：
1——支座本体； 4——限位导轨；
2——连接销； 5——非线性阻尼辐；
3——保险销； 6——功能板。

图 4 非线性阻尼辐减震支座结构示意图（双向活动型）

5 技术要求

5.1 支座性能

5.1.1 竖向承载力

公路桥梁弹塑性钢减震支座的竖向承载力分为29级:2 000,2 500,3 000,3 500,4 000,4 500,5 000,5 500,6 000,7 000,8 000,9 000,10 000,12 500,15 000,17 500,20 000,22 500,25 000,27 500,30 000,32 500,35 000,37 500,40 000,45 000,50 000,55 000,60 000(kN)。

在设计竖向承载力作用下,支座本体结构(盆式支座或球型支座)的力学性能应符合JT/T 391—2009和GB/T 17955—2009的规定。

5.1.2 阻尼性能

5.1.2.1 成品支座阻尼性能

成品支座阻尼性能应符合下列要求:
a) 成品支座阻尼性能应由阻尼元件力学性能、摩擦阻尼性能或其他阻尼性能等效组合;
b) 成品支座的阻尼力、阻尼位移、水平等效刚度、等效阻尼比应符合设计图纸要求,其允许偏差和低温性能偏差应符合表1的规定;
c) 成品支座阻尼比范围为20%~35%。

5.1.2.2 阻尼元件力学性能

阻尼元件力学性能应符合下列要求:
a) 阻尼元件的阻尼力、阻尼位移应符合双线性恢复力模型;
b) 阻尼元件的阻尼力、阻尼位移、水平等效刚度、等效阻尼比应符合设计图纸要求,其允许偏差和低温性能偏差应符合表1的规定;
c) 阻尼元件等效阻尼比范围为25%~45%。

表1 力学性能允许偏差

项 目	允许偏差	低温性能偏差(−40℃)
阻尼力 F(kN)	±15%	—
阻尼位移 S(mm)	±5%	—
水平等效刚度 K_h(kN/mm)	±15%	±40%
等效阻尼比 ξ(%)	±15%	±20%

5.1.2.3 摩擦阻尼性能

摩擦阻尼力不应大于竖向承载力的5%。

5.1.3 水平承载力

5.1.3.1 在设计水平承载力作用下,支座本体结构(盆式支座或球型支座)的力学性能应符合JT/T 391—2009和GB/T 17955—2009的规定。

5.1.3.2 保险销设计水平剪断力允许偏差为设计值的±15%。保险销按疲劳荷载加载,荷载循环次数应大于200万次。

5.1.3.3 连接销水平承载力不应低于3倍设计水平承载力。连接销按疲劳荷载加载,荷载循环次数不应低于11次。

5.1.3.4 支座水平约束方向承受的极限力不应小于该方向1.5倍设计水平承载力。

5.1.4 转角

支座竖向设计转动角度不小于 0.02rad。

支座本体结构(盆式支座或球型支座)的转动性能应符合 JT/T 391—2009 和 GB/T 17955—2009 的规定。

5.1.5 摩擦系数

加 5201 硅脂润滑后支座摩擦系数：
——常温型(-25℃ ~ +60℃)不大于 0.03；
——耐寒型(-40℃ ~ +60℃)不大于 0.05。

5.1.6 位移

纵向和双向活动支座的纵桥向位移量分为五级：±50mm，±100mm，±150mm，±200mm，±250mm。

横向和双向活动支座的横桥向位移量分为三级：±10mm，±30mm，±50mm。

当有特殊需要时,可按实际需要调整位移量,纵桥向级差为 ±50mm,横桥向级差为 ±20mm；支座极限滑动位移量应大于支座设计滑动位移量。

5.2 支座用材料性能

5.2.1 支座用弹塑性钢阻尼元件材料性能应符合下列要求：

a) 支座用弹塑性钢阻尼元件物理机械性能应符合表 2 的规定；

表 2 弹塑性钢阻尼元件物理机械性能

项 目	技 术 指 标
屈服强度 σ_s(MPa)	200 ~ 400
伸长率 δ(%)	≥17%
抗拉强度 σ_b(MPa)	≥$1.5\sigma_s$
冲击功,AkV(纵向,-40℃,J)	≥27

b) 弹塑性钢阻尼元件用钢材的主要化学成分应符合 GB/T 700、GB/T 1591、GB/T 4171 的规定；

c) 弹塑性钢阻尼元件按设计位移 S_d 加载,荷载循环次数不应低于 11 次；阻尼元件开裂长度不应大于开裂处断面尺寸的 1/5,且开裂宽度不应大于 3mm。

5.2.2
连接弹塑性钢阻尼元件与支座本体的连接销或保险销的材料性能不应低于 40Cr 或 42CrMo,工作表面粗糙度 R_a≤1.6μm,材质的化学成分和物理机械性能应符合 GB/T 3077 的规定。

5.2.3
支座本体结构(盆式支座或球型支座)其他材料性能及外观等应符合 JT/T 391—2009 和 GB/T 17955—2009 的规定。

5.3 加工及装配要求

5.3.1
弹塑性钢阻尼元件机加工尺寸公差及配合应符合设计图纸要求；未注公差的线性和角度尺寸公差应按 GB/T 1804 中 m 级的规定进行；形状和位置公差的未注公差应按 GB/T 1184 中 L 级的规定进行。

5.3.2
弹塑性钢阻尼元件宜采用连接销与支座本体连接,连接销加工尺寸偏差应符合设计图纸要求,连接销与相连零部件的配合公差应按 GB/T 1800.1 中 H11/c11 的规定进行。

5.3.3
支座本体水平限位(或其他限位)采用保险销连接方式时,保险销加工尺寸偏差应符合设计图纸要求,保险销与相连零部件的配合公差应按 GB/T 1800.1 中 H9/d9 的规定进行。

5.3.4
支座本体结构(盆式支座或球型支座)各零件加工应符合 JT/T 391—2009 和 GB/T 17955—2009 的规定。

5.3.5
弹塑性钢阻尼元件与支座本体的组装应在工厂完成,支座组装后的高度误差应符合如下要求：

——$F_v < 20\ 000\text{kN}$ 时，允许偏差为 ±2mm；
——$20\ 000\text{kN} \leqslant F_v < 40\ 000\text{kN}$ 时，允许偏差为 ±3mm；
——$F_v \geqslant 40\ 000\text{kN}$ 时，允许偏差为 ±4mm。

5.4 支座防腐与防尘

5.4.1 支座本体结构（盆式支座或球型支座）防腐处理应按 JT/T 722 或设计图纸的要求进行。

5.4.2 支座应设置便于安装、更换及日常维修养护的防尘设施。

6 试验方法

6.1 弹塑性钢阻尼元件

6.1.1 弹塑性钢阻尼元件的力学性能试验应按附录 A 的规定进行。受试验设备能力限制时，阻尼元件的力学性能试验可采用缩尺模型进行。

6.1.2 弹塑性钢阻尼元件低温力学性能试验应按附录 A 的规定，在下列条件下进行：
——试验温度：−40℃ ±3℃；
——试验时间：试样应置于试验温度条件下 2h 以上方可做试验。

若受试验条件限制，应在低温下取出后 30min 以内完成试验。

6.2 保险销和连接销

弹塑性钢减震支座保险销和连接销的剪切性能试验应按附录 B 的规定进行。

6.3 零部件试验

支座本体结构（盆式支座或球型支座）其他零部件的试验应按 JT/T 391—2009 和 GB/T 17955—2009 的规定进行。

6.4 成品支座

6.4.1 试验样品

成品支座试验应采用实体支座。受试验条件限制时，可选用有代表性小型支座进行相关试验，但选用支座竖向承载力不小于 2 000kN；成品支座阻尼特性试验可采用阻尼元件试验代替。

6.4.2 支座本体试验

盆式支座本体试验应按 JT/T 391—2009 中 6.5 的规定进行；球型支座本体试验应按 GB/T 17955—2009 中 5.2 的规定进行。

6.4.3 阻尼特性试验

成品支座阻尼特性试验应按附录 C 的规定进行。成品支座阻尼特性试验达到要求可不进行阻尼元件阻尼性能试验。

7 检验规则

7.1 检验分类

支座检验分原材料及部件进厂检验、产品出厂检验和型式检验三类。

7.1.1 原材料及部件进厂检验

支座原材料及部件进厂检验为支座加工原料及外协加工件进厂时进行的验收检验。

7.1.2 产品出厂检验

支座出厂时应经检测部门质量控制试验,检验合格后,附合格证书,方可出厂使用。

7.1.3 型式检验

有下列情况之一时,应进行型式检验:

a) 新产品投产时的试制定型检验;
b) 正式生产后,如结构、材料、工艺有较大改变,可能影响产品性能时;
c) 正常生产时,每两年进行一次检验;
d) 产品停产两年后,恢复生产时;
e) 出厂检验结果与上次型式检验有较大差异时;
f) 国家质量监督机构或用户提出进行型式检验要求时。

7.2 检验项目及检验周期

7.2.1 支座本体结构(盆式支座或球型支座)原材料及部件进厂检验项目及检验周期应按 JT/T 391—2009 和 GB/T 17955—2009 的规定进行,其他原材料及部件进厂检验项目及检验周期应符合表3的规定。

表3 支座原材料及部件进厂检验项目及检验周期

检验项目		技术要求	试验方法	检验频次
阻尼元件	物理机械性能	5.2.1	GB/T 700、GB/T 1591、GB/T 4171	每批
	化学性能	5.2.1		
连接销或保险销	物理机械性能	5.2.2	GB/T 3077	
	化学性能	5.2.2		

7.2.2 弹塑性钢盆式支座和球型支座本体出厂检验项目及检验周期应按 JT/T 391—2009 和 GB/T 17955—2009 的规定进行,其他出厂检验项目及检验周期应符合表4的规定。

表4 支座出厂检验项目及检验周期

检验项目		技术要求	试验方法	检验频次
阻尼元件	尺寸要求	设计图纸	5.3.1	每件
	阻尼性能	5.1.2.2	6.1	支座总数的1%
连接销或保险销	尺寸要求	设计图纸	5.3.2	每件
	水平剪切性能	5.1.3	6.2	零件总数的1%
组装后支座	支座外观、高度偏差、配合精度等	5.3	5.3	每个支座
防腐涂装	涂层质量、厚度	5.4	5.4	每个支座

7.2.3 弹塑性钢盆式支座和球型支座型式检验项目及检验周期应符合表5的规定,其他型式检验项目及检验周期应按 JT/T 391—2009 和 GB/T 17955—2009 的规定进行。

表5 支座型式检验项目及检验周期

检验项目		技术要求	试验方法	检验频次
支座及材料	支座原材料及部件性能	7.2.1	7.2.1	支座总数的1%
	支座出厂检验项目	7.2.2	7.2.2	支座总数的1%
	连接销或保险销疲劳性能	5.1.3	6.2	批量生产前
	弹塑钢阻尼元件疲劳性能	5.2.1	6.1.1	批量生产前
	弹塑钢阻尼元件低温性能	5.1.2.2	6.1.2	批量生产前
成品支座	竖向承载力	5.1.1	6.4.2	支座总数的1%
	摩擦性能	5.1.5	6.4.2	
	转动性能	5.1.4	6.4.2	
	阻尼特性	5.1.2.1	6.4.3	批量生产前

7.3 检验结果判定

7.3.1 原材料检验
检验结果不符合5.2要求的原材料及外购件不应使用。

7.3.2 出厂检验
支座成品在出厂检验中,若有一项不合格,则应从该批产品中随机再取2倍的支座对不合格项进行复检,若仍有一项不合格时,则判定该批产品不合格。

7.3.3 型式检验
型式检验采用随机抽样方式进行。型式检验项目全部合格,则该批产品为合格。当检验项目中有不合格项,应取2倍试样对不合格项进行复检,复检后仍有不合格,则该批产品为不合格。

8 标志、包装、运输和储存

8.1 标志

8.1.1 支座本体和预埋组件安装时,应在醒目位置设置"横桥向"标识和方向指示箭头,且应保证其准确性。

8.1.2 每个支座应在显著位置设置铭牌等标志,其内容包括:生产厂家、技术来源、产品名称、规格型号、主要技术指标(竖向承载力、纵横向位移、阻尼特性、适用温度等)、出厂编号和出厂日期等。

8.2 包装

每个支座应有成品包装,包装应牢固可靠。包装外面应注明生产厂家、产品名称、规格和制造日期,并附产品合格证、质量检验单。

8.3 运输和储存

支座在储存、运输过程中,应避免阳光直接曝晒、雨雪浸淋,并保持清洁;严禁与酸、碱、油类、有机溶剂等影响支座质量的物质接触,并距热源5m以外,且不能与地面直接接触。

附 录 A
（规范性附录）
弹塑性钢阻尼元件试验方法

A.1 试样和数量

A.1.1 试样
试验时根据弹塑性钢阻尼元件类型不同，每组试样数量不同，每组成对组装。
试验用弹塑性钢阻尼元件材质应符合本标准要求，相关连接部件及外形尺寸应符合设计要求。

A.1.2 试样数量
试样数量为三组，取三组试样试验结果平均值为该批试样试验结果。
疲劳性能试验试样数量为一组。

A.2 试验条件

A.2.1 试验温度
试验室标准温度为23℃±3℃，试验前将试样直接放置在标准温度下，停放24h。

A.2.2 试验要求
试验应符合下列要求：
a) 测试精度：±1.0%；
b) 阻尼元件阻尼力、阻尼位移应符合图A.1所示双线性恢复力模型。

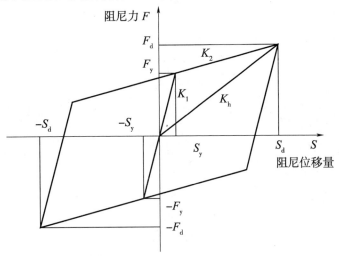

图 A.1 阻尼元件双线性恢复力模型

A.2.3 标准位移—荷载试验
标准位移—荷载试验是测试弹塑性钢阻尼元件在设计位移条件下阻尼力 F 与位移 S 之间变化关系。该试验应按以下步骤进行，并记录相关数据：
—— ±0.25S_d，五次循环；
—— ±0.50S_d，五次循环；
—— ±1.00S_d，五次循环。

A.2.4 超载位移—荷载试验
超载位移—荷载试验是测试弹塑性钢阻尼元件在超出设计位移条件下的承载力。该试验加载位移按±1.20S_d（一次）进行，并记录相关数据。

A.2.5 疲劳荷载试验

疲劳性能试验荷载按 $1.00S_d$ 设计位移持续反复加载,加载频率不应低于 0.01Hz(不宜超过5Hz),循环次数为11次,并记录阻尼元件开裂长度、开裂宽度等相关数据。

A.3 试验装置

试验装置应与阻尼元件在支座上的实际工作状况相吻合。阻尼元件和支座本体之间采用销接,用来施加荷载的销孔可随试验机移动,固定销孔仅可自由转动。

根据不同试验条件制作不同工装,但需与实际阻尼工况相吻合,避免工装本身对测试条件及测试精度造成不利影响。

图 A.2 为 C 型阻尼元件阻尼性能测试试验装置示意图,图 A.3 为 E 型阻尼元件阻尼性能测试试验装置示意图,图 A.4 为非线性阻尼辐阻尼性能测试试验装置示意图。

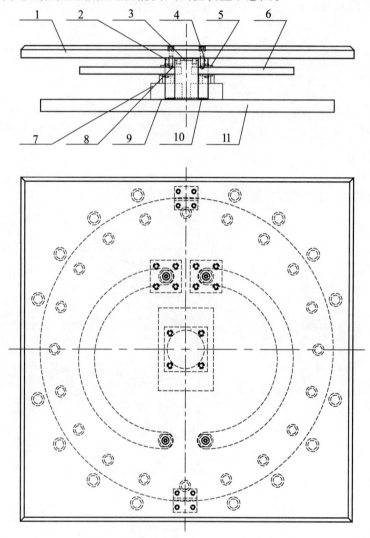

说明:
1——顶板(与试验机相连);
2——滑块;
3——连接板;
4——连接销柱;
5——压板;
6——C 型钢阻尼元件;
7——连接销座;
8——连接螺栓;
9——不锈钢板;
10——滑板;
11——底板(与试验机相连)。

图 A.2 C 型阻尼元件阻尼性能测试试验装置示意图

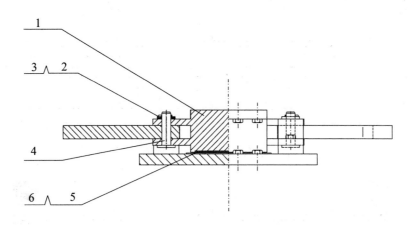

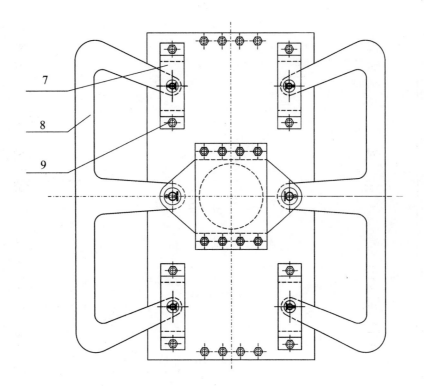

说明：
1——连接滑块（与试验机相连）；
2——开口销；
3——压板；
4——连接销；
5——滑板；
6——不锈钢板；
7——固定块；
8——E型钢阻尼元件；
9——连接螺栓。

图 A.3　E 型阻尼元件阻尼性能测试试验装置示意图

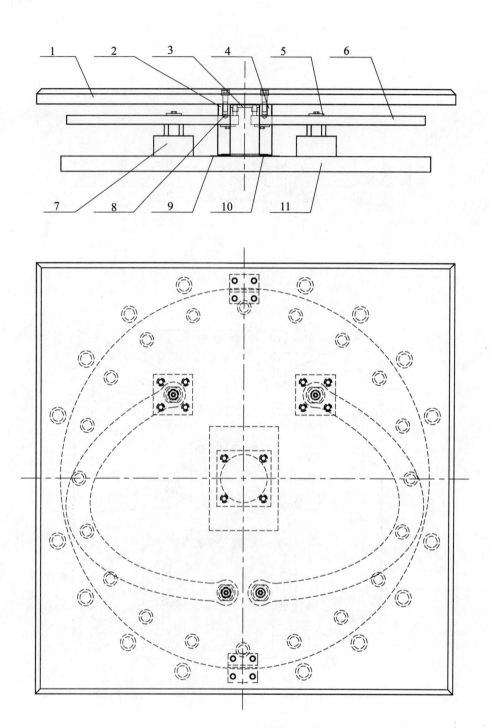

说明：
1——顶板（与试验机相连）；
2——滑块；
3——连接板；
4——连接销柱；
5——压板；
6——非线性阻尼辐；
7——连接销座；
8——连接螺栓；
9——不锈钢板；
10——滑板；
11——底板（与试验机相连）。

图 A.4 非线性阻尼辐阻尼性能测试试验装置示意图

A.4 试验方法

水平荷载加载采用位移控制,按正弦波循环加载,平均速度为2mm/s。

A.5 试验报告

A.5.1 试验结果鉴别

测试结果应同时符合以下要求,试样方被认为合格：

a) 直至测试结束,弹塑性钢阻尼元件未断裂；
b) 从第三个循环开始记录 S 对应的荷载值 F,最大值变化不应超过15%设计值,平均值不应超过10%设计值,并以第三次记录的 K、ξ 试验计算值为测试值；
c) 第三个循环记录 ξ 测试值和其他循环(除第一个循环)测试值变化率不应超过10%；
d) 疲劳荷载试验循环次数不应低于5.2.1要求,试验样品裂口符合要求。

A.5.2 试验结果应包含内容

标准位移—荷载试验及超载位移—荷载试验结果应包含以下内容：

a) 基本参数测试结果按表A.1填写；

表 A.1 阻尼元件性能测试项目参数表

试验项目	F(kN)	S(mm)	K(kN/mm)	ξ(%)
设计值				
测试值				
最大误差(%)				
平均值误差(%)				

b) 阻尼元件荷载—位移图；
c) 阻尼元件等效双线性曲线；

注：该曲线应扣除试验装置滑动摩擦影响。

d) 描述试验过程概况,重点记录试验过程中出现的异常现象；
e) 记录阻尼元件疲劳荷载循环次数；
f) 试验后试件损伤状态分析。

A.5.3 试验报告

试验报告应包括以下内容：

a) 试验装置及试验概况：试验设备、试验荷载、试验室温度,试样规格及形式等；
b) A.5.2所包含的所有试验结果；
c) 试验结论；
d) 试样安装过程及试验过程照片等附件。

附 录 B
（规范性附录）
保险销和连接销剪切性能试验方法

B.1 试样和数量

B.1.1 试样
被测试件需按足尺试样,设计专用试验装置模拟保险销或连接销在支座中的安装使用情况。

B.1.2 试样数量
剪断力试验试件数量为三组,取三组试件试验结果平均值为该批试件试验结果。
疲劳性能试验试件数量为一组。

B.2 试验条件

B.2.1 试验温度
试验室标准温度为23℃±3℃,试验前将试样直接放置在标准温度下,停放24h。

B.2.2 试验要求
测试精度：±1.0%。

B.2.3 剪断力试验
测试保险销（带缺口销轴）的剪断荷载或连接销的最小承受荷载。

B.2.4 疲劳性能测试
测试保险销（带缺口销轴）或连接销受一固定大小剪切荷载时的疲劳性能。

B.3 试验装置
设计专用试验装置模拟保险销或连接销在支座中的安装使用情况,在专用试验装置上安装保险销或连接销,图B.1为保险销剪切性能试验装置示意图。装配时保险销的缺口应与剪切面保持平齐。

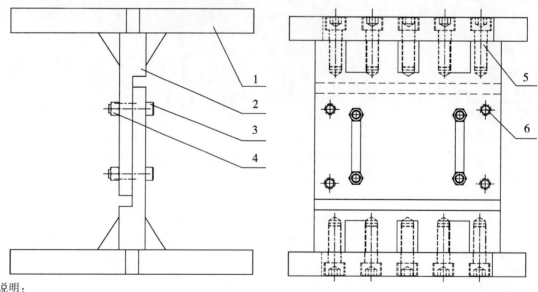

说明：
1——连接板；   4——螺母；
2——剪切板；   5——连接螺栓；
3——导向螺栓； 6——保险销/连接销装配孔。

图 B.1 保险销剪切性能试验装置示意图

根据不同试验条件制作不同工装,但应与实际工况相吻合,避免工装本身对测试条件及测试精度造成不利影响。

B.4 试验方法

在剪断力试验中连续加载,直到保险销全部剪断为止,记录保险销剪断时最大荷载;连接销则是连续加载至最小承受荷载,并保持至少1min,然后卸载至设计荷载的5%,反复三次。

疲劳性能试验荷载按正弦波加载,峰值为设计疲劳荷载,加载频率:1Hz(试验工作人员可根据情况适当调整,但不宜超过5Hz),持续加载,直到保险销或连接销全部剪断为止(加载次数超过设计疲劳次数时可停止加载),记录保险销或连接销剪断时荷载循环次数。

疲劳性能试验中,按照设计荷载加载,保险销荷载循环次数 N 应大于200万次,连接销荷载循环次数不应低于11次。

B.5 试验报告

试验报告应包括以下内容:
a) 试件概况描述:试验保险销或连接销形式及规格;
b) 试验装置及试验概况:试验装置、试验设备、试验荷载、试验室温度等;
c) 描述试验过程概况,重点记录试验过程中出现的异常现象;
d) 试验结论;
e) 试样安装过程及试验过程照片等附件。

附 录 C
（规范性附录）
弹塑性钢减震支座阻尼特性试验方法

C.1 试样

试验时根据弹塑性钢阻尼元件类型的不同，每组试样阻尼元件数量不同，每组成对组装。支座用材料应符合 5.2 要求，相关部件及外形尺寸应符合设计要求。

C.2 试验条件

C.2.1 试验温度

试验室标准温度为 23℃±3℃，试验前将试样直接放置在标准温度下 24h。

C.2.2 试验要求

试验应符合下列要求：

a) 测试精度：±1.0%；
b) 成品支座阻尼特性模型可按图 C.1（无阻尼间隙）、图 C.2（有阻尼间隙）模拟；

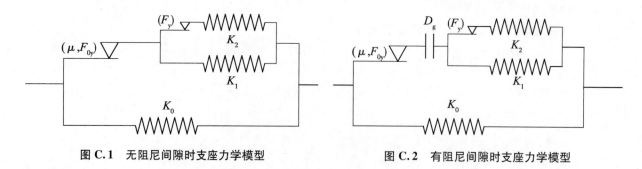

图 C.1 无阻尼间隙时支座力学模型　　　　图 C.2 有阻尼间隙时支座力学模型

c) 成品支座阻尼特性模型可分解为阻尼元件双线性恢复力模型（见图 C.3）、摩擦双线性恢复力模型（见图 C.4）和阻尼间隙（D_g）。图 C.5 为上述三种模型组合的多段弹塑性恢复力模型。

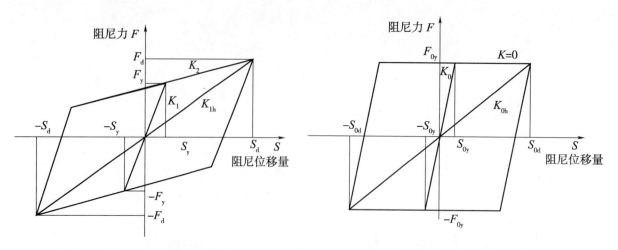

图 C.3 阻尼元件双线性恢复力模型　　　　图 C.4 摩擦双线性恢复力模型

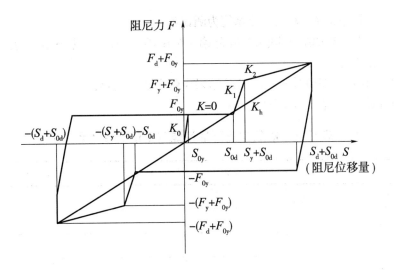

图 C.5 多段弹塑性恢复力模型

C.2.3 标准位移—荷载试验

标准位移—荷载试验是测试支座在设计位移条件下阻尼力 F 与位移 S 之间变化关系。该试验应按以下步骤进行，并记录相关数据：

—— $\pm 0.25 S_d$，五次循环；
—— $\pm 0.50 S_d$，五次循环；
—— $\pm 1.00 S_d$，五次循环。

C.2.4 超载位移—荷载试验

超载位移—荷载试验是测试支座在超出设计位移条件下的承载力。该试验加载位移按 $\pm 1.20 S_d$（一次）进行，并记录相关数据。

C.3 试验装置

试验中，将上支座板组件与试验机加载系统采用螺栓连接，并将下支座板固定。阻尼元件和支座本体之间采用销接，用来施加荷载的销孔可随试验机移动，固定销孔仅可自由转动。

若采用阻尼元件代替成品支座，试验装置应与阻尼元件在支座上的实际工况相同，见附录 A。

C.4 试验方法

C.4.1 加载方法

水平荷载加载采用位移控制，按正弦波循环加载，平均速度为 2mm/s。

C.4.2 试验步骤

试验时先将支座竖向承载力以连续均匀速度加至 30% 设计承载力进行预压，保持 10min，加载至 70% 设计承载力，在整个试验过程中保持不变，再通过试验平台施加水平荷载，由试验机的加载和测试系统测出此时水平力和对应位移值；绘制力和位移曲线。

C.5 试验报告

C.5.1 试验结果鉴别

测试结果应同时符合以下要求，试样方被认为合格：
a) 直至测试结束，弹塑性钢阻尼元件未断裂；
b) 荷载位移曲线随位移增加应是连续的；
c) 从第三个循环开始记录 S 对应的荷载值 F，最大值变化不应超过 15% 设计值，平均值不应超过

10%设计值,并以第三次记录的K、ξ试验计算值为测试值;

  d) 第三个循环记录ξ测试值和其他循环(除第一个循环)测试值变化率不应超过10%。

C.5.2 试验结果应包含内容

标准位移—荷载试验和超载位移—荷载试验结果应包含如下内容:

a) 基本参数测试结果按表C.1填写;

表 C.1 成品支座阻尼性能测试项目参数表

测试项目	F(kN)	S(mm)	K(kN/mm)	ξ(%)
设计值				
测试值				
最大误差(%)				
平均值误差(%)				

b) 支座荷载—位移图;
c) 支座等效双线性曲线;
d) 描述试验过程概况,重点记录试验过程中出现的异常现象;
e) 试验后试样损伤状态分析。

C.5.3 试验报告

试验报告应包括以下内容:

a) 试验装置及试验概况:试验设备、试验荷载、试验室温度,试样规格及形式等;
b) C.5.2所包含的所有试验结果;
c) 试验结论;
d) 试样安装过程及试验过程照片等附件。

ICS 93.040;77.140.65
P 28
备案号:

中华人民共和国交通运输行业标准

JT/T 850—2013

挤压锚固钢绞线拉索

Strand cable with swaging anchorage

2013-04-07 发布　　　　　　　　　　　　　2013-05-01 实施

中华人民共和国交通运输部 发布

JT/T 850—2013

目　次

前言
1　范围
2　规范性引用文件
3　术语、定义和符号
4　结构与型号
5　技术要求
6　试验方法
7　检验规则
8　标志、包装、运输、储存
附录 A（资料性附录）　索体截面排列
附录 B（资料性附录）　锚具主要技术参数
附录 C（资料性附录）　挤压拉索主要技术参数

前 言

本标准按照 GB/T 1.1—2009 给出的规则起草。

本标准由中国公路学会桥梁和结构工程分会提出并归口。

本标准起草单位：柳州欧维姆机械股份有限公司、四川省交通运输厅公路规划勘察设计研究院、中交公路规划设计院有限公司。

本标准主要起草人：朱万旭、龙跃、黄颖、方中予、陈小莲、庄卫林、杨帆、周丹丹、储彤、王秀伟、赵薇、王尧、魏巍巍、牟晓光、张新越、李雪。

JT/T 850—2013

挤压锚固钢绞线拉索

1 范围

本标准规定了挤压锚固钢绞线拉索(以下简称挤压拉索)的结构与型号、技术要求、试验方法、检验规则、标志、包装、运输与储存。

本标准适用于斜拉桥拉索和拱桥吊杆,岩锚拉索和建筑结构用拉索可参照使用。

2 规范性引用文件

下列文件对于本文件的应用是必不可少的。凡是注日期的引用文件,仅注日期的版本适用于本文件。凡是不注日期的引用文件,其最新版本(包括所有的修改单)适用于本文件。

GB/T 196	普通螺纹 基本尺寸
GB/T 197	普通螺纹 公差
GB/T 230.1	金属洛氏硬度试验 第1部分:试验方法(A、B、C、D、E、F、G、H、K、N、T标尺)
GB/T 231.1	金属布氏硬度试验 第1部分:试验方法
GB/T 528	硫化橡胶或热塑性橡胶 拉伸应力应变性能的测定
GB/T 699	优质碳素结构钢
GB/T 700	碳素结构钢
GB/T 1804	一般公差 未注公差的线性和角度尺寸的公差
GB/T 2951.11	电缆和光缆绝缘和护套材料通用试验方法 第11部分:通用试验方法 厚度和外形尺寸测量 机械性能试验
GB/T 3077	合金结构钢
GB/T 3512	硫化橡胶或热塑性橡胶 热空气加速老化和耐热试验
GB/T 4162	锻轧钢棒超声检测方法
GB/T 4929	润滑脂滴点测定法
GB/T 4985	石油蜡针入度测定法
GB/T 5224	预应力混凝土用钢绞线
GB/T 5796	梯形螺纹(所有部分)
GB/T 6031	硫化橡胶或热塑性橡胶硬度的测定(10~100IRHD)
GB/T 9799	金属覆盖层 钢铁上的锌电镀层
GB/T 10125	人造气氛腐蚀试验 盐雾试验
GB/T 14370	预应力筋用锚具、夹具和连接器
GB/T 16924	钢件的淬火与回火
GB/T 18365—2001	斜拉桥热挤聚乙烯高强钢丝拉索技术条件
GB/T 25823	单丝涂覆环氧涂层预应力钢绞线
CJ/T 297	桥梁缆索用高密度聚乙烯护套料
JB/T 4730.4	承压设备无损检测 第4部分:磁粉检测
JB/T 5000.8	重型机械通用技术条件 第8部分:锻件
JB/T 5000.9	重型机械通用技术条件 第9部分:切削加工件

JG 161	无粘结预应力钢绞线
JG 3007	无粘结预应力筋专用防腐润滑脂
JT/T 722	公路桥梁钢结构防腐涂装技术条件
SH/T 0324	润滑脂钢网分油测定法(静态法)
YB/T 152	高强度低松弛预应力热镀锌钢绞线

3 术语、定义和符号

3.1 术语和定义

下列术语和定义适用于本文件。

3.1.1

挤压锚固钢绞线拉索 strand cable with swaging anchorage

索体两端通过挤压方式与锚具固结而组成的拉索组件,拉索组件固定于结构中,承受结构静、动力荷载。挤压锚固钢绞线拉索包括锚具、防腐钢绞线、高密度聚乙烯外层 HDPE 护套等。

3.1.2

锚具 anchorage

通过挤压变形锚固钢绞线的部件。

3.1.3

单根防腐钢绞线 anti-corrosion monostrand

用防腐润滑脂和 PE 护套涂包的钢绞线。

3.2 符号

下列符号适用于本文件。

A_{pk}——单根钢绞线截面面积,单位为平方毫米(mm^2);

f_{ptk}——钢绞线抗拉强度标准值,单位为兆帕(MPa);

f_{pm}——试验所用钢绞线(截面以 A_{pk} 计)的实测极限抗拉强度平均值;

η_a——锚具组装件静载试验测得的锚具效率系数;

ε_{apu}——锚具组装件达到实测极限拉力时钢绞线的总应变。

4 结构与型号

4.1 挤压拉索结构

挤压拉索结构见图1。

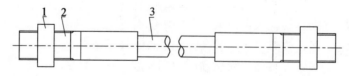

说明:
1——螺母;
2——锚具组件;
3——索体。

图1 挤压拉索结构示意图

4.2 挤压拉索索体结构

挤压拉索索体由相应根数的单根防腐钢绞线经扭绞后缠包高强聚酯带,热挤外层HDPE护套。断面结构见图2,钢绞线断面排列参见附录A。

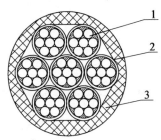

说明:
1——单根防腐钢绞线;
2——高强聚酯带;
3——外层HDPE护套。

图2　挤压拉索索体结构图

4.3 挤压拉索型号表示方法

挤压拉索型号表示方法如下:

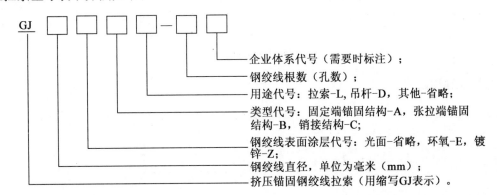

企业体系代号(需要时标注);
钢绞线根数(孔数);
用途代号:拉索-L,吊杆-D,其他-省略;
类型代号:固定端锚固结构-A,张拉端锚固结构-B,销接结构-C;
钢绞线表面涂层代号:光面-省略,环氧-E,镀锌-Z;
钢绞线直径,单位为毫米(mm);
挤压锚固钢绞线拉索(用缩写GJ表示)。

示例1:
37根φ15.2mm环氧喷涂钢绞线索体,采用固定端锚固结构(A型),用于拉索的挤压拉索标记为:GJ15EAL—37。

示例2:
19根φ15.2mm光面钢绞线索体,采用张拉端锚固结构(B型),用于吊杆的挤压拉索标记为:GJ15BD—19。

4.4 锚具组件结构

锚具组件由挤压锚固套、防腐材料、密封装置、螺母等组成,见图3。

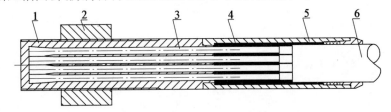

说明:
1——挤压锚固套;　　4——防腐材料;
2——螺母;　　　　　5——密封装置;
3——单根防腐钢绞线;　6——索体。

图3　锚具结构图

4.5 锚固结构

4.5.1 固定端锚固结构

固定端锚固结构(A型)包括锚具组件、螺母、球形垫板、减振体、防水装置、索体,见图4。

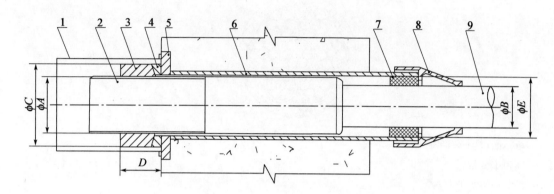

说明:
1——保护罩;
2——拉索锚具;
3——螺母;
4——球形垫板;
5——预埋垫板;
6——预埋管;
7——减振体;
8——防水装置;
9——索体。

图4 固定端锚固结构(A型)

4.5.2 张拉端锚固结构

张拉端锚固结构(B型)包括锚具组件、螺母、球形垫板、减振体、防水装置、索体,见图5。

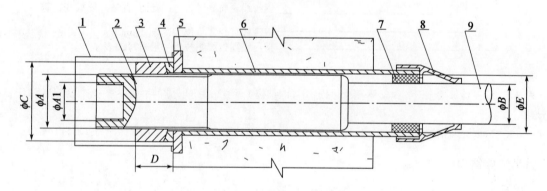

说明:
1——保护罩;
2——拉索锚具;
3——螺母;
4——球形垫板;
5——预埋垫板;
6——预埋管;
7——减振体;
8——防水装置;
9——索体。

图5 张拉端锚固结构(B型)

4.5.3 销接结构

销接结构(C型)包括铰销、铰接头、锚具组件和索体,见图6。

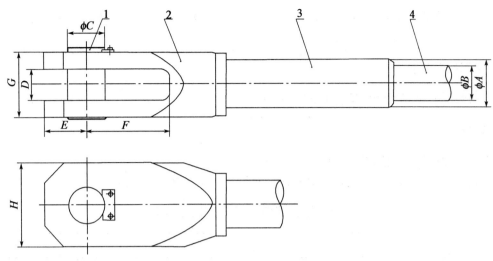

说明：
1——铰销；
2——铰接头；
3——锚具组件；
4——索体。

图6 销接结构（C型）

5 技术要求

5.1 材料

5.1.1 钢绞线

挤压拉索宜采用直径为15.2mm、强度等级为1860MPa的钢绞线。钢绞线应符合GB/T 5224的规定，环氧喷涂钢绞线应符合GB/T 25823的规定，镀锌钢绞线应符合YB/T 152的规定，并应附有质量保证书。

5.1.2 单根防腐钢绞线

单根防腐钢绞线内的防腐材料选择防腐润滑脂或蜡，防腐材料应具有良好的化学稳定性，对周围材料无侵蚀作用。防腐润滑脂性能应符合JG 3007的规定，蜡技术性能应符合表1的规定。

表1 蜡技术性能指标

项 目	性 能 指 标	试 验 方 法
工作温度（℃）	−40~80	—
密度（20℃）（g/cm³）	0.85~0.92	—
石蜡针入度（25℃）（0.1mm）	110~170	GB/T 4985
释油率（7d,40℃）（%）	≤0.5	SH/T 0324
滴点（℃）	≥70	GB/T 4929

5.1.3 锚具组件

挤压锚固套、螺母等主要受力件应选用合金结构钢并应符合GB/T 3077的规定，其他零件材料应符合 GB/T 699 或 GB/T 700 的规定。锻件应符合 JB/T 5000.8 的规定。外购锚具组件应附质量保证书。

5.1.4 外层 HDPE 护套

外层 HDPE 护套材料性能应符合 CJ/T 297 的规定。

5.1.5 减振体

5.1.5.1 挤压拉索采用内置式减振体。

5.1.5.2 减振体材料宜采用丁基橡胶,其物理机械性能应符合表2的规定。

表2 丁基橡胶物理机械性能指标

项 目		性能指标	试验方法
硬度(IRHD)		55±5	GB/T 6031
拉伸强度(MPa)		≥8	GB/T 528
扯断伸长率(%)		≥450	GB/T 528
阻尼比		>0.2	单向压缩法
热空气老化试验 (试验条件 70℃×96h)	拉伸强度变化率(%)	<25	GB/T 3512
	扯断伸长率变化率(%)	<25	

5.2 生产工艺

5.2.1 锚具组件机械加工应符合 JB/T 5000.9 的规定,未注尺寸公差不应低于 GB/T 1804 中 C 级的规定,热处理应符合 GB/T 16924 的规定,超声波检测应按 GB/T 4162 的规定进行,磁粉检测应按 JB/T 4730.4 的规定进行。

5.2.2 梯形螺纹应符合 GB/T 5796 的规定,普通螺纹应符合 GB/T 196 和 GB/T 197 的规定。

5.2.3 锚具所有金属件外露表面应镀覆防腐金属层或进行其他防腐处理。电镀锌后应进行脱氢处理,其试验及评定方法应符合 GB/T 9799、GB/T 10125 的规定。涂装无露底、裂纹、起泡、剥落等现象,应符合 JT/T 722 的规定。

5.2.4 钢绞线防腐润滑脂或蜡涂敷及 PE 护套的制作应通过挤压成型工艺一次完成。防腐润滑脂或蜡沿钢绞线全长均匀涂敷。防腐润滑脂用量为 15g/m～30g/m,蜡用量为 6g/m～14g/m,应将钢绞线外表面和钢绞线周围的缝隙填满,以防止气体及流体沿钢绞线内部缝隙流动。

5.2.5 单根防腐钢绞线 PE 护套应符合 JG 161 的规定,护套厚度为 $1.0_{0}^{+0.2}$ mm,表面无斑痕或机械损伤。

5.2.6 密封装置防腐材料的灌注,应保证填充密实,确保钢绞线不受腐蚀。

5.3 外观、尺寸及硬度

5.3.1 锚具外露表面镀覆层应完好无损。

5.3.2 锚具主要技术参数参见附录B,挤压拉索主要技术参数参见附录C。

5.3.3 挤压拉索长度应符合工程结构设计的要求。

5.3.4 锚具硬度应符合产品要求。

5.4 静载锚固性能

挤压拉索的锚具效率系数(η_a)应不小于0.95,总应变(ε_{apu})应不小于2.0%。

5.5 疲劳性能

挤压拉索疲劳性能应满足上限应力 45% f_{ptk}、应力幅 200MPa、循环次数 200 万次疲劳性能试验，拉索钢绞线断丝率不大于 2%。试验完成后，外层 HDPE 护套、锚具或其他构件不得损坏。疲劳试验后进行静载拉伸，其最小张拉应力不应低于 92% f_{pm} 或 95% f_{ptk}（取两者中的较大值）。

5.6 密封性能

挤压拉索索体与锚具的过渡段应承受 3m 深水压，挤压拉索组件内钢绞线表面无渗水现象。

5.7 超张拉

挤压拉索按设计索力 1.2 倍～1.4 倍进行超张拉，超张拉后钢绞线内缩值不大于 1mm，锚具及螺母的旋合不受影响。

6 试验方法

6.1 外观、尺寸及硬度

6.1.1 锚具、挤压拉索外观用肉眼目测。

6.1.2 索体外径用分度值为 0.02mm 的游标卡尺测量。

6.1.3 挤压拉索长度测量按 GB/T 18365—2001 中 6.3.2 的规定进行。

6.1.4 制索前锚具硬度按 GB/T 230.1、GB/T 231.1 的规定进行试验。

6.2 静载锚固性能

挤压拉索静载锚固性能试验应按 GB/T 14370 的规定进行。

6.3 疲劳性能

6.3.1 挤压拉索疲劳试验应同所有荷载支承附件一起进行试验。

6.3.2 允许以较小规格试验索做模拟试验。试验时索体段长度不小于 3m，根数不少于成品挤压拉索中钢绞线根数的 20%。

6.3.3 挤压拉索组件安装好后，先施加 80% f_{ptk} 静载预拉并持荷 10min，降至应力上限后调节应力幅达到规定值，开始循环疲劳试验，试验频率不超过 8Hz。

6.3.4 疲劳试验后，用同一试件进行静载试验。逐级缓慢加载，直到超过试验挤压拉索所能承受的最大抗拉强度。

6.4 密封性能

将疲劳试验后的试件放入水中，其索体与锚具过渡段应至 3m 深水底，水中加入红色染料静置 96h 后，将挤压拉索吊出，擦干锚具及索体表面的水，将锚具锯开两个至三个典型截面，观察是否有水渗入至外层钢绞线表面。

6.5 挤压拉索护套

挤压拉索外层 HDPE 护套的外径和机械性能试验应按 GB/T 2951.11 的规定进行。

6.6 超张拉

6.6.1 超张拉采用 1.2 倍～1.4 倍设计索力：

——设计索力小于或等于3 000kN时,取1.4倍;
——设计索力大于3 000kN且小于6 000kN时,取1.3倍;
——设计索力大于或等于6 000kN时,取1.2倍。

6.6.2 挤压拉索组件安装好,超张拉力按50kN的倍数取整,分五级加载,观察两端锚具及持荷压力。

6.6.3 超张拉用的张拉设备、仪器仪表均应进行标定,配套使用。

7 检验规则

7.1 检验分类

挤压拉索产品验收检验分为出厂检验、型式检验两类。

7.2 检验项目

7.2.1 出厂检验为生产单位在每批产品出厂前进行的厂内产品质量控制性检验。出厂检验项目应符合表3的规定。

表3 出厂检验项目

序号	检验项目		技术要求	试验方法	抽样数
1	锚具	外观	5.3.1	6.1.1	10%
2		外形尺寸	5.3.2	6.1.2	10%
3		硬度(制索前)	5.3.4	6.1.4	100%
4		磁粉探伤(制索前)	5.2.1	JB/T 4730.4	100%
5		螺纹	5.2.2	测量	100%
6	索体	钢绞线排列	4.2	目测	每根
7		拉索直径	5.3.2	测量	每根
8	挤压拉索	索长	5.3.3	6.1.3	每根
9		超张拉	5.7	6.6	每根

7.2.2 型式检验为对产品全面性能控制的检验,检验项目应符合第5章的全部要求。有下列情况之一时,一般应进行型式检验:

    a) 新产品或老产品转厂生产的试制定型鉴定;
    b) 正式生产后,如结构、材料、工艺有较大改变,可能影响产品性能时;
    c) 正常生产时,每三年至五年进行一次检验;
    d) 产品长期停产后,恢复生产时;
    e) 出厂检验结果与上次型式检验有较大差异时;
    f) 国家质量监督机构提出进行型式检验要求时。

7.3 抽样批次

每批产品的数量是指同一类产品、同一批原材料、同一种工艺、一次投料生产的数量,每批不得超过每一个合同的数量。

8 标志、包装、运输、储存

8.1 标志

8.1.1 每根挤压拉索锚具端面,应标记挤压拉索型号。

8.1.2 每根挤压拉索应有合格标牌并牢固地系于包装层外。合格标牌应注明:挤压拉索型号、长度、重量、制造厂名、工程名称、生产日期等。

8.2 包装

8.2.1 成品挤压拉索可用脱胎成圈或钢盘卷绕成盘两种形式,其盘绕内径不小于20倍拉索直径,且不小于1.8m,盘绕后索体外形不应有明显变形。

8.2.2 成盘时不应对挤压拉索造成损伤,捆扎处应垫胶皮或麻布等物,以防损伤外层HDPE护套。

8.3 运输、储存

8.3.1 在运输和装卸过程中,应小心操作,防止碰伤成品挤压拉索的外层HDPE护套及锚具。

8.3.2 产品宜储存在库房中,露天储存应加遮盖,避免机械损伤和散失。

附 录 A
（资料性附录）
索体截面排列

挤压拉索索体截面排列见表 A.1。

表 A.1 索体截面排列

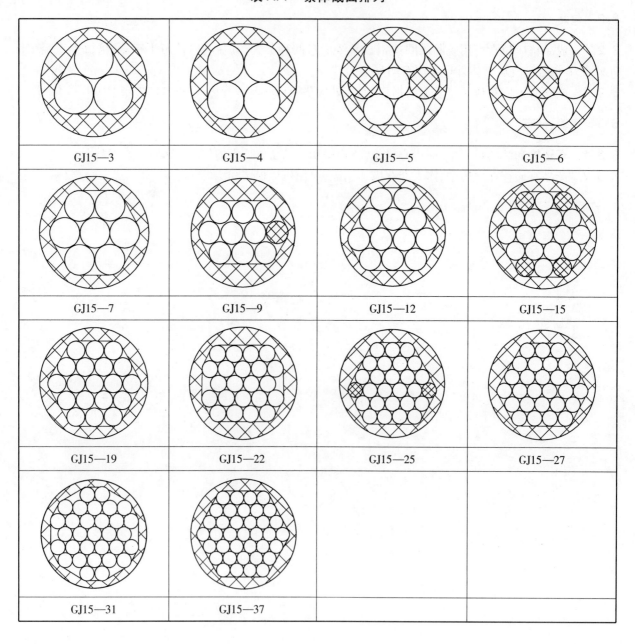

附 录 B
（资料性附录）
锚具主要技术参数

挤压拉索锚具规格系列见表 B.1。

表 B.1 固定端锚具（A 型）、张拉端锚具（B 型）规格　　　　单位为毫米

规格型号	锚具直径 ϕA		索体直径 ϕB	张拉端内螺纹 $\phi A1$	螺母外径 ϕC	D	预埋管直径（参考值） ϕE	
	斜拉桥拉索	拱桥吊杆					斜拉桥拉索	拱桥吊杆
GJ15—3	62		49	M45×3	95	60	87	72
GJ15—4	72		53	M52×4	105	60	98	82
GJ15—5	80		64	M60×4	135	60	105	92
GJ15—6	90	80	64	M60×4	135	70	115	92
GJ15—7	90	80	64	M60×4	135	70	115	92
GJ15—9	115		84	M84×6	175	116	140	127
GJ15—12	120	115	84	M84×6	175	116	145	127
GJ15—15	140		104	M102×8	215	128	165	152
GJ15—19	150	140	104	M102×8	215	128	175	152
GJ15—22	160		116	M122×8	240	150	185	172
GJ15—25	175	160	125	M122×8	255	150	200	172
GJ15—27	175	160	125	M122×8	255	150	200	172
GJ15—31	200		129	M132×10	275	200	225	216
GJ15—37	208	200	144	M142×10	285	200	235	216

挤压拉索销接结构（C 型）锚具规格系列见表 B.2。

表 B.2 挤压拉索销接结构（C 型）规格　　　　单位为毫米

规格型号	锚具直径 ϕA	索体直径 ϕB	ϕC	D	E	F	G	H
GJ15—3	62	49	50	35	65	100	80	105
GJ15—4	72	53	60	45	80	105	95	130
GJ15—5	80	64	65	50	85	110	110	130
GJ15—6	90	64	80	55	100	130	115	150
GJ15—7	90	64	80	55	100	130	115	160
GJ15—9	115	84	90	65	110	140	140	175

表 B.2(续)

规格型号	锚具直径 ϕA	索体直径 ϕB	ϕC	D	E	F	G	H
GJ15—12	120	84	100	75	125	150	155	200
GJ15—15	140	104	110	90	145	155	190	230
GJ15—19	150	104	120	95	155	190	200	250
GJ15—22	160	116	135	105	180	250	220	300
GJ15—25	175	125	140	110	185	280	230	300
GJ15—27	175	125	150	115	195	280	240	320
GJ15—31	200	129	160	130	210	330	270	330
GJ15—37	208	144	175	145	230	330	280	330

附 录 C
（资料性附录）
挤压拉索主要技术参数

挤压拉索主要技术参数见表 C.1。

表 C.1 挤压拉索主要技术参数

型 号	索体参考质量（kg/m）	索体直径（mm）	外层 HDPE 护套厚度（mm）	破断索力（kN）
GJ15—3	4.53	49	5	≥780
GJ15—4	5.77	53	5	≥1 040
GJ15—5	7.17	64	5	≥1 300
GJ15—6	8.40	64	5	≥1 560
GJ15—7	9.64	64	5	≥1 820
GJ15—9	13.21	84	6	≥2 340
GJ15—12	16.16	84	6	≥3 120
GJ15—15	20.40	104	7	≥3 900
GJ15—19	25.17	104	7	≥4 940
GJ15—22	29.69	116	8	≥5 720
GJ15—25	33.34	125	8	≥6 500
GJ15—27	35.81	125	8	≥7 020
GJ15—31	40.90	129	8	≥8 060
GJ15—37	49.16	144	9	≥9 620

ICS 93.040
P 28
备案号:

中华人民共和国交通运输行业标准

JT/T 851—2013

合成材料调高盆式支座

Raisable pot bearing with synthetic material

2013-04-07 发布　　　　　　　　　　　　　2013-05-01 实施

中华人民共和国交通运输部　发 布

JT/T 851—2013

目　次

前言
引言
1　范围
2　规范性引用文件
3　术语和定义
4　分类、型号、结构形式
5　技术要求
6　试验方法
7　检验规则
8　包装、标志、运输和储存

附录 A（规范性附录）　滑板摩擦系数和磨耗性能试验方法
附录 B（规范性附录）　合成材料试样制备
附录 C（规范性附录）　成品支座水平承载力试验方法
附录 D（规范性附录）　成品支座调高密封性能试验方法

前　言

本标准按照GB/T 1.1—2009给出的规则起草。

本标准由中国公路学会桥梁和结构工程分会提出并归口。

本标准起草单位：衡水宝力工程橡胶有限公司、中国交通企业管理协会、中交公路规划设计院有限公司、西安中交土木科技有限公司、河北省工程橡胶工程技术研究中心。

本标准主要起草人：陈广进、赵九平、付强、王希慧、王淑兰、张郡、李金红、苏志国、李秀芳、竺洁蓉、金立新、王伟、储彤、王尧、张晓燕、牟晓光、张新越、许风俭。

引 言

本标准的发布机构提请注意,声明符合本标准时,可能涉及4.3及专利号为2003 2 0111350.2《盆式支座的调高结构》和2011 2 0236406.1《一种填充式调高支座》相关专利的使用。

本标准的发布机构对于该专利的真实性、有效性和范围无任何立场。

该专利持有人已向本标准的发布机构保证,他愿意同任何申请人在合理且无歧视的条款和条件下,就专利授权许可进行谈判。该专利持有人的声明已在本标准的发布机构备案。相关信息可以通过以下联系方式获得:

专利持有人姓名:衡水宝力工程橡胶有限公司

地址:衡水市和平西路396号

邮编:053000

请注意除上述专利外,本标准的某些内容仍可能涉及专利。本标准的发布机构不承担识别这些专利的责任。

JT/T 851—2013

合成材料调高盆式支座

1 范围

本标准规定了合成材料调高盆式支座（以下简称支座）的产品分类、型号、结构形式、技术要求、装配要求、试验方法、检验规则、包装、标志、运输和储存。

本标准适用于竖向承载力为0.4MN~60MN并预设注入式填充无级调高功能的盆式支座。

2 规范性引用文件

下列文件对于本文件的应用是必不可少的。凡是注日期的引用文件，仅注日期的版本适用于本文件。凡是不注日期的引用文件，其最新版本（包括所有的修改单）适用于本文件。

JT/T 391　　公路桥梁盆式支座

3 术语和定义

下列术语和定义适用于本文件。

3.1

合成材料调高盆式支座　raisable pot bearing with synthetic material

通过设置在盆式支座底板上的填充孔道，向支座钢盆内注入合成材料，实现无级调高的支座。

4 分类、型号、结构形式

4.1 分类

4.1.1 按使用性能分为：

a) 双向活动调高盆式支座——具有竖向承载、竖向转动和双向滑移性能，并具备支座高度的无级调高功能，代号为：SX；

b) 单向活动调高盆式支座——具有竖向承载、竖向转动和单一方向滑移性能，并具备支座高度的无级调高功能，代号为：DX；

c) 固定调高盆式支座——具有竖向承载和竖向转动性能，并具备支座高度的无级调高功能，代号为：GD；

d) 减震型固定调高盆式支座——具有竖向承载、竖向转动和减震功能，并具备支座高度的无级调高功能，代号JGD；

e) 减震型单向活动调高盆式支座——具有竖向承载、竖向转动、单一方向滑移和减震功能，并具备支座高度的无级调高功能，代号为：JDX。

4.1.2 按适用温度范围分为：

a) 常温型支座：适用于-25℃~+60℃；

b) 耐寒型支座：适用于-40℃~+60℃。

4.2 型号

调高盆式支座的产品型号表示如下：

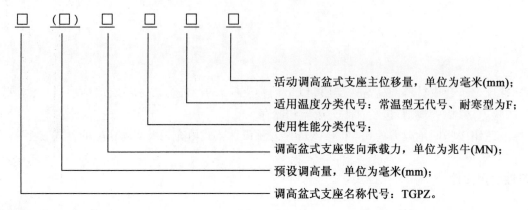

- 活动调高盆式支座主位移量，单位为毫米(mm)；
- 适用温度分类代号：常温型无代号、耐寒型为F；
- 使用性能分类代号；
- 调高盆式支座竖向承载力，单位为兆牛(MN)；
- 预设调高量，单位为毫米(mm)；
- 调高盆式支座名称代号：TGPZ。

示例1：
设计竖向承载力为15MN预设调高量10mm的双向活动耐寒型主位移量为±100mm的调高盆式支座,其型号表示为TGPZ(10)15SXF±100。

示例2：
设计竖向承载力为35MN预设调高量15mm的单向活动常温型主位移量为±100mm的调高盆式支座,其型号表示为TGPZ(15)35DX±100。

示例3：
设计竖向承载力为50MN预设调高量20mm的常温型固定调高盆式支座,其型号表示为TGPZ(20)50GD。

示例4：
设计竖向承载力为35MN预设调高量15mm的单向活动常温型主位移量为±100mm的减震型调高盆式支座,其型号表示为TGPZ(15)35JDX±100。

4.3 结构形式

4.3.1 双向活动调高盆式支座主要由顶板、不锈钢冷轧钢板、滑板、中间钢板、橡胶板、锚固螺栓、套筒、合成材料、钢盆、防尘圈、黄铜密封圈、填充孔道、丝堵和防尘围板等零部件组成。

4.3.2 单向活动调高盆式支座主要由顶板、不锈钢冷轧钢板、滑板、中间钢板、橡胶板、SF-1板、锚固螺栓、套筒、合成材料、钢盆、防尘圈、黄铜密封圈、填充孔道、丝堵和防尘围板等零部件组成。

4.3.3 固定调高盆式支座主要由顶板、防尘圈、锚固螺栓、套筒、合成材料、钢盆、橡胶板、黄铜密封圈、填充孔道、丝堵和防尘围板等零部件组成。

4.3.4 减震型固定调高盆式支座主要由顶板、防尘圈、下衬板、锚固螺栓、套筒、合成材料、橡胶板、钢盆、黄铜密封圈、高阻尼橡胶、填充孔道、丝堵和防尘围板等零部件组成。

4.3.5 减震型单向活动调高盆式支座主要由顶板、不锈钢冷轧钢板、滑板、中间钢板、下衬板、橡胶板、SF-1板、锚固螺栓、套筒、合成材料、钢盆、防尘圈、黄铜密封圈、高阻尼橡胶、填充孔道、丝堵和防尘围板等零部件组成。

4.3.6 调高盆式支座结构(调高后)示意图见图1~图5(均未示出防尘围板)。

5 技术要求

5.1 支座性能

5.1.1 支座在调高前、后的竖向承载力、水平承载力、转角、摩擦系数和位移均应符合JT/T 391的规定。

5.1.2 支座橡胶板应设置防止合成材料乳状液体泄露的密封结构。

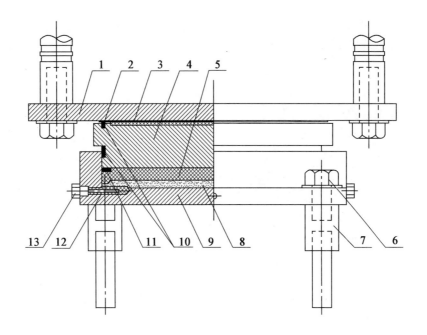

说明：
1——顶板；
2——不锈钢冷轧钢板；
3——滑板；
4——中间钢板；
5——橡胶板；
6——固定螺栓；
7——套筒；
8——合成材料；
9——钢盆；
10——防尘圈；
11——黄铜密封圈；
12——填充孔道；
13——丝堵。

图1 双向活动调高盆式支座（SX）结构示意图

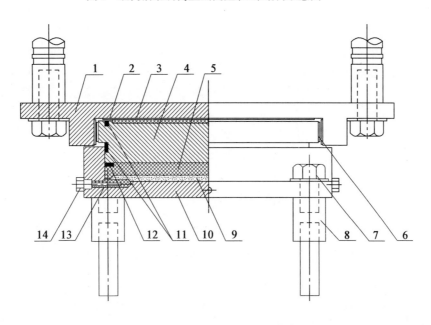

说明：
1——顶板；
2——不锈钢冷轧钢板；
3——滑板；
4——中间钢板；
5——橡胶板；
6——SF-1板；
7——锚固螺栓；
8——套筒；
9——合成材料；
10——钢盆；
11——防尘圈；
12——黄铜密封圈；
13——填充孔道；
14——丝堵。

图2 单向活动调高盆式支座（DX）结构示意图

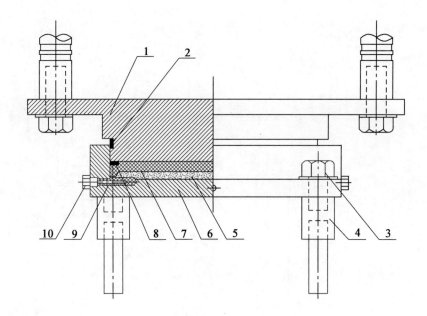

说明：
1——顶板；　　　4——套筒；　　　7——橡胶板；　　　10——丝堵。
2——防尘圈；　　5——合成材料；　8——黄铜密封圈；
3——锚固螺栓；　6——钢盆；　　　9——填充孔道；

图3　固定调高盆式支座(GD)结构示意图

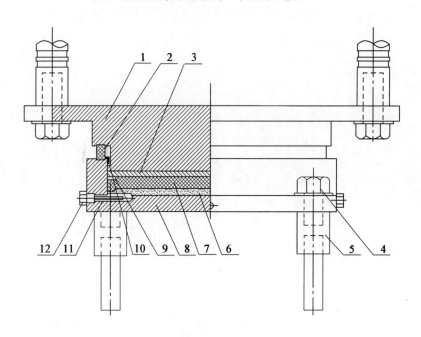

说明：
1——顶板；　　　5——套管；　　　9——黄铜密封圈；
2——防尘圈；　　6——合成材料；　10——高阻尼橡胶；
3——下衬板；　　7——橡胶板；　　11——填充孔道；
4——锚固螺栓；　8——钢盆；　　　12——丝堵。

图4　减震型固定调高盆式支座(JGD)结构示意图

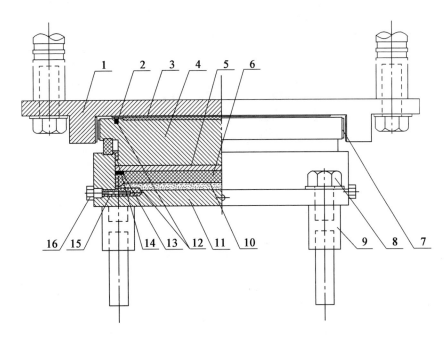

说明：
1——顶板；
2——不锈钢冷轧钢板；
3——滑板；
4——中间钢板；
5——下衬板；
6——橡胶板；
7——SF-1板；
8——锚固螺栓；
9——套筒；
10——合成材料；
11——钢盆；
12——防尘圈；
13——黄铜密封圈；
14——高阻尼橡胶；
15——填充孔道；
16——丝堵。

图5 减震型单向活动调高盆式支座（JDX）结构示意图

5.1.3 支座最大可调高量宜分为10、20、30mm。当有特殊需要时，可按实际需要调整。

5.1.4 单向活动调高盆式支座应设计导向结构，导向结构除满足支座上部结构水平方向直线位移外，还应满足相应的转角和承受水平载荷的要求。

5.2 支座钢盆要求

5.2.1 支座钢盆盆腔底部设置四道满足合成材料注入盆腔底部的孔道。支座钢盆盆腔深度除满足预设调高量外，还应满足最大调高量在设计竖向承载力条件下，固定支座顶板和双向及单向活动支座中间钢板竖向转角0.02rad时，进入盆腔的深度不小于5mm，并应满足多次无级调高的需要。以固定调高盆式支座为例，见图6。

5.2.2 钢盆的圆形盆腔底部厚度应满足合成材料填充孔道的设计和竖向承载力的要求。

5.2.3 应设计防止尘沙进入钢盆盆腔内的外部密封结构。

5.3 支座用材的物理机械性能

5.3.1 橡胶、不锈钢冷轧钢板、5201硅脂、黄铜、钢件

支座用橡胶、不锈钢冷轧钢板、5201硅脂、黄铜、钢件应符合JT/T 391的规定。

5.3.2 滑板

5.3.2.1 支座用滑板宜采用聚四氟乙烯板和聚乙烯耐磨板，压应力设计值应满足竖向承载力的要求。聚四氟乙烯板的容许平均压应力为30MPa，聚乙烯耐磨板的容许平均压应力为45MPa。

5.3.2.2 聚四氟乙烯板的线磨耗率不大于15μm/km，其他物理机械性能应符合JT/T 391的规定。

5.3.2.3 支座用聚乙烯耐磨板的物理机械性能应符合表1的要求。

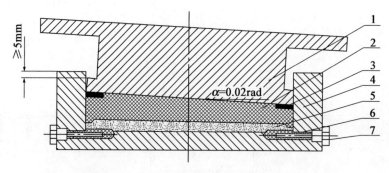

说明：
1——顶板；
2——橡胶板；
3——黄铜密封圈；
4——钢盆；
5——合成材料；
6——填充孔道；
7——丝堵。

图6 固定调高盆式支座最大转角示意图

表1 聚乙烯耐磨板的物理机械性能

项 目	单 位	指 标
密度	g/cm³	0.93~0.98
拉伸强度	MPa	≥30
扯断伸长率	%	≥250
球压痕硬度 H132/60	MPa	33(1±20%)
弹性模量	MPa	850(1±20%)

5.3.2.4 聚乙烯耐磨板在5201-2硅脂润滑条件下与不锈钢冷轧钢板对磨，在常温条件下（23℃±5℃）平均压应力为45MPa时应满足：
——初始摩擦系数（μ_{st}）不大于0.008；
——线磨耗率不大于5μm/km。

5.3.3 合成材料

合成材料应经检验合格后方可进厂。合成材料的标识和包装应完整，其物理机械性能应符合表2的要求。

表2 合成材料物理机械性能

项 目		单 位	技术指标
硬度		IRHD	65±7
拉伸强度		MPa	≥10
扯断伸长率		%	≥400
脆性温度		℃	≤-50
恒定压缩永久变形（70℃，22h）		%	≤40
热空气老化	试验条件	℃，h	100,70
	硬度	IRHD	±10
	拉伸强度	MPa	≥8
	扯断伸长率	%	≥320
耐臭氧老化（试验条件：30%伸长，40℃，96h）(100±10)×10⁻⁸		—	无龟裂
操作时间（黏度≤7 000mPa·s）		h	≥1.5

5.3.4 SF-1 三层复合板

单向活动调高盆式支座的中间钢板侧向导向滑条应采用 SF-1 三层复合板,应符合 JT/T 391 的规定。SF-1 三层复合板在 280MPa 压力下的压缩永久变形量应小于或等于 0.03mm。层间结合按规定方法反复弯曲五次不允许有脱层、剥离,表层的改性聚四氟乙烯不断裂。

5.4 支座用材规格

支座用材规格应符合 JT/T 391 的规定。

5.5 支座用材外观质量

支座用材的外观质量应符合 JT/T 391 的规定。

5.6 铸钢件

支座用铸钢件内在质量、缺陷、缺陷焊补应符合 JT/T 391 的规定。

5.7 机加工件

支座机加工件的加工要求、极限偏差、未注公差、平行度应符合 JT/T 391 的规定。

5.8 支座防腐与防尘

支座防腐与防尘等应符合 JT/T 391 的规定。

5.9 装配要求

支座装配时应对合成材料填充孔道的螺纹部位和丝堵涂抹硅脂,丝堵安装应紧固。其他装配要求应符合 JT/T 391 的规定。

6 试验方法

6.1 支座用材料

6.1.1 支座用滑板摩擦系数和磨耗性能试验方法应按附录 A 的规定进行。

6.1.2 支座用合成材料试样制备按附录 B 的规定进行,物理机械性能的试验方法应按 JT/T 391 支座用橡胶的试验方法进行。

6.2 成品支座

6.2.1 成品支座水平承载力试验方法应按附录 C 的规定进行。

6.2.2 成品支座调高密封性能试验方法应按附录 D 规定进行。

6.2.3 成品支座的竖向承载力、摩擦系数、转动试验方法应按 JT/T 391 的规定进行。

7 检验规则

支座的检验分类、检验项目和检验结果的判定应符合 JT/T 391 的规定。

8 包装、标志、运输和储存

支座的包装、标志、运输和储存条件应符合 JT/T 391 的规定。

附 录 A
（规范性附录）
滑板摩擦系数和磨耗性能试验方法

A.1 试样

滑板摩擦系数和磨耗性能试验用试件尺寸见图 A.1 所示。对磨件不锈钢冷轧钢板长 140mm，宽 110mm，厚 2mm。不锈钢冷轧钢板四周焊接在厚约 15mm 的基层钢板上，要求焊缝光滑、平整，焊缝不高出不锈钢冷轧钢板表面。不锈钢冷轧钢板的表面和外观质量应符合 5.3.1、5.5 的要求。

单位为毫米

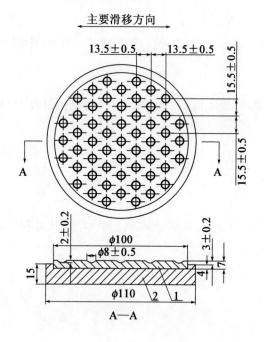

说明：
1——滑板；
2——Q235钢板。

图 A.1 滑板摩擦系数试验用试件

A.2 试件数量

摩擦试验试件数量为三组，取三组试件初始摩擦系数的平均值为该批滑板的摩擦系数。
磨耗试验试件数量为一组。

A.3 试验方法

A.3.1 试验条件

A.3.1.1 摩擦系数试验

摩擦系数试验条件要求如下：
a) 常温试验温度为 23℃±5℃，低温试验温度为 -35℃±5℃；
b) 滑动速度为 0.4mm/s，滑动距离为 10mm。

A.3.1.2 线磨耗率试验

A.3.1.2.1 聚四氟乙烯板线磨耗率试验条件要求如下：
   a) 试验温度：23℃±2℃；
   b) 试件压应力：30MPa；
   c) 相对滑动速度：8mm/s；
   d) 往复滑动距离：±10mm；
   e) 累计滑动距离：1km。

A.3.1.2.2 聚乙烯耐磨板线磨耗率试验条件要求如下：
   a) 试验温度：23℃±2℃；
   b) 试件压应力：45MPa；
   c) 相对滑动速度：15mm/s；
   d) 往复滑动距离：±10mm；
   e) 累计滑动距离：短期15km/长期50km。

A.3.2 试验步骤

A.3.2.1 滑板摩擦系数和磨耗试验测试均采用双剪试验方法，试验装置如图A.2所示。

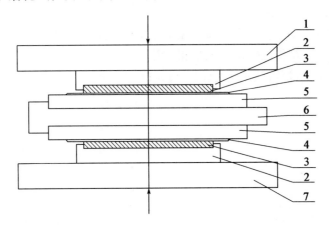

说明：
1——试验机上承压板；　5——焊接不锈钢冷轧钢板用的基层钢板；
2——嵌放滑板钢板；　　6——水平力加载装置；
3——滑板；　　　　　　7——试验机下承压板。
4——不锈钢冷轧钢板；

图A.2 滑板摩擦系数和磨耗试验装置示意图

A.3.2.2 试验前应将试件在实验室内停放24h，以使试件内外温度一致。

A.3.2.3 试验前先对试件进行预压，预压时间为1h，聚四氟乙烯板试件预压荷载为235.6kN（试件压应力为30MPa），聚乙烯耐磨板试件预压荷载为353.3kN（试件压应力为45MPa）。

A.3.2.4 试验时将试件储脂坑内涂满5201-2硅脂。

A.3.2.5 一般情况下只做常温试验，当有特殊要求时还应做低温试验。

A.3.2.6 试验前后用千分之一精度的天平称量，求得滑板的磨耗质量，计算滑板的线磨耗率。

A.4 试验报告

试验报告应包括以下内容：
   a) 试件概况。试验设备、试验荷载、试验温度、加载速度等；
   b) 试验过程中有无异常情况，如有异常，描述异常发生的过程；
   c) 试件摩擦系数及磨耗率实测结果，并评定试验结果；
   d) 试验现场照片。

附 录 B
（规范性附录）
合成材料试样制备

B.1 取样方法

按一定比例分别从 A 料、B 料桶中取 A 料和 B 料，放于三口烧瓶中。

注：合成材料为双组分高分子化合物。在实际应用中两个液态组分通过搅拌混合转化为弹性固体，两个液态组分分别为：A 料、B 料。

B.2 试样制备

B.2.1 称取一定量的 A 料于三口烧瓶中，安装温度计、电动搅拌器、升温至(80 ± 5)℃，在此温度下搅拌抽真空脱泡 30min~40min。

B.2.2 卸去真空后，将 A 料自然冷却至 45℃~50℃，按比例加入一定量 B 料，保持温度在 50℃~60℃时，搅拌抽真空脱泡 20min~30min。

B.2.3 将混合好的 A 料、B 料，倒入已预热并涂有硅脂的模具中，在 110℃下加热硫化 30min~40min，脱模，在 100℃~110℃烘箱中后硫化 24h，取得试片。

B.2.4 试样采用 1 型哑铃状，试样厚度保持在(2 ± 0.2)mm。

附 录 C
（规范性附录）
成品支座水平承载力试验方法

C.1 试样

试验宜采用实体支座，当受试验设备能力限制时，可选用小型支座。试验前将试样直接暴露在标准温度下(23℃±5℃)，停放24h。

C.2 试验方法

成品支座水平承载力试验应在专用试验机上进行，试验装置见图C.1。放置试样后，按下列步骤进行支座水平承载力试验：

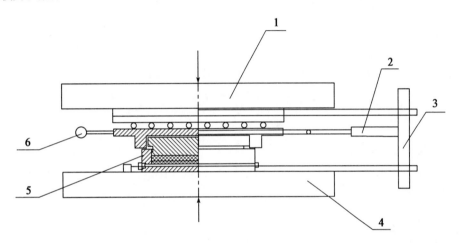

说明：
1——上承载板；　　4——下承载板；
2——水平力试验装置；　5——试样；
3——自平衡反力架；　　6——百分表。

图 C.1 成品支座水平承载力试验装置示意图

a) 将试样置于试验机的承载板上，将自平衡反力架及水平力试验装置组合配置好。试验荷载为支座水平承载力的1.2倍。加载至水平承载力的0.5%后，核对水平方向百分表及水平千斤顶数据，确认无误后，进行预推；

b) 预推：将支座竖向承载力加至设计承载力的50%，用水平承载力的20%进行预推，反复进行三次；

c) 正式加载：将试验荷载由零至试验荷载均匀分为10级。试验时先将竖向承载力加至50%后，再以支座设计水平力的0.5%作为初始推力，然后逐级加载，每级荷载稳压2min后，记录百分表数据，待设计水平力达到90%后，再将竖向承载力加至设计承载力，然后将水平承载力加至试验荷载稳压3min后卸载。加载过程连续三次；

d) 水平力作用下变形分别取两个百分表的平均值，绘制荷载—水平变形曲线。变形曲线应呈线性关系；

e) 支座水平承载力试验，在拆除装置后，检查支座变形是否恢复。

C.3 试验报告

试验报告应包括以下内容：
a) 试件概况描述：包括支座型号、设计承载力、转角、位移，并附简图；
b) 试验机性能及配置描述；
c) 试验过程中出现异常现象描述；
d) 试验记录完整，评定试验结果；
e) 附试验照片。

附 录 D
（规范性附录）
成品支座调高密封性能试验方法

D.1 试样

试验宜采用实体支座,当受试验设备能力限制时,可选用小型支座。

试验支座的材质应符合5.3、5.4、5.5的要求,支座各部件及支座外形尺寸应符合设计要求。

D.2 试验内容

在设计荷载作用下,测试支座保压密封性能。

D.3 试验方法

支座调高试验应在专用试验机上进行,并配备调高专用填充材料注入设备,试验用填充材料为二甲基硅油。试验装置见图 D.1。试验方法如下：

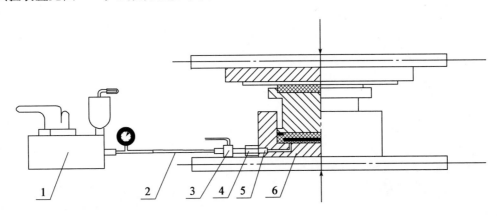

说明：
1——注压机；
2——橡胶软管；
3——阀门；
4——快速接头；
5——填充通道；
6——支座下支座板。

图 D.1 成品支座调高试验装置

a) 将黏度为 $1\,800\,mm^2/s \sim 2\,100\,mm^2/s$ 的二甲基硅油加入调高设备中,打开阀门3启动调高设备,向支座内注入二甲基硅油;

b) 将支座放置在压力试验机中心位置。开启试验机,首先在空载状态下,将支座调高5mm,关闭阀门3,支座稳压10min后,压力降低不超过0.5MPa。打开支座掀掉中间钢衬板,检查支座铜圈与盆内壁之间有无二甲基硅油泄漏,如无泄漏,可判定为密封性能检测合格,如保压时压力降低超过0.5MPa,应检查泄漏部位,进行修复后复检;

c) 按序号 b)的试验步骤和方法分别在支座上施加设计荷载的50%和100%,检验调高支座的密封性能。

D.4 试验结果

支座调高试验后,要求支座内压强降低不应超过0.5MPa。

D.5 试验报告

试验报告应包括以下内容：
a) 试验装置及试验概况：试验设备、试验荷载、试验室温度；试验支座形式及规格，试验支座高度；
b) 描述试验结果及试验过程，记录试验过程中的异常情况；
c) 提供支座在荷载加压作用下调高结果，并对试验结果做出评定；
d) 试验照片：包括试验支座持荷及调高过程中的异常情况。

ICS 93.040
P 28
备案号:

中华人民共和国交通运输行业标准

JT/T 852—2013

公路桥梁摩擦摆式减隔震支座

Friction pendulum seismic isolation bearing
for highway bridges

2013-04-07 发布　　　　　　　　　　　　2013-05-01 实施

中华人民共和国交通运输部 发 布

JT/T 852—2013

目　次

前言

引言

1　范围

2　规范性引用文件

3　术语和定义

4　分类、型号、结构形式及规格

5　技术要求

6　试验方法

7　检验规则

8　标志、包装、储存和运输

附录 A(资料性附录)　支座减隔震性能技术参数

附录 B(规范性附录)　成品支座减震起始力试验方法

附录 C(规范性附录)　成品支座减隔震性能试验方法

前 言

本标准按照 GB/T 1.1—2009 给出的规则起草。

本标准由中国公路学会桥梁和结构工程分会提出并归口。

本标准起草单位：衡水宝力工程橡胶有限公司、中交公路规划设计院有限公司、中交第一公路勘察设计研究院有限公司、株洲时代新材料科技股份有限公司、成都市新筑路桥机械股份有限公司、衡水橡胶股份有限公司。

本标准主要起草人：陈广进、付强、赵九平、王希慧、王淑兰、张郡、张建、夏修身、金立新、竺洁蓉、彭泽友、储彤、李世珩、王秀伟、刘海亮、魏存杰、魏巍巍、陈彦北。

引 言

本标准的发布机构提请注意,声明符合本标准时,可能涉及"4.3 结构形式"与专利号为 2009 2 0254729.6《摩擦摆式双曲面减隔震球型支座》和 2012 2 0142565.X《摩擦摆减隔震球型支座》相关专利的使用。

本标准的发布机构对于该专利的真实性、有效性和范围无任何立场。

该专利持有人已向本标准的发布机构保证,他愿意同任何申请人在合理且无歧视的条款和条件下,就专利授权许可进行谈判。该专利持有人的声明已在本标准的发布机构备案。相关信息可以通过以下联系方式获得:

专利持有人姓名:衡水宝力工程橡胶有限公司
地址:衡水市和平西路 396 号
邮编:053000

请注意除上述专利外,本标准的某些内容仍可能涉及专利。本标准的发布机构不承担识别这些专利的责任。

公路桥梁摩擦摆式减隔震支座

1 范围

本标准规定了公路桥梁摩擦摆式减隔震支座的产品分类、型号、结构形式及规格,技术要求,试验方法,检验规则,标志、包装、储存和运输的要求。

本标准适用于抗震设防烈度为 9 度及以下地震烈度的竖向承载力为 1 000kN～60 000kN 的公路桥梁摩擦摆式减隔震支座(以下简称支座),市政、铁路桥梁工程可参照使用。

2 规范性引用文件

下列文件对于本文件的应用是必不可少的。凡是注日期的引用文件,仅注日期的版本适用于本文件。凡是不注日期的引用文件,其最新版本(包括所有的修改单)适用于本文件。

GB/T 90.1　　　　紧固件　验收检查
GB/T 819.2　　　　十字槽沉头螺钉　第 2 部分
GB/T 1033.1　　　塑料　非泡沫塑料密度的测定　第 1 部分
GB/T 1040.1　　　塑料　拉伸性能的测定　第 1 部分
GB/T 1040.2　　　塑料　拉伸性能的测定　第 2 部分
GB/T 3098.1　　　紧固件机械性能　螺栓、螺钉和螺柱
GB/T 3398.1　　　塑料　硬度测定　第 1 部分
GB/T 17955　　　桥梁球型支座
JT/T 391　　　　公路桥梁盆式支座
JT/T 851—2013　　合成材料调高盆式支座

3 术语和定义

下列术语和定义适用于本文件。

3.1

摩擦摆式减隔震支座 friction pendulum seismic isolation bearings

利用钟摆原理实现减隔震功能的支座。支座通过滑动界面摩擦消耗地震能量实现减震功能,通过球面摆动延长梁体运动周期实现隔震功能。

3.2

减隔震起始力 bolt broken force

剪力销剪断时施加在支座上的水平力。

3.3

隔震周期 oscillation period

地震作用下,支座发生摆动的固有周期。

3.4

减隔震位移 the maximum displacement capacity of the bearing

为适应梁体在地震作用下产生的位移而设定的最大水平位移量。

3.5

竖向转角 vertical rotation

减震球摆上部的设计转角。

3.6

减隔震转角 the maximum rotation capacity of the bearing

减震球摆和减震球摆上部同时转动时的设计最大转角。

3.7

回复力 re-centring force

支座发生减隔震位移后,通过自身重力克服摩擦,回落至支座中心的合力。

4 分类、型号、结构形式及规格

4.1 分类

按使用性能分类如下:

a) 双向活动摩擦摆式减隔震支座:具有竖向承载、竖向转动、双向滑移和减隔震性能,代号:SX。
b) 单向活动摩擦摆式减隔震支座:具有竖向承载、竖向转动、单一方向滑移和减隔震性能,代号:DX。
c) 固定摩擦摆式减隔震支座:具有竖向承载、竖向转动和减隔震性能,代号:GD。

4.2 型号

支座的产品型号表示如下:

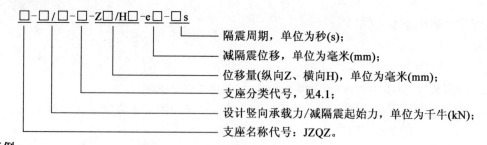

示例:
设计竖向承载力为5 000kN,减隔震起始力为500kN,设计纵向位移±150mm,横向位移±50mm,减隔震位移300mm,隔震周期2s的摩擦摆式减隔震双向活动支座,其型号表示为:JZQZ-5000/500-SX-Z150/H50-e300-2s。

4.3 结构形式

4.3.1 双向活动摩擦摆式减隔震支座和固定摩擦摆式减隔震支座均由上座板(含不锈钢板)、平面滑板、球冠衬板、防尘圈、球面滑板、减震球摆、隔震挡块、剪力销、减震滑板、减震底座等组成。

4.3.2 单向活动摩擦摆式减隔震支座由上座板(含不锈钢板)、SF-1板、平面滑板、球冠衬板、防尘圈、球面滑板、减震球摆、隔震挡块、剪力销、减震滑板、减震底座等组成。

4.3.3 摩擦摆式减隔震支座各支座结构示意图见图1~图3。

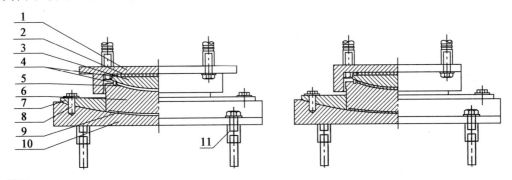

说明：
1——上座板；　5——球面滑板；　9——减震滑板；
2——平面滑板；　6——减震球摆；　10——减震底座；
3——球冠衬板；　7——隔震挡块；　11——螺栓套筒。
4——防尘圈；　　8——剪力销；

图1　固定摩擦摆式减隔震支座结构示意图

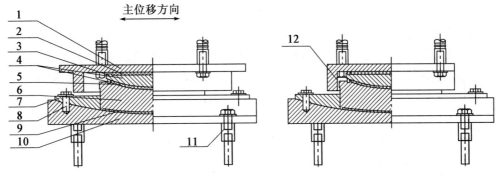

说明：
1——上座板；　5——球面滑板；　9——减震滑板；
2——平面滑板；　6——减震球摆；　10——减震底座；
3——球冠衬板；　7——隔震挡块；　11——螺栓套筒；
4——防尘圈；　　8——剪力销；　　12——SF-1板。

图2　单向活动摩擦摆式减隔震支座结构示意图

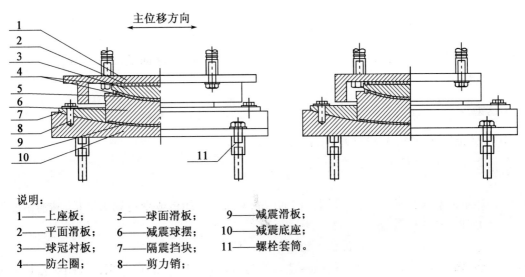

说明：
1——上座板；　5——球面滑板；　9——减震滑板；
2——平面滑板；　6——减震球摆；　10——减震底座；
3——球冠衬板；　7——隔震挡块；　11——螺栓套筒。
4——防尘圈；　　8——剪力销；

图3　双向活动摩擦摆式减隔震支座结构示意图

4.4 规格

4.4.1 支座规格系列按承受的竖向荷载大小共分为30级，即1 000、1 500、2 000、2 500、3 000、3 500、4 000、4 500、5 000、6 000、7 000、8 000、9 000、10 000、12 500、15 000、17 500、20 000、22 500、25 000、27 500、30 000、32 500、35 000、37 500、40 000、45 000、50 000、55 000、60 000(kN)。

4.4.2 支座转角设计和双向活动摩擦摆式减隔震支座、单向活动摩擦摆式减隔震支座的位移设计应符合 GB/T 17955 的规定。

4.4.3 支座减隔震转角(α)应不小于竖向转角(α_1)和支座减隔震位移最大值时产生转角(α_2)中的较大值。

4.4.4 支座减隔震位移量分为四级：±100mm、±200mm、±300mm、±400mm。

4.4.5 支座隔震周期分为五级：2s、2.5s、3s、3.5s、4s。当有特殊需要时，可按实际工程需要进行调整。

5 技术要求

5.1 支座性能

5.1.1 支座适用的温度范围、支座减震球摆上部的设计转动力矩应符合 GB/T 17955 的规定。

5.1.2 在竖向设计荷载作用下，1 000kN～25 000kN 支座竖向压缩变形不应大于4mm，27 500kN～60 000kN 支座竖向压缩变形不应大于6mm。在1.5倍竖向设计荷载作用下，支座无损伤。

5.1.3 竖向设计荷载作用下，上座板的不锈钢板与平面滑板、球冠衬板的镀铬面或包覆不锈钢板与球面滑板间的摩擦系数应符合 GB/T 17955 的规定。

5.1.4 支座设计减隔震起始力为支座竖向承载力的10%，其误差不超过起始力的±10%。当有特殊需要时，可按实际工程需要进行调整。

5.1.5 支座等效刚度、阻尼比等支座减隔震性能技术参数的计算方法参见附录A。等效刚度允许误差±15%，阻尼比允许误差±10%。

5.1.6 支座应设有限制非地震状态下减震球摆移动或摆动的装置，该装置设计应便于地震发生后进行修复或更换。

5.2 支座用材物理机械性能

5.2.1 硅脂、钢件、铸钢件、球面处理和黏结剂

支座用硅脂、钢件、铸钢件、球冠衬板的凸球面、减震底座的凹球面处理及滑板用黏结剂应符合 GB/T 17955 的规定。

5.2.2 不锈钢板

支座用不锈钢板，应符合 JT/T 391 的规定。

5.2.3 滑板

5.2.3.1 支座平面滑板和球面滑板，采用带储油槽的聚四氟乙烯板或聚乙烯耐磨板，储油槽的排列和尺寸应符合 GB/T 17955 的规定。

5.2.3.2 支座减震滑板采用不带储油槽的聚四氟乙烯板。

5.2.3.3 支座用聚四氟乙烯板的物理机械性能应符合 GB/T 17955 的规定，聚乙烯耐磨板物理机械性能应符合表1的要求。

5.2.3.4 支座用滑板在23℃±5℃条件下,加5201-2硅脂后与不锈钢板或镀铬面对磨:
——聚四氟乙烯板平均压应力为30MPa时,线磨耗率应不大于15μm/km;
——聚乙烯耐磨板平均压应力为45MPa时,初始静摩擦系数(μ_{st})不大于0.008,线磨耗率不大于5μm/km。

表1 聚乙烯耐磨板物理机械性能

项 目	指 标	试 验 方 法
密度(g/cm³)	0.93~0.98	GB/T 1033.1
拉伸强度(MPa)	≥30	GB/T 1040.2
扯断伸长率(%)	≥250	GB/T 1040.2
球压痕硬度 H132/60(MPa)	33(1±20%)	GB/T 3398.1
弹性模量(MPa)	850(1±20%)	GB/T 1040.1

5.2.4 SF-1 三层复合板

支座用SF-1三层复合板应符合JT/T 391的规定。SF-1三层复合板在280MPa压力下压缩永久变形量不大于0.03mm,层间结合按规定方法反复弯曲五次,不允许有脱层、剥离,表层的改性聚四氟乙烯不断裂。

5.2.5 剪力销

支座剪力销用材应符合GB/T 3098.1的规定,其性能不应小于螺栓性能等级8.8级。

5.2.6 沉头铜螺钉

支座沉头铜螺钉性能应符合GB/T 819.2的规定。

5.3 尺寸与偏差

5.3.1 不锈钢板、钢件、铸钢件和滑板尺寸与偏差应符合GB/T 17955的规定。
5.3.2 SF-1三层复合板应符合JT/T 391的规定。

5.4 支座用材外观质量

5.4.1 滑板表面应光滑,不应有裂纹、气泡、分层、疙瘩、带有任何杂质及影响使用的机械损伤等缺陷。
5.4.2 SF-1三层复合板外观质量应符合JT/T 391的规定。
5.4.3 不锈钢板、钢件、铸钢件外观质量应符合GB/T 17955的规定。

5.5 支座防腐与防尘

支座防腐与防尘应符合GB/T 17955的规定。

5.6 装配要求

5.6.1 剪力销的设定剪断线应置于隔震挡块和减震底座接触面。
5.6.2 减震球摆镶嵌的减震滑板粘贴后,应根据其面积布置适宜的沉头铜螺钉进行固定。
5.6.3 减震滑板表面和减震底座凹球面应洁净干燥。
5.6.4 其余部件装配要求应符合GB/T 17955的规定。

5.6.5 支座组装后的高度偏差应符合表2的要求。

表2 支座组装后的高度偏差

支座承载力(kN)	高度偏差(mm)
1 000 ~ 9 000	±2
10 000 ~ 25 000	±3
27 500 ~ 60 000	±4

6 试验方法

6.1 支座用材料

6.1.1 聚乙烯耐磨板物理机械性能应按表1的规定进行。

6.1.2 滑板的摩擦系数和线磨耗率试验应按JT/T 851—2013中附录A的规定进行。

6.1.3 SF-1三层复合板层间结合牢度和压缩变形试验应按JT/T 391的规定进行。

6.1.4 剪力销试验应按GB/T 3098.1的规定进行。

6.1.5 沉头铜螺钉试验应按GB/T 819.2的规定进行。

6.1.6 其余用材试验应按GB/T 17955的规定进行。

6.2 成品支座

6.2.1 成品支座竖向承载力试验、转动性能试验和上座板的不锈钢板与平面滑板的摩擦系数试验(摩擦系数试验),应按GB/T 17955的规定进行。

6.2.2 成品支座减震起始力试验应按附录B的规定进行。

6.2.3 成品支座减隔震性能试验应按附录C的规定进行。

7 检验规则

7.1 检验分类

支座的检验区分为原材料检验、出厂检验和型式检验。

7.1.1 原材料检验

支座加工用的原材料及外加工件进厂时,应进行的验收检验。

7.1.2 出厂检验

支座出厂时生产厂对每批生产支座交货前进行的检验。

7.1.3 型式检验

有下列情况之一时,应进行型式检验:
a) 新产品或老产品转厂生产的试制定型鉴定。
b) 正常生产后,如结构、工艺、材料有较大改变,能影响产品性能时。
c) 正常生产时,每两年定期进行一次。
d) 国家质量监督机构或用户提出要求时。
型式检验应由相应资质的质量监督检测机构进行。

7.2 检验项目及要求

7.2.1 原材料检验

支座的原材料检验按表3进行,其余检验项目及要求应按 GB/T 17955 的规定进行。

表3 原材料检验

项 目		技 术 要 求	抽样及周期
聚乙烯耐磨板	物理机械性能	5.2.3.3	每批(不大于200kg)一次
	厚度	5.3.1	
	外观	5.4.1	
滑板线磨耗率		5.2.3.4	首期使用应进行一次试验,在过程控制中滑板至少每半年进行一次
剪力销		5.2.5	GB/T 90.1
沉头铜螺钉		5.2.6	GB/T 90.1
SF-1 三层复合板		JT/T 391	JT/T 391

7.2.2 出厂检验

支座出厂检验按表4进行。

表4 出厂检验

项 目	检 验 内 容	要 求	抽 样
滑板	直径、厚度、储脂槽、主要滑移方向	5.4.1	每个支座
不锈钢板	平面度、焊接质量、外观质量	5.4.3	每个支座
镀铬球冠衬板与减震底座	球面度公差、缺陷等	5.2.1、5.4.3	每个支座
支座各部件	外观、缺陷	5.4.3	每个支座
组装后支座	支座外观、高度偏差	5.6.4、5.6.5	每个支座
防护处理、防尘设施	按设计图纸	5.5	每个支座
支座减隔震性能	等效刚度、阻尼比	5.1.5	每个支座

7.2.3 型式检验

支座型式检验应符合表5的要求。

表5 支座型式检验

项 目		检 验 内 容	技 术 要 求
支座原材料检验		6.1	7.2.1
成品支座检验	支座竖向承载力	6.2.1	5.1.2
	摩擦系数		5.1.3
	转动性能		5.1.1
	支座减震起始力	6.2.2	5.1.4
	支座减隔震性能	6.2.3	5.1.5
支座出厂检验		表4	表4

7.2.4 成品支座的试验,应在工厂检验合格的支座中,随意抽取三个支座,其中一个支座承载力应不小于8 000kN。

7.3 检验结果的判定

7.3.1 原材料检验

进厂原材料检验项目应全部合格后方可使用,不合格的原材料不应用于支座生产。

7.3.2 出厂检验

成品在出厂检验中不符合本标准要求的支座,可对不合格部件进行更换或修补,直至全部检验项目均为合格,方可出厂。

7.3.3 型式检验

型式检验采用随机抽样的方式,抽样对象为经生产厂检验部门检验合格且为本评定周期的产品,抽样检验结果不合格的,判定本次型式检验不合格。支座各项试验均为合格,判定该支座为合格支座。试验合格的支座,试验后可以继续使用。

8 标志、包装、储存和运输

8.1 每个出厂支座,应有明显标志,其内容应包括:产品名称、规格型号、主要技术指标(竖向承载力、减震起始力、位移、减隔震位移、隔震周期),产品生产执行标准及厂名、编号、日期。支座顶板应有显示主位移方向的明显标示。

8.2 每个支座应用木箱或铁皮箱包装,包装应牢固可靠。包装箱外应注明产品名称、规格、体积和质量。箱内应附有产品合格证、质量检验单。箱内技术文件应用塑料袋装好并封口。

8.3 支座储存、运输中应避免暴晒、雨淋、雪浸,并应保持清洁。严禁与酸、碱、油类、有机溶剂等影响支座质量的物质相接触,并距离热源1m以上。

8.4 支座在运输、储存过程中严禁拆卸。

附 录 A
（资料性附录）
支座减隔震性能技术参数

A.1 符号

下列符号适用于本文件。

D——减隔震位移量，单位为毫米(mm)；

d_y——屈服位移，单位为毫米(mm)(通常 $d_y = 2.5$mm)；

E_D——滞回曲线面积，单位为平方毫米(mm^2)；

F——回复力，单位为千牛(kN)；

g——重力加速度，单位为米每秒的平方(m/s^2)；

K_c——屈后刚度，单位为千牛每米(kN/m)；

K_{eff}——等效刚度，单位为千牛每米(kN/m)；

K_p——支座初始刚度，单位为千牛每米(kN/m)；

R——曲率半径，单位为米(m)；

T——隔震周期，单位为秒(s)；

T_e——等效周期，单位为秒(s)；

W——竖向荷载，单位为千牛(kN)；

μ——动摩擦系数(建议取值0.05)；

ζ_e——阻尼比。

A.2 荷载—位移滞回曲线

根据摩擦摆式减隔震支座的作用原理，支座的力学特性按图 A.1 所示荷载—位移滞回曲线模型来模拟。

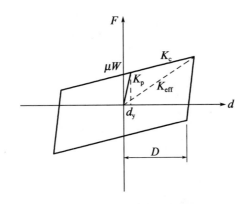

图 A.1 荷载—位移滞回曲线

A.3 初始刚度

支座初始刚度取 $d_y = 2.5$mm 位移的刚度，按式(A.1)计算。

$$K_p = \frac{\mu W}{d_y} \tag{A.1}$$

A.4 等效刚度

支座等效刚度按式(A.2)计算。

$$K_{\text{eff}} = \left(\frac{1}{R} + \frac{\mu}{D}\right)W \tag{A.2}$$

A.5 等效周期

支座等效周期按式(A.3)计算。

$$T_e = 2\pi\sqrt{\frac{W}{K_{\text{eff}}g}} \tag{A.3}$$

A.6 阻尼比

支座阻尼比按式(A.4)计算。

$$\zeta_e = \frac{E_D}{2\pi K_{\text{eff}}D^2} = \frac{4\mu WD}{2\pi K_{\text{eff}}D^2} \tag{A.4}$$

A.7 隔震周期

支座隔震周期按式(A.5)计算。

$$T = 2\pi\sqrt{\frac{R}{g}} \tag{A.5}$$

A.8 屈后刚度

支座屈后刚度按式(A.6)计算。

$$K_c = \frac{W}{R} \tag{A.6}$$

A.9 回复力

支座回复力按式(A.7)计算。

$$F = \frac{W}{R}D + \mu W(\text{sgn}\dot{D}) \tag{A.7}$$

附 录 B
（规范性附录）
成品支座减震起始力试验方法

B.1 试样

试验宜采用固定支座，如受试验设备能力限制时，可选用小型支座试验。

B.2 试验方法

成品支座减震起始力试验应在单剪试验机上进行，试验装置见图 B.1，试验方法如下：

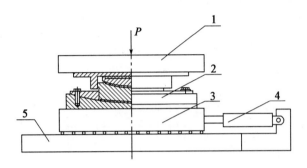

说明：
1——上压板；
2——试样；
3——下压板；
4——水平力加载装置；
5——框架。

图 B.1 成品支座减震起始力试验装置示意图

a) 将支座置于试验机的下承载板上，支座中心与承载板中心位置对准，精度小于1%支座底板边长。
b) 竖向连续均匀加至设计荷载进行预压，预压时间为30min，在整个试验过程中保持不变。
c) 正式加载。用水平力加载装置连续均匀地施加水平力，传感器记录水平力大小。在支座剪力销被剪断，减震挡块发生位移时，卸载水平力，同时记录水平力大小即为减震起始力。

B.3 试验报告

试验报告应包括以下内容：
a) 试验概况。试验设备、试验温度、试验支座规格、试验荷载等。
b) 试验过程描述。试验中如有异常情况发生，应详细描述异常情况发生的过程。
c) 得出试验结果。包括试件概况描述支座型号、设计承载力、水平剪断力，剪断时支座水平位移变形，并附简图；试验机性能及配置描述；输出所有试验要求的数据，并依照要求做分析；描述试验过程概况，重点记录试验过程中出现的异常现象；试验后试件有无损伤状态分析；试验过程及安装照片等附件。
d) 试验现场照片。

附 录 C
（规范性附录）
成品支座减隔震性能试验方法

C.1 试样

试验宜采用固定支座，如受试验设备能力限制时，可选用小型支座试验。

C.2 试验方法

成品支座减隔震性能试验应在单剪试验机上进行，试验装置见图C.1，试验方法如下：

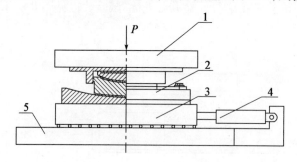

说明：
1——上压板；
2——试样；
3——下压板；
4——水平力加载装置；
5——框架。

图C.1 成品支座减隔震性能试验装置示意图

a) 试验时应先拆下隔震挡块，将支座置于试验机的下承载板上，支座中心与承载板中心位置对准，精度小于1%支座底板边长。

b) 竖向连续均匀加载至设计荷载，在整个试验过程中保持不变。

c) 水平位移按 $d(t) = A\sin(2\pi f_\circ t)$（其中$f_\circ = v_\circ/(2\pi A)$，$v_\circ$ 为加载峰值速度，A 为加载幅值）进行正弦波加载，加载幅值按试样设计减隔震位移的25%、50%、75%、100%分别施加。

d) 测定水平力的大小，记录荷载位移曲线。

e) 按照加载幅值确定试验工况，每个工况做三个周期循环试验。

C.3 试验报告

试验报告应包括以下内容：

a) 试验概况。试验设备、试验温度、试验支座规格、试验荷载等。

b) 试验过程描述。试验中如有异常情况发生，应详细描述异常情况发生的过程。

c) 记录荷载位移曲线，计算等效刚度和阻尼比，得出试验结果。

d) 试验现场照片。

ICS 93.040
P 28
备案号:

中华人民共和国交通运输行业标准

JT/T 853—2013

无粘结钢绞线体外预应力束

External prestressing tendons of unbonded steel strand

2013-04-07 发布　　　　　　　　　　　　2013-05-01 实施

中华人民共和国交通运输部 发布

JT/T 853—2013

目 次

前言

1 范围

2 规范性引用文件

3 术语、定义和符号

4 结构、规格与型号

5 技术要求

6 试验方法

7 检验规则

8 标志、包装、运输和储存

附录 A(资料性附录) 束体截面构造示意图

附录 B(资料性附录) 体外束安装技术要求

附录 C(规范性附录) 转向器静载性能试验

附录 D(规范性附录) 转向器疲劳荷载性能试验

附录 E(规范性附录) 束体转向段钢绞线护套抗磨损试验

前　言

本标准按照 GB/T 1.1—2009 给出的规则起草。

本标准由中国公路学会桥梁和结构工程分会提出并归口。

本标准起草单位：威胜利工程有限公司、中交公路规划设计院有限公司、南京重大路桥建设指挥部、安徽省交通规划设计研究院有限公司。

本标准主要起草人：刘征宇、柏国清、胡可、武焕陵、金立新、徐宏光、王胜斌、姜劲松、沈斌、竺洁荣、杨友安、马春轶、王秀伟、王尧、魏巍巍、牟晓光、张新越、李雪。

JT/T 853—2013

无粘结钢绞线体外预应力束

1 范围

本标准规定了无粘结钢绞线体外预应力束的结构、规格与型号、技术要求、试验方法、检验规则以及标志、包装、运输和储存等。

本标准适用于公路桥梁用无粘结钢绞线体外预应力束，市政、铁路及其他工程结构的体外束可参照使用。

2 规范性引用文件

下列文件对于本文件的应用是必不可少的。凡是注日期的引用文件，仅注日期的版本适用于本文件。凡是不注日期的引用文件，其最新版本(包括所有的修改单)适用于本文件。

GB/T 230.1　金属材料　洛氏硬度试验　第1部分:试验方法(A、B、C、D、E、F、G、H、K、N、T标尺)
GB/T 231.1　金属材料　布氏硬度　第1部分:试验方法
GB/T 254　半精炼石蜡
GB/T 699　优质碳素结构钢
GB/T 700　碳素结构钢
GB/T 714　桥梁用结构钢
GB/T 1591　低合金高强度结构钢
GB/T 3077　合金结构钢
GB/T 4162　锻轧钢棒超声检测方法
GB/T 4956　磁性基体上非磁性覆盖层　覆盖层厚度测量　磁性法
GB/T 5224　预应力混凝土用钢绞线
GB/T 5574　工业用橡胶板
GB/T 8162　结构用无缝钢管
CJ/T 297　桥梁缆索用高密度聚乙烯护套料
JB/T 4730.4　承压设备无损检测　第4部分:磁粉检测
JB/T 5000.13　重型机械通用技术条件　第13部分:包装
JG 161　无粘结预应力钢绞线
JG 3007　无粘结预应力筋专用防腐润滑脂
JTG D62　公路钢筋混凝土及预应力混凝土桥涵设计规范
JT/T 329　公路桥梁预应力钢绞线用锚具、夹具和连接器
JT/T 771　无粘结钢绞线斜拉索技术条件
YB/T 036.7　冶金设备制造通用技术条件　锻件
YB/T 152　高强度低松弛预应力热镀锌钢绞线

3 术语、定义和符号

3.1 术语和定义

下列术语和定义适用于本文件。

3.1.1
无粘结钢绞线体外预应力束 external prestressing tendons of unbonded steel strand

位于梁体截面之外,仅在锚固区和转向块处与梁体相连接的无粘结钢绞线预应力束,简称体外束。

3.1.2
无粘结预应力钢绞线 unbonded prestressing steel strand

采用防腐润滑脂涂敷并外包护套的镀锌或光面钢绞线。

3.1.3
束套管 cable pipe

位于体外束束体外层的塑料管或金属管,保护钢绞线免受损伤和腐蚀。

3.1.4
束体 tendon

无粘结预应力钢绞线和束套管的组合体。

3.1.5
锚固段 anchorage zone

位于锚固装置内的体外束节段。

3.1.6
自由段 free length

除锚固段和转向段之外的体外束节段。

3.1.7
转向块 deviator

采用混凝土或钢支承块等构件,与梁体可靠连接,以控制体外束束体线形的装置。

3.1.8
转向器 saddle

设置于体外束束体转向点处、用于改变束体方向的装置。

3.1.9
减振装置 damper

改变束体自振频率,降低束体振动幅度的装置。

3.2 符号

下列符号适用于本文件。

d——钢绞线中单根钢丝的最大直径,单位为毫米(mm);

F_{pm}——钢绞线实测极限抗拉力平均值;

F_{apu}——钢绞线实测极限拉力;

f_{ptk}——钢绞线的抗拉强度标准值,单位为兆帕(MPa);

n——疲劳试验组装件可通过钢绞线的总根数；

n'——疲劳试验选取有代表性预应力钢绞线的最少根数；

$R_{\min}$——转向器的最小弯曲半径，单位为毫米(mm)；

α——转向器的转向角度；

$\varepsilon_{\mathrm{apu}}$——静载试验达到实测极限拉力时钢绞线的总应变；

μ——钢绞线与护套的摩阻系数；

$\Delta\sigma$——疲劳试验钢绞线的应力幅值，单位为兆帕(MPa)。

4 结构、规格与型号

4.1 结构与规格

4.1.1 体外束

体外束由束体、锚具、转向器和减振装置等组件构成，分为锚固段、转向段和自由段三部分，见图1。

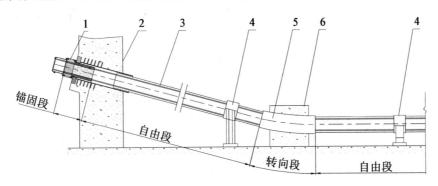

说明：
1——锚具；   4——减振装置；
2——梁体；   5——转向器；
3——束体；   6——转向块。

图1 体外束结构示意图

4.1.2 束体

4.1.2.1 束体截面中位于束套管内的无粘结钢绞线排列为六边形或对称切角六边形，见图2。

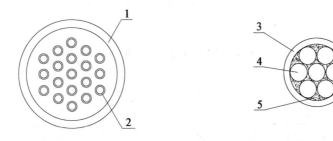

说明：
1——束套管；   4——钢绞线；
2——无粘结钢绞线；   5——防腐润滑脂。
3——单根钢绞线护套；

图2 束体及单根无粘结钢绞线截面示意图

4.1.2.2 束体截面构造示意图参见附录A。

4.1.2.3 束体的规格及主要技术参数见表1。

表1 束体的规格及主要技术参数

规格型号	钢绞线束公称截面积（mm²）	$f_{ptk}=1\ 720MPa$		$f_{ptk}=1\ 860MPa$	
		公称破断索力（kN）	最大设计索力（kN）	公称破断索力（kN）	最大设计索力（kN）
15—7	980	1 686	1 096	1 823	1 185
15—12	1 680	2 890	1 878	3 125	2 031
15—19	2 660	4 575	2 974	4 948	3 216
15—22	3 080	5 298	3 443	5 729	3 724
15—31	4 340	7 465	4 852	8 072	5 247
15—37	5 180	8 910	5 791	9 635	6 263

4.1.3 锚具

4.1.3.1 锚具由锚板、夹片、过渡管、密封装置、锚垫板及其他部件组成，在锚固区和防护帽内有防腐填充料，见图3。

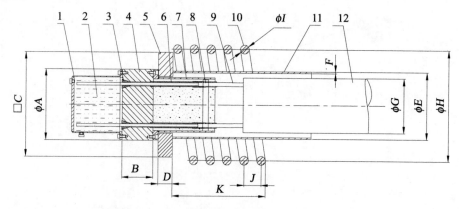

说明：
1——防护帽；　　5——锚垫板；　　9——无粘结钢绞线；
2——防腐填充料；6——穿线管；　　10——螺旋筋；
3——夹片；　　　7——过渡管；　　11——预留导管；
4——锚板；　　　8——密封装置；　12——束套管。

图3 锚具结构示意图

4.1.3.2 锚具主要规格尺寸见表2。

表2 锚具主要规格尺寸　　　　　单位为毫米

规格	锚板		锚垫板		预留导管		束套管	螺旋筋			
	ϕA	B	$\Box C$	D	ϕE	F	ϕG	ϕH	ϕI	J	K
15—7	155	80	220	35	140	4.5	100	275	14	50	300
15—12	185	85	260	40	180	4.5	140	325	16	50	350
15—19	230	100	335	50	203	5	160	420	18	60	480
15—22	250	100	355	50	219	6	180	450	18	60	540
15—31	280	125	415	60	245	6	200	520	20	65	600
15—37	300	150	455	70	273	6	225	570	22	70	630

4.1.4 转向器

4.1.4.1 转向器由转向器体、支撑板、穿线管等组成,截面为圆形或矩形。转向器的穿线管两端出口处应设置倒角形成圆滑过渡,见图4。

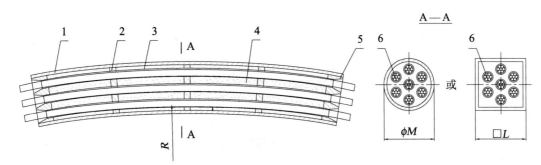

说明:
1——转向器体;
2——支撑板;
3——穿线管;
4——定位浆体;
5——过渡倒角;
6——无粘结钢绞线。

图4 转向器结构示意图

4.1.4.2 转向器的最小弯曲半径 $R_{min} \geqslant 580d$,靠近锚固段转向器的最小弯曲半径应增大1 000mm,其他主要规格尺寸见表3。

表3 转向器主要规格尺寸   单位为毫米

规　格	15—7	15—12	15—19	15—22	15—31	15—37
外径 ϕM	114	140	180	194	219	245
边长 $\square L$	110	145	180	195	220	240

4.1.5 减振装置

当体外束自由段长度超过10m时,应设置减振装置,减振装置由调整螺杆、束卡箍、减振圈、减振垫和支架等组成,分Ⅰ型、Ⅱ型,见图5。

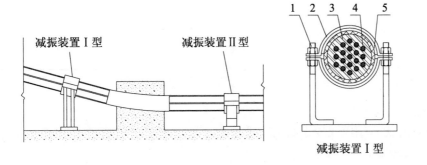 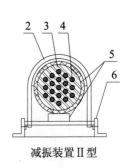

说明:
1——调整螺杆;
2——束卡箍;
3——减振圈;
4——束体;
5——减振垫;
6——支架。

图5 减振装置结构示意图

4.2 型号

4.2.1 体外束型号

体外束的型号由体外束代号、钢绞线直径和根数来表示。

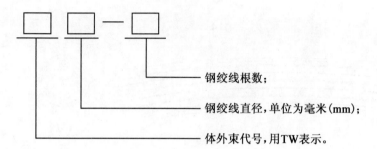

示例：
19根直径为15.2mm的钢绞线组成的体外束，型号表示为TW 15—19。

4.2.2 锚具、转向器型号

锚具的型号由体外束代号、锚具代号、钢绞线直径和根数来表示；转向器的型号由体外束代号、转向器代号、钢绞线直径和根数来表示。

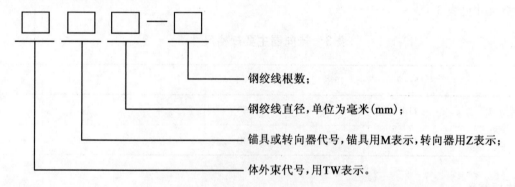

示例：
与19根直径15.2mm的钢绞线组成的束体配合使用的锚具或转向器，其型号分别表示为TWM15—19或TWZ15—19。

5 技术要求

5.1 体外束组件

5.1.1 束体

5.1.1.1 无粘结钢绞线应符合下列要求：
a) 无粘结钢绞线宜选用热镀锌钢绞线或光面钢绞线制作，所选用的钢绞线直径为15.2mm，抗拉强度级别宜不小于1 720MPa；
b) 选用的光面钢绞线或热镀锌钢绞线应分别符合GB/T 5224或YB/T 152的规定；
c) 无粘结钢绞线的护套应采用高密度聚乙烯(HDPE)材料，并应符合CJ/T 297的规定；护套厚度应为$1.5_{0}^{+0.5}$mm，防腐润滑脂的含量应不小于50g/m，其他要求应符合JG 161的规定。

5.1.1.2 束套管应符合下列要求：
a) 束套管的材料应采用HDPE管、钢管或其他材料。HDPE应符合CJ/T 297的规定，钢管应采

用性能指标不低于 Q235 要求的无缝钢管,并应符合 GB/T 8162 的规定,采用其他材料的也应符合相关标准规定;
b) 束套管可设计成单层或双层,其截面形状为圆形或由两个半圆组成,外层可设计不同颜色;
c) 束套管的长度应符合设计或合同的要求,用 HDPE 制成束套管,管壁厚度应不小于 $G/32$(G 为束套管外径),且不小于 4mm。用钢管制成束套管,管壁厚度应不小于 $G/50$,且不小于 2mm。束套管表面应良好完整,划痕深度不得超过管壁厚度的 20%;
d) 束套管由若干节直管通过镜面焊接或管套连接,连接处应具有不低于束套管非连接处的拉伸屈服强度,现场焊接的束套管长度应控制在设计允许偏差范围之内。

5.1.2 锚具

5.1.2.1 锚具组件材料应符合下列要求:
a) 锚板的材料应采用性能指标不低于 45 号钢要求的优质碳素结构钢或不低于 40Cr 要求的合金结构钢,并应符合 GB/T 699 或 GB/T 3077 的规定;
b) 锚板的坯件应为锻件,并应符合 YB/T 036.7 的规定;
c) 锚板制作时应逐件进行超声波检测和磁粉检测,并应符合 GB/T 4162 中 B 级和 JB/T 4730.4 中 Ⅱ 级质量等级的要求;
d) 锚垫板的材料应采用性能指标不低于 Q345 要求的低合金高强度结构钢或不低于 Q345q 要求的桥梁用结构钢,并应符合 GB/T 1591 或 GB/T 714 的规定;
e) 夹片的材料应采用含碳量小于 0.25% 的合金结构钢,并应符合 GB/T 3077 的规定,其热处理要求应符合 JT/T 329 的规定;
f) 预留导管和过渡管的材料应采用性能指标不低于 Q235 要求的无缝钢管,并应符合 GB/T 8162 的规定;
g) 穿线管的材料应采用 HDPE,并应符合 CJ/T 297 的规定;
h) 螺旋筋的材料应采用性能指标不低于 Q235 要求的碳素结构钢,并应符合 GB/T 700 的规定。

5.1.2.2 锚具应标注规格型号及批号;外观、外形尺寸及硬度应符合设计图样要求;同一规格锚具的同类部件应具有互换性。

5.1.2.3 锚具裸露表面应采用热镀锌、喷锌铝合金或涂装防腐,热镀锌防腐的锌层平均厚度为 90μm~120μm,喷锌铝合金或涂装防腐层的厚度应符合设计规定。

5.1.2.4 锚具的静载锚固性能、疲劳性能和锚下荷载传递性能要求应符合 JT/T 329 的规定。

5.1.2.5 锚具应具有可靠的密封装置,密封性能应符合 JT/T 771 的规定。

5.1.2.6 防腐填充料应符合下列要求:
a) 锚固区和防护帽内应填充防腐油脂、石蜡等不固化无粘结防腐材料;
b) 填充用防腐油脂应符合 JG 3007 的规定;
c) 填充用石蜡应符合 GB/T 254 的规定。

5.1.3 转向器

5.1.3.1 转向器的钢质组件材料应采用性能指标不低于 Q345 要求的无缝钢管和钢板,并应符合 GB/T 8162 和 GB/T 1591 的规定;穿线管的材料应采用 HDPE,并应符合 CJ/T 297 的规定。

5.1.3.2 外观及外形尺寸应符合设计图样要求。

5.1.3.3 钢质组件裸露表面的防腐要求按 5.1.2.3 的规定。

5.1.4 减振装置

5.1.4.1 减振装置的钢质组件材料应采用性能指标不低于 Q235 要求的碳素结构钢,并应符合

GB/T 700的规定;减振圈的材料应采用HDPE,并应符合CJ/T 297的规定;减振垫应采用隔振橡胶,并应符合GB/T 5574的规定。

5.1.4.2 外观及外形尺寸应符合设计图样要求。

5.1.4.3 钢质组件表面的防腐要求按5.1.2.3的规定。

5.2 体外束组装件

5.2.1 转向器与钢绞线、锚具组装件的静载性能应符合以下要求:
    a) 极限拉力F_{apu}不小于$0.95F_{pm}$;
    b) 达到实测极限拉力F_{apu}时钢绞线受力长度的总应变$\varepsilon_{apu} \geq 2\%$;
    c) 失效应是由钢绞线的断裂导致,而不是转向器组件的破坏导致。

5.2.2 转向器与钢绞线、锚具组装件的疲劳荷载性能,在上限应力为$65\% f_{ptk}$、应力幅为80MPa的试验条件下,经受200万次循环荷载后应符合以下要求:
    a) 钢绞线疲劳破坏的截面面积不应大于试件总面积的5%;
    b) 转向段处钢绞线护套的最小残余厚度不应小于初始厚度的50%;
    c) 转向器、锚具组件不应疲劳破坏。

5.2.3 束体转向段钢绞线护套抗磨损性能应符合以下要求:
    a) 护套不允许折断;
    b) 护套不允许穿透,无油脂渗出;
    c) 护套的最小残余厚度不小于初始厚度的50%。

5.2.4 体外束组装件应满足分级张拉及补张拉的要求,并应满足对钢绞线实施单根监测、张拉或更换的要求。

5.2.5 在体外束锚固区和防护帽内灌注的防腐填充料,应不影响体外束钢绞线的单根监测和更换性能。

5.2.6 体外束应与锚垫板相垂直,其曲线段的起始点至锚固点的直线长度不宜小于600mm。

5.2.7 体外束的安装技术要求参见附录B。

6 试验方法

6.1 体外束组件

6.1.1 束体

6.1.1.1 无粘结钢绞线的检测应按GB/T 5224、YB/T 152和JG 161的规定进行;无粘结钢绞线HDPE护套材料的检测应按CJ/T 297的规定进行;护套厚度及防腐润滑脂含量的检测应按JG 161的规定进行。

6.1.1.2 束套管用HDPE材料的检测应按CJ/T 297的规定进行;钢管的检测应按GB/T 8162的规定进行;束套管的外观质量用目测法检测,其长度、直径和壁厚用钢卷尺和游标卡尺检测。

6.1.2 锚具

6.1.2.1 锚具组件材料的检测应符合下列要求:
    a) 锚板材料的检测应按GB/T 699或GB/T 3077的规定进行;
    b) 锚板锻坯料的检测应按YB/T 036.7的规定进行;
    c) 超声波检测和磁粉检测应分别按GB/T 4162和JB/T 4730.4的规定进行;
    d) 锚垫板材料的检测应按GB/T 1591或GB/T 714的规定进行;

e) 夹片材料的检测应按 GB/T 3077 的规定进行,其热处理的检测应按 JT/T 329 的规定进行;
f) 预留导管和过渡管的检测应按 GB/T 8162 的规定进行;
g) 穿线管用 HDPE 材料的检测应按 CJ/T 297 的规定进行;
h) 螺旋筋材料的检测应按 GB/T 700 的规定进行。

6.1.2.2 锚具的外观质量用目测法检测;外形尺寸用游标卡尺和钢卷尺检测;硬度的检测应按 GB/T 230.1 和 GB/T 231.1 的规定进行;互换性的检测按实测实配方法进行。

6.1.2.3 镀锌层厚度的检测应按 GB/T 4956 的规定进行。

6.1.2.4 锚具静载锚固性能、疲劳性能和锚下荷载传递性能的试验应按 JT/T 329 的规定进行。

6.1.2.5 锚具密封性能的试验应按 JT/T 771 的规定进行。

6.1.2.6 防腐填充料的检测应符合下列要求:
a) 填充用防腐油脂的检测应按 JG 3007 的规定进行;
b) 填充用石蜡的检测应按 GB/T 254 的规定进行。

6.1.3 转向器

6.1.3.1 转向器钢质组件材料的检测应按 GB/T 1591 和 GB/T 8162 的规定进行;穿线管用 HDPE 材料的检测应按 CJ/T 297 的规定进行。

6.1.3.2 外观质量用目测法检测;外形尺寸用游标卡尺和钢卷尺检测。

6.1.3.3 镀锌层厚度检测应按 GB/T 4956 的规定进行。

6.1.4 减振装置

6.1.4.1 减振装置钢质组件材料的检测应按 GB/T 700 的规定进行;减振圈用 HDPE 材料的检测应按 CJ/T 297 的规定进行;减振垫用隔振橡胶材料的检测应按 GB/T 5574 的规定进行。

6.1.4.2 外观质量用目测法检测;外形尺寸用游标卡尺和钢卷尺检测。

6.1.4.3 镀锌层厚度的检测应按 GB/T 4956 的规定进行。

6.2 体外束组装件

6.2.1 转向器与钢绞线、锚具组装件的静载性能试验按附录 C 的规定进行。

6.2.2 转向器与钢绞线、锚具组装件的疲劳荷载性能试验按附录 D 的规定进行。

6.2.3 束体转向段钢绞线护套的抗磨损试验按附录 E 的规定进行。

7 检验规则

7.1 检验分类

7.1.1 体外束产品的检验分为型式检验、出厂检验及进场检验三类。

7.1.2 型式检验为对产品全面性能控制性检验,凡属下列情况之一时应进行型式检验:
a) 新产品定型或产品转产鉴定时;
b) 正式生产后,如结构、材料、工艺有较大改变,可能影响产品性能时;
c) 正常生产时,五年进行一次;
d) 产品长期停产后,恢复生产时;
e) 出厂检验结果与上次型式检验有较大差异时;
f) 国家或省级质量监督机构提出进行型式检验的要求时。

7.1.3 出厂检验为生产单位在每批产品出厂前进行的厂内产品质量控制性检验。

7.1.4 进场检验为体外束产品到工地后进行的质量检测性检验。

7.2 检验项目

7.2.1 型式检验的检验项目按表4规定进行。

表4 体外束产品型式检验项目

检 验 项 目	技 术 要 求	试 验 方 法	取 样 数 量
锚具静载锚固性能	5.1.2.4	6.1.2.4	3
锚具疲劳性能	5.1.2.4	6.1.2.4	1
锚下荷载传递性能	5.1.2.4	6.1.2.4	3
锚具密封性能	5.1.2.5	6.1.2.5	1
转向器静载性能	5.2.1	6.2.1	1
转向器疲劳性能	5.2.2	6.2.2	1
转向段护套抗磨损性能	5.2.3	6.2.3	1
注1：取样数量为一件时，宜选取待检产品中的最大规格产品作为试件；取样数量为三件时，宜分别选取待检产品中的最大、中间和较小规格产品作为试件。			
注2：如产品用于不同强度等级的钢绞线，则选强度等级最高的钢绞线作为试件。			

7.2.2 出厂检验的检验项目按表5规定进行。

表5 体外束产品出厂检验项目

	检 验 项 目	技 术 要 求	试 验 方 法	取 样 规 定
束体	钢绞线机械性能	5.1.1.1	6.1.1.1	6.1.1.1
	束套管外观及外形尺寸	5.1.1.2	6.1.1.2	10%
锚具	外观、外形尺寸及互换性	5.1.2.2	6.1.2.2	10%
	硬度	5.1.2.2	6.1.2.2	100%
	超声波和磁粉探伤	5.1.2.1	6.1.2.1	100%
	锚固静载性能	5.1.2.4	6.1.2.4	表4
转向器	外观及外形尺寸	5.1.3.2	6.1.3.2	10%
减振器	外观及外形尺寸	5.1.4.2	6.1.4.2	10%

7.2.3 进场检验的检验项目按表6规定进行。

表6 体外束产品进场检验项目

	检 验 项 目	技 术 要 求	试 验 方 法	取 样 规 定
束体	钢绞线机械性能	5.1.1.1	6.1.1.1	6.1.1.1
	束套管外观及外形尺寸	5.1.1.2	6.1.1.2	10%
锚具	外观、外形尺寸及互换性	5.1.2.2	6.1.2.2	10%
	硬度	5.1.2.2	6.1.2.2	5%
转向器	外观及外形尺寸	5.1.3.2	6.1.3.2	10%
减振器	外观及外形尺寸	5.1.4.2	6.1.4.2	10%

8 标志、包装、运输和储存

8.1 标志

8.1.1 体外束产品的表面应标有规格型号、批号及编号。

8.1.2 每种产品应有合格证,标明:产品名称、厂名、生产日期、规格型号、编号、重量等。

8.2 包装

8.2.1 无粘结钢绞线出厂时应按合同要求的长度卷盘包装,并应符合 JG 161 的规定。

8.2.2 锚具、转向器和减振装置出厂时应经防锈处理后成箱包装,并应符合 JB/T 5000.13 的规定。

8.2.3 束套管出厂时,应每根单独包裹后再成箱包装,防止污染、挤压、弯曲变形和损伤等。

8.3 运输和储存

体外束各组件的运输、储存均应妥善保护,避免锈蚀、沾污、遭受机械损伤或散失。临时性的防护措施应不影响安装操作的效果和永久性防腐措施的实施。

附 录 A
（资料性附录）
束体截面构造示意图

束体截面构造参见图 A.1。

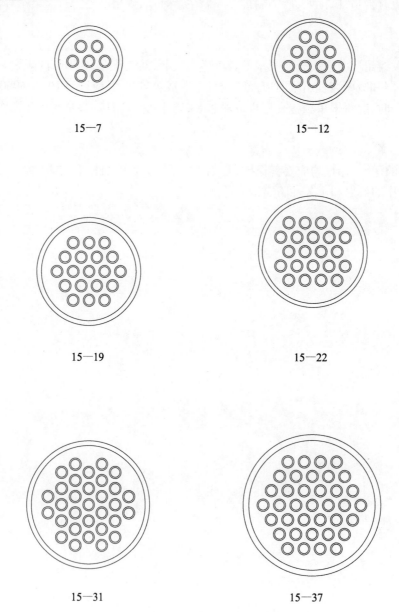

图 A.1 束体截面构造示意图

附 录 B
（资料性附录）
体外束安装技术要求

B.1 安装

B.1.1 体外束安装前应检查各组件的制造质量，确保满足设计安装要求。锚具、钢绞线等其他裸露构件，在安装过程中应妥善防护，防止雨水和其他有害物质的渗入。

B.1.2 体外束锚具、预留导管、转向器等组件的安装误差，应控制在设计规定的范围内，无设计要求的，其安装位置允许误差应为±10mm，角度允许误差应为±0.5°。

B.1.3 无粘结钢绞线在安装时，应精确计算钢绞线两端护套的剥除长度，确保张拉后剥除护套的裸露钢绞线处于锚固区防腐范围内。

B.1.4 体外束在安装过程中应防止束套管受到机械损伤、扭曲变形，束体内钢绞线不可相互缠绕。

B.2 张拉

B.2.1 体外束张拉可采用单根钢绞线张拉或整束张拉，张拉控制应力应不大于$65\% f_{ptk}$，钢绞线张拉应采用应力和延伸量双控制，体外束张拉结束后，每束内各根钢绞线的索力误差应控制在±2.5%范围内。

B.2.2 体外束张拉时各项预应力损失应按JTG D62的要求计算或试验确定，其中无粘结钢绞线张拉时的摩阻系数μ为0.09或根据结构要求进行摩阻系数试验确定。

B.2.3 体外束张拉及调索结束时，夹片咬合钢绞线应符合下列要求：
  a) 如夹片对钢绞线某位置有重叠咬合，其重叠长度应不超过夹片长度的50%，其初次咬合表面的长度应大于20mm；
  b) 体外束两锚固端夹片咬合点之间的钢绞线上应无夹片咬痕。

B.2.4 对于张拉应力小于$40\% f_{ptk}$的低应力体外束，其锚固夹片应顶压就位，必要时应安装防松装置。

B.2.5 需要多次张拉或将来更换的体外束，其端部钢绞线预留的工作长度应满足再次张拉或退索更换的需要。

B.3 防腐

B.3.1 体外束张拉结束后，钢绞线端部应安装防护帽，保证外部水分及有害物质不侵入锚具内部，锚固区的防腐填充料也不得泄漏流失。

B.3.2 体外束锚固区和防护帽内需灌注防腐填充料，填充料宜从低端灌注，高端排气，使填充料充满锚固区和防护帽的全部空隙，避免产生气泡。

B.3.3 体外束安装完成后，体外束组件裸露金属表面，应与钢结构桥梁外露件做同等级的防护处理。

B.3.4 安装结束后应提交体外束各组件的结构和各阶段安装质量验收记录，包括体外束各组件的安装、张拉和防腐质量等。

附 录 C
（规范性附录）
转向器静载性能试验

C.1 试件和试验装置

C.1.1 试件采用转向器、锚具和钢绞线等组件，转向器安装在混凝土转向块内，转向器端部至锚固段之间的长度应不小于3m。

C.1.2 试验用的钢绞线应符合5.1.1.1的规定，抗拉强度级别为1 860MPa，试验前应确定钢绞线的尺寸及力学性能。

C.1.3 转向器的转向角度 α = 10°，并满足最小弯曲半径要求，或选择实际工程中最大转向角度和最小弯曲半径的试件。

C.1.4 试验装置如图 C.1 所示。

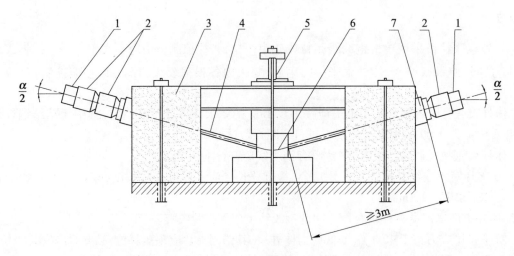

说明：
1——锚具；　　　　4——钢绞线束；　　　　7——楔垫。
2——加载千斤顶；　5——调整立架；
3——支撑台；　　　6——转向器；

图 C.1 转向器静载试验装置示意图

C.2 试验步骤

试验步骤如下：
a) 将钢绞线逐根安装在试验台架上，调试各根钢绞线应力至钢绞线抗拉强度标准值f_{ptk}的5%～10%，并使各根钢绞线的初应力均匀；
b) 按钢绞线抗拉强度标准值f_{ptk}的20%、40%、60%、80%进行加载，加载速度约100MPa/min，每级加载时使钢绞线相对转向器产生的位移不少于200mm，达到80%f_{ptk}时持荷1h，再将张拉应力减小到70%f_{ptk}；
c) 以最大应变不超过 0.002/min 的速率缓慢加载，直至破坏。

C.3 测量、观察和记录

试验过程中应进行以下各项测量、观察并记录：

a) 试验装置和步骤的描述；
b) 检查各组件的材料、外形和硬度等；
c) 钢绞线束与转向器的相对位移；
d) 钢绞线束极限拉力 F_{apu} 及总应变 ε_{apu}；
e) 失效的位置和形式；
f) 剖开转向器，观察转向器内部破坏程度；
g) 观测时的图片文件。

附 录 D
（规范性附录）
转向器疲劳荷载性能试验

D.1 试件和试验装置

D.1.1 试件采用转向器、锚具和钢绞线等组件，转向器安装在混凝土转向块内，转向器端部至锚固段之间的水平距离应不小于2m。

D.1.2 试验用的钢绞线应符合5.1.1.1的规定，抗拉强度级别为1860MPa，试验前应确定钢绞线的尺寸及力学性能。

D.1.3 转向器的转向角度 $\alpha=10°$，并满足最小弯曲半径要求，或选择实际工程中最大转向角度和最小弯曲半径的试件。当疲劳试验机能力不够，需减少试验钢绞线的根数时，应以转向器中弯曲半径最小的钢绞线为代表进行试验，减少后的钢绞线根数 n' 应满足以下要求：

a) 当实际钢绞线根数 $n \leq 12$ 时，试验钢绞线根数 $n' \geq n/3$；
b) 当实际钢绞线根数 $n > 12$ 时，试验钢绞线根数 $n' \geq 4+(n-12)/4$。

D.1.4 试验装置如图 D.1 所示。

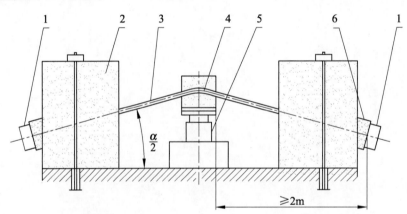

说明：
1——锚具；   4——转向器；
2——支撑台； 5——疲劳加载千斤顶；
3——钢绞线束； 6——楔垫。

图 D.1 转向器疲劳试验装置示意图

D.2 试验步骤

试验步骤如下：

a) 将钢绞线逐根安装在试验台架上，调试各根钢绞线应力至钢绞线抗拉强度标准值 f_{ptk} 的5%~10%，并使各根钢绞线的初应力均匀。再以约100MPa/min的加载速度，使钢绞线束张拉应力达到 $65\% f_{ptk} - \Delta\sigma/2$ 后，记录转向器的初始位置；

b) 将转向器从初始位置抬起高度 h_1，使钢绞线张拉应力达到试验上限值 $65\% f_{ptk}$，记录转向器的上限位置；

c) 将转向器从初始位置降低高度 h_2，使钢绞线张拉应力降到试验下限值 $65\% f_{ptk} - \Delta\sigma$，记录转向器的下限位置，见图 D.2；

d) 转向器在上下限位置 Δh 之间进行循环移动200万次，频率不超过10Hz。

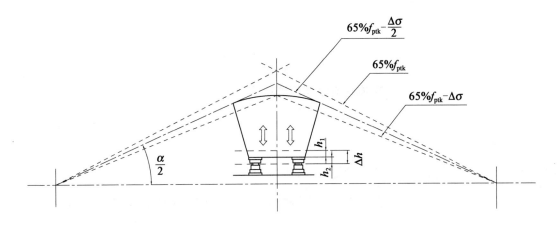

图 D.2 转向器疲劳试验加载示意图

D.3 测量、观察和记录

试验过程中应进行以下各项测量、观察并记录：

a) 试验装置和步骤的描述；
b) 检查各组件的材料、外形和硬度等；
c) 不少于三根钢绞线母材的试验；
d) 钢绞线与转向器的相对位移；
e) 钢绞线护套的磨损情况；
f) 失效的位置、形式和数量以及相应的疲劳次数；
g) 观测时的图片文件。

附 录 E
（规范性附录）
束体转向段钢绞线护套抗磨损试验

E.1 试件和试验装置

E.1.1 试验A

试件要求与附录C中C.1相同，转向器的转向角度 $\alpha = 10°$，但束体的转角取14°，试验装置同图C.1。

E.1.2 试验B

试件要求与附录C中C.1相同，但采用长度700mm的钢质水平转向器。束体在水平转向器两端的转角均为2°，转向器两端转角处采用半径为5mm的圆弧过渡，试验装置如图E.1所示。

单位为毫米

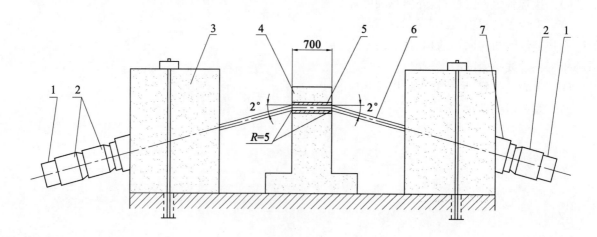

说明：
1——锚具； 4——转向块； 7——楔垫。
2——加载千斤顶； 5——水平转向器；
3——支撑台； 6——钢绞线束；

图E.1 试验B的装置示意图

E.2 试验步骤

试验的步骤同附录C中C.2，试验要求如下：
a) 最大张拉应力为钢绞线抗拉强度标准值 f_{ptk} 的70%；
b) 达到最大张拉应力时，将钢绞线相对转向器移动至少800mm；
c) 完成位移后继续持荷21d；
d) 卸去应力，剖开转向器附近的束体，剖开长度不少于束体的位移量。

E.3 测量、观察和记录

试验过程中应进行以下各项测量、观察并记录：

a) 试验装置和步骤的描述；
b) 护套的磨损或开裂情况；
c) 护套的最小残余壁厚；
d) 试验后的试件和组件情况；
e) 观测时的图片文件。

ICS 93.040
P 28
备案号：

中华人民共和国交通运输行业标准

JT/T 854—2013

公路桥梁球型支座规格系列

Series of spherical bearings for highway bridges

2013-04-07 发布　　　　　　　　　　　　　　　2013-05-01 实施

中华人民共和国交通运输部 发布

JT/T 854—2013

目 次

前言
1 范围
2 规范性引用文件
3 符号
4 分类及型号
5 支座规格系列
6 选用要求

前　言

本标准按照 GB/T 1.1—2009 给出的规则起草。

本标准由中国公路学会桥梁和结构工程分会提出并归口。

本标准起草单位：中交公路规划设计院有限公司。

本标准主要起草人：赵君黎、冯苊、刘晓娣、郑学珍、李杨海、陈洪彬、吴益梅、金立新。

JT/T 854—2013

公路桥梁球型支座规格系列

1 范围

本标准规定了公路桥梁球型支座分类、型号、规格系列及选用要求。

本标准适用于符合 GB/T 17955—2009 要求、承载力为 1 000kN～60 000kN 的公路桥梁用球型支座。

2 规范性引用文件

下列文件对于本文件的应用是必不可少的。凡是注日期的引用文件，仅注日期的版本适用于本文件。凡是不注日期的引用文件，其最新版本(包括所有的修改单)适用于本文件。

GB/T 17955—2009 桥梁球型支座

3 符号

下列符号适用于本文件。

A、B——上顶板长、宽，单位为毫米(mm)；

A_1、B_1——上顶板锚固螺栓间距，单位为毫米(mm)；

C、D——下底盆长、宽，单位为毫米(mm)；

C_1、D_1——下底盆锚固螺栓间距，单位为毫米(mm)；

H——横向位移，单位为毫米(mm)；

h——支座高度，单位为毫米(mm)；

Z——纵向位移，单位为毫米(mm)；

θ——支座转角，单位为弧度(rad)。

4 分类及型号

4.1 分类

公路桥梁球型支座分类应符合 GB/T 17955—2009 中 3.1 的规定。

4.2 型号

支座型号表示方法如下：

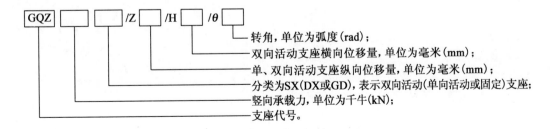

313

示例 1：

竖向承载力 20 000kN、双向活动球型支座，纵向位移量 ±100mm、横向位移量 ±40mm，转角 0.03rad，表示为 GQZ 20000SX/Z±100/H±40/θ0.03。

示例 2：

竖向承载力 30 000kN、单向活动球型支座，纵向位移量 ±150mm，转角 0.05rad，表示为 GQZ 30000DX/Z±150/θ0.05。

示例 3：

竖向承载力 10 000kN、固定球型支座，转角 0.03rad，表示为 GQZ 10000GD/θ0.03。

5 支座规格系列

5.1 双向活动支座结构示意图见图 1，其规格系列见表 1。

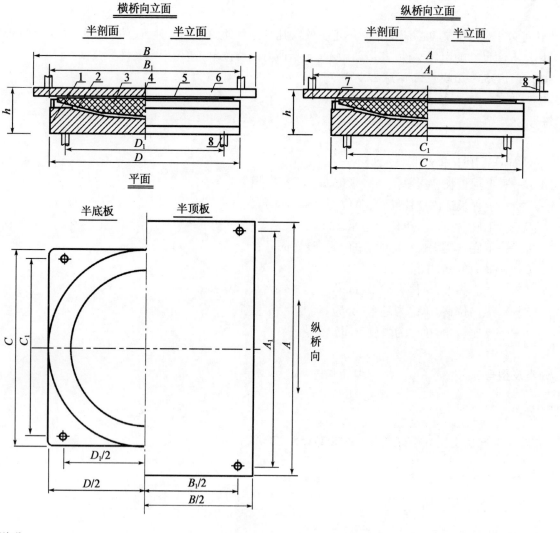

说明：
1——下底盆；
2——球面聚四氟乙烯板；
3——球型钢衬板；
4——圆形平面聚四氟乙烯板；
5——平面不锈钢板；
6——上顶板；
7——钢挡圈；
8——锚固螺栓。

图 1 双向活动支座结构示意图

表1 双向活动支座规格系列

序号	规格	纵向位移量 Z(mm)			横向位移量 H (mm)	支座高度 h(mm) θ(rad)					地脚螺栓底柱 (mm)
		Z_1	Z_2	Z_3		0.02	0.03	0.04	0.05	0.06	
1	GQZ 1000SX	±50	±100	±150	±20	83	84	85	—	—	$\phi 42 \times 252$
2	GQZ 1500SX	±50	±100	±150	±20	86	87	88	—	—	$\phi 42 \times 252$
3	GQZ 2000SX	±50	±100	±150	±20	91	92	93	—	—	$\phi 42 \times 252$
4	GQZ 2500SX	±50	±100	±150	±20	96	97	99	—	—	$\phi 42 \times 252$
5	GQZ 3000SX	±50	±100	±150	±20	100	102	103	—	—	$\phi 46 \times 260$
6	GQZ 3500SX	±50	±100	±150	±20	105	106	108	—	—	$\phi 46 \times 260$
7	GQZ 4000SX	±50	±100	±150	±20	109	111	113	—	—	$\phi 46 \times 260$
8	GQZ 4500SX	±50	±100	±150	±20	113	115	117	—	—	$\phi 46 \times 260$
9	GQZ 5000SX	±100	±150	±200	±20	117	119	121	—	—	$\phi 58 \times 300$
10	GQZ 6000SX	±100	±150	±200	±20	125	127	130	—	—	$\phi 58 \times 300$
11	GQZ 7000SX	±100	±150	±200	±20	132	134	137	—	—	$\phi 58 \times 300$
12	GQZ 8000SX	±100	±150	±200	±20	139	141	143	—	—	$\phi 70 \times 352$
13	GQZ 9000SX	±100	±150	±200	±20	145	147	149	—	—	$\phi 70 \times 352$
14	GQZ 10000SX	±100	±150	±200	±40	152	154	156	—	—	$\phi 70 \times 352$
15	GQZ 12500SX	±100	±150	±200	±40	173	175	177	—	—	$\phi 80 \times 352$
16	GQZ 15000SX	±100	±150	±200	±40	188	192	196	200 (201)	204 (205)	$\phi 80 \times 352$
17	GQZ 17500SX	±100	±150	±200	±40	199	201	205 (206)	209 (210)	214 (215)	$\phi 90 \times 400$
18	GQZ 20000SX	±150	±200	±250	±40	214	216	221	224	229	$\phi 90 \times 400$
19	GQZ 22500SX	±150	±200	±250	±40	221	223	227	232	238	$\phi 90 \times 400$
20	GQZ 25000SX	±150	±200	±250	±40	232	236	241	247	250	$\phi 100 \times 400$
21	GQZ 27500SX	±150	±200	±250	±40	243	245	251	254	261	$\phi 100 \times 400$
22	GQZ 30000SX	±150	±200	±250	±40	255	258	262	268	273	$\phi 100 \times 400$
23	GQZ 32500SX	±150	±200	±250	±40	267	270	274	281	286	$\phi 110 \times 460$
24	GQZ 35000SX	±150	±200	±250	±40	277	279	286	291	296	$\phi 110 \times 460$
25	GQZ 37500SX	±150	±200	±250	±40	286	289	293	302	307	$\phi 110 \times 460$
26	GQZ 40000SX	±200	±250	±300	±40	297	300	304	310	315	$\phi 120 \times 480$
27	GQZ 45000SX	±200	±250	±300	±40	323	324	329	334	344	$\phi 120 \times 480$
28	GQZ 50000SX	±200	±250	±300	±40	342	344	346	354	363	$\phi 124 \times 520$
29	GQZ 55000SX	±200	±250	±300	±40	361	363	366	373	381	$\phi 124 \times 520$
30	GQZ 60000SX	±200	±250	±300	±40	379	381	385	393	400	$\phi 128 \times 560$

表1(续)

序号	规格	上顶板宽 B(mm)					上顶板横桥向锚固螺栓间距 B_1(mm)				
		θ(rad)					θ(rad)				
		0.02	0.03	0.04	0.05	0.06	0.02	0.03	0.04	0.05	0.06
1	GQZ 1000SX	360	380	390	—	—	300	320	330	—	—
2	GQZ 1500SX	410	420	440	—	—	350	360	380	—	—
3	GQZ 2000SX	450	480	490	—	—	390	420	430	—	—
4	GQZ 2500SX	500	520	550	—	—	440	460	490	—	—
5	GQZ 3000SX	530	560	590	—	—	460	490	520	—	—
6	GQZ 3500SX	570	600	630	—	—	500	530	560	—	—
7	GQZ 4000SX	590	620	650	—	—	520	550	580	—	—
8	GQZ 4500SX	630	660	690	—	—	560	590	620	—	—
9	GQZ 5000SX	650	680	710	—	—	560	590	620	—	—
10	GQZ 6000SX	730	760	800	—	—	640	670	710	—	—
11	GQZ 7000SX	770	810	850	—	—	680	720	760	—	—
12	GQZ 8000SX	800	850	900	—	—	700	750	800	—	—
13	GQZ 9000SX	850	900	950	—	—	750	800	850	—	—
14	GQZ 10000SX	930	970	1 020	—	—	830	870	920	—	—
15	GQZ 12500SX	1 010	1 060	1 110	—	—	900	950	1 000	—	—
16	GQZ 15000SX	1 080	1 140	1 190	1 250	1 300	970	1 030	1 080	1 140	1 190
17	GQZ 17500SX	1 160	1 210	1 270	1 330	1 390	1 040	1 090	1 150	1 210	1 270
18	GQZ 20000SX	1 220	1 280	1 340	1 410	1 470	1 100	1 160	1 220	1 290	1 350
19	GQZ 22500SX	1 320	1 380	1 450	1 510	1 580	1 200	1 260	1 330	1 390	1 460
20	GQZ 25000SX	1 330	1 430	1 500	1 570	1 640	1 200	1 300	1 370	1 440	1 510
21	GQZ 27500SX	1 430	1 490	1 560	1 630	1 710	1 300	1 360	1 430	1 500	1 580
22	GQZ 30000SX	1 490	1 550	1 620	1 700	1 770	1 360	1 420	1 490	1 570	1 640
23	GQZ 32500SX	1 560	1 620	1 690	1 760	1 840	1 420	1 480	1 550	1 620	1 700
24	GQZ 35000SX	1 600	1 670	1 740	1 820	1 900	1 460	1 530	1 600	1 680	1 760
25	GQZ 37500SX	1 650	1 720	1 790	1 870	1 960	1 510	1 580	1 650	1 730	1 820
26	GQZ 40000SX	1 720	1 780	1 860	1 950	2 030	1 570	1 630	1 710	1 800	1 880
27	GQZ 45000SX	1 800	1 860	1 940	2 030	2 120	1 650	1 710	1 790	1 880	1 970
28	GQZ 50000SX	1 890	1 960	2 040	2 130	2 220	1 730	1 800	1 880	1 970	2 060
29	GQZ 55000SX	1 960	2 030	2 120	2 210	2 300	1 800	1 870	1 960	2 050	2 140
30	GQZ 60000SX	2 040	2 110	2 200	2 300	2 400	1 870	1 940	2 030	2 130	2 230

表1(续)

序号	规格	上顶板长 A (mm)														
		θ (rad)														
		0.02			0.03			0.04			0.05			0.06		
		Z_1	Z_2	Z_3	Z_1	Z_2	Z_3	Z_1	Z_2	Z_3	Z_1	Z_2	Z_3	Z_1	Z_2	Z_3
1	GQZ 1000SX	420	520	620	440	540	640	450	550	650	—	—	—	—	—	—
2	GQZ 1500SX	470	570	670	480	580	680	500	600	700	—	—	—	—	—	—
3	GQZ 2000SX	510	610	710	540	640	740	550	650	750	—	—	—	—	—	—
4	GQZ 2500SX	560	660	760	580	680	780	610	710	810	—	—	—	—	—	—
5	GQZ 3000SX	590	690	790	620	720	820	650	750	850	—	—	—	—	—	—
6	GQZ 3500SX	630	730	830	660	760	860	690	790	890	—	—	—	—	—	—
7	GQZ 4000SX	650	750	850	680	780	880	710	810	910	—	—	—	—	—	—
8	GQZ 4500SX	690	790	890	720	820	920	750	850	950	—	—	—	—	—	—
9	GQZ 5000SX	810	910	1 010	840	940	1 040	870	970	1 070	—	—	—	—	—	—
10	GQZ 6000SX	890	990	1 090	920	1 020	1 120	960	1 060	1 160	—	—	—	—	—	—
11	GQZ 7000SX	930	1 030	1 130	970	1 070	1 170	1 010	1 110	1 210	—	—	—	—	—	—
12	GQZ 8000SX	960	1 060	1 160	1 010	1 110	1 210	1 060	1 160	1 260	—	—	—	—	—	—
13	GQZ 9000SX	1 010	1 110	1 210	1 060	1 160	1 260	1 110	1 210	1 310	—	—	—	—	—	—
14	GQZ 10000SX	1 050	1 150	1 250	1 090	1 190	1 290	1 140	1 240	1 340	—	—	—	—	—	—
15	GQZ 12500SX	1 130	1 230	1 330	1 180	1 280	1 380	1 230	1 330	1 430	—	—	—	—	—	—
16	GQZ 15000SX	1 200	1 300	1 400	1 260	1 360	1 460	1 310	1 410	1 510	1 370	1 470	1 570	1 420	1 520	1 620
17	GQZ 17500SX	1 280	1 380	1 480	1 330	1 430	1 530	1 390	1 490	1 590	1 450	1 550	1 650	1 510	1 610	1 710
18	GQZ 20000SX	1 440	1 540	1 640	1 500	1 600	1 700	1 560	1 660	1 760	1 630	1 730	1 830	1 690	1 790	1 890
19	GQZ 22500SX	1 540	1 640	1 740	1 600	1 700	1 800	1 670	1 770	1 870	1 730	1 830	1 930	1 800	1 900	2 000
20	GQZ 25000SX	1 550	1 650	1 750	1 650	1 750	1 850	1 720	1 820	1 920	1 790	1 890	1 990	1 860	1 960	2 060
21	GQZ 27500SX	1 650	1 750	1 850	1 710	1 810	1 910	1 780	1 880	1 980	1 850	1 950	2 050	1 930	2 030	2 130
22	GQZ 30000SX	1 710	1 810	1 910	1 770	1 870	1 970	1 840	1 940	2 040	1 920	2 020	2 120	1 990	2 090	2 190
23	GQZ 32500SX	1 780	1 880	1 980	1 840	1 940	2 040	1 910	2 010	2 110	1 980	2 080	2 180	2 060	2 160	2 260
24	GQZ 35000SX	1 820	1 920	2 020	1 890	1 990	2 090	1 960	2 060	2 160	2 040	2 140	2 240	2 120	2 220	2 320
25	GQZ 37500SX	1 870	1 970	2 070	1 940	2 040	2 140	2 010	2 110	2 210	2 090	2 190	2 290	2 180	2 280	2 380
26	GQZ 40000SX	2 040	2 140	2 240	2 100	2 200	2 300	2 180	2 280	2 380	2 270	2 370	2 470	2 350	2 450	2 550
27	GQZ 45000SX	2 120	2 220	2 320	2 180	2 280	2 380	2 260	2 360	2 460	2 350	2 450	2 550	2 440	2 540	2 640
28	GQZ 50000SX	2 210	2 310	2 410	2 280	2 380	2 480	2 360	2 460	2 560	2 450	2 550	2 650	2 540	2 640	2 740
29	GQZ 55000SX	2 280	2 380	2 480	2 350	2 450	2 550	2 440	2 540	2 640	2 530	2 630	2 730	2 620	2 720	2 820
30	GQZ 60000SX	2 360	2 460	2 560	2 430	2 530	2 630	2 520	2 620	2 720	2 620	2 720	2 820	2 720	2 820	2 920

表1(续)

序号	规格	上顶板顺桥向锚固螺栓间距 A_1 (mm)														
		θ (rad)														
		0.02			0.03			0.04			0.05			0.06		
		Z_1	Z_2	Z_3	Z_1	Z_2	Z_3	Z_1	Z_2	Z_3	Z_1	Z_2	Z_3	Z_1	Z_2	Z_3
1	GQZ 1000SX	360	460	560	380	480	580	390	490	590	—	—	—	—	—	—
2	GQZ 1500SX	410	510	610	420	520	620	440	540	640	—	—	—	—	—	—
3	GQZ 2000SX	450	550	650	480	580	680	490	590	690	—	—	—	—	—	—
4	GQZ 2500SX	500	600	700	520	620	720	550	650	750	—	—	—	—	—	—
5	GQZ 3000SX	520	620	720	550	650	750	580	680	780	—	—	—	—	—	—
6	GQZ 3500SX	560	660	760	590	690	790	620	720	820	—	—	—	—	—	—
7	GQZ 4000SX	580	680	780	610	710	810	640	740	840	—	—	—	—	—	—
8	GQZ 4500SX	620	720	820	650	750	850	680	780	880	—	—	—	—	—	—
9	GQZ 5000SX	720	820	920	750	850	950	780	880	980	—	—	—	—	—	—
10	GQZ 6000SX	800	900	1 000	830	930	1 030	870	970	1 070	—	—	—	—	—	—
11	GQZ 7000SX	840	940	1 040	880	980	1 080	920	1 020	1 120	—	—	—	—	—	—
12	GQZ 8000SX	860	960	1 060	910	1 010	1 110	960	1 060	1 160	—	—	—	—	—	—
13	GQZ 9000SX	910	1 010	1 110	960	1 060	1 160	1 010	1 110	1 210	—	—	—	—	—	—
14	GQZ 10000SX	950	1 050	1 150	990	1 090	1 190	1 040	1 140	1 240	—	—	—	—	—	—
15	GQZ 12500SX	1 020	1 120	1 220	1 070	1 170	1 270	1 120	1 220	1 320	—	—	—	—	—	—
16	GQZ 15000SX	1 090	1 190	1 290	1 150	1 250	1 350	1 200	1 300	1 400	1 260	1 360	1 460	1 310	1 410	1 510
17	GQZ 17500SX	1 160	1 260	1 360	1 210	1 310	1 410	1 270	1 370	1 470	1 330	1 430	1 530	1 390	1 490	1 590
18	GQZ 20000SX	1 320	1 420	1 520	1 380	1 480	1 580	1 440	1 540	1 640	1 510	1 610	1 710	1 570	1 670	1 770
19	GQZ 22500SX	1 420	1 520	1 620	1 480	1 580	1 680	1 550	1 650	1 750	1 610	1 710	1 810	1 680	1 780	1 880
20	GQZ 25000SX	1 420	1 520	1 620	1 520	1 620	1 720	1 590	1 690	1 790	1 660	1 760	1 860	1 730	1 830	1 930
21	GQZ 27500SX	1 520	1 620	1 720	1 580	1 680	1 780	1 650	1 750	1 850	1 720	1 820	1 920	1 800	1 900	2 000
22	GQZ 30000SX	1 580	1 680	1 780	1 640	1 740	1 840	1 710	1 810	1 910	1 790	1 890	1 990	1 860	1 960	2 060
23	GQZ 32500SX	1 640	1 740	1 840	1 700	1 800	1 900	1 770	1 870	1 970	1 840	1 940	2 040	1 920	2 020	2 120
24	GQZ 35000SX	1 680	1 780	1 880	1 750	1 850	1 950	1 820	1 920	2 020	1 900	2 000	2 100	1 980	2 080	2 180
25	GQZ 37500SX	1 730	1 830	1 930	1 800	1 900	2 000	1 870	1 970	2 070	1 950	2 050	2 150	2 040	2 140	2 240
26	GQZ 40000SX	1 890	1 990	2 090	1 950	2 050	2 150	2 030	2 130	2 230	2 120	2 220	2 320	2 200	2 300	2 400
27	GQZ 45000SX	1 970	2 070	2 170	2 030	2 130	2 230	2 110	2 210	2 310	2 200	2 300	2 400	2 290	2 390	2 490
28	GQZ 50000SX	2 050	2 150	2 250	2 120	2 220	2 320	2 200	2 300	2 400	2 290	2 390	2 490	2 380	2 480	2 580
29	GQZ 55000SX	2 120	2 220	2 320	2 190	2 290	2 390	2 280	2 380	2 480	2 370	2 470	2 570	2 460	2 560	2 660
30	GQZ 60000SX	2 190	2 290	2 390	2 260	2 360	2 460	2 350	2 450	2 550	2 450	2 550	2 650	2 550	2 650	2 750

表1(续)

序号	规 格	下底盆边长、宽 $C=D$(mm)					下底盆锚固螺栓间距 $C_1=D_1$(mm)				
		θ(rad)					θ(rad)				
		0.02	0.03	0.04	0.05	0.06	0.02	0.03	0.04	0.05	0.06
1	GQZ 1000SX	300	320	330	—	—	240	260	270	—	—
2	GQZ 1500SX	350	360	380	—	—	290	300	320	—	—
3	GQZ 2000SX	390	420	430	—	—	330	360	370	—	—
4	GQZ 2500SX	440	460	490	—	—	380	400	430	—	—
5	GQZ 3000SX	470	500	530	—	—	400	430	460	—	—
6	GQZ 3500SX	510	540	570	—	—	440	470	500	—	—
7	GQZ 4000SX	530	560	590	—	—	460	490	520	—	—
8	GQZ 4500SX	570	600	630	—	—	500	530	560	—	—
9	GQZ 5000SX	590	620	650	—	—	500	530	560	—	—
10	GQZ 6000SX	670	700	740	—	—	580	610	650	—	—
11	GQZ 7000SX	710	750	790	—	—	620	660	700	—	—
12	GQZ 8000SX	740	790	840	—	—	640	690	740	—	—
13	GQZ 9000SX	790	840	890	—	—	690	740	790	—	—
14	GQZ 10000SX	830	870	920	—	—	730	770	820	—	—
15	GQZ 12500SX	910	960	1 010	—	—	800	850	900	—	—
16	GQZ 15000SX	980	1 040	1 090	1 150	1 200	870	930	980	1 040	1 090
17	GQZ 17500SX	1 060	1 110	1 170	1 230	1 290	940	990	1 050	1 110	1 170
18	GQZ 20000SX	1 120	1 180	1 240	1 310	1 370	1 000	1 060	1 120	1 190	1 250
19	GQZ 22500SX	1 220	1 280	1 350	1 410	1 480	1 100	1 160	1 230	1 290	1 360
20	GQZ 25000SX	1 230	1 330	1 400	1 470	1 540	1 100	1 200	1 270	1 340	1 410
21	GQZ 27500SX	1 330	1 390	1 460	1 530	1 610	1 240	1 260	1 330	1 400	1 480
22	GQZ 30000SX	1 390	1 450	1 520	1 600	1 670	1 260	1 320	1 390	1 470	1 540
23	GQZ 32500SX	1 460	1 520	1 590	1 660	1 740	1 320	1 380	1 450	1 520	1 600
24	GQZ 35000SX	1 500	1 570	1 640	1 720	1 800	1 360	1 430	1 500	1 580	1 660
25	GQZ 37500SX	1 550	1 620	1 690	1 770	1 860	1 410	1 480	1 550	1 630	1 720
26	GQZ 40000SX	1 620	1 680	1 760	1 850	1 930	1 470	1 530	1 610	1 700	1 780
27	GQZ 45000SX	1 700	1 760	1 840	1 930	2 020	1 550	1 610	1 690	1 780	1 870
28	GQZ 50000SX	1 790	1 860	1 940	2 030	2 120	1 630	1 700	1 780	1 870	1 960
29	GQZ 55000SX	1 860	1 930	2 020	2 110	2 200	1 700	1 770	1 860	1 950	2 040
30	GQZ 60000SX	1 940	2 010	2 100	2 200	2 300	1 770	1 840	1 930	2 030	2 130

表1(续)

序号	规格	总质量(kg) θ(rad)														
		0.02			0.03			0.04			0.05			0.06		
		Z_1	Z_2	Z_3	Z_1	Z_2	Z_3	Z_1	Z_2	Z_3	Z_1	Z_2	Z_3	Z_1	Z_2	Z_3
1	GQZ 1000SX	56	62	68	63	69	75	67	73	80	—	—	—	—	—	—
2	GQZ 1500SX	77	84	91	81	89	97	90	98	105	—	—	—	—	—	—
3	GQZ 2000SX	100	108	117	114	123	132	120	129	138	—	—	—	—	—	—
4	GQZ 2500SX	131	141	151	143	153	163	162	172	183	—	—	—	—	—	—
5	GQZ 3000SX	156	167	177	176	187	199	197	209	221	—	—	—	—	—	—
6	GQZ 3500SX	191	203	215	212	225	237	236	250	263	—	—	—	—	—	—
7	GQZ 4000SX	214	227	240	239	252	266	265	279	293	—	—	—	—	—	—
8	GQZ 4500SX	255	269	283	282	397	312	311	327	343	—	—	—	—	—	—
9	GQZ 5000SX	298	314	329	328	344	360	360	377	393	—	—	—	—	—	—
10	GQZ 6000SX	405	423	442	443	462	481	494	514	534	—	—	—	—	—	—
11	GQZ 7000SX	480	501	521	535	557	578	593	615	638	—	—	—	—	—	—
12	GQZ 8000SX	549	572	595	624	648	673	702	728	754	—	—	—	—	—	—
13	GQZ 9000SX	651	677	703	735	762	790	821	850	879	—	—	—	—	—	—
14	GQZ 10000SX	767	797	827	839	871	901	934	967	999	—	—	—	—	—	—
15	GQZ 12500SX	1 038	1 074	1 110	1 149	1 186	1 223	1 271	1 310	1 349	—	—	—	—	—	—
16	GQZ 15000SX	1 304	1 344	1 384	1 458	1 500	1 542	1 589	1 633	1 676	1 804	1 832	1 891	1 947	1 994	2 057
17	GQZ 17500SX	1 582	1 626	1 671	1 727	1 773	1 819	1 903	1 952	1 951	2 128	2 179	2 246	2 347	2 416	2 470
18	GQZ 20000SX	1 942	1 993	2 044	2 146	2 199	2 252	2 385	2 441	2 496	2 644	2 702	2 761	2 896	2 957	3 018
19	GQZ 22500SX	2 371	2 428	2 485	2 594	2 653	2 712	2 880	2 942	3 005	3 149	3 215	3 279	3 480	3 549	3 617
20	GQZ 25000SX	2 553	2 613	2 672	2 920	3 014	3 078	3 270	3 337	3 404	3 619	3 689	3 759	3 947	4 020	4 093
21	GQZ 27500SX	3 084	3 150	3 217	3 339	3 408	3 477	3 702	3 774	3 846	4 043	4 119	4 194	4 493	4 572	4 651
22	GQZ 30000SX	3 517	3 588	3 659	3 809	3 882	3 956	4 175	4 253	4 330	4 634	4 715	4 797	5 050	5 135	5 219
23	GQZ 32500SX	3 937	4 011	4 086	4 242	4 329	4 416	4 649	4 730	4 811	5 122	5 208	5 293	5 604	5 693	5 782
24	GQZ 35000SX	4 370	4 452	4 534	4 729	4 814	4 899	5 199	5 288	5 377	5 688	5 781	5 873	6 238	6 335	6 432
25	GQZ 37500SX	4 898	4 988	5 079	5 315	5 409	5 504	5 774	5 872	5 971	6 351	6 453	6 556	7 038	7 146	7 254
26	GQZ 40000SX	5 630	5 728	5 826	6 022	6 124	6 226	6 489	6 595	6 702	7 272	7 384	7 495	7 900	8 016	8 132
27	GQZ 45000SX	6 710	6 820	6 930	7 125	7 239	7 353	7 782	7 900	8 019	8 536	8 660	8 784	9 418	9 547	9 677
28	GQZ 50000SX	7 833	7 953	8 073	8 386	8 510	8 635	9 057	9 187	9 316	9 952	10 087	10 223	10 905	11 046	11 187
29	GQZ 55000SX	8 847	8 976	9 105	9 509	9 643	9 777	10 354	10 494	10 633	11 810	11 955	12 101	12 335	12 486	12 638
30	GQZ 60000SX	10 133	10 273	10 414	10 806	10 952	11 097	11 759	11 911	12 067	12 932	13 091	13 247	14 130	14 296	14 462

注:表中带括号数据,用于上顶板不锈钢板厚度为3mm的情况。

5.2 单向活动支座 GQZ-DX 结构示意图见图 2,其规格系列见表 2。

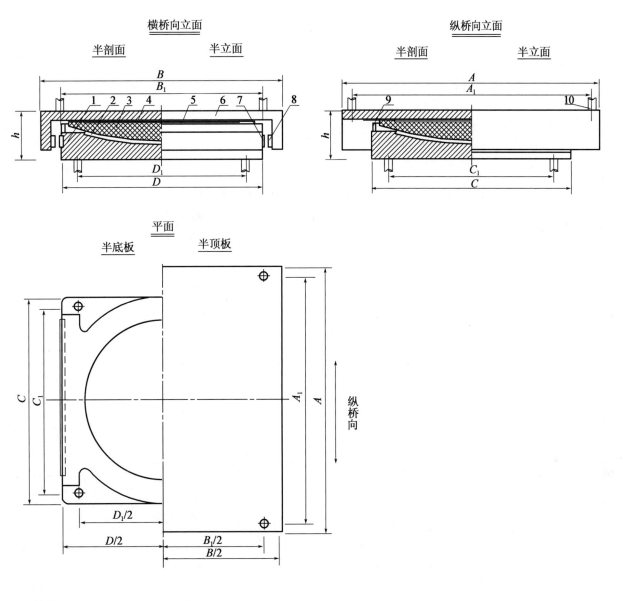

说明:
1——下底盆;
2——球面聚四氟乙烯板;
3——球型钢衬板;
4——圆形平面聚四氟乙烯板;
5——平面不锈钢板;
6——上顶板;
7——侧向滑条;
8——不锈钢侧向滑条;
9——钢挡圈;
10——锚固螺栓。

图 2 单向活动支座结构示意图

表2 单向活动支座规格系列

序号	规 格	纵向位移量 Z(mm)			横向位移量 H (mm)	支座高度 h(mm) θ(rad)					地脚螺栓底柱 (mm)
		Z_1	Z_2	Z_3		0.02	0.03	0.04	0.05	0.06	
1	GQZ 1000DX	±50	±100	±150	±3	83	84	85	—	—	$\phi 42 \times 252$
2	GQZ 1500DX	±50	±100	±150	±3	86	87	88	—	—	$\phi 42 \times 252$
3	GQZ 2000DX	±50	±100	±150	±3	91	92	93	—	—	$\phi 42 \times 252$
4	GQZ 2500DX	±50	±100	±150	±3	96	97	99	—	—	$\phi 42 \times 252$
5	GQZ 3000DX	±50	±100	±150	±3	100	102	103	—	—	$\phi 46 \times 260$
6	GQZ 3500DX	±50	±100	±150	±3	105	106	108	—	—	$\phi 46 \times 260$
7	GQZ 4000DX	±50	±100	±150	±3	109	111	113	—	—	$\phi 46 \times 260$
8	GQZ 4500DX	±50	±100	±150	±3	113	115	117	—	—	$\phi 46 \times 260$
9	GQZ 5000DX	±100	±150	±200	±3	117	119	121	—	—	$\phi 58 \times 300$
10	GQZ 6000DX	±100	±150	±200	±3	125	127	130	—	—	$\phi 58 \times 300$
11	GQZ 7000DX	±100	±150	±200	±3	132	134	137	—	—	$\phi 58 \times 300$
12	GQZ 8000DX	±100	±150	±200	±3	139	141	143	—	—	$\phi 70 \times 352$
13	GQZ 9000DX	±100	±150	±200	±3	145	147	149	—	—	$\phi 70 \times 352$
14	GQZ 10000DX	±100	±150	±200	±3	152	154	156	—	—	$\phi 70 \times 352$
15	GQZ 12500DX	±100	±150	±200	±3	173	175	177	—	—	$\phi 80 \times 352$
16	GQZ 15000DX	±100	±150	±200	±3	188	192	196	200 (201)	204 (205)	$\phi 80 \times 352$
17	GQZ 17500DX	±100	±150	±200	±3	199	201	205 (206)	209 (210)	214 (215)	$\phi 90 \times 400$
18	GQZ 20000DX	±150	±200	±250	±3	214	216	221	224	229	$\phi 90 \times 400$
19	GQZ 22500DX	±150	±200	±250	±3	221	223	227	232	238	$\phi 90 \times 400$
20	GQZ 25000DX	±150	±200	±250	±3	232	236	241	247	250	$\phi 100 \times 400$
21	GQZ 27500DX	±150	±200	±250	±3	243	245	251	254	261	$\phi 100 \times 400$
22	GQZ 30000DX	±150	±200	±250	±3	255	258	262	268	273	$\phi 100 \times 400$
23	GQZ 32500DX	±150	±200	±250	±3	267	270	274	281	286	$\phi 110 \times 460$
24	GQZ 35000DX	±150	±200	±250	±3	277	279	286	291	296	$\phi 110 \times 460$
25	GQZ 37500DX	±150	±200	±250	±3	286	289	293	302	307	$\phi 110 \times 460$
26	GQZ 40000DX	±200	±250	±300	±3	297	300	304	310	315	$\phi 120 \times 480$
27	GQZ 45000DX	±200	±250	±300	±3	323	324	329	334	344	$\phi 120 \times 480$
28	GQZ 50000DX	±200	±250	±300	±3	342	344	346	354	363	$\phi 124 \times 520$
29	GQZ 55000DX	±200	±250	±300	±3	361	363	366	373	381	$\phi 124 \times 520$
30	GQZ 60000DX	±200	±250	±300	±3	379	381	385	393	400	$\phi 128 \times 560$

表2(续)

序号	规 格	上顶板长 A(mm)													
		θ(rad)													
		0.02			0.03			0.04			0.05			0.06		
		Z_1	Z_2	Z_3	Z_1	Z_2	Z_3	Z_1	Z_2	Z_3	Z_1	Z_2	Z_3	Z_1	Z_2	Z_3
1	GQZ 1000DX	420	520	620	440	540	640	450	550	650	—	—	—	—	—	—
2	GQZ 1500DX	470	570	670	480	580	680	500	600	700	—	—	—	—	—	—
3	GQZ 2000DX	510	610	710	540	640	740	550	650	750	—	—	—	—	—	—
4	GQZ 2500DX	560	660	760	580	680	780	610	710	810	—	—	—	—	—	—
5	GQZ 3000DX	590	690	790	620	720	820	650	750	850	—	—	—	—	—	—
6	GQZ 3500DX	630	730	830	660	760	860	690	790	890	—	—	—	—	—	—
7	GQZ 4000DX	650	750	850	680	780	880	710	810	910	—	—	—	—	—	—
8	GQZ 4500DX	690	790	890	720	820	920	750	850	950	—	—	—	—	—	—
9	GQZ 5000DX	810	910	1 010	840	940	1 040	870	970	1 070	—	—	—	—	—	—
10	GQZ 6000DX	890	990	1 090	920	1 020	1 120	960	1 060	1 160	—	—	—	—	—	—
11	GQZ 7000DX	930	1 030	1 130	970	1 070	1 170	1 010	1 110	1 210	—	—	—	—	—	—
12	GQZ 8000DX	960	1 060	1 160	1 010	1 110	1 210	1 060	1 160	1 260	—	—	—	—	—	—
13	GQZ 9000DX	1 010	1 110	1 210	1 060	1 160	1 260	1 110	1 210	1 310	—	—	—	—	—	—
14	GQZ 10000DX	1 050	1 150	1 250	1 090	1 190	1 290	1 140	1 240	1 340	—	—	—	—	—	—
15	GQZ 12500DX	1 130	1 230	1 330	1 180	1 280	1 380	1 230	1 330	1 430	—	—	—	—	—	—
16	GQZ 15000DX	1 200	1 300	1 400	1 260	1 360	1 460	1 310	1 410	1 510	1 370	1 470	1 570	1 420	1 520	1 620
17	GQZ 17500DX	1 280	1 380	1 480	1 330	1 430	1 530	1 390	1 490	1 590	1 450	1 550	1 650	1 510	1 610	1 710
18	GQZ 20000DX	1 440	1 540	1 640	1 500	1 600	1 700	1 560	1 660	1 760	1 630	1 730	1 830	1 690	1 790	1 890
19	GQZ 22500DX	1 540	1 640	1 740	1 600	1 700	1 800	1 670	1 770	1 870	1 730	1 830	1 930	1 800	1 900	2 000
20	GQZ 25000DX	1 550	1 650	1 750	1 650	1 750	1 850	1 720	1 820	1 920	1 790	1 890	1 990	1 860	1 960	2 060
21	GQZ 27500DX	1 650	1 750	1 850	1 710	1 810	1 910	1 780	1 880	1 980	1 850	1 950	2 050	1 930	2 030	2 130
22	GQZ 30000DX	1 710	1 810	1 910	1 770	1 870	1 970	1 840	1 940	2 040	1 920	2 020	2 120	1 990	2 090	2 190
23	GQZ 32500DX	1 780	1 880	1 980	1 840	1 940	2 040	1 910	2 010	2 110	1 980	2 080	2 180	2 060	2 160	2 260
24	GQZ 35000DX	1 820	1 920	2 020	1 890	1 990	2 090	1 960	2 060	2 160	2 040	2 140	2 240	2 120	2 220	2 320
25	GQZ 37500DX	1 870	1 970	2 070	1 940	2 040	2 140	2 010	2 110	2 210	2 090	2 190	2 290	2 180	2 280	2 380
26	GQZ 40000DX	2 040	2 140	2 240	2 100	2 200	2 300	2 180	2 280	2 380	2 270	2 370	2 470	2 350	2 450	2 550
27	GQZ 45000DX	2 120	2 220	2 320	2 180	2 280	2 380	2 260	2 360	2 460	2 350	2 450	2 550	2 440	2 540	2 640
28	GQZ 50000DX	2 210	2 310	2 410	2 280	2 380	2 480	2 360	2 460	2 560	2 450	2 550	2 650	2 540	2 640	2 740
29	GQZ 55000DX	2 280	2 380	2 480	2 350	2 450	2 550	2 440	2 540	2 640	2 530	2 630	2 730	2 620	2 720	2 820
30	GQZ 60000DX	2 360	2 460	2 560	2 430	2 530	2 630	2 520	2 620	2 720	2 620	2 720	2 820	2 720	2 820	2 920

表2(续)

序号	规格	上顶板顺桥向锚固螺栓间距 A_1 (mm)														
		θ(rad)														
		0.02			0.03			0.04			0.05			0.06		
		Z_1	Z_2	Z_3	Z_1	Z_2	Z_3	Z_1	Z_2	Z_3	Z_1	Z_2	Z_3	Z_1	Z_2	Z_3
1	GQZ 1000DX	360	460	560	380	480	580	390	490	590	—	—	—	—	—	—
2	GQZ 1500DX	410	510	610	420	520	620	440	540	640	—	—	—	—	—	—
3	GQZ 2000DX	450	550	650	480	580	680	490	590	690	—	—	—	—	—	—
4	GQZ 2500DX	500	600	700	520	620	720	550	650	750	—	—	—	—	—	—
5	GQZ 3000DX	520	620	720	550	650	750	580	680	780	—	—	—	—	—	—
6	GQZ 3500DX	560	660	760	590	690	790	620	720	820	—	—	—	—	—	—
7	GQZ 4000DX	580	680	780	610	710	810	640	740	840	—	—	—	—	—	—
8	GQZ 4500DX	620	720	820	650	750	850	680	780	880	—	—	—	—	—	—
9	GQZ 5000DX	720	820	920	750	850	950	780	880	980	—	—	—	—	—	—
10	GQZ 6000DX	800	900	1 000	830	930	1 030	870	970	1 070	—	—	—	—	—	—
11	GQZ 7000DX	840	940	1 040	880	980	1 080	920	1 020	1 120	—	—	—	—	—	—
12	GQZ 8000DX	860	960	1 060	910	1 010	1 110	960	1 060	1 160	—	—	—	—	—	—
13	GQZ 9000DX	910	1 010	1 110	960	1 060	1 160	1 010	1 110	1 210	—	—	—	—	—	—
14	GQZ 10000DX	950	1 050	1 150	990	1 090	1 190	1 040	1 140	1 240	—	—	—	—	—	—
15	GQZ 12500DX	1 020	1 120	1 220	1 070	1 170	1 270	1 120	1 220	1 320	—	—	—	—	—	—
16	GQZ 15000DX	1 090	1 190	1 290	1 150	1 250	1 350	1 200	1 300	1 400	1 260	1 360	1 460	1 310	1 410	1 510
17	GQZ 17500DX	1 160	1 260	1 360	1 210	1 310	1 410	1 270	1 370	1 470	1 330	1 430	1 530	1 390	1 490	1 590
18	GQZ 20000DX	1 320	1 420	1 520	1 380	1 480	1 580	1 440	1 540	1 640	1 510	1 610	1 710	1 570	1 670	1 770
19	GQZ 22500DX	1 420	1 520	1 620	1 480	1 580	1 680	1 550	1 650	1 750	1 610	1 710	1 810	1 680	1 780	1 880
20	GQZ 25000DX	1 420	1 520	1 620	1 520	1 620	1 720	1 590	1 690	1 790	1 660	1 760	1 860	1 730	1 830	1 930
21	GQZ 27500DX	1 520	1 620	1 720	1 580	1 680	1 780	1 650	1 750	1 850	1 720	1 820	1 920	1 800	1 900	2 000
22	GQZ 30000DX	1 580	1 680	1 780	1 640	1 740	1 840	1 710	1 810	1 910	1 790	1 890	1 990	1 860	1 960	2 060
23	GQZ 32500DX	1 640	1 740	1 840	1 700	1 800	1 900	1 770	1 870	1 970	1 840	1 940	2 040	1 920	2 020	2 120
24	GQZ 35000DX	1 680	1 780	1 880	1 750	1 850	1 950	1 820	1 920	2 020	1 900	2 000	2 100	1 980	2 080	2 180
25	GQZ 37500DX	1 730	1 830	1 930	1 800	1 900	2 000	1 870	1 970	2 070	1 950	2 050	2 150	2 040	2 140	2 240
26	GQZ 40000DX	1 890	1 990	2 090	1 950	2 050	2 150	2 030	2 130	2 230	2 120	2 220	2 320	2 200	2 300	2 400
27	GQZ 45000DX	1 970	2 070	2 170	2 030	2 130	2 230	2 110	2 210	2 310	2 200	2 300	2 400	2 290	2 390	2 490
28	GQZ 50000DX	2 050	2 150	2 250	2 120	2 220	2 320	2 200	2 300	2 400	2 290	2 390	2 490	2 380	2 480	2 580
29	GQZ 55000DX	2 120	2 220	2 320	2 190	2 290	2 390	2 280	2 380	2 480	2 370	2 470	2 570	2 460	2 560	2 660
30	GQZ 60000DX	2 190	2 290	2 390	2 260	2 360	2 460	2 350	2 450	2 550	2 450	2 550	2 650	2 550	2 650	2 750

表2(续)

序号	规格	上顶板宽 B(mm) θ(rad)					上顶板横桥向锚固螺栓间距 B_1 (mm) θ(rad)					下底盆长、宽 $C=D$(mm) θ(rad)				
		0.02	0.03	0.04	0.05	0.06	0.02	0.03	0.04	0.05	0.06	0.02	0.03	0.04	0.05	0.06
1	GQZ 1000DX	356	376	386	—	—	276	296	306	—	—	300	320	330	—	—
2	GQZ 1500DX	406	416	436	—	—	326	336	356	—	—	350	360	380	—	—
3	GQZ 2000DX	456	486	496	—	—	366	396	406	—	—	390	420	430	—	—
4	GQZ 2500DX	506	526	556	—	—	436	436	466	—	—	440	460	490	—	—
5	GQZ 3000DX	546	576	606	—	—	476	466	496	—	—	470	500	530	—	—
6	GQZ 3500DX	586	616	646	—	—	516	506	536	—	—	510	540	570	—	—
7	GQZ 4000DX	616	646	676	—	—	546	526	556	—	—	530	560	590	—	—
8	GQZ 4500DX	656	686	716	—	—	586	616	596	—	—	570	600	630	—	—
9	GQZ 5000DX	696	726	756	—	—	606	636	666	—	—	590	620	650	—	—
10	GQZ 6000DX	776	806	846	—	—	686	716	756	—	—	670	700	740	—	—
11	GQZ 7000DX	826	866	906	—	—	736	776	816	—	—	710	750	790	—	—
12	GQZ 8000DX	846	896	946	—	—	746	796	846	—	—	740	790	840	—	—
13	GQZ 9000DX	916	966	1 016	—	—	816	866	916	—	—	790	840	890	—	—
14	GQZ 10000DX	956	996	1 046	—	—	856	896	946	—	—	830	870	920	—	—
15	GQZ 12500DX	1 056	1 106	1 156	—	—	946	996	1 046	—	—	910	960	1 010	—	—
16	GQZ 15000DX	1 126	1 186	1 236	1 296	1 346	1 016	1 076	1 126	1 186	1 236	980	1 040	1 090	1 150	1 200
17	GQZ 17500DX	1 216	1 266	1 326	1 386	1 446	1 096	1 146	1 206	1 266	1 326	1 060	1 110	1 170	1 230	1 290
18	GQZ 20000DX	1 276	1 336	1 396	1 466	1 526	1 156	1 216	1 276	1 346	1 406	1 120	1 180	1 240	1 310	1 370
19	GQZ 22500DX	1 396	1 456	1 526	1 586	1 656	1 276	1 336	1 406	1 466	1 536	1 220	1 280	1 350	1 410	1 480
20	GQZ 25000DX	1 406	1 506	1 576	1 646	1 716	1 276	1 376	1 446	1 516	1 586	1 230	1 330	1 400	1 470	1 540
21	GQZ 27500DX	1 516	1 576	1 646	1 716	1 796	1 386	1 446	1 516	1 586	1 666	1 330	1 390	1 460	1 530	1 610
22	GQZ 30000DX	1 578	1 638	1 708	1 788	1 858	1 448	1 508	1 576	1 658	1 728	1 390	1 450	1 520	1 600	1 670
23	GQZ 32500DX	1 658	1 718	1 788	1 858	1 938	1 518	1 578	1 648	1 728	1 798	1 460	1 520	1 590	1 660	1 740
24	GQZ 35000DX	1 698	1 768	1 838	1 918	1 998	1 558	1 628	1 698	1 778	1 858	1 500	1 570	1 640	1 720	1 800
25	GQZ 37500DX	1 758	1 828	1 898	1 978	2 068	1 618	1 688	1 758	1 838	1 928	1 550	1 620	1 690	1 770	1 860
26	GQZ 40000DX	1 838	1 898	1 978	2 068	2 148	1 688	1 748	1 828	1 918	2 008	1 620	1 680	1 760	1 850	1 930
27	GQZ 45000DX	1 938	1 998	2 078	2 168	2 258	1 788	1 848	1 928	2 018	2 108	1 700	1 760	1 840	1 930	2 020
28	GQZ 50000DX	2 028	2 098	2 178	2 268	2 358	1 868	1 938	2 018	2 108	2 198	1 790	1 860	1 940	2 030	2 120
29	GQZ 55000DX	2 118	2 188	2 278	2 368	2 458	1 958	2 028	2 118	2 208	2 298	1 860	1 930	2 020	2 110	2 200
30	GQZ 60000DX	2 198	2 268	2 358	2 458	2 558	2 028	2 098	2 188	2 288	2 388	1 940	2 010	2 100	2 200	2 300

表2(续)

序号	规格	下底盆锚固螺栓间距 $C_1 = D_1$ 或 C_1/D_1 (mm)									
		θ(rad)									
		0.02			0.03			0.04			0.05	0.06
		Z_1	Z_2	Z_3	Z_1	Z_2	Z_3	Z_1	Z_2	Z_3	$Z_1 \sim Z_3$	$Z_1 \sim Z_3$
1	GQZ 1000DX	260/220	260/220	260/220	280/240	280/240	280/240	290/250	290/250	290/250	—	—
2	GQZ 1500DX	310/270	310/270	310/270	320/280	320/280	320/280	340/300	340/300	340/300	—	—
3	GQZ 2000DX	350/300	350/300	350/300	380/330	380/330	380/330	390/340	390/340	390/340	—	—
4	GQZ 2500DX	380	380/350	380/350	400	400/370	400/370	430	430/400	430/400	—	—
5	GQZ 3000DX	400	400/360	400/360	430	430/390	430/390	460	460/420	460/420	—	—
6	GQZ 3500DX	440	440	440/400	470	470	470/430	500	500	500/460	—	—
7	GQZ 4000DX	460	460	460/410	490	490	490/440	520	520	520/470	—	—
8	GQZ 4500DX	500	500	500/450	530	530	530/480	560	560	560	—	—
9	GQZ 5000DX	500	500/440	500/440	530	530	530/470	560	560	560/500	—	—
10	GQZ 6000DX	580	580	580/520	610	610	610/550	650	650	650	—	—
11	GQZ 7000DX	620	620	620/560	660	660	660	700	700	700	—	—
12	GQZ 8000DX	640	640	640	690	690	690	740	740	740	—	—
13	GQZ 9000DX	690	690	690	740	740	740	790	790	790	—	—
14	GQZ 10000DX	730	730	730	770	770	770	820	820	820	—	—
15	GQZ 12500DX	800	800	800	850	850	850	900	900	900	—	—
16	GQZ 15000DX	870	870	870	930	930	930	980	980	980	1 040	1 090
17	GQZ 17500DX	940	940	940	990	990	990	1 050	1 050	1 050	1 110	1 170
18	GQZ 20000DX	1 000	1 000	1 000	1 060	1 060	1 060	1 120	1 120	1 120	1 190	1 250
19	GQZ 22500DX	1 100	1 100	1 100	1 160	1 160	1 160	1 230	1 230	1 230	1 290	1 360
20	GQZ 25000DX	1 100	1 100	1 100	1 200	1 200	1 200	1 270	1 270	1 270	1 340	1 410
21	GQZ 27500DX	1 200	1 200	1 200	1 260	1 260	1 260	1 330	1 330	1 330	1 400	1 480
22	GQZ 30000DX	1 260	1 260	1 260	1 320	1 320	1 320	1 390	1 390	1 390	1 470	1 540
23	GQZ 32500DX	1 320	1 320	1 320	1 380	1 380	1 380	1 450	1 450	1 450	1 520	1 600
24	GQZ 35000DX	1 360	1 360	1 360	1 430	1 430	1 430	1 500	1 500	1 500	1 580	1 660
25	GQZ 37500DX	1 410	1 410	1 410	1 480	1 480	1 480	1 550	1 550	1 550	1 630	1 720
26	GQZ 40000DX	1 470	1 470	1 470	1 530	1 530	1 530	1 610	1 610	1 610	1 700	1 780
27	GQZ 45000DX	1 550	1 550	1 550	1 610	1 610	1 610	1 690	1 690	1 690	1 780	1 870
28	GQZ 50000DX	1 630	1 630	1 630	1 700	1 700	1 700	1 780	1 780	1 780	1 870	1 960
29	GQZ 55000DX	1 700	1 700	1 700	1 770	1 770	1 770	1 860	1 860	1 860	1 950	2 040
30	GQZ 60000DX	1 770	1 770	1 770	1 840	1 840	1 840	1 930	1 930	1 930	2 030	2 130

表2(续)

序号	规格	总质量(kg) θ(rad)														
		0.02			0.03			0.04			0.05			0.06		
		Z_1	Z_2	Z_3	Z_1	Z_2	Z_3	Z_1	Z_2	Z_3	Z_1	Z_2	Z_3	Z_1	Z_2	Z_3
1	GQZ 1000DX	63	71	79	71	79	87	75	83	91	—	—	—	—	—	—
2	GQZ 1500DX	86	94	103	90	99	109	99	109	118	—	—	—	—	—	—
3	GQZ 2000DX	113	124	134	126	139	150	131	145	157	—	—	—	—	—	—
4	GQZ 2500DX	142	158	171	154	170	183	173	190	204	—	—	—	—	—	—
5	GQZ 3000DX	171	191	205	191	212	228	213	232	251	—	—	—	—	—	—
6	GQZ 3500DX	207	226	246	228	248	269	252	273	296	—	—	—	—	—	—
7	GQZ 4000DX	233	255	278	258	281	306	285	308	335	—	—	—	—	—	—
8	GQZ 4500DX	275	298	323	303	326	354	332	357	382	—	—	—	—	—	—
9	GQZ 5000DX	377	412	440	412	445	479	448	482	518	—	—	—	—	—	—
10	GQZ 6000DX	448	479	513	486	518	555	538	572	605	—	—	—	—	—	—
11	GQZ 7000DX	530	565	607	586	622	660	645	682	721	—	—	—	—	—	—
12	GQZ 8000DX	602	640	678	677	717	757	756	798	839	—	—	—	—	—	—
13	GQZ 9000DX	714	757	801	799	844	889	886	933	981	—	—	—	—	—	—
14	GQZ 10000DX	827	874	920	900	948	996	995	1 045	1 095	—	—	—	—	—	—
15	GQZ 12500DX	1 121	1 178	1 235	1 233	1 292	1 350	1 357	1 418	1 479	—	—	—	—	—	—
16	GQZ 15000DX	1 402	1 466	1 531	1 558	1 626	1 693	1 708	1 778	1 848	1 891	1 964	2 037	2 054	2 130	2 216
17	GQZ 17500DX	1 693	1 768	1 841	1 839	1 917	1 992	2 019	2 099	2 188	2 247	2 341	2 423	2 469	2 567	2 652
18	GQZ 20000DX	2 095	2 177	2 259	2 300	2 385	2 470	2 543	2 631	2 719	2 803	2 895	2 987	3 059	3 154	3 249
19	GQZ 22500DX	2 562	2 656	2 750	2 786	2 883	2 980	3 076	3 177	3 278	3 350	3 455	3 559	3 686	3 795	3 904
20	GQZ 25000DX	2 750	2 848	2 945	3 152	3 255	3 357	3 477	3 584	3 691	3 831	3 943	4 054	4 162	4 277	4 392
21	GQZ 27500DX	3 305	3 413	3 521	3 562	3 673	3 785	3 931	4 047	4 163	4 276	4 396	4 515	4 734	4 859	4 984
22	GQZ 30000DX	3 779	3 898	4 017	4 074	4 197	4 319	4 447	4 573	4 700	4 913	5 045	5 176	5 334	5 470	5 607
23	GQZ 32500DX	4 351	4 481	4 612	4 674	4 807	4 941	5 082	5 220	5 359	5 552	5 696	5 839	6 064	6 212	6 361
24	GQZ 35000DX	4 753	4 885	5 022	5 136	5 272	5 413	5 619	5 761	5 907	6 138	6 285	6 437	6 699	6 851	6 009
25	GQZ 37500DX	5 244	5 386	5 534	5 667	5 813	5 965	6 133	6 284	6 441	6 723	6 881	7 045	7 417	7 581	7 751
26	GQZ 40000DX	6 081	6 245	6 410	6 480	6 649	6 818	6 954	7 129	7 303	7 750	7 931	8 112	8 387	8 574	8 762
27	GQZ 45000DX	7 250	7 441	7 631	7 669	7 864	8 058	8 337	8 538	8 739	9 104	9 312	9 520	10 008	10 190	10 441
28	GQZ 50000DX	8 426	8 633	8 844	8 984	9 197	9 412	9 662	9 880	10 101	10 576	10 802	11 031	11 548	11 783	12 021
29	GQZ 55000DX	9 529	9 755	9 986	10 197	10 428	10 663	11 052	11 290	11 532	12 527	12 773	13 023	13 073	13 328	13 587
30	GQZ 60000DX	10 827	11 059	11 292	11 510	11 748	11 986	12 475	12 720	12 966	13 670	13 925	14 181	14 888	15 152	15 417

注1:表中带括号数据,用于上顶板不锈钢板厚度为3mm的情况。
注2:表中一个数字时为 $C_1 = D_1$ 的情况,否则为 C_1/D_1。

5.3 固定支座 GQZ-GD 结构示意图见图3,其规格系列见表3。

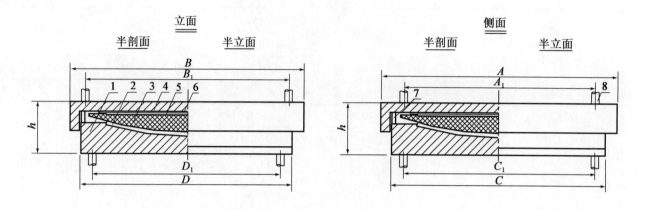

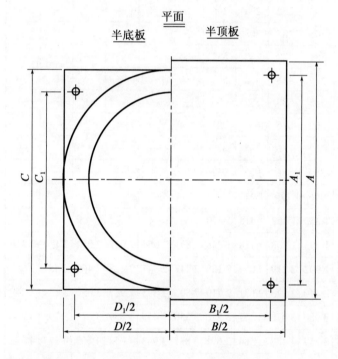

说明：
1——下底盆；
2——球面聚四氟乙烯板；
3——球面钢衬板；
4——上顶板；
5——平面聚四氟乙烯板；
6——不锈钢板；
7——防尘密封圈；
8——锚固螺栓。

图3 固定支座结构示意图

JT/T 854—2013

表3 固定支座规格系列

序号	规格	上顶板长、宽 $A=B$ (mm)					上顶板锚固螺栓间距 $A_1=B_1$ (mm)				
		θ(rad)					θ(rad)				
		0.02	0.03	0.04	0.05	0.06	0.02	0.03	0.04	0.05	0.06
1	GQZ 1000GD	342	363	374	—	—	280	300	310	—	—
2	GQZ 1500GD	392	403	424	—	—	330	340	360	—	—
3	GQZ 2000GD	442	473	484	—	—	380	410	420	—	—
4	GQZ 2500GD	492	513	544	—	—	430	450	480	—	—
5	GQZ 3000GD	532	563	594	—	—	460	490	520	—	—
6	GQZ 3500GD	572	603	634	—	—	500	530	560	—	—
7	GQZ 4000GD	602	633	665	—	—	530	560	590	—	—
8	GQZ 4500GD	642	673	705	—	—	570	600	630	—	—
9	GQZ 5000GD	682	713	745	—	—	590	620	650	—	—
10	GQZ 6000GD	762	793	835	—	—	670	700	740	—	—
11	GQZ 7000GD	812	854	895	—	—	720	760	800	—	—
12	GQZ 8000GD	842	894	945	—	—	740	790	840	—	—
13	GQZ 9000GD	902	954	1 005	—	—	800	850	900	—	—
14	GQZ 10000GD	942	984	1 036	—	—	840	880	930	—	—
15	GQZ 12500GD	1 043	1 094	1 146	—	—	930	980	1 030	—	—
16	GQZ 15000GD	1 113	1 174	1 227	1 290	1 343	1 000	1 060	1 110	1 170	1 230
17	GQZ 17500GD	1 203	1 255	1 317	1 380	1 443	1 080	1 130	1 190	1 260	1 320
18	GQZ 20000GD	1 263	1 325	1 387	1 460	1 524	1 140	1 200	1 260	1 340	1 400
19	GQZ 22500GD	1 383	1 445	1 518	1 581	1 655	1 260	1 320	1 390	1 460	1 530
20	GQZ 25000GD	1 393	1 495	1 568	1 641	1 715	1 260	1 360	1 430	1 510	1 580
21	GQZ 27500GD	1 503	1 565	1 638	1 711	1 796	1 370	1 430	1 500	1 580	1 660
22	GQZ 30000GD	1 563	1 626	1 699	1 783	1 856	1 430	1 490	1 566	1 650	1 720
23	GQZ 32500GD	1 644	1 706	1 779	1 853	1 937	1 500	1 560	1 636	1 710	1 790
24	GQZ 35000GD	1 684	1 756	1 829	1 913	1 998	1 540	1 610	1 686	1 770	1 850
25	GQZ 37500GD	1 744	1 816	1 889	1 974	2 068	1 600	1 670	1 746	1 830	1 920
26	GQZ 40000GD	1 824	1 886	1 970	2 064	2 148	1 670	1 730	1 820	1 910	1 990
27	GQZ 45000GD	1 924	1 987	2 070	2 164	2 259	1 770	1 830	1 920	2 010	2 106
28	GQZ 50000GD	2 014	2 087	2 170	2 265	2 360	1 850	1 920	2 010	2 100	2 200
29	GQZ 55000GD	2 104	2 177	2 271	2 365	2 461	1 940	2 010	2 110	2 200	2 300
30	GQZ 60000GD	2 185	2 258	2 351	2 456	2 562	2 010	2 080	2 180	2 280	2 390

表3(续)

序号	规格	下底盆长、宽 $C=D$(mm) θ(rad)					下底盆锚固螺栓间距 $C_1=D_1$(mm) θ(rad)					地脚螺栓底柱 (mm)
		0.02	0.03	0.04	0.05	0.06	0.02	0.03	0.04	0.05	0.06	
1	GQZ 1000GD	300	320	330	—	—	240	260	270	—	—	$\phi 42 \times 252$
2	GQZ 1500GD	350	360	380	—	—	290	300	320	—	—	$\phi 42 \times 252$
3	GQZ 2000GD	390	420	430	—	—	330	360	370	—	—	$\phi 42 \times 252$
4	GQZ 2500GD	440	460	490	—	—	380	400	430	—	—	$\phi 42 \times 252$
5	GQZ 3000GD	470	500	530	—	—	400	430	460	—	—	$\phi 46 \times 260$
6	GQZ 3500GD	510	540	570	—	—	440	470	500	—	—	$\phi 46 \times 260$
7	GQZ 4000GD	530	560	590	—	—	460	490	520	—	—	$\phi 46 \times 260$
8	GQZ 4500GD	570	600	630	—	—	500	530	560	—	—	$\phi 46 \times 260$
9	GQZ 5000GD	590	620	650	—	—	500	530	560	—	—	$\phi 58 \times 300$
10	GQZ 6000GD	670	700	740	—	—	580	610	650	—	—	$\phi 58 \times 300$
11	GQZ 7000GD	710	750	790	—	—	620	660	700	—	—	$\phi 58 \times 300$
12	GQZ 8000GD	740	790	840	—	—	640	690	740	—	—	$\phi 70 \times 352$
13	GQZ 9000GD	790	840	890	—	—	690	740	790	—	—	$\phi 70 \times 352$
14	GQZ 10000GD	830	870	920	—	—	730	770	820	—	—	$\phi 70 \times 352$
15	GQZ 12500GD	910	960	1 010	—	—	800	850	900	—	—	$\phi 80 \times 352$
16	GQZ 15000GD	980	1 040	1 090	1 150	1 200	870	930	980	1 040	1 090	$\phi 80 \times 352$
17	GQZ 17500GD	1 060	1 110	1 170	1 230	1 290	940	990	1 050	1 110	1 170	$\phi 90 \times 400$
18	GQZ 20000GD	1 120	1 180	1 240	1 310	1 370	1 000	1 060	1 120	1 190	1 250	$\phi 90 \times 400$
19	GQZ 22500GD	1 220	1 280	1 350	1 410	1 480	1 100	1 160	1 230	1 290	1 360	$\phi 90 \times 400$
20	GQZ 25000GD	1 230	1 330	1 400	1 470	1 540	1 100	1 200	1 270	1 340	1 410	$\phi 100 \times 400$
21	GQZ 27500GD	1 330	1 390	1 460	1 530	1 610	1 240	1 260	1 330	1 400	1 480	$\phi 100 \times 400$
22	GQZ 30000GD	1 390	1 450	1 520	1 600	1 670	1 260	1 320	1 390	1 470	1 540	$\phi 100 \times 400$
23	GQZ 32500GD	1 460	1 520	1 590	1 660	1 740	1 320	1 380	1 450	1 520	1 600	$\phi 110 \times 460$
24	GQZ 35000GD	1 500	1 570	1 640	1 720	1 800	1 360	1 430	1 500	1 580	1 660	$\phi 110 \times 460$
25	GQZ 37500GD	1 550	1 620	1 690	1 770	1 860	1 410	1 480	1 550	1 630	1 720	$\phi 110 \times 460$
26	GQZ 40000GD	1 620	1 680	1 760	1 850	1 930	1 470	1 530	1 610	1 700	1 780	$\phi 120 \times 480$
27	GQZ 45000GD	1 700	1 760	1 840	1 930	2 020	1 550	1 610	1 690	1 780	1 870	$\phi 120 \times 480$
28	GQZ 50000GD	1 790	1 860	1 940	2 030	2 120	1 630	1 700	1 780	1 870	1 960	$\phi 124 \times 520$
29	GQZ 55000GD	1 860	1 930	2 020	2 110	2 200	1 700	1 770	1 860	1 950	2 040	$\phi 124 \times 520$
30	GQZ 60000GD	1 940	2 010	2 100	2 200	2 300	1 770	1 840	1 930	2 030	2 130	$\phi 128 \times 560$

表3(续)

序号	规格	支座高度 h(mm)					总质量(kg)				
		θ(rad)					θ(rad)				
		0.02	0.03	0.04	0.05	0.06	0.02	0.03	0.04	0.05	0.06
1	GQZ 1000GD	83	84	85	—	—	54	61	66	—	—
2	GQZ 1500GD	86	87	88	—	—	74	80	89	—	—
3	GQZ 2000GD	91	92	93	—	—	101	116	123	—	—
4	GQZ 2500GD	96	97	99	—	—	132	145	166	—	—
5	GQZ 3000GD	100	102	103	—	—	161	184	208	—	—
6	GQZ 3500GD	105	106	108	—	—	197	220	248	—	—
7	GQZ 4000GD	109	111	113	—	—	226	254	284	—	—
8	GQZ 4500GD	113	115	117	—	—	268	299	333	—	—
9	GQZ 5000GD	117	119	121	—	—	310	345	382	—	—
10	GQZ 6000GD	125	127	130	—	—	417	460	519	—	—
11	GQZ 7000GD	132	134	137	—	—	501	564	632	—	—
12	GQZ 8000GD	139	141	143	—	—	571	654	742	—	—
13	GQZ 9000GD	145	147	149	—	—	685	780	879	—	—
14	GQZ 10000GD	152	154	156	—	—	790	877	981	—	—
15	GQZ 12500GD	173	175	177	—	—	1 094	1 220	1 362	—	—
16	GQZ 15000GD	188	192	196	200(201)	204(205)	1 368	1 544	1 717	1 932	2 125
17	GQZ 17500GD	199	201	205(206)	209(210)	214(215)	1 676	1 844	2 057	2 318	2 579
18	GQZ 20000GD	214	216	221	224	229	1 989	2 215	2 485	2 779	3 077
19	GQZ 22500GD	221	223	227	232	238	2 465	2 719	3 049	3 368	3 760
20	GQZ 25000GD	232	236	241	247	250	2 649	3 087	3 455	3 861	4 248
21	GQZ 27500GD	243	245	251	254	261	3 219	3 515	3 933	4 333	4 866
22	GQZ 30000GD	255	258	262	268	273	3 665	4 003	4 429	4 960	5 452
23	GQZ 32500GD	267	270	274	281	286	4 241	4 611	5 079	5 625	6 223
24	GQZ 35000GD	277	279	286	291	296	4 645	5 076	5 625	6 226	6 880
25	GQZ 37500GD	286	289	293	302	307	5 151	5 634	6 168	6 867	7 654
26	GQZ 40000GD	297	300	304	310	315	5 837	6 297	6 851	7 750	8 492
27	GQZ 45000GD	323	324	329	334	344	7 027	7 517	8 284	9 164	10 213
28	GQZ 50000GD	342	344	346	354	363	8 183	8 826	9 602	10 652	11 783
29	GQZ 55000GD	361	363	366	373	381	9 331	10 099	11 082	12 709	13 437
30	GQZ 60000GD	379	381	385	393	400	10 656	11 447	12 546	13 917	15 336

注:表中支座高度栏中带括号数据,对应于双向、单向活动支座高度,用于上顶板不锈钢板厚度为3mm的情况。

6 选用要求

6.1 对于单向活动支座及固定支座，非滑移方向的水平力应不大于支座设计竖向承载力的10%。

6.2 当支座使用地区的温度变化范围在 $-25℃ \sim 60℃$ 时，设计摩擦系数取0.03；温度变化范围在 $-40℃ \sim 60℃$ 时，设计摩擦系数取0.05。

6.3 支座垫石混凝土强度等级不应低于C40。

ICS 93.040
P 28
备案号：

中华人民共和国交通运输行业标准

JT/T 855—2013

桥梁挤扩支盘桩

Pile with expanded branches and
plates for highway bridge

2013-04-07 发布　　　　　　　　　　　　　　　　2013-05-01 实施

中华人民共和国交通运输部 发 布

JT/T 855—2013

目　次

前言
引言
1　范围
2　规范性引用文件
3　术语和定义
4　技术要求
5　检查及验收
附录 A（资料性附录）　挤扩支盘设备操作要求
附录 B（规范性附录）　挤扩支盘桩单桩轴向受压承载力容许值、受拉承载力容许值验证公式

前 言

本标准按照 GB/T 1.1—2009 给出的规则起草。

本标准由中国公路学会桥梁与结构工程分会提出并归口。

本标准主要起草单位：宁波市交通运输委员会、中冶交通工程技术有限公司、北京支盘地工科技开发中心、中国公路工程咨询集团有限公司。

本标准参加起草单位：国冶建设(控股)有限公司、宁波市交通工程质量监督站、天津二十冶建设有限公司、中冶京诚工程技术有限公司、中交第二公路勘察设计研究院有限公司、宁波交通工程建设集团有限公司、宁波绕城东段高速公路有限公司、浙江交通规划设计研究院。

本标准主要起草人：殷学智、胡跃军、杨志刚、杨奎、张国梁、李毅、王燕、李靖森、郝勇兵、秦夏强、鞠金荧、李寒、徐正新、姚成、宋冰泉、桂炎德、于大涛、黄淮治、史生军、徐永洁、朱恒、陈临韬、辛小均、范洪才、宋吉录、徐金水、隋宝和、俞见麟、肖剑、练文革、王晓阳。

引 言

本文件的发布机构提请注意,声明符合本文件时,可能涉及第3、4、5章和附录A与挤扩支盘桩结构和施工方法(97196360.6、200810000559.9、200910148482.4)、挤扩支盘桩施工设备(97196360.6、98103449.7、99118966.3、99125064.8、99102748.5、200510134290.X、200610127924.3)、挤扩支盘桩施工检查和质量检验(97196360.6、03156360.0)等相关的专利的使用。

本文件的发布机构对于该专利的真实性、有效性和范围无任何立场。

该专利持有人已向本文件的发布机构保证,他愿意同任何申请人在合理且无歧视的条款和条件下,就专利授权许可进行谈判。该专利持有人的声明已在本文件的发布机构备案。相关信息可以通过以下联系方式获得:

专利持有人姓名:北京支盘地工科技开发中心　　张国梁等;

地址:北京市海淀区清华东门华清商务会馆1107　　邮编:100087;

联系电话:010-82866711　13301259897

请注意除上述专利外,本文件的某些内容仍可能涉及挤扩支盘桩专利。本文件的发布机构不承担识别这些专利的责任。

JT/T 855—2013

桥梁挤扩支盘桩

1 范围

本标准规定了公路桥梁挤扩支盘桩的技术要求、检查及验收要求等。

本标准适用于公路桥梁新建、改扩建中的挤扩支盘桩工程,铁路、市政、轨道交通等工程可参照使用。

2 规范性引用文件

下列文件对于本文件的应用是必不可少的。凡是注日期的引用文件,仅注日期的版本适用于本文件。凡是不注日期的引用文件,其最新版本(包括所有的修改单)适用于本文件。

JTG D63　　公路桥涵地基与基础设计规范
JTG F80/1　公路工程质量检验评定标准　第一册　土建工程
JTG/T F50　公路桥涵施工技术规范

3 术语和定义

下列术语和定义适用于本文件。

3.1

挤扩支盘桩　pile with expanded branches and plates

钻孔成孔后放入专用挤扩支盘机设备,按承载力要求和地层土质条件,在设计要求部位对土体进行侧向挤压,挤扩成支状或盘状孔腔,提离挤扩支盘机,放入钢筋笼,灌注桩身混凝土,形成带有支盘结构同周围被挤密的土体共同作用的混凝土灌注桩。

3.2

变桩径支盘桩　variable diameter pile with expanded branches and plates

原桩为变截面桩身的挤扩支盘桩。

3.3

变盘径支盘桩　variable plates pile with expanded branches and plates

设置有不同盘径的挤扩支盘桩。

3.4

原桩　pile shaft

相对于添加支和盘以前的"原形"桩,相应的直径称"原桩直径"。

3.5

分支　branch bearing

突出桩身外的支状承载结构。用挤扩支盘机在成孔中向外挤扩成支状孔腔,然后充填混凝土形成。

一次挤扩形成一字支,将挤扩支盘机转动90°再挤扩一次形成十字支,简称支。支与原桩混凝土灌注同时完成,并共同受力。

3.6

支长　branch length

支的水平投影长度。

3.7

支宽　branch width

支的水平投影宽度。

3.8

支高　branch height

支顶到支底的距离。

3.9

支面积　projected area of branch

支的水平投影面积。

3.10

承力盘　plate bearing

突出桩身外的盘状承载结构。用挤扩支盘机在成孔中先挤扩成支状孔腔后,再将支盘机转动一定角度后向外挤扩,逐次连续进行,最终形成盘状孔腔,然后充填混凝土形成,简称盘。盘与原桩混凝土灌注同时完成,并共同受力。

3.11

盘环宽　width of plate ring

盘半径减去原桩身半径的宽度。

3.12

盘面积　projected area of plate

承力盘的水平投影面积。

3.13

盘高　plate height

盘顶到盘底的距离。

3.14

盘间距　the space between plates

桩身相邻两盘的竖向间距。

3.15

挤扩比　ratio of plate area to pile area

盘体水平投影面积与桩身截面面积之比。

3.16

宽径比 ratio of arch arm width to plate diameter

挤扩支盘机弓臂挤压土体的宽度与盘直径之比。

3.17

挤扩压力值 extrusion-expansion pressure

挤扩压力值是挤扩支盘机对土体挤压时土对弓臂的反力反映在液压表表值(又称挤扩旁压值)。在成盘时首次张开弓臂所受到土的反力值称首次挤扩压力值。

3.18

设备上抬值 equipment rising by reaction of soil

挤扩支盘机(单向缸挤扩设备)向成孔两侧对土体挤压时,土对弓臂产生竖向反力,使支盘设备上抬的位移值。该值直接反映土的力学状态。

3.19

挤扩叠加率 extrusion-expansion overlap percent

挤扩支盘机挤压土体成盘时,径向相邻挤压叠加部分的水平投影面积所占每次挤压水平投影面积的比值。叠加率大,成盘质量好。

3.20

挤扩回弹率 spring rate of soil

挤扩后实测盘腔直径与挤扩支盘机弓臂施工时张开外径的比值。

3.21

盘腔内角 plate interior angle

盘腔土体上斜面与下斜面之间的夹角。

3.22

支盘水平角 angle between plate and horizontal plane

支或盘体的承载面与水平面的夹角。

3.23

支盘承载性能质量检验 quality inspection of plate load-bearing

通过挤扩压力值对支盘周围土体进行物理性能的检验,结合支盘形状和尺寸的检测结果对支盘承载力进行评判的方法。

3.24

基桩承载力调控 regulation and control of pile load-bearing

根据支盘承载性能检验结果,在支盘桩设计中标注增设支盘的位置和数量,采取增设支盘的手段,调控基桩竖向承载力,控制基桩刚度的方法。

4 技术要求

4.1 基本要求

4.1.1 采用本标准时,还应按 JTG D63、JTG/T F50 及相关规范执行。

4.1.2 挤扩支盘桩的设置应综合考虑地质条件、荷载特征承载力与变形要求、环境等,合理选择支盘桩基础结构形式。

4.1.3 挤扩支盘桩应利用挤扩压力值对土质的检测功能,在施工期间,将挤扩过程中采集的信息与地质勘察资料比对,依据实际土层信息修正设计,通过调整支盘数量、位置、间距等措施,以满足桩基础承载力和沉降要求。

4.1.4 挤扩支盘桩工程,宜先试成孔或试桩,使用挤扩支盘设备对土层进行探查检测,收集土层技术参数,编写工程桩承载力调控措施、工法和设备要求等技术文件。试成孔条件不容许时,可结合工程桩进行。

4.1.5 计算挤扩支盘桩的水平力时,不考虑支盘部分的作用。计算挤扩支盘桩的垂直承载力时,应充分利用支端、盘端土的承载力。

4.1.6 支盘桩设计,应在已设或预设支盘基础上提出增设支、盘的承载力调控措施,增设的支、盘应在图中注明其预留位置和数量。

4.2 设置土层要求

4.2.1 支、盘适用土层及设置的适用条件见表1。

表1 支、盘适用土层及设置的适用条件

设置要求		淤泥、松散砂土	淤泥质土、可液化土、湿陷性土、膨胀土	软塑黏性土、稍密砂土	可塑~坚硬黏性土	中密~密实粉土、砂土	中密~密实碎石、全风化岩、强风化岩
一字支、十字支		不应	不宜	可	宜	不宜	不宜
盘结构		不应	不应	不宜	宜	宜	宜 标贯>80击时宜设置在表层
挤扩比大于4的盘结构		不应	不应	不宜	可	宜 标贯>80击时宜设置在表层	宜 标贯>80击时宜设置在表层
挤扩回弹率	普通型	—	0.7	0.75	0.8	0.85	0.85
	宽臂型	—	0.8	0.85	0.9	0.95	0.9

4.2.2 挤扩支盘桩第一个支、盘宜设置在桩身弯矩零点和冲刷线以下,并应考虑负摩阻力的影响。

4.3 结构及构造要求

4.3.1 挤扩支盘桩的结构形式分为：分支桩、承力盘桩、支盘桩、变盘径支盘桩、等桩径支盘桩和变桩径支盘桩。

4.3.2 支盘桩原桩径宜为1 100mm～2 200mm，如采用变径桩，变径后小直径段的桩径应大于800mm。小直径段桩身截面面积不小于大直径段的50%。

4.3.3 支、盘的尺寸应与原桩身的直径相匹配。支、盘直径一般为1 300mm～4 000mm，变盘径支盘桩的盘环宽变化幅度不应超过30%。支和盘的高度应满足混凝土的抗剪强度要求。挤扩支盘设备应与支盘构造相匹配，见表2、表3。设备操作要求参见附录A。

表2 等桩径支盘桩构造与设备规格要求

桩 规 格				设 备 要 求		
设计桩径 （mm）	承力盘设计直径 （mm）	盘环宽 （mm）	盘腔内角 （°）	挤扩弓臂宽度 （mm）	输出动力 （10kN）	挤扩支盘设备特点
1 000	1 800～2 000	400～500	≥85	≥380	≥600	增力增压
1 200	1 900～2 000	350～400				增力增压、宽臂
1 100	2 000～2 300	450～600	≥85	≥450	≥800	增力增压、宽臂
1 200	2 100～2 400	450～600				
1 500	2 200～2 500	350～500				
1 200	2 200～2 600	500～700	≥85	≥450	≥1 000	多级、增力增压、宽臂
1 500	2 300～2 700	400～600				
1 600	2 400～2 800	400～600				
1 800	2 500～2 900	350～550				
2 000	2 700～3 000	350～500	≥75			
2 200	2 800～3 100	300～450				

表3 变桩径支盘桩构造与设备规格要求

桩 规 格				设 备 要 求		
设计桩径 （mm）	承力盘设计直径 （mm）	盘环宽 （mm）	盘腔内角 （°）	挤扩弓臂宽度 （mm）	输出动力 （10kN）	挤扩支盘设备型号
800/1 100	1 600～1 800	400～500	≥85	≥380	≥700	增力增压
900/1 200	1 800～1 900	450～500				
1 000/1 200	1 900～2 000	450～500				多级、增力增压、宽臂
1 200/1 500	2 000～2 300	400～550	≥85	≥450	≥800	多级、增力增压、宽臂
1 200/1 600	2 200～2 300	500～550				
1 300/1 600	2 200～2 500	450～600				

续上表

桩 规 格				设 备 要 求		
设计桩径 (mm)	承力盘设计直径 (mm)	盘环宽 (mm)	盘腔内角 (°)	挤扩弓臂宽度 (mm)	输出动力 (10kN)	挤扩支盘设备型号
1 200/1 500	2 300~2 600	550~700	≥85	≥550	≥1 000	多级、增力增压、宽臂
1 200/1 600	2 500~2 700	650~750				
1 400/1 800	2 500~2 700	550~650				
1 500/1 800	2 500~2 700	500~600				
1 500/2 000	2 600~2 800	550~650				
1 600/2 000	2 700~3 000	550~700	≥75			
1 600/2 200	2 700~3 000	550~700				
1 800/2 200	2 800~3 100	500~650				
1 800/2 500	2 800~3 500	500~850	≥70			
2 000/2 500	2 800~3 500	400~750				

4.3.4 挤扩支盘桩配筋按单桩配筋,支盘内不配筋。

4.3.5 变截面桩主筋弯折处与相邻上盘底部或下盘顶部的垂直距离不应小于500mm。

4.4 支盘布置

4.4.1 支、盘应按以下原则布置(见表4):
  a) 支、盘的布置可考虑现场土层变化,做出调整,相邻支盘桩的盘位高程可错开布置;
  b) 一字支竖向最小间距为3倍支长;十字支竖向最小间距为4倍支长;
  c) 上、下一字对支宜错开90°、十字支宜错开45°设置;
  d) 盘与盘或盘与支的竖向最小间距为8倍的盘环宽。

表4 支、盘布置要求

支 盘 位 置	最小竖向间距	上下设置要求
一字支	3倍支长	错开90°
十字支	4倍支长	错开45°
盘与支	8倍盘环宽ª	—
盘与盘		

注:ª 黏性土取大值,粉土、砂土、碎石土等取小值。

4.4.2 挤扩支盘桩的最小中心距应取2.5d(d为原桩直径或变径桩的最大直径)与1.5D(D为支盘直径)中的较大值。

4.4.3 抗压桩的盘端承面应全部进入宜成盘土层,每个盘底距软弱下卧层顶面的距离不宜小于4倍盘环宽;盘端承面进入持力层的深度对于黏性土、砂土不宜小于2倍盘环宽,对于碎石土、强风化软质岩不宜小于1.5倍盘环宽;最下盘底部距软弱下卧层顶面的距离不宜小于9倍盘环宽。

4.4.4 抗拔桩的盘应设置在宜成盘土层的中下部,盘体应全部进入宜成盘土层,且距软弱上覆土层底面的距离不宜小于4倍盘环宽。

4.4.5 支、盘布置示意图见图1。

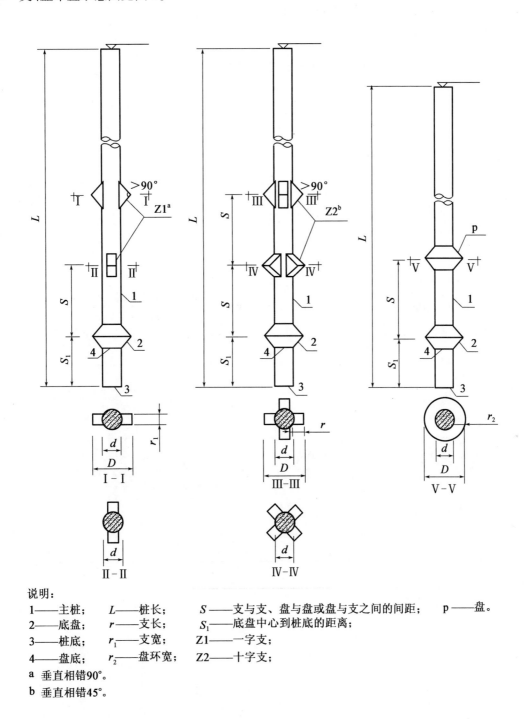

说明:
1——主桩;　　　L——桩长;　　S——支与支、盘与盘或盘与支之间的间距;　　p——盘。
2——底盘;　　　r——支长;　　S_1——底盘中心到桩底的距离;
3——桩底;　　　r_1——支宽;　　Z1——一字支;
4——盘底;　　　r_2——盘环宽;　Z2——十字支;
a 垂直相错90°。
b 垂直相错45°。

图1 支、盘布置示意图

4.5 挤扩支盘桩承载力

挤扩支盘桩单桩轴向受压承载力容许值、受拉承载力容许值计算按附录B进行。

5 检查及验收

5.1.1 挤扩支盘桩工程质量检验按 JTG F80/1 执行。

5.1.2 挤扩支盘桩的实测项目、检查方法及权值见表5。

表5 挤扩支盘桩检查项目及要求

项次	检查项目			规定值或容许偏差	检查方法	权值
1△	混凝土强度(MPa)			在合格标准内	按 JTG F80/1 检查	2
2△	桩位(mm)	群桩		100	全站仪或经纬仪:每桩检查	2
		排架桩	允许	50		
			极值	100		
3△	孔深(m)			不小于设计	测绳量:每桩测量	2
4△	孔径(mm)			不小于设计	探孔器:每桩测量	2
5	钻孔倾斜(mm)			1%桩长,且不大于500	用测壁(斜)仪或钻杆垂线法:每桩检查	1
6△	盘径(mm)			设计规定及设计施工指导文件要求	电阻式、超声波井径仪(电脑显示图形及尺寸大小):每盘检查	2
7	设备上抬值(mm)			不小于设计施工指导文件要求	钢尺:每次挤扩检查	1
8	挤扩压力值(MPa)			不小于设计施工指导文件要求	压力表或电子压力显示仪:每次挤扩支盘时检查	1
9△	桩底沉淀厚度(mm)			设计规定,设计未规定时按施工规范要求	沉淀盒或标准测锤:每桩检查	1
10	钢筋骨架底面高程(mm)			±50	水准仪:测每桩骨架顶面高程后反算	1

注:△表示重要检查项目。

附 录 A
（资料性附录）
挤扩支盘设备操作要求

A.1 设备分类

挤扩支盘设备功能分类参见表 A.1。

表 A.1 挤扩支盘设备分类表

类 型		功 能 特 点
	单缸挤扩技术	适用于垂直受压桩，并提供本标准中反力上升值的测量条件
分类	增压型挤扩支盘设备	采用机械增压动力将传统液压缸动力提高40%~60%； 将挤扩支盘桩适用范围拓展到挤压硬塑~坚硬黏土、密实砂土层、砂砾卵石、强风化软质岩
	宽臂型挤扩支盘设备	设备挤扩宽径比大，叠加率高，成盘质量好； 适用于黏性土、砂土层，控制挤扩回弹
	多级（双级）挤扩支盘设备	单机实现多种盘径施工； 适用于变盘径挤扩支盘桩或单项工程多个盘径桩型项目
	双缸挤扩技术	实现双向挤扩，适用于抗浮桩（受拉桩）； 双腔缸缸内存在压力损失
分类	双缸双向挤扩支盘设备	上下两缸对顶、双向挤压
	双腔缸双向挤扩支盘设备	上腔活塞连接下弓臂、下腔活塞连接上弓臂对顶，双向挤压
	双腔缸双向旋挤切扩支盘设备	适用于入岩土层、密实胶结的砂砾层，盘径大于1 800mm时设备扭矩应大于300kN·m，施工时应配备旋切塌孔防护设备，并必须预设1~2个盘； 黏性土、砂土禁用本型设备
	一体机技术	成孔与挤扩一体设备，无需吊车辅助
分类	循环工艺一体设备	正反循环钻机与挤扩支盘设备一体，适用于工作场地条件差、工作面小的项目
	旋挖工艺一体设备	旋挖钻机与挤扩支盘设备一体，适用于工作场地条件差、工作面小的项目，支盘工序效率高

A.2 配置要求

A.2.1 不同土层中的挤扩支盘设备选型参见表 A.2。

A.2.2 在较软弱土层中成盘，回弹率小于0.9时，应采用宽臂挤扩支盘设备。

表A.2 不同土层挤扩支盘设备选型表

土的名称	第一指标 土的状态	第二指标 静力触探锥尖阻力 q_c (kPa)	第三指标 标准贯入击数 N (击/300mm)	第三指标 重型动力触探击数 $N_{63.5}$ (击/100mm)	设备选型 宽臂	设备选型 增力增压	设备选型 旋切
黏性土	$0.75 < I_L \leq 1.00$ $0.5 < I_L \leq 0.75$ $0.25 < I_L \leq 0.50$ $0 < I_L \leq 0.25$	$1300 < q_c \leq 1800$ $1600 < q_c \leq 2500$ $2000 < q_c \leq 3500$ $q_c > 4000$	$3 < N \leq 10$ $8 < N \leq 20$ $15 < N \leq 30$ $N > 30$	—	应 应 宜 可	— — 宜 应	不应 不应 不应 不应
粉土	$0.85 < e_0 \leq 1.05$ $0.75 < e_0 \leq 0.85$ $e_0 \leq 0.75$	$1300 < q_c \leq 4000$ $4000 < q_c \leq 8000$ $q_c > 8000$	$5 < N \leq 12$ $10 < N \leq 35$ $N > 35$	—	应 应 宜	— 宜 应	不应 不应 不应
粉砂 细砂 中、粗砂	稍密 中密 密实	$3000 < q_c \leq 6000$ $6000 < q_c \leq 12000$ $q_c > 12000$	$10 < N \leq 25$ $20 < N \leq 50$ $N > 50$	—	应 宜 可	宜 应 应	不应 不应 不应
圆(角)砾 卵(碎)石	稍密 中密 密实	—	—	$10 < N_{63.5} \leq 25$ $20 < N_{63.5} \leq 50$ $N_{63.5} > 50$	宜 — —	宜 应 应	不应 不宜 可
全风化~ 强风化岩	软质岩	—	—	$15 < N_{63.5} \leq 50$ $N_{63.5} > 50$	— —	应 应	不宜 可
中等风化~ 微风化岩	硬岩	—	—	—	—	—	应

注: I_L 为土的液性指数, e_0 为土的压缩模量。

A.3 设备操作要求

A.3.1 遇软弱土层复杂地质,成孔作业后应对支盘设备作业可能造成的影响提出事前要求。

A.3.2 按角度盘上的分度次序将挤扩设备转动和挤扩成盘,记录每一次的转角值。角度盘应安放平稳,不得移位。

A.3.3 当挤扩压力值小于预定值,超出允许偏差时,可根据实际情况在桩身上下1m范围适当调整盘位高程,但应保证调整后的盘位满足设计规定的土层要求,并满足最小盘间距的要求。在需要时可执行设计提出的承载力调控措施,将支改为盘或者在预设位置增加支、盘。

A.3.4 挤扩过程中应做以下观测和记录,记录表参见表A.3:
  a) 观测每次挤扩压力表的压力值变化。记录首次压力值及各次挤扩压力值,以及挤扩全过程的起止时间;
  b) 观测设备上抬值,记录每次挤扩后设备上升情况;
  c) 观测孔中泥浆水位的变化。记录每次挤扩后的泥浆液面下降尺寸及相关情况。

表A.3 挤扩支盘设备现场记录表

工程名称:				桩号:					施工日期:				
设计桩长(m)			设计桩径(m)				设计孔深(m)				护筒高程(m)		
实钻孔深(m)			挤扩前孔深(m)				挤扩后孔深(m)				灌注前孔深(m)		
支盘机型号			弓臂宽度(m)(单支宽度)				弓臂最大张开尺寸(m)				设计盘径(m)		

支盘设计高程(m)	支盘调整后高程(m)	支盘名称	项目	作业起止时间: 年 月 日 时 分 ~ 日 时 分												备注
				1次	2次	3次	4次	5次	6次	7次	8次	9次	10次	11次	12次	13次	
			挤扩压力(MPa)														
			设备上浮(mm)														
			泥浆变化量(mm)														
			挤扩压力(MPa)														
			设备上浮(mm)														
			泥浆变化量(mm)														
预留支盘深度			挤扩压力(MPa)														
			设备上浮(mm)														
			泥浆变化量(mm)														

记录员		质检员		技术负责人		监理人员	

A.3.5 桩径大于1 200mm,盘径大于2 000mm的支盘桩,应增加对支、盘腔清理的有效措施。

A.3.6 试成孔,复核土层的勘察参数。通过采集的挤扩压力值,参考土层物理力学指标与挤扩压力值对照表(参见表A.4),确定土层参数。

表A.4 土层物理力学指标与挤扩压力值对照表

土的名称	土的状态	静力触探锥尖阻力 q_c (kPa)	标准贯入击数 N (击/300mm)	重型动力触探击数 $N_{63.5}$ (击/100mm)	挤扩压力参考值 k 普通型(MPa)	增力型(MPa)
黏性土	$0.75 < I_L \leq 1.0$	$1\,300 < q_c \leq 1\,800$	—	—	$3 < k \leq 4$	$2 < k \leq 3$
	$0.50 < I_L \leq 0.75$	$1\,600 < q_c \leq 2\,500$	—	—	$4 < k \leq 8$	$3 < k \leq 5$
	$0.25 < I_L \leq 0.50$	$2\,000 < q_c \leq 3\,500$	—	—	$8 < k \leq 12$	$5 < k \leq 8$
	$0 < I_L \leq 0.25$	$3\,000 < q_c \leq 6\,000$	—	—	$12 < k \leq 20$	$8 < k \leq 12$
亚砂土	$0.75 < e_0 \leq 0.9$ 中密	$2\,000 < q_c \leq 6\,000$			$6 < k \leq 12$	$4 < k \leq 8$
	$e_0 \leq 0.75$ 密实	$6\,000 < q_c \leq 10\,000$			$12 < k \leq 25$	$8 < k \leq 17$

续上表

土的名称	土的状态	静力触探锥尖阻力 q_c (kPa)	标准贯入击数 N (击/300mm)	重型动力触探击数 $N_{63.5}$ (击/100mm)	挤扩压力参考值 k 普通型 (MPa)	挤扩压力参考值 k 增力型 (MPa)
粉砂	稍密 中密	$2\,000 < q_c \leq 5\,000$	$15 < N \leq 30$	—	$8 < k \leq 15$	$5 < k \leq 10$
粉砂	密实	$q_c > 6\,000$	$30 < N \leq 60$	—	$15 < k \leq 45$	$10 < k \leq 35$
细砂 中砂 粗砂	中密 密实	—	$15 < N \leq 30$	—	$15 < k \leq 20$	$12 < k \leq 16$
细砂 中砂 粗砂	中密 密实	—	$30 < N \leq 80$	—	$20 < k \leq 50$	$16 < k \leq 40$
砾砂	中密 密实	—	—	$10 < N_{63.5} \leq 30$	—	$20 < k \leq 40$
角砾、圆砾、卵石	中密 密实	—	—	$10 < N_{63.5} \leq 30$	—	$20 < k \leq 45$
强风化软质岩	中密 密实	—	—	$10 < N_{63.5} \leq 30$	—	$22 < k \leq 45$

注：增力型对应的挤扩压力参考值是在非宽臂设备工作条件下的挤扩压力值。

附 录 B
（规范性附录）
挤扩支盘桩单桩轴向受压承载力容许值、受拉承载力容许值验证公式

B.1 挤扩支盘桩单桩轴向受压承载力容许值

挤扩支盘桩单桩轴向受压承载力容许值按式(B.1)计算：

$$[R_a] = \frac{1}{2}[u\sum q_{ik}l_i + 2\times(\sum A_{pj}q_{rj} + A_p q_r)] \tag{B.1}$$

式中：$[R_a]$——单桩轴向受压承载力容许值，单位为千牛(kN)，桩身自重与置换土重(当自重计入浮力时，置换土重也计入浮力)的差值作为荷载考虑；

u——桩身周长，单位为米(m)；

q_{ik}——与 l_i 对应的各土层与桩侧的摩阻力标准值，单位为千帕(kPa)，宜采用单桩摩阻力试验确定，当无试验条件时按 JTG D63 确定；

l_i——承台底面或局部冲刷线以下各土层的厚度，当该层土内设有支、盘时，应减去每个支高和盘高的1.5倍，单位为米(m)；

A_{pj}——第 j 个支或盘的面积，单位为平方米(m^2)；

q_{rj}——第 j 个支或盘端土的承载力容许值，单位为千帕(kPa)；

A_p——桩端截面面积，单位为平方米(m^2)；

q_r——桩端处土的承载力容许值，单位为千帕(kPa)；

$$q_r、q_{rj} = m_0\lambda[[f_{aj}] + k_2\gamma_2(h_j - 3)] \tag{B.2}$$

m_0——清底系数，按 JTG D63 确定；

λ——修正系数，按 JTG D63 确定；

f_{aj}——桩端、支端和盘端土的承载力基本容许值，单位为千帕(kPa)，按 JTG D63 确定；

γ_2——桩端、盘端和支端以上各土层的加权平均重度，单位为千牛每立方米(kN/m^3)（具体可参照 JTG D63）；

h_j——桩端、盘端和支端的埋置深度，单位为米(m)。

B.2 单桩轴向受拉承载力容许值

单桩轴向受拉承载力容许值按式(B.3)计算：

$$[R_t] = 0.3u\sum q_{ik}l_i + 0.8\sum A_{pj}q_{rj} \tag{B.3}$$

式中：$[R_t]$——单桩轴向受拉承载力容许值，单位为千牛(kN)。

B.3 对挤扩支盘桩单桩轴向受压承载力计算公式的验算

因单桩竖向承载力的测试可同时直接测得桩身各段极限侧阻和各支盘端部极限承载力，本标准推荐以下计算方法对式(B.1)进行验算。

支盘桩单桩轴向受压极限承载力 R，可按式（B.4）、式（B.5）进行计算验算。

$$R_a = u \sum q_{ik} l_i + \sum A_{pj} q_{pkj} + A_p q_{pk} \tag{B.4}$$

$$R = R_a \times K \tag{B.5}$$

式中：R——单桩竖向承载力极限值；

R_a——单桩竖向承载力容许值；

K——安全系数，可取 2～2.5，需由设计提出；

q_{pkj}——桩身上第 j 个盘所支承的土的端阻力极限值，该值取支盘端土实测的承载力值，无实测值时可取地勘资料提出的端阻值，既无实测值又无经验值时，可参考表 B.1 取值；

q_{pk}——土的端阻值，参见表 B.1。

表 B.1 土的端阻值

土的名称	第一指标 土的状态	第二指标 静力触探 q_c(kPa)	第三指标 标准贯入击数 N（击/300mm）	重型动力触探击数 $N_{63.5}$（击/100mm）	土的端阻值 q_{pk}(kPa) $5<H\leq20$	$H>20$
黏性土	$0.75<I_L\leq1.00$ $0.50<I_L\leq0.75$ $0.25<I_L\leq0.50$ $0<I_L\leq0.25$	$1\,300<q_c\leq1\,800$ $1\,600<q_c\leq2\,500$ $2\,000<q_c\leq4\,500$ $4\,500<q_c\leq8\,000$	$3<N\leq10$ $8<N\leq20$ $15<N\leq30$ $N>30$	—	$192<q_{pk}\leq288$ $288<q_{pk}\leq484$ $484<q_{pk}\leq700$ $700<q_{pk}\leq960$	$288<q_{pk}\leq484$ $484<q_{pk}\leq700$ $700<q_{pk}\leq960$ $960<q_{pk}\leq1\,650$
粉土	$0.95<e_0\leq1.05$ $0.85<e_0\leq0.95$ $0.75<e_0\leq0.85$	$1\,300<q_c\leq2\,000$ $2\,000<q_c\leq5\,000$ $5\,000<q_c\leq8\,000$	$5<N\leq12$ $10<N\leq35$ $N>35$	—	$192<q_{pk}\leq288$ $484<q_{pk}\leq600$ $580<q_{pk}\leq960$	$288<q_{pk}\leq484$ $600<q_{pk}\leq960$ $960<q_{pk}\leq1\,800$
粉砂、细砂、中粗砂	稍密 中密 密实	$3\,000<q_c\leq6\,000$ $6\,000<q_c\leq12\,000$ $q_c>12\,000$	$10<N\leq25$ $20<N\leq50$ $N>50$	—	$480<q_{pk}\leq720$ $960<q_{pk}\leq1\,200$ $1\,160<q_{pk}\leq1\,980$	$720<q_{pk}\leq960$ $1\,100<q_{pk}\leq1\,780$ $1\,980<q_{pk}\leq2\,800$
圆（角）砾、卵（碎）石	稍密 中密 密实	—	—	$10<N_{63.5}\leq25$ $20<N_{63.5}\leq50$ $N_{63.5}>50$	$1\,040<q_{pk}\leq2\,260$ $2\,060<q_{pk}\leq2\,800$ $2\,560<q_{pk}\leq3\,500$	
全风化～强风化	软质岩	—	—	$15<N_{63.5}\leq50$ $N_{63.5}>50$	$960<q_{pk}\leq2\,220$ $2\,220<q_{pk}\leq3\,500$	
中等风化～微风化	硬质岩	—	—	—	$2\,600<q_{pk}\leq3\,650$	

ICS 93.040
P 28
备案号：

中华人民共和国交通运输行业标准

JT/T 861—2013

桥梁成品预应力钢绞线束

Prestressing multi-strands product for bridges

2013-07-16 发布　　　　　　　　　　　　　2013-10-01 实施

中华人民共和国交通运输部　发布

目次

前言
1 范围
2 规范性引用文件
3 术语和定义
4 规格、型号及结构形式
5 技术要求
6 试验方法
7 检验规则
8 标志、包装、运输和储存

前 言

本标准按照 GB/T 1.1—2009 给出的规则起草。

本标准由中国公路学会桥梁和结构工程分会提出并归口。

本标准起草单位：天津鑫坤泰预应力专业技术有限公司、天津市市政工程设计研究院、天津城建集团、安徽省交通规划设计研究院、天津滨海盈信公司、湖北省交通规划设计院。

本标准主要起草人：牛金坡、刘旭锴、韩振勇、刘万保、王胜斌、丁望星、齐广成、张宏强。

JT/T 861—2013

桥梁成品预应力钢绞线束

1 范围

本标准规定了工厂生产的桥梁成品预应力钢绞线束产品的规格、型号及结构形式、技术要求、试验方法、检验规则、标志、包装、运输和储存等。

本标准适用于公路桥梁后张预应力混凝土结构用的成品预应力钢绞线束,铁路、市政桥梁和水利工程等可参照执行。

2 规范性引用文件

下列文件对于本文件的应用是必不可少的。凡是注日期的引用文件,仅注日期的版本适用于本文件;凡是不注日期的引用文件,其最新版本(包括所有的修改单)适用于本文件。

GB/T 197　普通螺纹　公差

GB/T 230.1　金属材料　洛氏硬度试验　第1部分:试验方法(A、B、C、D、E、F、G、H、K、N、T标尺)

GB/T 699　优质碳素结构钢

GB/T 708　冷轧钢板和钢带的尺寸、外形、重量及允许偏差

GB/T 1804　一般公差　未注公差的线性和角度尺寸的公差

GB/T 5224　预应力混凝土用钢绞线

GB/T 14464　涤纶短纤维

GB/T 16924　钢件的淬火与回火

JB/T 5936　工程机械　机械加工件通用技术条件

JT/T 329　公路桥梁预应力钢绞线用锚具、夹具和连接器

YB/T 5294　一般用途低碳钢丝

3 术语和定义

下列术语和定义适用于本文件。

3.1

成品预应力钢绞线束　prestressing multi-strands product

将多根钢绞线在工厂平行理顺、梳编加工成型的钢束,穿束时用特制牵引器将成品预应力钢绞线束牵引至后张预应力混凝土结构塑料或金属波纹管孔道内。

3.2

记号板　marker

在成品束两端设置由涤纶短纤维材料按圆锚张拉端锚板平面布孔形式仿型制作的板。

3.3

牵引器　strand-threaded device

用于牵引成品预应力钢绞线束的装置。

4 规格、型号及结构形式

4.1 规格

成品预应力钢绞线束由不同数量的钢绞线组成,以组成根数分为25个规格系列:3,4,5,6,7,8,9,10,11,12,13,14,15,16,17,18,19,20,21,22,23,24,25,26,27。

4.2 型号

桥梁成品预应力钢绞线束型号表示方法如下:

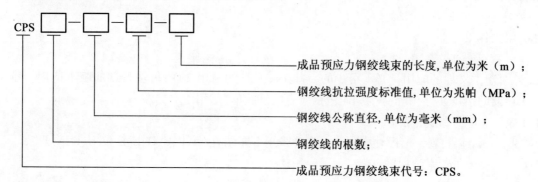

示例:

19根直径15.20mm、抗拉强度为1 860MPa、长度为100m的成品预应力钢绞线束,其型号表示为CPS19—15—1860—100。

4.3 结构形式

4.3.1 成品预应力钢绞线束

成品预应力钢绞线束由钢绞线、记号板、捆扎铁丝等组成,见图1。张拉端锚具采用圆锚。成品束前端与相应规格的牵引器连接。

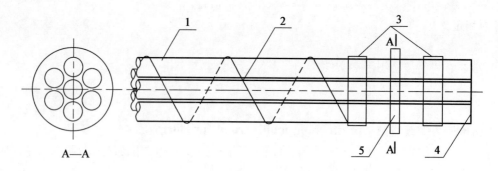

说明:

1——钢绞线；　　4——成品束前端；

2——捆扎铁丝；　5——记号板。

3——捆扎钢带；

图1 成品预应力钢绞线束构造示意图

4.3.2 牵引器

牵引器由牵引头、套筒、夹片、吊环组成,见图2。

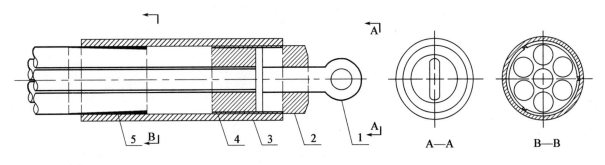

说明:

1——吊环; 4——普通螺纹;

2——索引头; 5——夹片。

3——套筒;

图2 牵引器构造示意图

5 技术要求

5.1 外观

5.1.1 成品预应力钢绞线束所用钢绞线表面不应有麻坑、锈蚀。

5.1.2 成品预应力钢绞线束长度允许偏差±50mm。

5.2 材料

5.2.1 成品预应力钢绞线束采用直径15.20mm、抗拉强度等级为1860MPa的钢绞线,应符合GB/T 5224的规定。

5.2.2 记号板采用涤纶短纤维材料,应符合GB/T 14464的规定。

5.2.3 捆扎钢带应符合GB/T 708的规定。捆扎铁丝应符合YB/T 5294的规定。

5.2.4 牵引器采用优质碳素结构钢,应符合GB/T 699的规定。

5.3 工艺性能

5.3.1 成品预应力钢绞线束应理顺、无缠绕,前端应齐平。捆扎铁丝按30°方向缠绕,两端记号板两侧用钢带捆扎。

5.3.2 记号板设置在索两端,按JT/T 329中圆锚张拉端锚板的外径孔位及尺寸仿型制作。

5.3.3 牵引器机械加工应符合JB/T 5936的规定,公差等级应不低于GB/T 1804中的C级规定,热处理应符合GB/T 16924的规定,普通螺纹应符合GB/T 197的规定。

6 试验方法

6.1 外观

成品预应力钢绞线束外观质量用目测,长度允许偏差用钢卷尺测量。

6.2 原材料

成品预应力钢绞线束所用的钢绞线,其性能应按 GB/T 5224 的规定检测。

6.3 牵引器

6.3.1 套筒

采用调质处理,检测套筒的硬度。检测前应磨去检测部位的机加工刀痕,露出金属光泽。试验方法按 GB/T 230.1 的规定进行。

6.3.2 夹片

在专用工装上对夹片锥面的硬度进行检测,检测时应使硬度压头施压方向与夹片外锥线垂直。试验方法按 GB/T 230.1 的规定进行。

7 检验规则

7.1 原材料检验

成品预应力钢绞线束所用钢绞线应由同一牌号、同一规格、同一生产工艺的钢绞线组成。钢绞线进厂时,应进行验收检验,检验项目应按5.2.1进行。

7.2 出厂检验

成品预应力钢绞线束每批次质量不大于60t。每批次出厂时,在原施工定制长度基础上抽取三根再增加1m~1.2m长度,并标记,供现场检验。

每根成品预应力钢绞线束的出厂检验项目应按5.1和5.3.1进行。

7.3 型式检验

在下列情况之一时,应进行型式检验,型式检验的项目应按第5章进行:
a) 新产品或老产品转厂生产的试制定型鉴定;
b) 正式生产后,如结构、材料、工艺有较大改变,可能影响产品性能时;
c) 正常生产时,每三年至五年进行一次检验;
d) 产品长期停产后,恢复生产时;
e) 出厂检验结果与上次型式检验有较大差异时;
f) 国家质量监督机构提出进行型式检验要求时。

8 标志、包装、运输和储存

8.1 标志

每根成品预应力钢绞线束应有合格标牌,标牌应牢固地系于产品内、外包装上,并用钢带捆扎牢固。标牌应清晰注明成品预应力钢绞线束型号、规格、长度、质量、生产厂名、工程名称和生产日期等。

8.2 包装

8.2.1 成品预应力钢绞线束以盘卷的形式包装,外形尺寸应满足相应的运输条件。

8.2.2 成品预应力钢绞线束应采用不损伤产品表面质量且阻燃的材料缠包保护,盘卷整齐、捆扎结实。

8.3 运输和储存

8.3.1 成品预应力钢绞线束在运输和装卸过程中,防止碰伤。

8.3.2 露天存放成品预应力钢绞线束时应加遮盖,离地面0.3m以上。

ICS 93.040
P 28
备案号：

中华人民共和国交通运输行业标准

JT/T 870—2013

桥 梁 风 障

Wind barrier for bridges

2013-10-09 发布　　　　　　　　　　　　　　　2014-01-01 实施

中华人民共和国交通运输部　发 布

JT/T 870—2013

目　次

前言
1　范围
2　规范性引用文件
3　术语和定义
4　分类、型号、结构形式及规格
5　技术要求
6　试验方法
7　检验规则
8　标志、包装、运输和储存
附录 A（规范性附录）　UV 层厚度检测方法

前　言

本标准按照 GB/T 1.1—2009 给出的规则起草。

本标准由中国公路学会桥梁和结构工程分会提出并归口。

本标准主要起草单位：浙江省交通工程建设集团有限公司、杭州市市政工程集团有限公司、中交公路规划设计院有限公司。

本标准参加起草单位：浙江华帅特塑业科技有限公司、同济大学建筑设计研究院（集团）有限公司。

本标准主要起草人：冯康言、童斌华、范厚彬、朱培良、周松国、朱益平、付锐锋、高金康、孔万义、应跃龙、强家宽、周联英、殷根华、罗刚、吴益梅、王达磊、高剑、陈军、邓广繁、陈小亮、顾林华。

JT/T 870—2013

桥 梁 风 障

1 范围

本标准规定了桥梁风障的分类、型号、结构形式及规格、技术要求、试验方法、检验规则、标志、包装、运输和储存等。

本标准适用于共挤 UV 聚碳酸酯(PC)耐力板和聚甲基丙烯酸甲酯(PMMA)板制作的桥梁风障,其他材料制作的桥梁风障可参照使用。

2 规范性引用文件

下列文件对于本文件的应用是必不可少的。凡是注日期的引用文件,仅注日期的版本适用于本文件。凡是不注日期的引用文件,其最新版本(包括所有的修改单)适用于本文件。

GB/T 1036　塑料　-30℃~30℃线膨胀系数的测定　石英膨胀剂法

GB/T 1040(所有部分)　塑料　拉伸性能试验方法

GB/T 1040.2　塑料　拉伸性能的测定　第2部分:模塑和挤塑塑料的试验条件

GB/T 1041　塑料　压缩性能的测定

GB/T 1043.1　塑料　简支梁冲击性能的测定　第1部分:非仪器化冲击试验

GB/T 1220　不锈钢棒

GB/T 1228　钢结构用高强度大六角头螺栓

GB/T 1229　钢结构用高强度大六角螺母

GB/T 1230　钢结构用高强度垫圈

GB/T 1591　低合金高强度结构钢

GB/T 1634.1　塑料　负荷变形温度的测定　第1部分:通用试验方法

GB/T 1634.2　塑料　负荷变形温度的测定　第2部分:塑料、硬橡胶和长纤维增强复合材料

GB/T 2103　钢丝验收、包装、标志及质量证明书的一般规定

GB/T 2410　透明塑料透光率和雾度的测定

GB/T 3140　纤维增强塑料平均比热容试验方法

GB/T 3512　硫化橡胶或热塑性橡胶　热空气加速老化和耐热试验

GB/T 4240　不锈钢丝

GB/T 7134　浇铸型工业有机玻璃板材

GB/T 9341　塑料　弯曲性能的测定

GB/T 10294　绝热材料稳态热阻及有关特性的测定　防护热板法

GB/T 14370　预应力筋用锚具、夹具和连接器

GB/T 16422.2　塑料实验室光源暴露试验方法　第2部分:氙弧灯

GB 50205　钢结构工程施工质量验收规范

JTG/T F50　公路桥涵施工技术规范

ASTM D256　测定塑料的埃左锤冲击强度的试验方法(Standard Test Methods for Determining the Izod Pendulum Impact Resistance of Plastics)

ASTM D785　塑料与电绝缘材料的洛氏硬度的试验方法(Standard Test Method for Rockwell Hardness of Plastics and Electrical Insulating Materials)

ASTM D792 用替换法测定塑料密度和比重(相对密度)的试验方法[Standard Test Methods for Density and Specific Gravity (Relative Density) of Plastics by Displacement]

DIN 4102-1 建材和构件的耐燃性 第1部分:建材概念、要求和检验(Fire behaviour of building materials and elements Part 1: Classification of building materials requirements and testing)

3 术语和定义

下列术语和定义适用于本文件。

3.1

桥梁风障 wind barrier for bridge

大风发生地区,为降低侧风对桥面行车安全的影响、改善桥面行车环境、提高桥梁有效通行时间,在桥梁两侧或中央分隔带上设置的装置。

3.2

风障条 wind barrier strip

固定在风障立柱之间,为减小侧向风荷载的水平条形受力构件。

3.3

共挤UV层聚碳酸酯(PC)耐力板 PC board by co-extruding UV layer

以聚碳酸酯树脂(PC)为原材料,通过挤出工艺制出的板,在板两面同时挤出一层一定厚度抗紫外线辐射的UV(ultraviolet rays)层,以下简称PC耐力板。

3.4

聚甲基丙烯酸甲酯(PMMA)板 PMMA board

以甲基丙烯酸甲酯(MMA)为原材料,通过挤出或浇铸工艺制出的板,以下简称PMMA板。

3.5

风障条成型 wind barrier strip by extrusion moulding

PC耐力板或PMMA板经加热在模具上将其压制成设计断面形式的风障条过程。

3.6

UV涂层 UV coatings

在PC耐力板风障条切边断面上喷涂的抗紫外线涂层。

3.7

风障立柱 column for wind barrier installation

固定风障条的柱状构件。

3.8

风障夹板 locating plate for wind barrier board installation

以夹紧风障条并用高强度螺栓固定在风障立柱上的装置。

3.9

阻尼橡胶套 rubber damper

为减小风障条振动,在风障夹板和风障条之间设置的减震橡胶装置。

3.10

风障拉索 cable for wind barrier installation

采用不锈钢丝等材料施加预应力使桥梁风障整体稳固的装置。

4 分类、型号、结构形式及规格

4.1 分类

4.1.1 按桥梁风障结构形式分为:

a) 设置在桥梁护栏立柱上,代号 A;
b) 设置在桥梁护栏外侧,代号 B。

4.1.2 按风障条所用材料分为:

a) 采用 PC 耐力板,代号 PC;
b) 采用 PMMA 板(亚克力板),代号 PMMA。

4.1.3 按风障条断面形式分为:

a) C 型断面,代号 CX;
b) 正槽型断面,代号 ZX;
c) 斜槽型断面,代号 XX;
d) 弧槽型断面,代号 HX;
e) 折线型断面,代号 SX。

4.2 型号

桥梁风障型号表示方法如下:

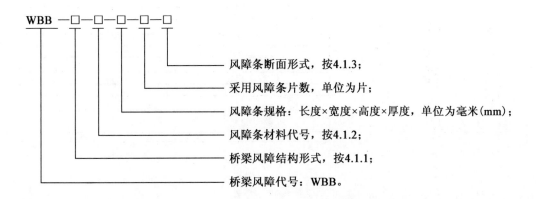

示例:

A 型 PC 耐力板桥梁风障,长度×宽度×高度×厚度为 1 500mm×200mm×85mm×10mm,三片 C 型断面风障条,其型号表示为:WBB—A—PC—1500×200×85×10-3-CX。

4.3 结构形式

4.3.1 A型桥梁风障由风障立柱、风障条、风障夹板、阻尼橡胶套、风障拉索、桥梁护栏等组成,见图1。

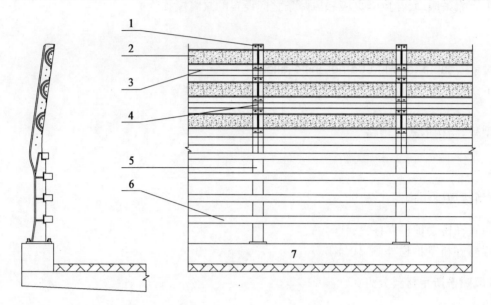

说明:
1——风障立柱;　　　5——桥梁护栏立柱;
2——风障条;　　　　6——桥梁护栏横梁;
3——风障拉索;　　　7——桥梁护栏底座。
4——风障夹板、阻尼橡胶套;

图1　A型桥梁风障结构示意图

4.3.2 B型桥梁风障由风障立柱、风障条、风障夹板、阻尼橡胶套、风障拉索等组成,见图2。

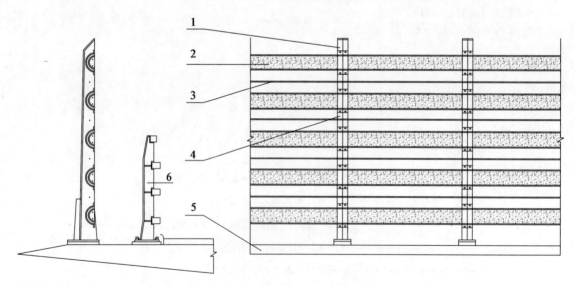

说明:
1——风障立柱;　　4——风障夹板、阻尼橡胶套;
2——风障条;　　　5——桥面;
3——风障拉索;　　6——桥梁护栏。

图2　B型桥梁风障结构示意图

4.3.3 风障条断面形式见图3。

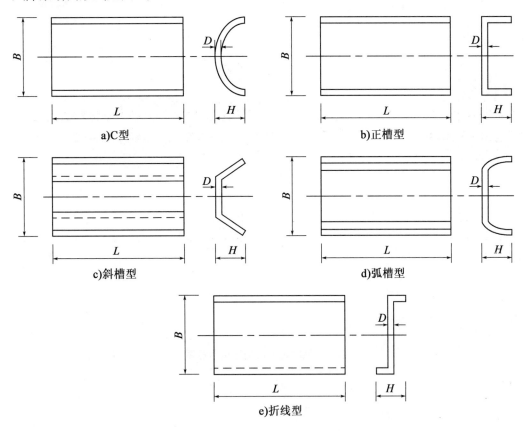

说明：
L——长度； D——厚度；
B——宽度； H——高度。

图3 风障条断面形式

4.3.4 风障夹板和阻尼橡胶套结构连接示意图见图4,风障拉索结构连接示意图见图5。

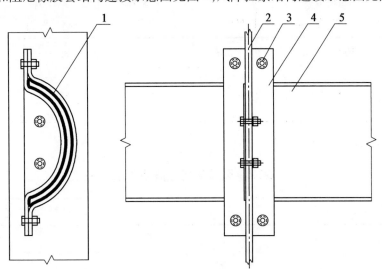

说明：
1——阻尼橡胶套； 4——风障夹板；
2——风障立柱； 5——风障条。
3——高强度螺栓；

图4 风障夹板和阻尼橡胶套结构连接示意图

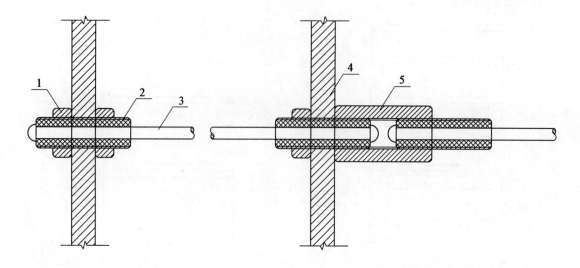

说明:
1——螺母;   4——风障立柱;
2——连接头;   5——连接套。
3——不锈钢丝;

图5 风障拉索结构连接示意图

4.4 规格

4.4.1 风障条规格和所用材料见表1。

表1 风障条规格和所用材料

桥梁风障 结构形式	规 格				所用材料
	长度 L (mm)	宽度 B (mm)	厚度 D (mm)	高度 H (mm)	
A 型	1 500~2 000	200~220	8~12	85~90	PC耐力板
B 型	2 000~2 500	200~250	10~15	85~90	PC耐力板 PMMA板

4.4.2 风障条尺寸偏差要求见表2。

表2 风障条尺寸偏差要求   单位为毫米

序 号	项 目	偏差要求
1	长度 L	−5~+5
2	宽度 B	−3~+5
3	厚度 D	0~+0.5
4	高度 H	−3~+3

4.4.3 A型桥梁风障可采用3片~6片风障条,B型桥梁风障可采用4片~9片风障条。

5 技术要求

5.1 外观质量

5.1.1 风障立柱和风障夹板,切边边缘应整齐无毛刺、反口、缺肉等缺陷;焊缝应饱满圆滑,高度不低于母材并与母材平滑过渡,不应有裂纹、焊瘤、气孔、咬边、夹渣等缺陷。

5.1.2 风障拉索表面应光滑、洁净,不应有结疤折叠、氧化皮、裂纹、麻面和划伤等缺陷。

5.1.3 阻尼橡胶套外观不应有裂纹、掉块、损伤及鼓泡。

5.1.4 风障条表面应光滑平整、厚度均匀、形状规整、色泽一致,无裂纹、变形、凹陷和色差等缺陷。

5.2 材料

5.2.1 风障立柱和风障夹板采用 Q345 低合金高强度结构钢,应符合 GB/T 1591 的规定。

5.2.2 风障拉索用不锈钢丝不应有任何形式接头,应符合 GB/T 2103 和 GB/T 4240 的规定。

5.2.3 风障拉索锚固体系应符合 GB/T 14370 的规定,不锈钢棒应符合 GB/T 1220 的规定。

5.2.4 阻尼橡胶套应采用不含酯类物质的三元乙丙橡胶、硅橡胶或氯丁橡胶,应符合 GB/T 3512 的规定。不应使用再生橡胶和硫化废弃物,阻尼橡胶套的设计使用寿命不应低于 20 年。

5.2.5 桥梁风障用高强度螺栓、螺母、垫圈应符合 GB/T 1228、GB/T 1229、GB/T 1230 的规定。

5.2.6 PC 耐力板风障条材料应符合表 3 的要求。

表 3 PC 耐力板风障条材料要求

序号	项目	单位	指标
1	密度	g/cm^3	1.20 ± 0.05
2	洛氏硬度		$R119 \pm 3$
3	拉伸强度	MPa	≥60
4	压缩强度	MPa	≥80
5	屈服弯曲强度	MPa	≥95
6	弯曲弹性模量	MPa	≥2 400
7	简支梁缺口冲击强度	kJ/m^2	≥50
8	IZOD 冲击强度	J/m	≥780
9	热变形温度	℃	≥130
10	比热容	$10^3 J/(kg \cdot K)$	≤1.17
11	断裂伸长率	%	≥90
12	线膨胀系数	$10^{-5}/℃$	≤6.7
13	热传导率	$W/(m \cdot K)$	≤0.19
14	折射指数(雾度)		≤1.58
15	全光线透过率	%	80~86
16	黄变指数(三年)	%	≤3
17	共挤 UV 层厚度	μm	不小于设计值
18	使用寿命	年	20

5.2.7 PMMA板风障条材料应符合表4的要求。

表4 PMMA板风障条材料要求

序号	项目		单位	指标
1	稳定性			≤55℃下,材料强度不受影响,不软化
2	热变形			≤70℃下,材料无不可逆形变
3	透光率	加速老化前	%	≥93
		加速老化8 000h后		≥90
4	弯曲弹性模量	加速老化前	MPa	≥3 620
		加速老化8 000h后		≥2 920
5	拉伸强度	加速老化前	MPa	≥76
		加速老化8 000h后		≥61
6	燃烧性能		等级	B_2
7	维卡软化温度		℃	≥106
8	使用寿命		年	20
9	简支梁无缺口冲击强度		kJ/m²	≥18
10	加热时尺寸变化率(收缩)		%	≤0.69

5.3 力学性能

桥梁风障在设计风速范围内,组成构件不应出现明显变形与振动。

5.4 工艺性能

5.4.1 风障立柱和风障夹板的制作加工要求应符合GB 50205的规定。

5.4.2 PC耐力板挤出时应共挤双面UV层,厚度宜控制在70μm左右,使用寿命不低于20年。

5.4.3 PC耐力板和PMMA板下料时应根据设计尺寸留有一定工作余量,宜采用精密切割机切割。

5.4.4 PC耐力板和PMMA板在热成型前应在恒温恒压真空炉内干燥。PC耐力板干燥温度应控制在150℃±3℃,时间控制在22h~36h;PMMA板干燥温度应控制在90℃±3℃,时间控制在2h~4h。

5.4.5 PC耐力板和PMMA板压制成风障条时,其加热温度、时间等工艺参数应根据试验确定。

5.4.6 PC耐力板和PMMA板加热后应立即放置在模具上压制。模具宜选用导热性能良好的铝模,模具使用前预热温度不宜低于45℃。

5.4.7 风障条成型后平置于室内恒温冷却,温度应控制在35℃±2℃,冷却时间应大于24h。

5.4.8 风障条成型后应切边达到设计尺寸,PC耐力板风障条切边断面应喷涂一层UV层,并固化。

6 试验方法

6.1 外观质量

6.1.1 风障立柱和风障夹板等构件焊缝外观质量检验应按JTG/T F50的规定进行。

6.1.2 风障拉索、阻尼橡胶套外观质量用目视法检查,风障条外观质量用目视法距产品500mm处检查。

6.2 尺寸偏差

风障条制作尺寸偏差检验方法按表5的要求进行。

表5 风障条制作尺寸偏差检验方法

序号	项目	检 验 方 法	说 明
1	长度	用钢卷尺或长钢尺各测量一处,共三处,取平均值	精确到1mm
2	宽度	用钢直尺在风障条两边和中间各测量一处,共三处,取平均值	精确到1mm
3	厚度	用游标卡尺在风障条横断面的两底角和顶端各测量一处,共三处,取平均值	精确到0.01mm
4	高度	用钢直尺在风障条两侧和中央各测量一处,共三处,取平均值	精确到1mm

6.3 工艺性能

6.3.1 风障立柱和风障夹板制作加工公差要求应符合GB 50205的规定。

6.3.2 风障拉索锚固体系检验应按GB/T 14370静载锚固性能要求的规定进行。

6.3.3 PC耐力板风障条材料质量指标测定试验方法应按表6的要求进行。

表6 PC耐力板风障条材料质量指标测定试验方法

序 号	项 目	试 验 方 法	说 明
1	密度	ASTM D792	
2	洛氏硬度	ASTM D785	
3	拉伸强度	GB/T 1040	
4	压缩强度	GB/T 1041	
5	屈服弯曲强度	GB/T 9341	
6	弯曲弹性模量	GB/T 9341	
7	简支梁缺口冲击强度	GB/T 1043.1	
8	IZOD冲击强度	ASTM D256	
9	热变形温度	GB/T 1634.1	
10	比热容	GB/T 3140	
11	断裂伸长率	GB/T 1040	
12	线膨胀系数	GB/T 1036	
13	热传导率	GB/T 10294	
14	折射指数(雾度)	GB/T 2410	
15	全光线透过率	GB/T 2410	
16	黄变指数(三年)	GB/T 2410	加速老化8 000h后
17	共挤UV层厚度	附录A	

6.3.4 PMMA板风障条材料质量指标测定试验方法应按表7的要求进行。

表7 PMMA板风障条材料质量指标测定试验方法

序 号	项 目	试 验 方 法	说 明
1	稳定性	GB/T 1634.1	
2	热变形	GB/T 1634.2	
3	透光率	GB/T 2410	加速老化前及加速老化8 000h后分别检测
4	弯曲弹性模量	GB/T 9341	加速老化前及加速老化8 000h后分别检测
5	拉伸强度	GB/T 1040.2	加速老化前及加速老化8 000h后分别检测
6	燃烧性能	DIN 4102-1	
7	维卡软化温度	GB/T 7134	
8	使用寿命	GB/T 16422.2	
9	简支梁无缺口冲击强度	GB/T 7134	
10	加热时尺寸变化率(收缩)	GB/T 7134	

6.4 力学性能

桥梁风障抗风振、抗变形能力宜经抗风数值仿真分析或风洞试验来确定。

7 检验规则

7.1 检验分类

桥梁风障的检验分为进厂原材料检验、出厂检验和型式检验。

7.1.1 桥梁风障加工用原材料及外协加工件进厂时,应进行验收检验。

7.1.2 每批产品出厂前应进行出厂检验。出厂检验应由工厂质检部门进行,检验合格后方能出厂。出厂时应附有产品质量合格证明文件。

7.1.3 有下列情况之一时,应进行型式检验:
 a) 新产品或老产品转厂生产的试制定型鉴定;
 b) 正式生产后,当结构、材料、工艺有较大改变影响产品的性能时;
 c) 正常生产每两年进行一次;
 d) 停产半年后恢复生产时;
 e) 出厂检验结果与上次型式检验有较大差异时;
 f) 国家质量监督机构提出型式检验要求时。

7.2 检验项目

7.2.1 风障立柱和风障夹板检验项目应按表8的要求进行。

表8 风障立柱和风障夹板检验项目

序 号	项 目	型式检验	出厂检验	技术要求	试验方法
1	外观	+	-	5.1.1	6.1.1
2	焊缝	+	-	5.1.1	6.1.1
3	制作要求	+	-	5.4.1	6.3.1

注:"+"检验项目,"-"不检项目。

7.2.2 风障拉索检验项目应按表9的要求进行。

表9 风障拉索检验项目

序 号	项 目	型式检验	出厂检验	技术要求	试验方法
1	外观	+	-	5.1.2	6.1.2
2	不锈钢丝锚固体系	+	-	5.2.3	6.3.2

注:"+"检验项目,"-"不检项目。

7.2.3 阻尼橡胶套检验项目应按表10的要求进行。

表10 阻尼橡胶套检验项目

项 目	型式检验	出厂检验	技术要求	试验方法
外观	+	-	5.1.3	6.1.2

注:"+"检验项目,"-"不检项目。

7.2.4 PC耐力板风障条检验项目应按表11的要求进行。

表11 PC耐力板风障条检验项目

序 号	项 目	型式检验	出厂检验	技术要求	试验方法
1	外观质量	+	+	5.1.4	6.1.2
2	尺寸偏差	+	+	4.4.2	6.2
3	密度	+	+		
4	洛氏硬度	+	+		
5	拉伸强度	+	+		
6	压缩强度	+	+		
7	屈服弯曲强度	+	+		
8	弯曲弹性模量	+	+		
9	简支梁缺口冲击强度	+	+		
10	IZOD冲击强度	+	+		
11	热变形温度	+	-	5.2.6	6.3.3
12	比热容	+	-		
13	断裂伸长率	+	+		
14	线膨胀系数	+	-		
15	热传导率	+	-		
16	折射指数(雾度)	+	-		
17	全光线透过率	+	-		
18	黄变指数(三年)	+	-		
19	共挤UV厚度	+	+		

注:"+"检验项目,"-"不检项目。

7.2.5 PMMA板风障条检验项目应按表12的要求进行。

表12 PMMA板风障条检验项目

序号	项目	型式检验	出厂检验	技术要求	试验方法
1	外观质量	+	+	5.1.4	6.1.2
2	尺寸偏差	+	+	4.4.2	6.2
3	稳定性	+	+		
4	热变形	+	+		
5	透光率	+	-		
6	弯曲弹性模量	+	-		
7	拉伸强度	+	-	5.2.7	6.3.4
8	燃烧性能	+	+		
9	维卡软化温度	+	+		
10	使用寿命	+	-		
11	简支梁无缺口冲击强度	+	+		
12	加热时尺寸变化率(收缩)	+	+		
注:"+"检验项目,"-"不检项目。					

7.3 抽样要求

产品出厂前的抽样,同一批原材料、同一配方在同一工艺条件下生产的同一规格产品为同一检验批,每批不少于三片。

7.4 判定规则

型式检验和出厂检验的每项指标应合格,如有一项不合格,进行双倍取样检验,若仍有一项不合格,则判定该批产品不合格。

8 标志、包装、运输和储存

8.1 标志

8.1.1 产品外包装的明显部位应有产品标志,内容包括:产品名称、产品型号、生产日期、生产责任章等。

8.1.2 每个包装单元应挂标志牌,注明商标、产品名称、规格、执行标准号、生产厂名、生产日期、数量等。

8.1.3 每片风障条上应激光打印生产厂家名称,字不宜过大,以免影响风障条外观。

8.2 包装

8.2.1 风障立柱和风障夹板应采用专用框架进行包装,框架中每层风障立柱应用木板或木条隔离。

8.2.2 风障条表面应采用PE膜保护,用气泡膜包裹,透明胶带固定。每50片或100片风障条可作为一个包装单元。包装单元应不散落、不破损、不玷污。

8.2.3 风障拉索的包装应按GB/T 2103中的规定进行。

8.3 运输与储存

8.3.1 运输时应采用固定措施,不应与腐蚀介质接触。搬运时小心轻放,以防产品受损。

8.3.2 应存放在通风干燥环境,不应与腐蚀介质混杂存放,并远离热源。

附 录 A
（规范性附录）
UV层厚度检测方法

A.1 适用范围

本方法适用于PC耐力板共挤UV层及切边UV涂层厚度的检测。

A.2 仪器设备

正置金相显微镜(dmm-330c)、台锯、小钢锯、钢尺、砂轮磨片。

A.3 试验步骤

A.3.1 样品制作，取PC耐力板两条，每条取10个试样，两条共20个试样。用台锯切割成15cm×5cm的试样，在砂轮磨片上将试样长边方向用手工加水磨至边线平整，用小钢锯或记号笔在试样长边方向分划成10等分。

A.3.2 将每个试样磨边部立于正置金相显微镜下，选取带读数的镜头，发出紫色光线的为UV层，发出蓝色光线为板材层，每个等分格内找出一个最薄处UV层厚度读取一个数据，每个试样共读取10个数据，读数准确至1μm。

A.4 结果整理及判定

选取UV层厚度读数最小值，大于或等于设计厚度，该批产品为合格；若有一点小于设计值，加倍取样，若仍有一点小于设计值，则判定该批产品为不合格。

A.5 试验报告

试验报告应包括以下内容：
a) 试样名称、规格；
b) 试验结果；
c) 试验环境条件；
d) 试验日期；
e) 试验中规定应注明的情况；
f) 任何偏离规定程序的详细说明。

ICS 93.040
P 28
备案号：

中华人民共和国交通运输行业标准

JT/T 871—2013

混凝土灌注桩用高强钢塑声测管

High-strength steel-plastic sonic-testing pipes for concrete bored piles

2013-10-09 发布

2014-01-01 实施

中华人民共和国交通运输部 发布

JT/T 871—2013

目　次

前言
1　范围
2　规范性引用文件
3　术语和定义
4　产品型号和规格
5　技术要求
6　试验方法
7　检验规则
8　标志、包装、运输和储存
9　质量证明书
附录A（资料性附录）　声测管的选用
附录B（规范性附录）　接头性能试验方法

前言

本标准按照 GB/T 1.1—2009 给出的规则起草。

本标准由中国公路学会桥梁和结构工程分会提出并归口。

本标准起草单位：浙江中交科技有限公司、浙江省交通规划设计研究院、浙江省交通工程建设集团有限公司、浙江省嘉维交通科技发展有限公司、中交第三公路工程局有限公司、同济大学上海同济建设工程质量检测站。

本标准主要起草人：陈合富、周是今、张明文、单光炎、颜东锋、娄亮、李渊、陆科奇、方奕彪、于鹏、赵可、曾利、吕景飞、姚敏霞、方红发、王书涛、杨志杭。

混凝土灌注桩用高强钢塑声测管

1 范围

本标准规定了混凝土灌注桩用高强钢塑声测管的产品型号和规格、技术要求、试验方法、检验规则、标志、包装、运输和储存等。

本标准适用于混凝土灌注桩超声波法检测用高强钢塑声测管。

2 规范性引用文件

下列文件对于本文件的应用是必不可少的。凡是注日期的引用文件,仅注日期的版本适用于本文件。凡是不注日期的引用文件,其最新版本(包括所有的修改单)适用于本文件。

GB/T 700 碳素结构钢

GB/T 5761 悬浮法通用聚氯乙烯树脂

GB/T 6671 热塑性塑料管材 纵向回缩率的测定

GB/T 8801 硬聚氯乙烯(PVC-U)管件坠落试验方法

GB/T 8802 热塑性塑料管材、管件 维卡软化温度的测定

GB/T 8804.2 热塑性塑料管材 拉伸性能测定 第2部分:硬聚氯乙烯(PVC-U)、氯化聚氯乙烯(PVC-C)和高抗冲聚氯乙烯(PVC-HI)管材

GB/T 8806 塑料管道系统 塑料部件尺寸的测定

GB/T 9647 热塑性塑料管材环刚度的测定

GB/T 14152 热塑性塑料管材耐外冲击性能试验方法 时针旋转法

GB/T 24150 塑料 阻燃抗冲击聚苯乙烯专用料

HG/T 2579 普通液压系统用O形橡胶密封圈材料

HG/T 2704 氯化聚乙烯

3 术语和定义

下列术语和定义适用于本文件。

3.1

高强钢塑声测管 high-strength steel-plastic sonic-testing pipes

管节用高强高密度聚氯乙烯管,接头用钳压式钢套管连接的超声波检测管(简称声测管)。

3.2

管节 pipe section

不包括双向接头、单向接头、顶盖部件的高强高密度聚氯乙烯管。

3.3

双向接头 double ended connector

两端均可插入管节的钢套管接头。接头两端各设有两道环状凸起,内装O形截面橡胶圈,经钳压

将管节连接的部件。

3.4

单向接头 single ended connector

接头一端可插入管节,一端封闭的钢套管。接头插入端设有两道环状凸起,内装 O 形截面橡胶圈,经钳压将管节连接的部件。

3.5

环刚度 ring stiffness

管壁单位变形所需要的力。

4 产品型号和规格

4.1 产品型号

声测管型号表示方式如下：

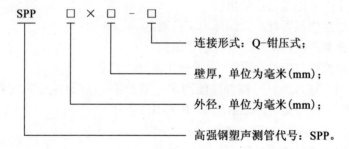

示例：

高强钢塑声测管,外径50mm,壁厚2.5mm,表示为:SPP 50×2.5-Q。

4.2 规格

4.2.1 外径、壁厚和允许偏差

4.2.1.1 管节外径为50mm、54mm 和57mm,规格和质量见表1。

表1 管节规格和质量

单位为千克/米

外径 (mm)	壁厚(mm)		
	2.5	3.0	3.5
50	0.56	—	—
54	0.61	0.72	0.83
57	—	0.76	0.88

4.2.1.2 管节外径、壁厚允许偏差应符合表2的规定。

表2 管节外径、壁厚允许偏差

外　径	壁　厚
±3.0%	+5% ~ -3%

4.2.2 质量

管节密度1 499kg/m³,每延米质量按式(1)计算。

$$G = 0.004\ 71(D - S)S \tag{1}$$

式中：G——管节每延米质量,单位为千克每米(kg/m);
S——管节壁厚,单位为毫米(mm);
D——管节外径,单位为毫米(mm)。

4.2.3 接头

4.2.3.1 接头形式

接头为钳压式钢套管连接方式,接头示意图见图1。

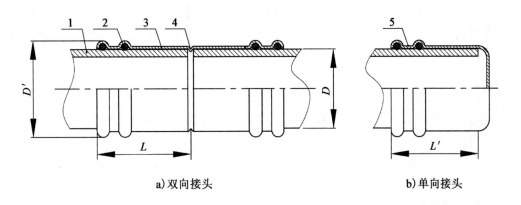

a) 双向接头　　　　　　　　b) 单向接头

说明：
1——管节；　　　　　　　4——限位凹槽；
2——O形截面密封圈；　　　5——单向接头。
3——双向接头；

图1 接头示意图

4.2.3.2 接头尺寸

接头尺寸应符合以下要求：
a) 接头凸起部分最大尺寸不应大于管节外径18%,即$(D' - D)/D \leqslant 18\%$;
b) 双向接头长度不应小于140mm,两端套接长度L(管节插入接头至限位凹槽部分的长度)不应小于70mm;
c) 单向接头长度不应小于80mm,套接长度L'(管节插入接头部分的长度)不应小于75mm;
d) 接头内径应满足超声波检测用换能器检测要求；
e) 接头规格见表3。

表3 接 头 规 格　　　　　　　　　　　单位为毫米

管节外径 D	凸起部分最大外径 D'	双向接头		单向接头	
		总长度	套接长度 L	总长度	套接长度 L'
50	59	140	70	80	75
54	63	140	70	80	75
57	67	150	75	80	75

4.2.4 成品长度

声测管成品长度为9.00m、12.00m。

4.2.5 基桩长度与声测管外径、壁厚的选用

参见附录A。

5 技术要求

5.1 材料

5.1.1 管节材料采用高强高密度聚氯乙烯混合料,以高密度聚氯乙烯树脂(PVC-SG-4)为主,并掺入氯化聚乙烯(CPE)和抗冲剂等提高其物理、力学性能的添加剂。高密度聚氯乙烯树脂(PVC-SG-4)应符合GB/T 5761的要求;氯化聚乙烯(CPE)应符合HG/T 2704的要求;抗冲剂应符合GB/T 24150的规定。

5.1.2 接头采用Q195及Q215、Q235等级为A、B的钢,壁厚1.0mm±0.1mm,应符合GB/T 700的规定。

5.1.3 O形截面橡胶圈应符合HG/T 2579的规定。

5.2 外观质量

5.2.1 声测管长度允许偏差$^{+20}_{0}$mm,成品应顺直,塑性变形弯曲度不应大于5mm/m;管端应切割平整,与管材轴线垂直。

5.2.2 声测管内、外表面应光滑、平整、清洁,不应有气泡、凹陷、明显杂质等缺陷,允许有不大于壁厚负公差的划道、刮伤痕迹。

5.2.3 同一批次每根管节颜色应均匀一致。

5.2.4 接头环状凸起内设有O形截面橡胶密封圈,密封圈表面应光滑饱满无破损。

5.2.5 顶盖采用橡胶或PVC材料,内表面应光滑、平整、清洁、无破损。

5.3 工艺性能

5.3.1 回缩率

管节在热浴试验温度110℃±2℃下,持续60min,纵向回缩率不大于3.5%。

5.3.2 维卡软化温度

管节维卡软化温度不应小于80℃。

5.4 力学性能

5.4.1 抗坠落性能

管节在试验温度0℃±1℃下,2.00m高度的抗坠落冲击性能应符合GB/T 8801的规定。

5.4.2 抗冲击性能

管节在试验温度23℃±2℃下,用0.5kg落锤,在2.0m高度对其进行冲击,冲击率(TIR)应小于10%,冲击后应符合GB/T 14152的规定。

5.4.3 环刚度

管节在试验温度23℃±2℃下,环刚度不应小于40kN/m²。

5.4.4 拉伸屈服应力

管节在试验温度 23℃ ±2℃ 下，拉伸屈服应力不应小于 40MPa。

5.4.5 密封耐压性能

声测管应进行液压试验，试验压力 P 按最大工作压力的 2.0 倍且不小于式(2)计算值，试验持续时间 15s，声测管内应无渗漏和永久变形。

$$P = 215S/D \tag{2}$$

式中：P——试验压力，单位为兆帕(MPa)。

5.4.6 密封性能

声测管内压试验压力为最大工作压力的 1.5 倍，且不低于 1.0MPa，持续时间 1min，不应出现渗漏、变形等情况。声测管外压试验压力为最大工作压力的 2 倍，且不低于 4MPa，持续时间 1min，不应出现渗漏、变形等情况。

5.4.7 耐压扁性能

声测管应进行压扁试验。试验时，当两个平行板间净距压缩至声测管外径的 75% 时，接头不应出现裂纹，外力消除时管节恢复原状。

5.4.8 连接可靠性

接头部位在常温下，承受 3 000N 拉拔力，持荷 60min，接头钳压处应无松动、断裂。

5.4.9 抗扭性能

接头部位在常温下，承受 120N·m 扭矩，持续 10min，接头钳压处应不发生滑移。

6 试验方法

6.1 外观质量

用目测和手感配合测量仪器逐根检查声测管的外观质量。

6.2 声测管尺寸

6.2.1 测量仪器和要求：
a) 开式四用游标卡尺：测量范围为 0mm~150mm；精度为 ±0.03mm；
b) 钢卷尺：测量范围为 0m~15m；精度为 ±0.5mm。

6.2.2 声测管尺寸，包括成品长度、外径、壁厚、接头凸起部分和套接长度，测量误差值应符合 GB/T 8806 的规定。

6.2.3 游标卡尺测量时，应在标准量距范围内，按游标卡尺操作规程量取三个读数，取其平均值作为测量值。

6.2.4 钢卷尺测量时，由三组（每组三个测量值）读数计算的长度之差不应超过 20mm，否则应重测。如在限差内，取三次结果的平均值，应符合 GB/T 8806 的规定。

6.3 声测管性能

每批声测管的性能试验项目、取样数量及试验方法应按表 4 的要求进行。

表4 声测管性能试验项目、取样数量及试验方法

序号	试验项目	取样数量	试验方法	要求
1	回缩率	2	GB/T 6671	取自不同根声测管
2	维卡软化温度	2	GB/T 8802	
3	抗坠落性能	2	GB/T 8801	
4	抗冲击性能	2	GB/T 14152	
5	环刚度	2	GB/T 9647	
6	拉伸屈服性能	2	GB/T 8804.2	
7	密封性能	2	附录B	
8	耐压扁性能	2	两个平行板间净距压缩至声测管外径的75%	
9	拉拔性能	2	附录B	
10	抗扭性能	2	附录B	

7 检验规则

7.1 检验分类

声测管检验分出厂检验和型式检验。

7.1.1 声测管出厂检验由产品生产厂质量检验部门进行,检验合格后方可出厂。

7.1.2 有下列情况之一时,应进行型式检验:
   a) 新产品定型或产品转产鉴定时;
   b) 正式生产后,如有重要结构、材料、工艺变更,影响产品性能时;
   c) 正常生产超过两年时;
   d) 产品停产半年以上,重新恢复生产时;
   e) 国家质量技术监督部门和行业管理部门提出型式检验时。

7.2 检验项目

声测管检验项目按表5的要求进行。

表5 检验项目

序号	检验项目	型式检验	出厂检验	技术要求	试验方法
1	外观	+	+	5.2	6.1
2	尺寸	+	+	5.2	6.2
3	回缩率	+	−	5.3.1	6.3
4	维卡软化温度	+	−	5.3.2	6.3
5	抗坠落	+	+	5.4.1	6.3
6	抗冲击	+	+	5.4.2	6.3
7	环刚度	+	−	5.4.3	6.3

表5（续）

序号	检验项目	型式检验	出厂检验	技术要求	试验方法
8	拉伸	+	-	5.4.4	6.3
9	密封性	+	+	5.4.6	6.3
10	耐压扁	+	+	5.4.7	6.3
11	拉拔	+	-	5.4.8	6.3
12	抗扭	+	-	5.4.9	6.3
注："+"检验项目；"-"不检项目。					

7.3 组批规则

声测管应按批进行检查和验收。每批由同一尺寸规格的声测管组成。每批总长度不大于5 000m。若剩余的声测管长度小于1 000m，可并入相邻一批中。

7.4 复验和判定规则

7.4.1 声测管检验结果有一项不合格,应将不合格者挑出,并从同一批次声测管中任取双倍数量试样,进行不合格项目复验。若复验结果（包括该项目试验所要求的任一指标）不合格,则该批次声测管不合格。

7.4.2 复验结果不合格的声测管,可逐根提交验收;壁厚不合格的声测管可降低规格提交验收,若检测仍不合格,则该声测管不合格。

8 标志、包装、运输和储存

8.1 标志

每捆声测管上应挂有标记牌,标记牌上应注明:供方印记或注册商标、批号、产品规格、产品标准号、重量或根数、制造日期和供方技术监督部门的印记,管壁喷绘有商标及规格。

8.2 包装

8.2.1 声测管打包前两端口应封盖处理。

8.2.2 声测管每61根采用六边形包装,尼龙带捆绑,见图2。

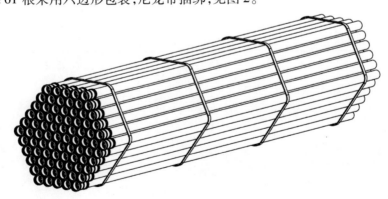

图2 声测管包装形式

8.2.3 不同长度声测管应单独捆扎包装。

8.2.4 每捆声测管至少应有四道尼龙带捆扎。

8.3 运输

声测管吊装时应用纤维吊装带并注意轻拿轻放，上方不应压重物，运输过程中需防雨水、油污和各种腐蚀性气体或介质的影响。

8.4 储存

声测管宜存放在干燥的地方，应放置整齐，堆放高度不宜超过四层或高于1.5m，下垫枕木，并有遮盖物防雨、防潮和防各种腐蚀性气体或介质的影响。

9 质量证明书

9.1 每批交货的声测管应附有质量证明书。

9.2 质量证明书应由供方技术部门盖章。

9.3 质量证明书至少包含以下内容：
   a) 供方名称或印记；
   b) 需方名称；
   c) 发货日期；
   d) 产品标准号；
   e) 产品型号；
   f) 产品标准中所规定的厂家各项自检结果。

附 录 A
（资料性附录）
声测管的选用

基桩长度与声测管外径、壁厚选用参见表 A.1。

表 A.1 声测管外径、壁厚选用

基桩长度 （m）	声测管（mm）	
	外径	壁厚
≤50	50	≥2.5
50~70	54	≥3.0
≥70	57	≥3.5

附 录 B
（规范性附录）
接头性能试验方法

B.1 密封性能

B.1.1 内压试验

接头内压密封性能试验装置示意图见图 B.1。

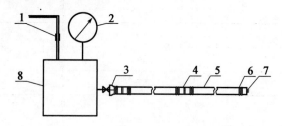

说明：
1——水；　　　　5——管节；
2——压力表；　　6——单向接头；
3——堵头阀门；　7——底部限位卡；
4——双向接头；　8——试压泵。

图 B.1 接头内压密封性能试验装置示意图

取两根长 9m 管节，用双向接头和单向接头钳压密封连接，试验时排除系统内空气，然后用试压泵加压。当压力表由 0MPa（表压）逐渐上升到 1MPa 时，关闭阀门，观察时间不少于 1min。若接头无渗漏时，继续升压至规定试验压力，保证持续时间内不出现渗漏、变形等情况，否则视为不合格。

B.1.2 外压试验

接头外压密封性能试验装置示意图见图 B.2。

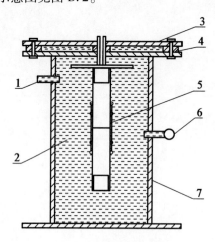

说明：
1——加压口；　　5——声测管；
2——水；　　　　6——压力表；
3——法兰；　　　7——密封容器。
4——密封垫；

图 B.2 接头外压密封性能试验装置示意图

接头外压试验装置的加压口外接试压泵,逐渐升压至试验压力,保证持续时间内不出现渗漏、变形等情况。

B.2 拉拔试验

被测试件每段管节最小长度300 mm,用双向接头连接。

试验仪器采用拉力计,将试件固定在拉力计上,或将试件悬挂在框架上,下方增加砝码。在30s内逐渐施加到所需的试验拉力,保持试件在恒定纵向拉力下1h,所有试件接头钳压处均无松动、脱裂方为合格。

B.3 抗扭试验

抗扭试验装置示意图见图B.3,取两根长200mm管节采用钳压式连接,两端固定在扭矩试验机上。逐渐升至试验扭矩,在120N·m扭矩下,持续10min,接头不发生滑移即为合格。

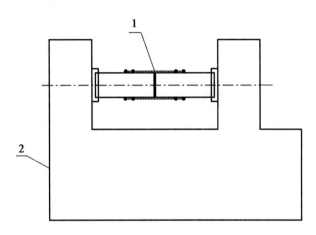

说明:
1——接头;
2——扭转试验机。

图B.3 抗扭试验装置示意图

ICS 93.040
P 28
备案号：

中华人民共和国交通运输行业标准

JT/T 872—2013

公路桥梁多级水平力盆式支座

Pot bearings with multilevel horizontal force for highway bridges

2013-10-09 发布　　　　　　　　　　　　　　　　2014-01-01 实施

中华人民共和国交通运输部 发布

JT/T 872—2013

目　次

前言
引言
1　范围
2　规范性引用文件
3　术语、定义和符号
4　分类、型号及结构形式
5　技术要求
6　试验方法
7　检验规则
8　包装、标志、运输和储存
附录 A(规范性附录)　改性聚四氟乙烯板荷载压缩变形试验方法
附录 B(规范性附录)　改性聚四氟乙烯板摩擦系数与线磨耗率试验方法
附录 C(规范性附录)　成品支座水平承载力试验方法

前 言

本标准按照 GB/T 1.1—2009 给出的规则起草。

本标准由中国公路学会桥梁和结构工程分会提出并归口。

本标准主编单位：中交第一公路勘察设计研究院有限公司。

本标准参编单位：西安中交土木科技有限公司、衡水宝力工程橡胶有限公司、株洲时代新材料科技股份有限公司、成都市新筑路桥机械股份有限公司、衡水市橡胶总厂有限公司、洛阳双瑞特种装备有限公司、丰泽工程橡胶科技开发股份有限公司、柳州东方工程橡胶制品有限公司、陕西鸿博百川工程材料有限公司、衡水华瑞工程橡胶有限责任公司。

本标准主要起草人：葛胜锦、刘士林、王掌军、周列茅、潘长平、彭泽友、王伟、张毅、陈广进、胡宇新、夏玉龙、张永红、张培基、宋建平、王建强、王淑兰、卢瑞林、吴聪丽、刘静、刘志东、李建军、王恒涛。

引 言

公路桥梁多级水平力盆式支座具有结构合理、性能可靠、功能显著、安装方便、维养成本低、经济耐久等特点,且能够适应于不同的水平承载力要求,有着良好的推广应用前景。为进一步规范公路桥梁多级水平力盆式支座的技术质量要求,促进产品标准化、系列化和产业化,特制定本标准。

本标准的发布机构提请注意,声明符合本标准时,可能涉及4.3多级水平力盆式支座结构形式相关的专利的使用。

本标准的发布机构对于专利的真实性、有效性和范围无任何立场。

该专利持有人已向本标准的发布机构保证,他愿意同任何申请人在合理且无歧视的条款和条件下,就专利授权许可进行谈判。该专利持有人的声明已在本标准的发布机构备案。相关信息可以通过以下联系方式获得:

专利持有人姓名:中交第一公路勘察设计研究院有限公司

地址:陕西省西安市高新区科技二路63号

邮编:710075

请注意除上述专利外,本标准的某些内容仍可能涉及专利。本标准的发布机构不承担识别这些专利的责任。

JT/T 872—2013

公路桥梁多级水平力盆式支座

1 范围

本标准规定了公路桥梁多级水平力盆式支座的产品分类、型号、结构形式、技术要求、试验方法、检验规则、包装、标志、运输和储存等。

本标准适用于竖向承载力为 0.4MN~60MN 的多级水平力盆式支座。

2 规范性引用文件

下列文件对于本文件的应用是必不可少的。凡是注日期的引用文件，仅注日期的版本适用于本文件。凡是不注日期的引用文件，其最新版本（包括所有的修改单）适用于本文件。

GB/T 699	优质碳素结构钢
GB/T 1033.1	塑料 非泡沫塑料密度的测定 第1部分:浸渍法、液体比重瓶法和滴定法
GB/T 1040.2	塑料 拉伸性能的测定 第2部分:模塑和挤塑塑料的试验条件
GB/T 1184	形状和位置公差 未注公差值
GB/T 1591	低合金高强度结构钢
GB/T 1800.1	产品几何技术规范(GPS) 极限与配合 第1部分:公差、偏差和配合的基础
GB/T 1804	一般公差 未注公差的线性和角度尺寸的公差
GB/T 3077	合金结构钢
GB/T 3280	不锈钢冷轧钢板和钢带
GB/T 3398.1	塑料 硬度测定 第1部分:球压痕法
GB/T 4171	耐候结构钢
GB 50661	钢结构焊接规范
HG/T 2502	5201 硅脂
JT/T 391	公路桥梁盆式支座
JT/T 722	公路桥梁钢结构防腐涂装技术条件

3 术语、定义和符号

3.1 术语和定义

JT/T 391 界定的以及下列术语和定义适用于本文件。

3.1.1

多级水平力盆式支座 pot bearings with multilevel horizontal force(JPZ)
在水平限位约束方向具有多级水平承载能力的盆式支座。

3.1.2

导轨 guide rail
横断面呈倒"T"形，在支座中起活动方向滑移导向和限位方向传递水平力作用的条状金属零件。

3.1.3
改性聚四氟乙烯板 modified polytetrafluoroethylene plate

加硅脂5201-2润滑后,具有高压(45MPa)下低摩擦系数、耐磨耗和高温、压缩稳定的非金属板材。

3.2 符号

下列符号适用于本文件。

d ——改性聚四氟乙烯板直径,单位为毫米(mm);
h ——改性聚四氟乙烯板厚度,单位为毫米(mm);
h_0 ——镶嵌的改性聚四氟乙烯板初始外露高度,单位为毫米(mm);
h_3 ——压缩3h后镶嵌的改性聚四氟乙烯板外露高度,单位为毫米(mm);
h_{48} ——压缩48h后镶嵌的改性聚四氟乙烯板外露高度,单位为毫米(mm);
Δh ——压缩时间内镶嵌的改性聚四氟乙烯板外露高度每小时变化的平均值,单位为毫米(mm);
L ——不锈钢板对角线长度,单位为毫米(mm);
μ_f ——动摩擦系数;
μ_{f0} ——初始静摩擦系数。

4 分类、型号及结构形式

4.1 分类

4.1.1 按功能分为:
a) 双向活动支座——具有竖向承载、竖向转动和双向滑移性能,代号SX;
b) 纵向活动支座——具有竖向承载、竖向转动、纵向滑移和横向水平承载性能,代号ZX;
c) 横向活动支座——具有竖向承载、竖向转动、横向滑移和纵向水平承载性能,代号HX;
d) 固定支座——具有竖向承载、竖向转动和双向水平承载性能,代号GD。

4.1.2 按水平承载力分为:
a) Ⅰ型支座——设计水平承载力为竖向承载力的10%,代号JPZ(Ⅰ);
b) Ⅱ型支座——设计水平承载力为竖向承载力的15%,代号JPZ(Ⅱ);
c) Ⅲ型支座——设计水平承载力为竖向承载力的20%,代号JPZ(Ⅲ)。

4.1.3 按适用温度范围分为:
a) 常温型支座——适用于-25℃~+60℃;
b) 耐寒型支座——适用于-40℃~+60℃。

4.2 型号

公路桥梁多级水平力盆式支座型号表示方法如下:

JT/T 872—2013

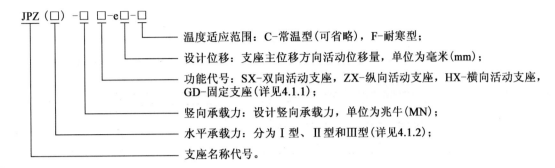

示例1：

支座设计竖向承载力为15MN,主位移方向活动位移量为±50mm,耐寒型双向活动盆式支座,其型号表示为:JPZ-15SX-e50-F。

示例2：

支座设计竖向承载力为10MN,设计水平承载力为竖向承载力的15%,纵向活动位移量为±100mm,常温型纵向活动多级水平力盆式支座,其型号表示为:JPZ(Ⅱ)-10ZX-e100-C,可简写为JPZ(Ⅱ)-10ZX-e100。

示例3：

支座设计竖向承载力为8MN,设计水平承载力为竖向承载力的20%,横向活动位移量为±50mm,常温型横向活动多级水平力盆式支座,其型号表示为:JPZ(Ⅲ)-8HX-e50-C,可简写为JPZ(Ⅲ)-8HX-e50。

示例4：

支座设计竖向承载力为6MN,设计水平承载力为竖向承载力的10%,常温型固定多级水平力盆式支座,其型号表示为:JPZ(Ⅰ)-6GD-C,可简写为JPZ(Ⅰ)-6GD。

4.3 结构形式

4.3.1 双向活动支座由上支座钢板、不锈钢板、改性聚四氟乙烯板、中间钢板、橡胶密封圈、黄铜密封圈、橡胶承压板、底盆、锚碇块、套筒、锚固螺栓等组成,见图1。

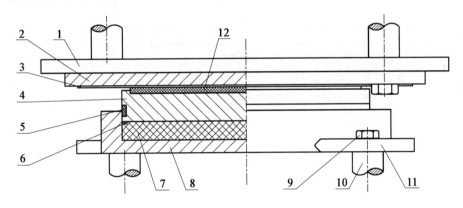

说明：
1——预埋钢板；　　7——橡胶承压板；
2——上支座钢板；　8——底盆；
3——不锈钢板；　　9——锚固螺栓；
4——中间钢板；　　10——套筒；
5——橡胶密封圈；　11——锚碇块；
6——黄铜密封圈；　12——改性聚四氟乙烯板。

图1 双向活动支座结构示意图

4.3.2 纵向活动支座由上支座钢板、导轨、SF-Ⅰ三层复合板、螺栓、不锈钢板、改性聚四氟乙烯板、中间钢板、橡胶密封圈、黄铜密封圈、橡胶承压板、底盆、锚碇块、套筒、锚固螺栓等组成,见图2。

405

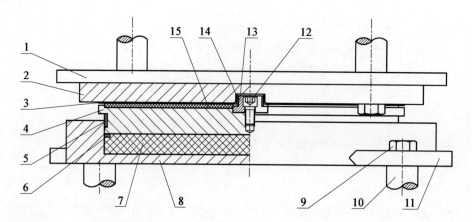

说明：
1——预埋钢板；
2——上支座钢板；
3——不锈钢板；
4——中间钢板；
5——橡胶密封圈；
6——黄铜密封圈；
7——橡胶承压板；
8——底盆；
9——锚固螺栓；
10——套筒；
11——锚碇块；
12——螺栓；
13——导轨；
14——SF-Ⅰ三层复合板；
15——改性聚四氟乙烯板。

图 2　纵向活动支座结构示意图

4.3.3　横向活动支座由上支座钢板、导轨、SF-Ⅰ三层复合板、螺栓、不锈钢板、改性聚四氟乙烯板、中间钢板、橡胶密封圈、黄铜密封圈、橡胶承压板、底盆、锚碇块、套筒、锚固螺栓等组成，见图3。

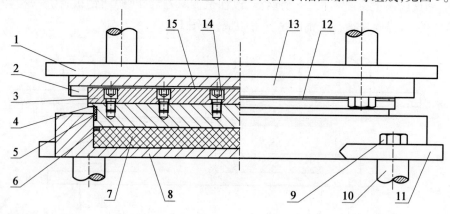

说明：
1——预埋钢板；
2——不锈钢板；
3——导轨；
4——中间钢板；
5——橡胶密封圈；
6——黄铜密封圈；
7——橡胶承压板；
8——底盆；
9——锚固螺栓；
10——套筒；
11——锚碇块；
12——改性聚四氟乙烯板；
13——上支座钢板；
14——螺栓；
15——SF-Ⅰ三层复合板。

图 3　横向活动支座结构示意图

4.3.4　固定支座由上支座钢板、剪力卡榫、中间钢板、橡胶密封圈、橡胶承压板、底盆、锚碇块、套筒、锚固螺栓等组成，见图4。

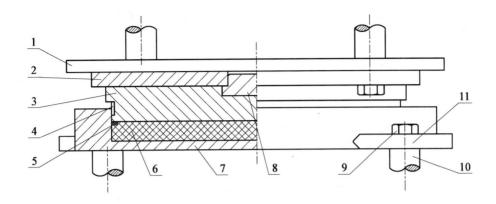

说明:
1——预埋钢板;
2——上支座钢板;
3——中间钢板;
4——橡胶密封圈;
5——黄铜密封圈;
6——橡胶承压板;
7——底盆;
8——剪力卡榫;
9——锚固螺栓;
10——套筒;
11——锚碇块。

图4 固定支座结构示意图

5 技术要求

5.1 支座性能

5.1.1 竖向承载力

支座竖向承载力分为33个等级:0.4、0.5、0.6、0.8、1、1.5、2、2.5、3、3.5、4、5、6、7、8、9、10、12.5、15、17.5、20、22.5、25、27.5、30、32.5、35、37.5、40、45、50、55、60(MN)。

在竖向设计承载力作用下,支座竖向压缩变形不大于支座总高度的2%,底盆盆环上口径向变形不大于盆环外径的0.05%。

5.1.2 水平承载力

根据型号的不同,纵向活动支座横向、横向活动支座纵向以及固定支座双向的水平承载力可分为三级:分别是竖向承载力的10%、15%及20%。

在水平设计承载力作用下,支座水平方向残余变形不应大于整个加载过程中水平方向弹性变形的5%。

5.1.3 转角

支座设计竖向转角不小于±0.02rad。

5.1.4 摩擦系数

不加硅脂润滑时,支座设计摩擦系数不大于0.07;加5201-2硅脂润滑后,常温型活动支座设计摩擦系数不大于0.03,耐寒型活动支座设计摩擦系数不大于0.05。

5.1.5 位移

双向活动支座和纵向活动支座纵桥向位移量分为六级:±50、±100、±150、±200、±250、

±300mm；双向活动支座和横向活动支座横桥向位移量为±50mm。当有特殊需要时，可按实际需要调整位移量，调整位移级差为±50mm。

5.2 支座用材料的物理机械性能

5.2.1 橡胶

5.2.1.1 支座用橡胶物理机械性能应符合JT/T 391的规定。

5.2.1.2 承压橡胶板解剖后的胶料拉伸强度和扯断伸长率与5.2.1.1相比拉伸强度下降不应大于20%，扯断伸长率下降不应大于35%。

5.2.1.3 支座橡胶承压板应采用天然橡胶，设计容许压应力不应高于30MPa，防尘密封圈使用三元乙丙橡胶，不应使用再生橡胶和硫化废弃物，其最小含胶量不应低于重量的55%。

5.2.2 改性聚四氟乙烯板

5.2.2.1 支座用改性聚四氟乙烯板物理机械性能应符合表1的规定。

表1 改性聚四氟乙烯板物理机械性能

项 目	技 术 要 求	试 验 方 法
密度(g/cm^3)	2.0~2.1	GB/T 1033.1
拉伸强度(MPa)	≥21	采用GB/T 1040.2中1A或1B试样，试验拉伸速度50mm/min
断裂伸长率(%)	≥300	GB/T 1040.2
球压痕硬度(H132/60)(MPa)	33±(33×20%)	GB/T 3398.1
压缩变形量	在90MPa荷载作用下，48h内压缩变形量稳定	附录A

5.2.2.2 改性聚四氟乙烯板在5201-2硅脂润滑条件下，平均压应力为45MPa时，与不锈钢板间的摩擦系数应符合表2的规定；在相对滑动速度15mm/s（正弦波0.375Hz），往复滑动距离±10mm，累计滑动距离50km时线磨耗率不大于5μm/km。

表2 改性聚四氟乙烯板摩擦系数

试验温度(℃)	初始静摩擦系数μ_{f0}	动摩擦系数μ_f
+23±2	≤0.012	≤0.005
-35±2	≤0.035	≤0.025

5.2.2.3 改性聚四氟乙烯板在无硅脂润滑条件下，平均压应力为45MPa时，与不锈钢板间的摩擦系数和线磨耗率应符合：常温时(+23℃±2℃)，在相对滑动速度15mm/s（正弦波0.375Hz），往复滑动距离±10mm，累计滑动距离1km时线磨耗率不大于200μm/km，磨耗过程中动摩擦系数不大于0.07；高温时(+60℃±2℃)，累计滑动距离1km时线磨耗率不大于180μm/km，磨耗过程中动摩擦系数不大于0.06。

5.2.3 钢件

上支座钢板、中间钢板、底盆、剪力卡榫、锚碇块、纵向活动支座以及横向活动支座导轨的材料采用Q345B（严寒地区采用Q345D）热轧钢板或锻件，其性能应符合GB/T 1591的规定；处于高湿度、高盐度等严重腐蚀环境时宜采用Q355NH热轧钢板或锻件,其性能应符合GB/T 4171的规定。

锚固螺栓采用合金结构钢,其性能应符合GB/T 3077的规定;套筒采用优质碳素结构钢,其性能应符合GB/T 699的规定。

5.2.4 黄铜密封圈

支座用黄铜密封圈物理机械及化学性能应符合JT/T 391的规定。

5.2.5 SF-Ⅰ三层复合板

SF-Ⅰ三层复合板在280MPa压应力下,压缩永久变形量不应大于0.03mm;按规定方法反复弯曲五次不应有脱层、剥离,表层的改性聚四氟乙烯不断裂。

5.2.6 硅脂润滑剂

支座使用的5201-2硅脂润滑剂,在使用温度范围内不会干涸,具有良好的抗臭氧、耐腐蚀及防水性能,对滑移面材料不应有害。5201-2硅脂物理化学性能应符合HG/T 2502的规定。

5.2.7 不锈钢板

支座用不锈钢板宜采用06Cr17Ni12Mo2、06Cr19Ni13Mo3,处于高湿度、高盐度等严重腐蚀环境时宜采用022Cr17Ni12Mo2或022Cr19Ni13Mo3,其化学成分及力学性能应符合GB/T 3280的规定。

不锈钢板的表面加工应符合GB/T 3280中8#的规定。

5.3 支座用材料的尺寸与偏差

5.3.1 橡胶承压板

支座橡胶承压板的直径和厚度偏差应符合JT/T 391的规定。

5.3.2 改性聚四氟乙烯板

5.3.2.1 支座用改性聚四氟乙烯板可采用整体板或分片镶嵌板两种形式,厚度不应小于7mm,嵌入深度不应小于厚度的1/2,尺寸及装配间隙偏差应符合表3的规定。

表3 改性聚四氟乙烯板尺寸及装配间隙偏差   单位为毫米

改性聚四氟乙烯板直径 d	直径偏差	厚度偏差	外露厚度偏差	装配间隙偏差
$d \leq 600$	$^{+1.2}_{0}$	$^{+0.4}_{0}$	$^{+0.3}_{0}$	$^{+0.5}_{0}$
$600 < d \leq 1\,200$	$^{+1.8}_{0}$	$^{+0.5}_{0}$	$^{+0.5}_{0}$	$^{+0.8}_{0}$
$d > 1\,200$	$^{+2.5}_{0}$	$^{+0.7}_{0}$	$^{+0.7}_{0}$	$^{+1.1}_{0}$

5.3.2.2 改性聚四氟乙烯板若采用中心圆盘与周边环带组合时,中心圆盘直径不应小于1 000mm,环带宽度不应小于50mm,环带最多可分为四等份。

5.3.2.3 改性聚四氟乙烯板滑动面上应设有存放5201-2硅脂的储脂槽,储脂槽应采用热压成型,不应用机械方法成型。储脂槽的平面尺寸及布置应符合图5的规定。

5.3.2.4 改性聚四氟乙烯板模压表面平面度公差及曲面轮廓度公差:当直径$d \leq 670$mm时,不应大于0.2mm;当直径$d > 670$mm时,不应大于$0.000\,3d$mm。

5.3.3 不锈钢板

不锈钢板焊接后应与上支座钢板密贴。不锈钢板厚度及焊接后的平面度最大偏差应符合表4的规定。

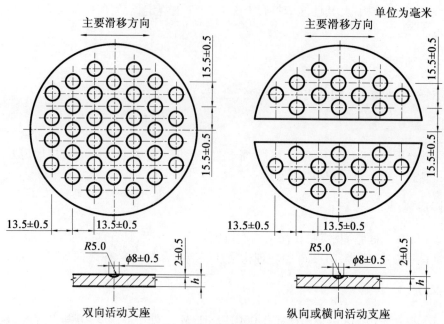

图5 储脂槽平面布置及尺寸

表4 不锈钢板厚度与尺寸偏差

单位为毫米

长　度	厚度及偏差	焊接后平面度/球面度偏差
$L \leq 1\ 500$	2 ± 0.10	$\leq 0.000\ 3d$ 或 0.2
$L > 1\ 500$	3 ± 0.14	$\leq 0.000\ 3d$

5.3.4 钢件

支座部件的机加工公差配合应符合图纸的规定,未注尺寸公差应按 GB/T 1804 中 m 级的规定进行,各部件检验合格后方可进行装配。未注形状和位置的公差应按 GB/T 1184 中 L 级的规定进行。

5.3.5 黄铜密封圈

黄铜密封圈应由多个开口铜环组成,并按底盆内径成型,铜环按 45°切口,切口两端之间的最大间隙不应大于 0.5 mm,各铜环切口部位在组装时应沿底盆周边均匀布置。密封铜环的截面尺寸及数量应符合 JT/T 391 的规定。

5.3.6 SF-Ⅰ三层复合板

SF-Ⅰ三层复合板的尺寸与偏差应符合 JT/T 391 的规定。

5.4 支座用材料的外观质量

5.4.1 橡胶承压板

橡胶承压板和橡胶密封圈的外观质量应符合 JT/T 391 的规定。

5.4.2 改性聚四氟乙烯板

改性聚四氟乙烯板外观应符合表5的规定。

表5 改性聚四氟乙烯板外观要求

项目名称	要 求
色泽	黑灰色
板面	表面光滑,不应有裂纹、气泡、分层、影响使用的机械损伤、板面刀痕等缺陷
杂质	不应出现金属杂质,但允许每10cm×10cm板面上出现非金属杂质不多于两个,总面积不大于1mm^2

5.4.3 不锈钢板

支座用不锈钢板的外观质量应符合JT/T 391的规定。

5.4.4 硅脂润滑剂

支座用硅脂润滑剂的外观质量应符合JT/T 391的规定。

5.4.5 黄铜

支座用黄铜密封圈的表面质量应符合JT/T 391的规定。

5.4.6 SF-Ⅰ三层复合板

支座用SF-Ⅰ三层复合板表面质量应符合JT/T 391的规定。

5.4.7 钢件

零部件加工后的配合面及摩擦表面不应有降低表面质量的印记,在搬运、存放时,应防止其表面受到损伤、腐蚀及变形。

5.5 焊接

5.5.1 不锈钢板焊接

不锈钢板与基层钢板采用氩弧焊焊接,焊接后不锈钢板的平面度最大偏差应符合表4规定。焊缝应光滑、平整、连续,焊接要求应符合GB 50661中一级的规定。

5.5.2 锚碇块焊接

锚碇块双边开坡口与底盆焊接,焊接时不应有未焊透、裂纹、夹渣、气孔等缺陷;对焊接部件需逐件进行超声波探伤,质量应符合GB 50661中一级焊缝的要求,内部不允许有裂纹。

5.6 支座防腐与防尘

5.6.1 支座使用在JT/T 722中的C1~C3腐蚀环境时,支座外露钢件表面应采用JT/T 722中配套编号为S04的涂装体系;使用在C4~C5-M的腐蚀环境时,应采用配套编号为S07、S09或S11的涂装配套体系。所有涂层质量均应符合JT/T 722的相关规定。

5.6.2 锚固螺栓应作锌铬镀层处理,套筒表面应作镀锌处理。

5.6.3 支座四周应设置可靠、耐久的防尘围板等设施,防尘设施应便于安装、更换及日常维养。

5.7 支座装配要求

5.7.1 零部件在待组装前,应按5.2、5.3、5.4及5.5的规定对其进行逐件检测,合格后打上合格标记,外购件和外协件应有合格证书。

5.7.2 底盆中的橡胶承压板应用木槌轻轻敲入，橡胶承压板与底盆底面应密贴，不应有空隙，并用锤击法检查。安装橡胶承压板前，盆腔内清除干净后均匀涂抹一层5201-2硅脂。

5.7.3 支座装配密封铜环时，各层铜环开口应沿底盆周边均匀布置。

5.7.4 支座零部件加工尺寸偏差应符合图纸要求，装配时应符合以下公差配合要求：
  a) 组装后支座底盆与中间钢板凸缘之间的单侧配合净空间隙不大于0.5mm；
  b) 导轨和上支座钢板导向槽之间的单侧净空间隙要求控制在0.3mm～0.7mm；
  c) 导轨与中间钢板配合面粗糙度Ra≤3.2μm，支座底盆与中间钢板凸缘的配合面粗糙度Ra≤1.6μm，底盆、中间钢板与橡胶承压板配合面粗糙度Ra≤3.2μm；
  d) 固定支座剪力卡榫与中间钢板的配合等级应符合GB/T 1800.1中H7/k6的规定，与上支座钢板之间的单侧间隙不大于0.75mm。

5.7.5 支座相对滑动面（不锈钢板面与改性聚四氟乙烯板表面）应用丙酮或酒精擦洗干净，不应夹有灰尘和杂质。检查改性聚四氟乙烯板储脂槽的排列方向，并在其中涂满5201-2硅脂，中间不应夹有气泡和杂质。

5.7.6 改性聚四氟乙烯板与中间钢板的凹槽装配应保证紧密，改性聚四氟乙烯板宜采用黏结或沉头铜螺钉的方式与中间钢板进行固定。

5.7.7 支座组装后，支座高度偏差要求为：
  a) 支座竖向承载力不大于20MN时，偏差应小于±3mm；
  b) 支座竖向承载力大于20MN时，偏差应小于±4mm。

5.7.8 支座组装后应将其临时固定，在运输、储存和安装过程中不应拆卸。

6 试验方法

6.1 橡胶

6.1.1 支座用橡胶物理机械性能各项指标的测定方法按JT/T 391的规定进行。

6.1.2 承压橡胶板的解剖试验应在型式检验或用户提出要求时进行。检验时任取一块橡胶板，解剖胶料磨成标准试片，各项技术性能的测定方法按JT/T 391的规定进行。

6.2 改性聚四氟乙烯板

6.2.1 改性聚四氟乙烯板摩擦系数的测定方法按附录B的规定进行。

6.2.2 改性聚四氟乙烯板与不锈钢板线磨耗率的测定方法按附录B的规定进行。

6.2.3 改性聚四氟乙烯板物理机械性能的测定方法按表1中的规定进行。

6.3 硅脂润滑剂

5201-2硅脂物理化学性能各项指标的测定方法按HG/T 2502的规定进行。

6.4 SF-Ⅰ三层复合板

SF-Ⅰ三层复合板层间结合牢度和压缩变形的测定方法按JT/T 391的规定进行。

6.5 外形尺寸

6.5.1 支座外形尺寸应用钢直尺测量，高度应用游标卡尺或量规测量，厚度测点应在平面几何中心处，上下测点应垂直交叉。

6.5.2 装配间隙应采用塞规或塞尺进行测量。

6.5.3 测量次数至少四次,结果取其实测值的平均值。

6.6 外观质量

支座外观质量应用目测或量具的方法进行。

6.7 成品支座试验

6.7.1 试验项目

成品支座应进行竖向承载力、水平承载力、转动性能和摩擦系数的性能试验。成品支座试验应在经国家计量认证的试验检测机构进行,条件许可时也可在支座生产厂进行。

6.7.2 试样

成品支座竖向承载力、水平承载力、转动性能试验和摩擦系数测定宜采用实体支座。受试验设备能力限制时,可选用有代表性的竖向承载力小的支座进行测试,支座竖向承载力不应小于2MN。

6.7.3 成品支座试验方法

6.7.3.1 成品支座竖向承载力试验方法按 JT/T 391 的规定进行。
6.7.3.2 成品支座水平承载力试验方法按附录 C 的规定进行。
6.7.3.3 成品支座摩擦系数试验方法按 JT/T 391 的规定进行。
6.7.3.4 成品支座转动性能试验方法按 JT/T 391 的规定进行。

7 检验规则

7.1 检验分类

支座检验分原材料检验、出厂检验和型式检验三类。

7.1.1 进厂原材料检验

原材料检验为支座加工用原材料及外协加工件进厂时所进行的验收检验。

7.1.2 出厂检验

出厂检验为生产厂在每批产品交货前应进行的检验。

7.1.3 型式检验

型式检验应由具有相应资质的质量检测机构进行。有下列情况之一时,应进行型式检验:
a) 新产品或老产品转厂生产的试制定型检验;
b) 正式生产后,如结构、材料工艺有重大改变,可能影响产品性能时;
c) 正常生产时,定期每两年进行一次检验;
d) 产品停产两年后,恢复生产时;
e) 出厂检验结果与上次型式检验有较大差异时;
f) 国家质量监督机构或用户提出进行型式检验要求时。

7.2 检验项目及检验频次

7.2.1 支座原材料检验项目、检验依据和检验频次应符合表6的规定。

表6 支座原材料检验项目

检 验 项 目	技 术 要 求	试 验 方 法	抽 样
橡胶	5.2.1	6.1	每批原料一次。其中,脆性温度、热空气老化性能每季度不少于一次,耐臭氧老化每年一次
改性聚四氟乙烯板	5.2.2,5.4.2	6.2,6.6	每批原料(不大于200kg)一次
钢板	5.2.3,5.4.7	5.2.3,6.6	每批钢板
黄铜	5.2.4,5.4.5	5.2.4,6.6	每批黄铜
SF-Ⅰ三层复合板	5.2.5,5.4.6	6.4,6.6	每批原料(不大于30kg)一次
硅脂	5.2.6,5.4.4	6.3,6.6	每批硅脂(不大于50kg)一次
不锈钢板	5.2.7,5.4.3	5.2.7,6.6	每批钢板一次
底盆与锚碇块焊接部位	5.5.2	5.5.2	每件

7.2.2 支座出厂检验项目、技术要求和检验频次应符合表7的规定。

表7 支座出厂检验项目

检 验 项 目	技 术 要 求	试 验 方 法	抽 样
各部件尺寸	支座设计图	6.5	每批产品小于或等于30个,将组装好的支座随意抽检一个
橡胶承压板	5.3.1	6.5	
改性聚四氟乙烯板	5.3.2	6.5	
不锈钢板	5.3.3	6.5	
防腐与防尘	5.6	5.6,6.6	每个支座
装配要求	5.7	6.5	

7.2.3 支座型式检验项目、检验数量、技术要求和检验频次应符合表8的规定。

表8 支座型式检验项目

检 验 项 目	技 术 要 求	试 验 方 法	抽 样
支座原材料及外购件	7.2.1	7.2.1	每一批原材料及外购件
所有出厂检验的项目	7.2.2	7.2.2	按出厂检验要求检验每个支座
承压橡胶板性能解剖试验	5.2.1	6.1	随机抽取一块承压橡胶板
成品改性聚四氟乙烯板摩擦系数	5.2.2.2,5.2.2.3	6.2.1	随机抽取一块改性聚四氟乙烯板
成品改性聚四氟乙烯板线磨耗率	5.2.2.2,5.2.2.3	6.2.2	
成品支座竖向承载力试验	5.1.1	6.7.3	随机抽取两个不同规格的支座,其中一个支座的竖向承载力不小于10MN
成品支座水平承载力试验	5.1.2	6.7.3	随机抽取两个不同规格的支座,支座竖向承载力视具体情况确定

表8(续)

检验项目	技术要求	试验方法	抽 样
成品支座转动性能试验	5.1.3	6.7.3	随机抽取两个不同规格的支座,支座竖向承载力视具体情况确定
成品支座摩擦系数试验	5.1.4	6.7.3	随机抽取两个不同规格的支座,支座竖向承载力以2MN为宜,或根据具体情况确定

注1:工地抽检或用户提出成品抽检时,抽检项目应包含成品改性聚四氟乙烯板摩擦系数和线磨耗率、成品支座竖向承载力试验、成品支座水平承载力试验、成品支座转动性能试验和成品支座摩擦系数试验。
注2:成品改性聚四氟乙烯板摩擦系数和线磨耗率抽检时,仅做常温下无硅脂润滑时成品改性聚四氟乙烯板摩擦系数和1km线磨耗率。

7.3 检验结果的判定

7.3.1 进厂原材料检验项目应全部合格后方可使用,不合格的原材料不应用于支座生产。

7.3.2 出厂检验时,若有一项不合格,则应从该批产品中随机再取双倍的支座对不合格项目进行复检,若仍有一项不合格时,则判定该批产品不合格。

7.3.3 成品支座的检验结果若有两个支座各有一项不合格,或有一个支座两项不合格时,应取双倍试样对不合格项目进行复检,若仍有一个支座一项不合格,则判定该批产品不合格。若有一个支座三项不合格,则判定该批产品不合格。

8 包装、标志、运输和储存

8.1 包装

每个支座应用箱包装,包装应牢固可靠。箱外应注明产品名称、规格、体积和重量。箱内应附有产品合格证、使用说明书和装箱单。箱内技术文件需装入封口的塑料袋中以防受潮。

8.2 标志

每个支座应有标志牌,其内容包括支座型号、竖向承载力、转角、位移、生产日期、出厂编号和生产厂家名称等信息。支座纵、横桥向位移方向应设置位移标识和箭头,需要设置预偏量时,应标示出预偏位置。

8.3 运输和储存

支座在运输、储存中应避免阳光直接照射及雨雪浸淋,并保持清洁。严禁与酸、碱、油类、有机溶剂等可影响支座质量的物质相接触,距热源应在5m以外。在运输和储存过程中,不应随意拆卸。

附 录 A
（规范性附录）
改性聚四氟乙烯板荷载压缩变形试验方法

A.1 试样

改性聚四氟乙烯板荷载压缩变形试验用试样直径为155mm，板厚7mm，外露高度3mm。改性聚四氟乙烯板储脂坑内涂满5201-2硅脂。

A.2 试验数量

改性聚四氟乙烯板荷载压缩变形试样数量为为三组。

A.3 试验方法

试验开始前，在常温条件下（23℃±2℃）用四个千分尺在改性聚四氟乙烯板表面选取对称四点作为测量点，并以四个千分尺测量结果的平均值作为改性聚四氟乙烯板的初始外露高度h_0。在整个试验过程中应保持荷载和温度的稳定，连续测量并记录外露高度的变化。

试验时，试样加热至35℃±2℃，保持1h，然后加压至90MPa，用四个千分表连续记录改性聚四氟乙烯板外露高度随时间的变化值，直至48h。外露高度随时间的变化值（Δh）按式（A.1）进行计算：

$$\Delta h = \frac{h_3 - h_{48}}{48 - 3} \tag{A.1}$$

外露高度随时间的变化值（Δh）满足式（A.2）的要求，可确认滑板变形已经稳定。

$$\Delta h \leqslant 0.0005 h_0 \tag{A.2}$$

A.4 试验报告

试验报告应包括以下内容：
a) Δh 和时间的关系曲线；
b) 温度和时间的关系曲线；
c) 改性聚四氟乙烯板变形稳定性判定；
d) 试验照片。

附 录 B
（规范性附录）
改性聚四氟乙烯板摩擦系数与线磨耗率试验方法

B.1 试样

改性聚四氟乙烯板摩擦系数与线磨耗率试验用试件尺寸见图 B.1。对磨件不锈钢板长 140mm，宽 110mm，厚 2mm。不锈钢板四周焊接在厚约 15mm 的基层钢板上，要求焊缝光滑、平整，焊缝不高出不锈钢板表面。不锈钢板的表面和外观质量应符合 5.2.7、5.4.3 的要求。

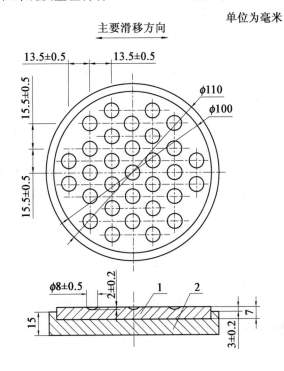

说明：
1——改性聚四氟乙烯板；
2——Q235 钢板。

图 B.1 改性聚四氟乙烯板摩擦系数试验试样

B.2 试样数量

摩擦系数和线磨耗率试样数量均为为三组，取三组试件测试平均值为该批改性聚四氟乙烯板摩擦系数和线磨耗率的测试结果。

B.3 试验方法

B.3.1 摩擦系数试验

改性聚四氟乙烯板摩擦系数测试采用双剪试验方法，试验装置见图 B.2。试验分为有硅脂润滑试验和无硅脂润滑试验，有硅脂润滑试验时将试件储脂槽内涂满 5201-2 硅脂。常温试验温度为 23℃±2℃，低温试验温度为 -35℃±2℃，高温试验温度为 60℃±2℃。试验前先对试件进行预压，预压时间为 1h，试件压应力为 45MPa。

在相对滑动速度 0.4mm/s（正弦波 0.01Hz），往复滑动距离为 ±10mm，连续五次循环过程中摩擦系

417

数的平均值为该批改性聚四氟乙烯板的静摩擦系数。在相对滑动速度15mm/s（正弦波0.375Hz），往复滑动距离为±10mm，连续10次循环过程中摩擦系数的平均值为该批改性聚四氟乙烯板的动摩擦系数。

一般情况下，只做常温试验，当有特殊要求时再做低温试验和高温试验。试验前应将试件在试验温度下停放24h，以使试件内外温度一致。

B.3.2 线磨耗率试验

改性聚四氟乙烯板线磨耗率测试采用双剪试验方法，试验装置见图B.2。试验分为有硅脂润滑试验和无硅脂润滑试验，有硅脂润滑试验时将试件储脂槽内涂满5201-2硅脂。常温试验温度为23℃±2℃，高温试验温度为60℃±2℃。试验前先对试件进行预压，预压时间为1h，试件压应力为45MPa。在相对滑动速度15mm/s（正弦波0.375Hz），相对往复滑动距离为±10mm，累计滑动距离15km（每两年一次）、50km（型式检验）。现场抽检时仅做1km无硅脂润滑下线磨耗率试验。

线磨耗率由试验前后试件重量损失计算确定。

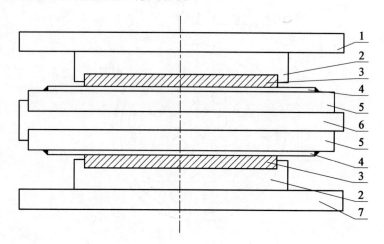

说明：
1——试验机上承压板；
2——嵌放改性聚四氟乙烯板钢板；
3——改性聚四氟乙烯板；
4——不锈钢板；
5——基层钢板（内部打孔通冷却水）；
6——水平力加载装置；
7——试验机下承压板。

图 B.2 摩擦试验装置示意

B.4 试验报告

试验报告应包含以下内容：
a) 试验概况：包括试验设备、试验荷载、试验温度、加载速度等；
b) 试验过程有无异常情况，如有异常，描述异常发生的过程；
c) 试件摩擦系数实测结果，并评定试验结果；
d) 试件线磨耗率实测结果，并评定试验结果；
e) 试验现场照片。

附 录 C
（规范性附录）
成品支座水平承载力试验方法

C.1 试验条件

试验室的标准温度为23℃±2℃。

C.2 试样停放

试验前将试样直接暴露在标准温度下，停放24h。

C.3 试验方法

按图C.1放置试样后，标定试验装置在设计竖向承载力下的滚动摩擦力。按下列步骤进行支座水平承载力试验：

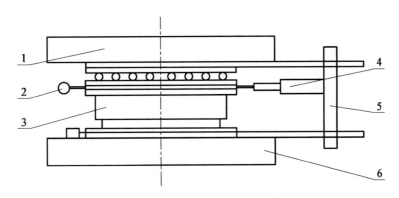

说明：
1——上承载板；   4——水平力加载装置；
2——百分表；   5——自平衡反力架；
3——试样；   6——下承载板。

图C.1 水平承载力试验装置

a) 将试样置于试验机的承载板上，将自平衡反力架及水平力试验装置组合配置好。试验荷载为支座水平承载力的1.2倍。加载至水平承载力的0.5%后，核对水平方向百分表及水平千斤顶数据，确认无误后，进行预推；

b) 预推。将支座竖向承载力加至设计承载力的50%，用水平承载力的20%进行预推，反复进行三次；

c) 正式加载。将试验荷载由设计水平力的0.5%至试验荷载均匀分为10级。试验时先将竖向承载力加至50%后，再以支座设计水平力的0.5%作为初始推力，然后逐级加载，每级荷载稳压2min后，记录百分表数据，待设计水平力达到90%后，再将竖向承载力加至设计承载力，然后将水平承载力加至试验荷载稳压3min后卸载。加载过程连续三次；

d) 水平力作用下变形分别取两个百分表的平均值，绘制荷载—水平变形曲线。变形曲线应呈线性关系；

e) 水平力应满足5.1.2的有关要求。

C.4 试验报告

试验报告应包括以下内容：
a) 试件概况描述：包括支座型号、设计承载力、转角、位移，并附简图；
b) 试验机性能及配置描述；
c) 试验过程中出现异常现象描述；
d) 试验记录完整，评定试验结果；
e) 试验照片。

ICS 93.040
P 28
备案号：

中华人民共和国交通运输行业标准

JT/T 873—2013

公路桥梁多级水平力球型支座

Spherical bearings with multilevel horizontal force for highway bridges

2013-10-09 发布　　　　　　　　　　　　　　2014-01-01 实施

中华人民共和国交通运输部　发 布

JT/T 873—2013

目 次

前言
引言
1 范围
2 规范性引用文件
3 术语、定义和符号
4 分类、型号及结构形式
5 技术要求
6 试验方法
7 检验规则
8 包装、标志、运输和储存

JT/T 873—2013

前 言

本标准按照 GB/T 1.1—2009 给出的规则起草。

本标准由中国公路学会桥梁和结构工程分会提出并归口。

本标准主编单位：中交第一公路勘察设计研究院有限公司。

本标准参编单位：西安中交土木科技有限公司、株洲时代新材料科技股份有限公司、衡水宝力工程橡胶有限公司、成都市新筑路桥机械股份有限公司、衡水市橡胶总厂有限公司、洛阳双瑞特种装备有限公司、丰泽工程橡胶科技开发股份有限公司、衡水中铁建桥隧科技有限公司、柳州东方工程橡胶制品有限公司、陕西鸿博百川工程材料有限公司。

本标准主要起草人：葛胜锦、刘士林、汪双杰、王伟、彭泽友、潘长平、王福生、于成云、李世珩、陈广进、夏玉龙、张永红、宋建平、张培基、王永祥、高山、胡宇新、张大伟、夏俊勇、魏安生、何家荣、李建军。

引 言

公路桥梁多级水平力球型支座具有结构合理、性能可靠、功能显著、安装方便、维养成本低、经济耐久等特点,且能够适应于不同的水平承载力要求,有着良好的推广应用前景。为进一步规范公路桥梁多级水平力球型支座的技术质量要求,促进产品标准化、系列化和产业化,特制定本标准。

本标准的发布机构提请注意,声明符合本标准时,可能涉及4.3多级水平力球型支座结构形式相关的专利的使用。

本标准的发布机构对于专利的真实性、有效性和范围无任何立场。

该专利持有人已向本标准的发布机构保证,他愿意同任何申请人在合理且无歧视的条款和条件下,就专利授权许可进行谈判。该专利持有人的声明已在本标准的发布机构备案。相关信息可以通过以下联系方式获得:

专利持有人姓名:中交第一公路勘察设计研究院有限公司

地址:陕西省西安市高新区科技二路63号

邮编:710075

请注意除上述专利外,本标准的某些内容仍可能涉及专利。本标准的发布机构不承担识别这些专利的责任。

JT/T 873—2013

公路桥梁多级水平力球型支座

1 范围

本标准规定了公路桥梁多级水平力球型支座的产品分类、型号、结构形式、技术要求、试验方法和检验规则、包装、标志、运输和储存等。

本标准适用于竖向承载力为 1.5MN～60MN 的多级水平力球型支座。

2 规范性引用文件

下列文件对于本文件的应用是必不可少的。凡是注日期的引用文件,仅注日期的版本适用于本文件。凡是不注日期的引用文件,其最新版本(包括所有的修改单)适用于本文件。

GB/T 699	优质碳素结构钢
GB/T 1033.1	塑料 非泡沫塑料密度的测定 第1部分:浸渍法、液体比重瓶法和滴定法
GB/T 1040.2	塑料 拉伸性能的测定 第2部分:模塑和挤塑塑料的试验条件
GB/T 1184	形状和位置公差 未注公差值
GB/T 1591	低合金高强度结构钢
GB/T 1804	一般公差 未注公差的线性和角度尺寸的公差
GB/T 3077	合金结构钢
GB/T 3280	不锈钢冷轧钢板和钢带
GB/T 3398.1	塑料 硬度测定 第1部分:球压痕法
GB/T 4171	耐候结构钢
GB/T 4956	磁性基体上非磁性覆盖层 覆盖层厚度测量 磁性法
GB/T 7233.1	铸钢件 超声检测 第1部分:一般用途铸钢件
GB/T 11352	一般工程用铸造碳钢件
GB/T 17955	桥梁球型支座
GB 50661	钢结构焊接规范
HG/T 2502	5201 硅脂
JB/T 6402	大型低合金钢铸件
JT/T 391	公路桥梁盆式支座
JT/T 722	公路桥梁钢结构防腐涂装技术条件
JT/T 872	公路桥梁多级水平力盆式支座

3 术语、定义和符号

3.1 术语和定义

GB/T 17955 界定的以及下列术语和定义适用于本文件。

3.1.1

多级水平力球型支座 spherical bearings with multilevel horizontal force(JQZ)
在水平限位约束方向具有多级水平承载能力的球型支座。

3.1.2
导轨条 guide bar

上底面为弧形的梯形断面结构,在支座中起水平转动和限位方向传递水平力作用的条状金属部件。

3.1.3
改性聚四氟乙烯板 modified polytetrafluoroethylene plate

加5201-2硅脂润滑后,具有高压(45MPa)下低摩擦系数、耐磨耗和高温、压缩稳定的非金属板材。

3.2 符号

下列符号适用于本文件:

d ——改性聚四氟乙烯板直径,单位为毫米(mm);

h ——改性聚四氟乙烯板厚度,单位为毫米(mm);

L ——不锈钢板对角线长度,单位为毫米(mm);

M_θ ——支座设计转动力矩,单位为牛·米(N·m);

R ——球面镀铬钢板(或球面包覆的不锈钢板)的球面半径,单位为毫米(mm);

R_{ck} ——支座竖向设计承载力,单位为兆牛(MN);

μ_d ——球面镀铬钢板镀铬层(或球面包覆的不锈钢板)与球面改性聚四氟乙烯板间的设计摩擦系数;

μ_f ——动摩擦系数;

μ_{f0} ——初始静摩擦系数。

4 分类、型号及结构形式

4.1 分类

4.1.1 按功能分为:
a) 双向活动支座:具有竖向承载、竖向转动和双向滑移性能,代号SX;
b) 纵向活动支座:具有竖向承载、竖向转动、纵向滑移和横向水平承载性能,代号ZX;
c) 横向活动支座:具有竖向承载、竖向转动、横向滑移和纵向水平承载性能,代号HX;
d) 固定支座:具有竖向承载、竖向转动和双向水平承载性能,代号GD。

4.1.2 按水平承载力分为:
a) Ⅰ型支座:设计水平承载力为竖向承载力的10%,代号JQZ(Ⅰ);
b) Ⅱ型支座:设计水平承载力为竖向承载力的15%,代号JQZ(Ⅱ);
c) Ⅲ型支座:设计水平承载力为竖向承载力的20%,代号JQZ(Ⅲ)。

4.1.3 按适用温度范围分为:
a) 常温型支座:适用于-25℃~+60℃;
b) 耐寒型支座:适用于-40℃~+60℃。

4.2 型号

公路桥梁多级水平力球型支座型号表示方法如下:

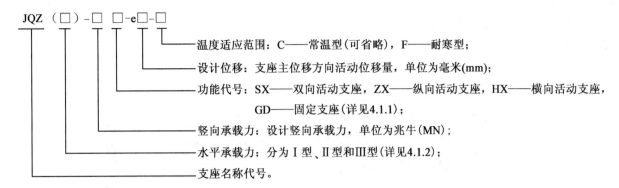

示例1：

支座设计竖向承载力为15MN，主位移方向活动位移量为±50mm，耐寒型双向活动球型支座，其型号表示为：JQZ-15SX-e50-F。

示例2：

支座设计竖向承载力为10MN，设计水平承载力为竖向承载力的15%，纵向活动位移量为±100mm，常温型纵向活动多级水平力球型支座，其型号表示为：JQZ(Ⅱ)-10ZX-e100-C，可简写为JQZ(Ⅱ)-10ZX-e100。

示例3：

支座设计竖向承载力为8MN，设计水平承载力为竖向承载力的20%，横向活动位移量为±50mm，常温型横向活动多级水平力球型支座，其型号表示为：JQZ(Ⅲ)-8HX-e50-C，可简写为JQZ(Ⅲ)-8HX-e50。

示例4：

支座设计竖向承载力为6MN，设计水平承载力为竖向承载力的10%，常温型固定多级水平力球型支座，其型号表示为：JQZ(Ⅰ)-6GD-C，可简写为JQZ(Ⅰ)-6GD。

4.3 结构形式

4.3.1 双向活动支座由上支座钢板、平面不锈钢板、平面改性聚四氟乙烯板、球冠衬板、球面不锈钢板、球面改性聚四氟乙烯板、下支座钢板、套筒、锚固螺栓等组成，见图1。

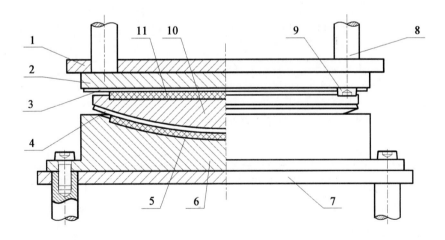

说明：
1——上预埋钢板；
2——上支座钢板；
3——平面不锈钢板；
4——球面不锈钢板；
5——球面改性聚四氟乙烯板；
6——下支座钢板；
7——下预埋钢板；
8——套筒；
9——锚固螺栓；
10——球冠衬板；
11——平面改性聚四氟乙烯板。

图1 双向活动支座结构示意图

4.3.2 纵向活动支座由上支座钢板、平面不锈钢板、平面改性聚四氟乙烯板、球冠衬板、球面不锈钢板、球面改性聚四氟乙烯板、导轨条、SF-Ⅰ三层复合板、侧向不锈钢板、下支座钢板、套筒、锚固螺栓等组成,见图2。

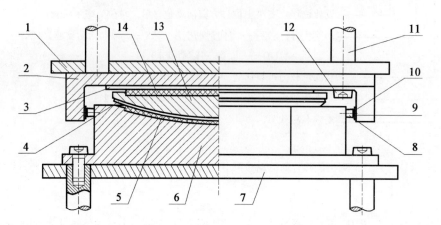

说明:
1——上预埋钢板;
2——上支座钢板;
3——平面不锈钢板;
4——球面不锈钢板;
5——球面改性聚四氟乙烯板;
6——下支座钢板;
7——下预埋钢板;
8——导轨条;
9——SF-Ⅰ三层复合板;
10——侧向不锈钢板;
11——套筒;
12——锚固螺栓;
13——球冠衬板;
14——平面改性聚四氟乙烯板。

图2 纵向活动支座结构示意图

4.3.3 横向活动支座由上支座钢板、平面不锈钢板、平面改性聚四氟乙烯板、球冠衬板、球面不锈钢板、球面改性聚四氟乙烯板、导轨条、SF-Ⅰ三层复合板、侧向不锈钢板、下支座钢板、套筒、锚固螺栓等组成,见图3。

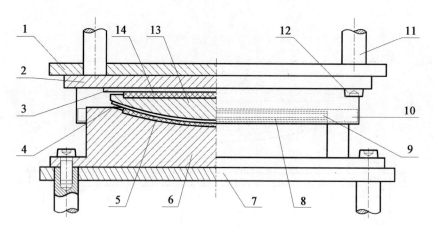

说明:
1——上预埋钢板;
2——上支座钢板;
3——平面不锈钢板;
4——球面不锈钢板;
5——球面改性聚四氟乙烯板;
6——下支座钢板;
7——下预埋钢板;
8——导轨条;
9——SF-Ⅰ三层复合板;
10——侧向不锈钢板;
11——套筒;
12——锚固螺栓;
13——球冠衬板;
14——平面改性聚四氟乙烯板。

图3 横向活动支座结构示意图

4.3.4 固定支座由上支座钢板、平面不锈钢板、平面改性聚四氟乙烯板、球冠衬板、球面不锈钢板、球面改性聚四氟乙烯板、下支座钢板、套筒、锚固螺栓等组成,见图4。

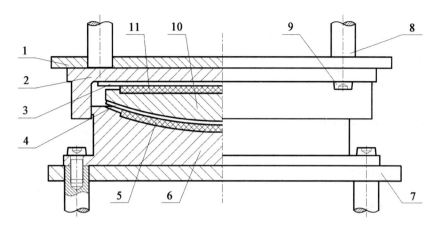

说明：
1——上预埋钢板；
2——上支座钢板；
3——平面不锈钢板；
4——球面不锈钢板；
5——球面改性聚四氟乙烯板；
6——下支座钢板；
7——下预埋钢板；
8——套筒；
9——锚固螺栓；
10——球冠衬板；
11——平面改性聚四氟乙烯板。

图4 固定支座结构示意图

5 技术要求

5.1 支座性能

5.1.1 竖向承载力

支座竖向承载力分为29个等级：1.5,2,2.5,3,3.5,4,4.5,5,6,7,8,9,10,12.5,15,17.5,20,22.5,25,27.5,30,32.5,35,37.5,40,45,50,55,60(MN)。

在竖向设计承载力的作用下,支座竖向压缩变形不应大于支座总高度的1%。

5.1.2 水平承载力

根据型号的不同,纵向活动支座横向、横向活动支座纵向以及固定支座双向的水平承载力可分为三级：分别是竖向承载力的10%、15%及20%。

在水平设计承载力作用下,支座水平方向残余变形不应大于整个加载过程中水平方向弹性变形的5%。

5.1.3 转角

支座设计竖向转角不小于±0.02rad。

5.1.4 摩擦系数

不加硅脂润滑时,支座设计摩擦系数不大于0.07；加5201-2硅脂润滑后,常温型活动支座设计摩擦系数不大于0.03,耐寒型活动支座设计摩擦系数不大于0.05。

5.1.5 位移

双向活动支座和纵向活动支座纵桥向位移量分为六级：±50，±100，±150，±200，±250，±300（mm）；双向活动支座和横向活动支座横桥向位移量为±50mm。当有特殊需要时，可按实际需要调整位移量，调整位移级差为±50mm。

5.1.6 支座设计转动力矩

支座设计转动力矩按下式计算：

$$M_\theta = R_{ck} \cdot \mu_d \cdot R \tag{1}$$

5.2 支座用材料的物理机械性能

5.2.1 改性聚四氟乙烯板

5.2.1.1 支座用改性聚四氟乙烯板物理机械性能应符合表1的规定。

表1 改性聚四氟乙烯板物理机械性能

项 目	技 术 要 求	试 验 方 法
密度（g/cm³）	2.0~2.1	GB/T 1033.1
拉伸强度（MPa）	≥21	采用 GB/T 1040.2 中 1A 或 1B 试样，试验拉伸速度 50mm/min
断裂伸长率（%）	≥300	GB/T 1040.2
球压痕硬度（H132/60）（MPa）	33 ± (33×20%)	GB/T 3398.1
压缩变形量	在90MPa荷载作用下，48h内压缩变形量稳定	JT/T 872

5.2.1.2 改性聚四氟乙烯板在5201-2硅脂润滑条件下，与不锈钢板间的摩擦系数，在平均压应力为45MPa时，应符合表2的规定；在相对滑动速度15mm/s（正弦波0.375Hz），往复滑动距离±10mm，累计滑动距离50km时，线磨耗率不大于5μm/km。

表2 改性聚四氟乙烯板摩擦系数

试验温度（℃）	初始静摩擦系数 μ_{f0}	动摩擦系数 μ_f
+23±2	≤0.012	≤0.005
-35±2	≤0.035	≤0.025

5.2.1.3 改性聚四氟乙烯板在无硅脂润滑条件下，平均压应力为45MPa时，与不锈钢板间的摩擦系数和线磨耗率应符合：常温时（+23℃±2℃），在相对滑动速度15mm/s（正弦波0.375Hz），往复滑动距离±10mm，累计滑动距离1km时，线磨耗率不大于200μm/km，磨耗过程中动摩擦系数不大于0.07；高温时（+60℃±2℃），累计滑动距离1km时线磨耗率不大于180μm/km，动摩擦系数不大于0.06。

5.2.2 硅脂润滑剂

支座使用的5201-2硅脂润滑剂，在使用温度范围内不应干涸，并应具有良好的抗臭氧、耐腐蚀及防水性能，对滑移面材料不应有害。5201-2硅脂物理化学性能应符合HG/T 2502的规定。

5.2.3 不锈钢板

支座用不锈钢板宜采用 06Cr17Ni12Mo2、06Cr19Ni13Mo3，处于高湿度、高盐度等严重腐蚀环境时宜采用 022Cr17Ni12Mo2 或 022Cr19Ni13Mo3，其化学成分及力学性能应符合 GB/T 3280 的规定。

不锈钢板的表面加工应符合 GB/T 3280 中 8#的规定。

5.2.4 钢件

5.2.4.1 上支座钢板、下支座钢板和球冠衬板采用 Q345B(严寒地区采用 Q345D)热轧钢板或锻件，其性能应符合 GB/T 1591 的规定；采用铸钢件，物理化学机械性能应符合 GB/T 11352 中 ZG270~500 的规定；处于严寒环境时，铸钢件物理化学机械性能应符合 JB/T 6402 中 ZG20Mn 的规定。处于高湿度、高盐度等严重腐蚀环境时，宜采用 Q355NH 热轧钢板或锻件，其性能应符合 GB/T 4171 的规定；采用铸钢件，物理化学机械性能应符合 JB/T 6402 中 ZG20MnMo 的规定。

5.2.4.2 锚固螺栓采用合金结构钢，其性能应符合 GB/T 3077 的规定，套筒采用优质碳素结构钢，其性能应符合 GB/T 699 的规定。

5.2.5 球冠衬板凸球面处理

支座球冠衬板凸球面处理应符合 GB/T 17955 的规定。

5.2.6 SF-Ⅰ三层复合板

SF-Ⅰ三层复合板在 280MPa 压应力下，压缩永久变形量不应大于 0.03mm；按规定方法反复弯曲五次不应有脱层、剥离，表层的改性聚四氟乙烯不断裂。

5.3 支座用材料的尺寸与偏差

5.3.1 改性聚四氟乙烯板

5.3.1.1 支座用平面及球面改性聚四氟乙烯板，可采用整体板或分片镶嵌板两种形式，厚度不应小于 7mm，嵌入深度不应小于厚度的 1/2，尺寸及装配间隙偏差，应符合表 3 的规定。

表 3 改性聚四氟乙烯板尺寸及装配间隙偏差　　　　　单位为毫米

改性聚四氟乙烯板直径 d	直径偏差	厚度偏差	外露厚度偏差	装配间隙偏差
$d \leqslant 600$	+1.2 0	+0.4 0	+0.3 0	+0.5 0
$600 < d \leqslant 1\,200$	+1.8 0	+0.5 0	+0.5 0	+0.8 0
$d > 1\,200$	+2.5 0	+0.7 0	+0.7 0	+1.1 0

5.3.1.2 改性聚四氟乙烯板若采用中心圆盘与周边环带组合时，中心圆盘直径不应小于 1 000mm，环带宽度不应小于 50mm，环带最多可分为四等份。

5.3.1.3 改性聚四氟乙烯板滑动面上应设有存放 5201-2 硅脂的储脂槽，储脂槽应采用热压成型，不应用机械方法成型。储脂槽的平面尺寸及布置应符合图 5 的规定。

5.3.1.4 改性聚四氟乙烯板模压表面平面度公差及曲面轮廓度公差：当直径 $d \leqslant 670$mm 时，不应大于 0.2mm；当直径 $d > 670$mm 时，不应大于 $0.000\,3d$mm。

5.3.2 不锈钢板

不锈钢板焊接后应与上支座钢板密贴。不锈钢板厚度及焊接后的平面度最大偏差，应符合表 4 的规定。

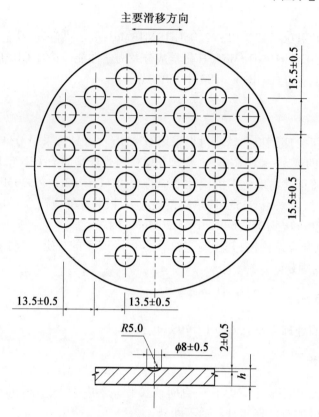

图 5 储脂槽的平面布置及尺寸

表 4 不锈钢板厚度与尺寸偏差

单位为毫米

长　　度	厚度及偏差	焊接后平面度/球面度偏差
L≤1 500	2 ±0.10	≤0.000 3d 或 0.2
L＞1 500	3 ±0.14	≤0.000 3d

5.3.3 钢件

支座部件的机加工公差配合应符合图纸的规定,未注尺寸公差应按 GB/T 1804 中 m 级的规定进行,各部件检验合格后方可进行装配。未注形状和位置的公差应按 GB/T 1184 中 L 级的规定进行。

5.3.4 支座铸钢件

支座铸钢件,应逐个进行超声波检测,其探测方法及质量评级方法应按 GB/T 7233.1 的规定进行,铸钢件超声波检测应符合 2 级合格的要求,不应有裂纹及蜂窝状孔洞。

5.3.5 SF-Ⅰ三层复合板

支座 SF-Ⅰ三层复合板的尺寸与偏差,应符合 JT/T 391 的规定。

5.4 支座用材料的外观质量

5.4.1 改性聚四氟乙烯板

改性聚四氟乙烯板外观,应符合表 5 的规定。

表5 改性聚四氟乙烯板外观要求

项目名称	要 求
色泽	黑灰色
板面	表面光滑,不应有裂纹、气泡、分层、影响使用的机械损伤、板面刀痕等缺陷
杂质	不应出现金属杂质,但允许每 10cm×10cm 板面上出现非金属杂质不多于两个,总面积不大于 1mm²

5.4.2 硅脂润滑剂

支座用硅脂润滑剂的外观质量,应符合 JT/T 391 的规定。

5.4.3 不锈钢板

支座用不锈钢板的外观质量,应符合 JT/T 391 的规定。

5.4.4 钢件

5.4.4.1 零部件加工后的配合面及摩擦表面不应有降低表面质量印记,在搬运、存放时,应防止其表面受到损伤、腐蚀及变形。

5.4.4.2 铸钢件的外观质量,应符合 GB/T 17955 的规定。

5.4.5 SF-Ⅰ三层复合板

支座用 SF-Ⅰ三层复合板表面质量,应符合 JT/T 391 的规定。

5.5 焊接

不锈钢板与基层钢板采用氩弧焊焊接,焊接后不锈钢板的平面度最大偏差应符合表4规定。焊缝应光滑、平整、连续,焊接要求应符合 GB 50661 中一级的规定。

5.6 支座防腐与防尘

5.6.1 支座使用在 JT/T 722 中的 C1~C3 腐蚀环境时,支座外露钢件表面应采用 JT/T 722 中配套编号为 S04 的涂装体系;使用在 C4~C5-M 的腐蚀环境时,应采用配套编号为 S07、S09 或 S11 的涂装配套体系。所有涂层质量均应符合 JT/T 722 的相关规定。

5.6.2 锚固螺栓应做锌铬镀层处理,套筒表面应做镀锌处理。

5.6.3 支座四周应设置可靠、耐久的防尘围板等设施,防尘设施应便于安装、更换及日常维养。

5.7 支座装配要求

5.7.1 零部件在待组装前,应按 5.2、5.3、5.4 及 5.5 节的规定对其进行逐件检测,合格后打上合格标记,外购件和外协件应有合格证书,方可进行组装。

5.7.2 支座相对滑动面(不锈钢板面与改性聚四氟乙烯板表面)应用丙酮或酒精擦洗干净,不应夹有灰尘和杂质。检查改性聚四氟乙烯板储脂槽的排列方向,并在其中涂满 5201-2 硅脂,中间不应夹有气泡和杂质。

5.7.3 球冠衬板包覆的不锈钢板表面应与基层钢板密贴,不应有褶皱、脱空,并应确保球面轮廓度的公差要求。

5.7.4 改性聚四氟乙烯板与球冠衬板或下支座钢板凹槽装配应保证紧密,改性聚四氟乙烯板宜采用黏结或沉头铜螺钉的方式与球冠衬板和下支座钢板进行固定。

5.7.5 支座组装后应将其临时固定,在运输、储存和安装过程中不应拆卸。

6 试验方法

6.1 改性聚四氟乙烯板

6.1.1 改性聚四氟乙烯板摩擦系数的测定方法按 JT/T 872 的规定进行。

6.1.2 改性聚四氟乙烯板与不锈钢板线磨耗率测定方法按 JT/T 872 的规定进行。

6.1.3 改性聚四氟乙烯板物理机械性能的测定方法按表1中的规定进行。

6.2 硅脂润滑剂

5201-2 硅脂润滑剂的物理性能试验方法应按 HG/T 2502 的规定进行。

6.3 镀硬铬层厚度

镀硬铬层厚度的测定方法应按 GB/T 4956 的规定进行。

6.4 SF-Ⅰ三层复合板

SF-Ⅰ三层复合板性能试验方法应按 JT/T 391 的规定进行。

6.5 外形尺寸

6.5.1 支座外形尺寸应用钢直尺测量,高度应用游标卡尺或量规测量,厚度测点应在平面几何中心处,上下测点应垂直交叉。

6.5.2 装配间隙应采用塞规或塞尺进行测量。

6.5.3 测量次数应至少四次,结果取其实测值的平均值。

6.6 外观质量

支座外观质量应用目测或量具的方法进行。

6.7 成品支座试验

6.7.1 试验项目

成品支座应进行竖向承载力、水平承载力、转动性能和摩擦系数的性能试验。成品支座试验应在经国家计量认证的试验检测机构进行,条件许可时也可在支座生产厂进行。

6.7.2 试样

成品支座竖向承载力、水平承载力、转动性能试验和摩擦系数测定宜采用实体支座。受试验设备能力限制时,可选用有代表性的竖向承载力小的支座进行测试,支座竖向承载力不应小于 2MN。

6.7.3 成品支座试验方法

6.7.3.1 支座竖向承载力试验方法应按 GB/T 17955 的规定进行。

6.7.3.2 支座水平承载力试验方法应按 JT/T 872 的规定进行。

6.7.3.3 支座摩擦系数试验方法应按 GB/T 17955 的规定进行。

6.7.3.4 支座转动性能试验方法应按 GB/T 17955 的规定进行。

7 检验规则

7.1 检验分类

支座检验分为进厂原材料检验、出厂检验和型式检验三类。

7.1.1 进厂原材料检验

进厂原材料检验为支座加工用原材料及外协加工件进厂时所进行的验收检验。

7.1.2 出厂检验

出厂检验为生产厂在每批产品交货前应进行的检验。

7.1.3 型式检验

型式检验应由具有相应资质的质量检测机构进行。在下列情况之一时,应进行型式检验:
a) 新产品或老产品转厂生产的试制定型检验;
b) 正式生产后,如结构、材料工艺有重大改变,影响产品性能时;
c) 正常生产时,定期每两年进行一次检验;
d) 产品停产两年后,恢复生产时;
e) 出厂检验结果与上次型式检验有较大差异时;
f) 国家质量监督机构或用户提出进行型式检验要求时。

7.2 检验项目及要求

7.2.1 支座用原材料进厂检验应符合表6的规定,并附有每批进料材质证明。

表6 原材料进厂检验

检验项目	技术要求	试验方法	抽 样
改性聚四氟乙烯板	5.2.1,5.4.1	6.1,6.6	每批原料(不大于200kg)一次
硅脂润滑剂	5.2.2,5.4.2	6.2,6.6	每批原料(不大于150kg)一次
不锈钢板	5.2.3,5.4.3	5.2.3,6.6	每批钢板
钢板	5.2.4,5.4.4	5.2.4,6.6	每批钢板
铸钢件	5.2.4,5.4.4	5.2.4,6.6	每炉
镀硬铬层	5.2.5	6.3	每件产品
SF-Ⅰ三层复合板	5.2.6,5.4.5	6.4,6.6	每批复合板(不大于30kg)一次

7.2.2 支座出厂检验应符合表7的规定。

表7 支座出厂检验

检验项目	技术要求	试验方法	抽 样
各部件尺寸	支座设计图	6.5	每批产品,小于或等于30个,将组装好的支座随意抽检1个
改性聚四氟乙烯板	5.3.1	6.5	
不锈钢板	5.3.2	6.5	

表7(续)

检验项目	技术要求	试验方法	抽样
球冠衬板	5.2.5	6.5,6.6	每批产品,小于或等于30个,将组装好的支座随意抽检1个
防腐与防尘	5.6	5.6,6.6	每个支座
装配要求	5.7	6.5	

7.2.3 支座型式检验应符合表8的规定。

表8 支座型式检验

检验项目	技术要求	试验方法	抽样
支座原材料及外购件	7.2.1	7.2.1	每一批原材料及外购件
所有出厂检验的项目	7.2.2	7.2.2	按出厂检验要求检验每个支座
成品改性聚四氟乙烯板摩擦系数	5.2.1.2,5.2.1.3	6.1.1	随机抽取一块成品支座的改性聚四氟乙烯板
成品改性聚四氟乙烯板线磨耗率	5.2.1.2,5.2.1.3	6.1.2	
成品支座竖向承载力试验	5.1.1	6.7.3	随机抽取两个不同规格的支座,其中一个支座的竖向承载力不小于10MN
成品支座水平承载力试验	5.1.2	6.7.3	随机抽取两个不同规格的支座,支座竖向承载力视具体情况确定
成品支座转动性能试验	5.1.3	6.7.3	随机抽取两个不同规格的支座,支座竖向承载力视具体情况确定
成品支座摩擦系数试验	5.1.4	6.7.3	随机抽取两个不同规格的支座,支座竖向承载力以2MN为宜,或根据具体情况确定

注1：工地抽检或用户提出成品抽检时,抽检项目应包含成品改性聚四氟乙烯板摩擦系数和线磨耗率、成品支座竖向承载力试验、成品支座水平承载力试验、成品支座转动性能试验和成品支座摩擦系数试验。

注2：成品改性聚四氟乙烯板摩擦系数和线磨耗率抽检时,仅做常温下无硅脂润滑时成品改性聚四氟乙烯板摩擦系数和1km线磨耗率。

7.3 检验结果的判定

7.3.1 进厂原材料检验项目应全部合格后方可使用,不合格的原材料不应用于支座生产。

7.3.2 出厂检验时,若有一项不合格,则应从该批产品中随机再取双倍的支座对不合格项目进行复检,若仍有一项不合格时,则判定该批产品不合格。

7.3.3 成品支座的试验结果若有两个支座各有一项不合格,或有一个支座两项不合格时,应取双倍试样对不合格项目进行复检,若仍有一个支座一项不合格,则判定该批产品不合格。若有一个支座三项不合格,则判定该批产品不合格。

8 包装、标志、运输和储存

8.1 包装

每个支座应用箱包装,包装应牢固可靠。箱外应注明产品名称、规格、体积和重量。箱内应附有产品合格证、使用说明书和装箱单。箱内技术文件需装入封口的塑料袋中以防受潮。

8.2 标志

每个支座应有标志牌,其内容包括支座型号、竖向承载力、转角、位移、生产日期、出厂编号和生产厂家名称等信息。支座纵、横桥向位移方向应设置位移标识和箭头,需要设置预偏量时,应标示出预偏位置。

8.3 运输和储存

支座在运输、储存中应避免阳光直接照射及雨雪浸淋,并保持清洁。严禁与酸、碱、油类、有机溶剂等可影响支座质量的物质相接触,距热源应在5m以外。在运输和储存过程中,不应随意拆卸。

ICS 93.040
P 28
备案号：

中华人民共和国交通运输行业标准

JT/T 874—2013

公路桥梁钢铰板式橡胶支座

Elastomeric bearings with steel-hinge for highway bridges

2013-10-09 发布　　　　　　　　　　　　　　　　2014-01-01 实施

中华人民共和国交通运输部　发布

JT/T 874—2013

目　次

前言
引言
1　范围
2　规范性引用文件
3　术语和定义
4　产品分类、型号及结构形式
5　技术要求
6　试验方法
7　检验规则
8　标志、包装、运输和储存
附录A(资料性附录)　钢铰支座规格系列
附录B(规范性附录)　钢铰支座竖向压缩变形试验方法
附录C(规范性附录)　钢铰支座剪切位移试验方法
附录D(规范性附录)　钢铰支座转动试验方法

JT/T 874—2013

前　言

本标准按照 GB/T 1.1—2009 给出的规则起草。

本标准由中国公路学会桥梁和结构工程分会提出并归口。

本标准起草单位：衡水宝力工程橡胶有限公司、中交公路规划设计院有限公司、河北省工程橡胶工程技术研究中心。

本标准主要起草人：李金红、刘欣顺、王毅、赵九平、谭昌富、赵薇、陈洪彬、邓广繁、高剑、吴益梅、苏志国、王建勋、孙会娟、张文礼、张晓燕、石娟、李金亮、魏春晶、信建军、耿春辉。

JT/T 874—2013

引 言

本标准的发布机构提请注意,声明符合本标准时,可能涉及3.3与专利号为2011 2 0315372.5《钢铰橡胶支座》和2012 2 0077913.X《钢铰板式橡胶支座》相关的专利的使用。

本标准的发布机构对于该专利的真实性、有效性和范围无任何立场。

该专利持有人已向本标准的发布机构保证,他愿意同任何申请人在合理且无歧视的条款和条件下,就专利授权许可进行谈判。该专利持有人的声明已在本标准的发布机构备案。相关信息可以通过以下联系方式获得:

专利持有人姓名:衡水宝力工程橡胶有限公司

地址:衡水市和平西路396号

邮编:053000

请注意除上述专利外,本标准的某些内容仍可能涉及专利。本标准的发布机构不承担识别这些专利的责任。

JT/T 874—2013

公路桥梁钢铰板式橡胶支座

1 范围

本标准规定了公路桥梁钢铰板式橡胶支座的产品分类、型号及结构形式、技术要求、试验方法、检验规则、标志、包装、运输和储存要求。

本标准适用于竖向承载力为150kN～1 500kN的公路桥梁钢铰板式橡胶支座。

2 规范性引用文件

下列文件对于本文件的应用是必不可少的。凡是注日期的引用文件,仅注日期的版本适用于本文件。凡是不注日期的引用文件,其最新版本(包括所有的修改单)适用于本文件。

GB/T 17955　桥梁球型支座
JT/T 4　　　公路桥梁板式橡胶支座

3 术语和定义

下列术语和定义适用于本文件。

3.1

钢铰　steel-hinge

由上凸钢盘和下凹钢盘组成的铰,在180°范围内能自由转动的组件。

3.2

钢铰板式橡胶支座　elastomeric bearings with steel-hinge

钢铰和上下叠层橡胶硫化成一体的支座(简称"钢铰支座")。

4 产品分类、型号及结构形式

4.1 分类

按结构形式分为：
a) 普通钢铰支座,代号 GJ；
b) 单向活动钢铰支座,代号 $GJDF_4$；
c) 双向活动钢铰支座,代号 $GJSF_4$。

4.2 型号

钢铰支座的产品型号表示如下：

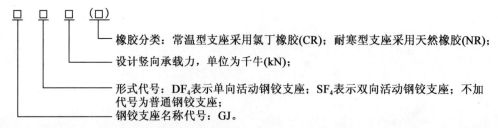

示例1：

竖向承载力为1 500kN的氯丁橡胶的普通钢铰支座，其型号表示为GJ1500(CR)。

示例2：

竖向承载力为1 500kN的天然橡胶的单向活动钢铰支座，其型号表示为GJDF₄1500(NR)。

示例3：

竖向承载力为1 500kN的天然橡胶的双向活动钢铰支座，其型号表示为GJSF₄1500(NR)。

4.3 结构形式

4.3.1 普通钢铰支座由加劲钢板、上盘、密封圈、球面聚四氟乙烯板、下盘、橡胶、定位销等组成。普通钢铰支座结构示意图见图1。

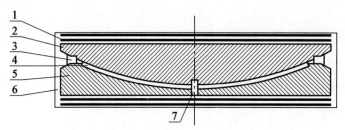

说明：

1——加劲钢板；　　　　5——下盘；
2——上盘；　　　　　　6——橡胶；
3——密封圈；　　　　　7——定位销。
4——球面聚四氟乙烯板；

图1　普通钢铰支座结构示意图

4.3.2 单向活动和双向活动钢铰支座由加劲钢板、上盘、密封圈、球面聚四氟乙烯板、下盘、橡胶、定位销、上钢板、不锈钢冷轧板、平面聚四氟乙烯板、橡胶围板、下钢板等组成。单向活动和双向活动钢铰支座结构示意图见图2、图3。

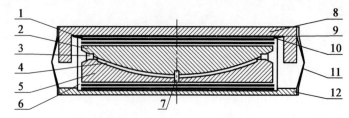

说明：

1——加劲钢板；　　　　7——定位销；
2——上盘；　　　　　　8——上钢板；
3——密封圈；　　　　　9——不锈钢冷轧钢板；
4——球面聚四氟乙烯板；10——平面聚四氟乙烯板；
5——下盘；　　　　　 11——橡胶围板；
6——橡胶；　　　　　 12——下钢板。

图2　单向活动钢铰支座结构示意图

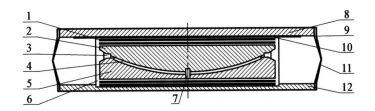

说明：
1——加劲钢板；
2——上盘；
3——密封圈；
4——球面聚四氟乙烯板；
5——下盘；
6——橡胶；
7——定位销；
8——上钢板；
9——不锈钢冷轧钢板；
10——平面聚四氟乙烯板；
11——橡胶围板；
12——下钢板。

图3 双向活动钢铰支座结构示意图

4.3.3 普通钢铰支座、单向活动钢铰支座及双向活动钢铰支座规格系列参见附录A。

5 技术要求

5.1 力学性能指标要求

5.1.1 钢铰支座设计压应力为10MPa。

5.1.2 钢铰支座力学性能指标要求见表1。

表1 钢铰支座力学性能指标

项 目	指 标
实测平面聚四氟乙烯板与不锈钢冷轧钢板表面摩擦系数 μ（加硅脂时）	≤0.03
钢铰支座竖向压缩变形 Δ（mm）	≤2.8
钢铰支座最大剪切位移 δ（mm）	≤25
钢铰支座转角 θ（rad）	≥0.01

5.2 材料要求

5.2.1 橡胶的物理机械性能应符合JT/T 4的规定。

5.2.2 平面聚四氟乙烯板、硅脂、不锈钢冷轧钢板、加劲钢板、橡胶与钢板或平面聚四氟乙烯板用黏结剂应符合JT/T 4的规定。

5.2.3 球面聚四氟乙烯板、钢板、铸钢件、上盘凸球面镀铬处理、钢板与球面聚四氟乙烯板用黏结剂应符合GB/T 17955的规定。

5.3 尺寸偏差

钢铰支座成品尺寸与偏差应符合JT/T 4的规定。

5.4 外观质量

钢铰支座外观质量应符合JT/T 4的规定。

5.5 钢铰支座组装

5.5.1 待装的零件,应有质量检验部门的合格标记,外协件应有合格证书。

5.5.2 钢铰组装前应清洁所有零部件。在钢铰上下盘转动面应用丙酮或酒精将镀铬表面和与球面聚四氟乙烯板相接触面清洗擦净,接触面不应有碰伤、锈蚀、划痕。

5.5.3 下盘凹槽在嵌放球面聚四氟乙烯板前,应将凹槽清洁后,均匀涂抹一薄层环氧树脂,以使球面聚四氟乙烯板黏结牢固,并在球面聚四氟乙烯储脂槽注满5201-2硅脂,组装时中间不应出现空气夹层。

5.5.4 钢铰组装后上、下盘应对准,钢铰组装后的高度允许偏差为±2mm。

5.5.5 钢铰组装后,再根据要求进行硫化处理。

6 试验方法

6.1 材料

6.1.1 橡胶、平面聚四氟乙烯板、硅脂物理机械性能、橡胶与钢板或平面聚四氟乙烯板的剥离强度试验方法应符合JT/T 4的规定。

6.1.2 球面聚四氟乙烯板、钢板、铸钢件、镀硬铬层厚度、钢板与球面聚四氟乙烯板的剥离强度试验方法应符合GB/T 17955的规定。

6.2 外形尺寸及外观质量

钢铰支座的外形尺寸、外观质量检测方法应按JT/T 4的规定进行。

6.3 力学性能

6.3.1 钢铰支座的摩擦系数试验应按JT/T 4的规定进行。

6.3.2 钢铰支座的竖向压缩变形试验应按附录B进行。

6.3.3 钢铰支座的剪切位移试验应按附录C进行。

6.3.4 钢铰支座的转动性能试验应按附录D进行。

7 检验规则

7.1 检验分类

钢铰支座的检验分为原材料进厂检验、出厂检验和型式检验。

7.1.1 原材料进厂检验

钢铰支座加工用原材料及外协加工件进厂时,应进行验收检验。

7.1.2 出厂检验

钢铰支座出厂检验为每批产品交货前应进行的检验。出厂检验应由工厂质检部进行,确认合格后方可出厂,出厂时应附有产品质量合格证明文件。

7.1.3 型式检验

在下列情况之一时,应进行型式检验:
  a) 新产品或老产品转厂生产的试制定型鉴定;

b) 正常生产后，胶料配方、工艺、材料有较大改变，影响产品性能时；
c) 产品停产一年以上，恢复生产时；
d) 重要桥梁工程或用量较大的桥梁工程用户提出要求时；
e) 国家质量监督机构提出要求时。

7.2 检验项目及要求

7.2.1 原材料进厂检验

7.2.1.1 钢铰支座用橡胶、平面聚四氟乙烯板、硅脂、不锈钢冷轧钢板、加劲钢板、橡胶与钢板或平面聚四氟乙烯板用黏结剂的进厂检验应符合JT/T 4的规定。

7.2.1.2 钢铰支座用球面聚四氟乙烯板、钢板、铸钢件、镀硬铬层、钢板与球面聚四氟乙烯板用黏结剂的进厂检验应符合GB/T 17955的规定。

7.2.2 出厂检验

钢铰支座出厂外形尺寸、外观质量的检验应符合JT/T 4的规定，每批均应检验，力学性能出厂检验内容为竖向压缩变形、剪切位移，检验要求应符合表1的规定。

7.2.3 型式检验

钢铰支座型式检验应符合表2的规定。

表2 钢铰支座型式检验

项 目	检验内容	要 求
钢铰支座原材料进厂检验	7.2.1	7.2.1
钢铰支座出厂检验	7.2.2	7.2.2
钢铰支座力学性能	钢铰支座摩擦系数试验	表1
	钢铰支座竖向压缩变形试验	
	钢铰支座剪切位移试验	
	钢铰支座转动性能试验	

型式检验中力学性能检验，应随机抽取三块同规格的普通钢铰支座（各项检验通用）与三对同规格的活动钢铰支座（各项检验通用）。

7.3 检验判定规则

检验判定规则应符合JT/T 4的规定。

8 标志、包装、运输和储存

标志、包装、运输和储存应符合JT/T 4的规定。

附 录 A
（资料性附录）
钢铰支座规格系列

A.1 普通钢铰支座

A.1.1 普通钢铰支座结构示意图见图 A.1。

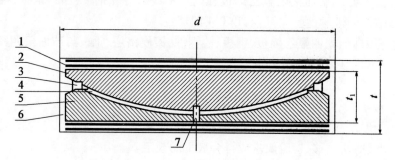

说明：
1——加劲钢板；
2——上盘；
3——密封圈；
4——球面聚四氟乙烯板；
5——下盘；
6——橡胶；
7——定位销。

图 A.1 普通钢铰支座结构示意图

A.1.2 普通钢铰支座规格系列见表 A.1。

表 A.1 普通钢铰支座规格系列

序 号	承载力(kN)	支座直径 d(mm)	钢铰高度 t_1(mm)	支座高度 t(mm)
1	150	160	41	74
2	200	185	45	78
3	250	210	47	80
4	350	235	51	84
5	550	285	57	90
6	750	335	62	95
7	1 000	385	69	106
8	1 250	435	76	113
9	1 500	460	81	118

注：支座与混凝土接触摩擦系数 $\mu=0.3$，与钢材接触时 $\mu=0.2$。

A.2 单向活动钢铰支座

A.2.1 单向活动钢铰支座结构示意图见图 A.2。

A.2.2 单向活动钢铰支座规格系列见表 A.2。

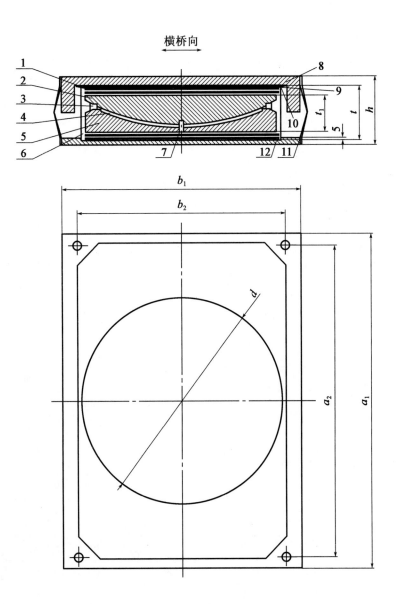

说明：
1——加劲钢板；
2——上盘；
3——密封圈；
4——球面聚四氟乙烯板；
5——下盘；
6——橡胶；
7——定位销；
8——上钢板；
9——不锈钢冷轧钢板；
10——平面聚四氟乙烯板；
11——橡胶围板；
12——下钢板。

图 A.2 单向活动钢铰支座结构示意图

表 A.2 单向活动钢铰支座规格系列

序号	承载力 (kN)	支座直径 d (mm)	钢铰高度 t_1 (mm)	支座高度 t (mm)	水平位移量 ΔL(mm)	
					顺桥向	横桥向
1	150	160	41	76	±30	±3
2	200	185	45	80	±30	±3
3	250	210	47	82	±30	±3

表A.2(续)

序号	承载力 (kN)	支座直径 d (mm)	钢铰高度 t_1 (mm)	支座高度 t (mm)	水平位移量 ΔL(mm) 顺桥向	水平位移量 ΔL(mm) 横桥向
4	350	235	51	86	±60	±3
5	550	285	57	92	±60	±3
6	750	335	62	97	±70	±3
7	1 000	385	69	108	±90	±3
8	1 250	435	76	115	±90	±3
9	1 500	460	81	120	±110	±3

A.2.3 单向活动钢铰支座规格系列主要附件尺寸见表A.3。

表A.3 单向活动钢铰支座规格系列主要附件尺寸　　单位为毫米

序号	支座直径 d	上、下钢板尺寸 a_1	上、下钢板尺寸 b_1	锚固螺栓孔距 a_2	锚固螺栓孔距 b_2	锚固螺栓 $\phi \times L$	支座组装高度 h
1	160	290	250	240	180	M16×160	108
2	185	315	275	265	205	M16×160	112
3	210	340	300	290	230	M16×160	114
4	235	425	325	375	255	M16×160	118
5	285	475	375	425	305	M16×160	124
6	335	545	425	495	355	M16×160	129
7	385	635	475	585	405	M18×180	140
8	435	685	525	635	455	M18×180	147
9	460	750	550	700	480	M22×200	152

A.3 双向活动钢铰支座

A.3.1 双向活动钢铰支座结构示意图见图A.3。

A.3.2 双向活动钢铰支座规格系列见表A.4。

表A.4 双向活动钢铰支座规格系列

序号	承载力 (kN)	支座直径 d (mm)	钢铰高度 t_1 (mm)	支座高度 t (mm)	水平位移量 ΔL(mm) 顺桥向	水平位移量 ΔL(mm) 横桥向
1	150	160	41	76	±30	±20
2	200	185	45	80	±30	±20
3	250	210	47	82	±30	±20
4	350	235	51	86	±60	±30
5	550	285	57	92	±60	±30

表 A.4(续)

序号	承载力(kN)	支座直径 d (mm)	钢铰高度 t_1 (mm)	支座高度 t (mm)	水平位移量 ΔL(mm) 顺桥向	水平位移量 ΔL(mm) 横桥向
6	750	335	62	97	±70	±30
7	1 000	385	69	108	±90	±40
8	1 250	435	76	115	±90	±40
9	1 500	460	81	120	±110	±40

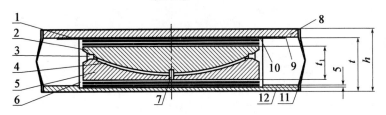

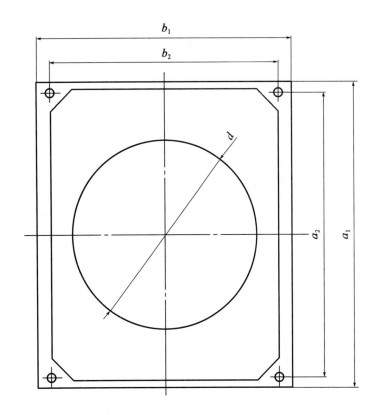

说明：

1——加劲钢板；
2——上盘；
3——密封圈；
4——球面聚四氟乙烯板；
5——下盘；
6——橡胶；
7——定位销；
8——上钢板；
9——不锈钢冷轧钢板；
10——平面聚四氟乙烯板；
11——橡胶围板；
12——下钢板。

图 A.3 双向活动钢铰支座结构示意图

A.3.3 双向活动钢铰支座规格系列主要附件尺寸见表 A.5。

表 A.5 双向活动钢铰支座规格系列主要附件尺寸　　　　单位为毫米

序号	支座直径 d	上、下钢板尺寸		锚固螺栓孔距		锚固螺栓 $\phi \times L$	支座组装高度 h
		a_1	b_1	a_2	b_2		
1	160	290	300	240	230	M16×160	108
2	185	315	325	265	255	M16×160	112
3	210	340	350	290	280	M16×160	114
4	235	425	395	375	325	M16×160	118
5	285	475	445	425	375	M16×160	124
6	335	545	495	495	425	M16×160	129
7	385	635	565	585	495	M18×180	140
8	435	685	615	635	545	M18×180	147
9	460	750	640	700	570	M22×200	152

附 录 B
(规范性附录)
钢铰支座竖向压缩变形试验方法

B.1 试验条件

试验室标准温度为23℃±5℃。试验前将试样置于室内标准温度下,停放24h。

B.2 试样选取

试样选用普通钢铰支座件。

B.3 试验方法

按下列步骤进行钢铰支座竖向压缩变形试验:
a) 将试样按图B.1放置于试验机的承载板上,上下承载板与钢铰支座接触面不应有油渍,对准中心,精度不应小于1%的试件的尺寸,缓缓加载至压应力为0.5MPa且稳定后,核对承载板四角对称安置的四只位移传感器,确认无误后,开始预压;
b) 加载。将压应力以0.03MPa/s～0.04MPa/s速率连续增至平均压应力10MPa,持荷2min,然后以连续均匀的速度将压应力卸至0.5MPa,持荷5min,连续加载四次。测量第四次加载0.5MPa至压应力10MPa的竖向压缩位移;
c) 试验竖向压缩变形应符合表1的要求。

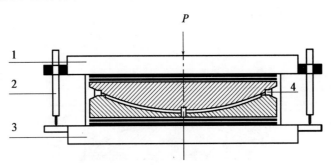

说明:
1——上承载板;
2——千分表;
3——下承载板;
4——试样。

图B.1 竖向压缩变形试验装置图

B.4 试验报告

试验报告应包括以下内容:
a) 试件的规格型号;
b) 试验机性能、配置及加载速度描述;
c) 试验过程中出现异常现象描述;
d) 试验记录完整,评定试验结果;
e) 试验照片。

附 录 C
（规范性附录）
钢铰支座剪切位移试验方法

C.1 试验条件

试验室标准温度为23℃±5℃。试验前将试样置于室内标准温度下，停放24h。

C.2 试样选取

试样选用普通钢铰支座。

C.3 试验方法

按下列步骤进行钢铰支座剪切位移试验：
a) 将试样按图 C.1 放置于试验机的承载板上，试样中心与承载板中心位置对准，精度应小于1%的试件尺寸；
b) 将压应力以0.03MPa/s～0.04MPa/s速率连续增至平均压应力10MPa，并在整个试验过程中保持不变；
c) 预加水平力。以0.002MPa/s～0.003MPa/s的速率连续施加水平剪应力至剪应力1.0MPa，持荷5min，然后以连续均匀的速度卸载至剪应力为0.1MPa，持荷5min，连续加载四次，测量第四次加载0.3MPa至剪应力1.0MPa的水平剪切位移；
d) 试验水平剪切位移应满足表1的要求。

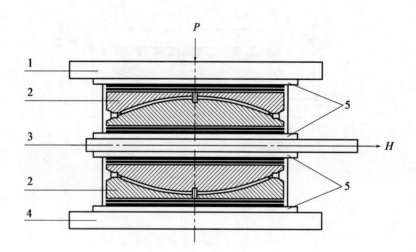

说明：
1——上承载板；
2——试样；
3——中间钢板；
4——下承载板；
5——防滑摩擦板。

图 C.1 剪切位移试验装置图

C.4 试验报告

试验报告应包括以下内容：
a) 试件的规格型号；
b) 试验机性能、配置及加载速度描述；
c) 试验过程中出现异常现象描述；
d) 试验记录完整，评定试验结果；
e) 试验照片。

附 录 D
（规范性附录）
钢铰支座转动试验方法

D.1 试验条件

试验室的标准温度为23℃±5℃。试验前将试样置于室内标准温度下,停放24h。

D.2 试样选取

试样选用双向活动钢铰支座。

D.3 试验方法

按下列步骤进行钢铰支座转动性能试验：
a) 将试样按图D.1放置于试验机的承载板上,试样中心与承载板中心位置对准,精度应小于1%试件直径；
b) 转动试验前,应对钢铰支座进行预压,预压荷载为试验钢铰支座的竖向设计承载力,预压三次。每次加载稳压3min后卸载至初始荷载。初始荷载为钢铰支座设计承载力的1.0%,或由试验机的精度确定；
c) 试验机对试验钢铰支座加载至设计荷载时,顶起加载横梁,使钢铰支座分别产生0.005rad、0.01rad转角,每次达到要求的转角后,稳压30min,加到最大转角时稳压30min后卸载；
d) 钢铰支座卸载后,观察钢铰支座应无明显的永久变形。

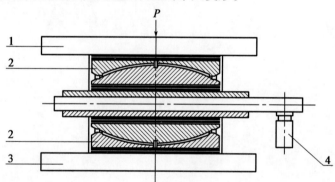

说明：
1——上承载板；
2——试样；
3——下承载板；
4——加载装置。

图D.1 转动试验装置图

D.4 试验结果

钢铰支座转动试验后,应无明显永久变形。

D.5 试验报告

试验报告应包括以下内容：
a) 试件的规格型号；

b) 试验机性能、配置及加载速度描述;
c) 试验过程中出现异常现象描述;
d) 试验记录完整,并观察试验现象,评定试验结果;
e) 试验照片。

ICS 93.040
P 28
备案号:

中华人民共和国交通运输行业标准

JT/T 875—2013

基桩自平衡法静载试验用荷载箱

Load cell of static loading test of foundation pile
with self-balanced method

2013-10-09 发布　　　　　　　　　　　　　　2014-01-01 实施

中华人民共和国交通运输部 发布

JT/T 875—2013

目　次

前言
1 范围
2 规范性引用文件
3 术语、定义和符号
4 分类、结构形式、型号和规格
5 技术要求
6 试验方法
7 检验规则
8 标志、包装、运输和储存
附录A(资料性附录)　荷载箱应用

前 言

本标准按照 GB/T 1.1—2009 给出的规则起草。

本标准由中国公路学会桥梁和结构工程分会提出并归口。

本标准主要起草单位：东南大学土木工程学院、南京赛宝液压设备有限公司、南京东大自平衡桩基检测有限公司、中交公路规划设计院有限公司。

本标准主要起草人：龚维明、郑秦生、薛国亚、殷开成、谭昌富、赵薇、陈洪彬、邓广繁、高剑、吴益梅。

JT/T 875—2013

基桩自平衡法静载试验用荷载箱

1 范围

本标准规定了基桩静载试验加载设备荷载箱的分类、结构形式、型号和规格、技术要求、试验方法、检验规则、标志、包装、运输和储存等。

本标准适用于基桩自平衡法静载试验的荷载箱。

2 规范性引用文件

下列文件对于本文件的应用是必不可少的。凡是注日期的引用文件,仅注日期的版本适用于本文件。凡是不注日期的引用文件,其最新版本(包括所有的修改单)适用于本文件。

GB/T 191	包装储运图示标志
GB/T 699	优质碳素结构钢
GB/T 700	碳素结构钢
GB 825	吊环螺钉
GB/T 1591	低合金高强度结构钢
GB/T 3098.1	紧固件机械性能 螺栓、螺钉和螺柱
GB/T 3274	碳素结构钢和低合金结构钢热轧厚钢板和钢带
GB/T 3452.1	液压气动用O形橡胶密封圈 第1部分:尺寸系列及公差
GB/T 3452.2	液压气动用O形橡胶密封圈 第2部分:外观质量检验规范
GB/T 3766	液压系统通用技术条件
GB/T 9065	液压软管接头
GB/T 17395	无缝钢管尺寸、外形、重量及允许偏差
JB/T 5943	工程机械 焊接件通用技术条件
JB/T 6996	重型机械液压系统通用技术条件
JB/T 8727	液压软管 总成
JJG 621	液压千斤顶检定规程

3 术语、定义和符号

3.1 术语和定义

下列术语和定义适用于本文件。

3.1.1

荷载箱 load cell

基桩自平衡法静载试验的加载设备,由液压缸、上连接板、下连接板及其他附属件组成。

3.1.2

额定压力 rated pressure

荷载箱正常工作条件下允许输入的最大压力。

3.1.3

检验压力 test pressure

荷载箱质量检验时输入的压力。

3.1.4

打开压力 open pressure

荷载箱在空载仅受自身约束情况下打开时所输入的最大压力。

3.1.5

额定输出推力 rated thrust

荷载箱（液压缸）额定压力下的输出推力。

3.1.6

检定推力值 thrust calibration value

液压缸在检定校验设备上进行分级标定加载试验时工作压力所对应的输出推力读数值。

3.1.7

主动值 active value

液压缸正向加载时的读数值。

3.1.8

被动值 passive value

液压缸逆向卸载时的读数值。

3.2 符号

下列符号适用于本文件。

A_h——荷载箱连接板净面积，单位为平方毫米（mm^2）；

A_p——桩的截面积，单位为平方毫米（mm^2）；

D——荷载箱外径，单位为毫米（mm）；

d——导管孔径，单位为毫米（mm）；

d_y——液压缸内径，单位为毫米（mm）；

d_w——灌注孔径，单位为毫米（mm）；

F_r——额定输出推力，单位为千牛（kN）；

F_t——理论输出推力，单位为千牛（kN）；

F_i——实际输出推力，单位为千牛（kN）；

H——液压缸高度，单位为毫米（mm）；

h——荷载箱行程，单位为毫米（mm）；

P_n——额定压力，单位为兆帕（MPa）；

P_e——检验压力，单位为兆帕（MPa）；

P_o——打开压力，单位为兆帕（MPa）；

t_1——荷载箱上连接板厚度，单位为毫米（mm）；

t——荷载箱下连接板厚度,单位为毫米(mm);
ρ——有效面积比;
η——液压缸负载效率。

4 分类、结构形式、型号和规格

4.1 分类

4.1.1 按荷载箱形式分为:
  a) 桩间荷载箱,代号 CH;
  b) 桩端荷载箱,代号 BH;
  c) 地下连续墙荷载箱,代号 UH;
  d) 沉井荷载箱,代号 OH;
  e) 桩顶荷载箱,代号 TH。

4.1.2 按荷载箱使用性能分为:
  a) 竖向荷载试验用荷载箱,见4.1.1a)~d)和附录 A.1;
  b) 水平荷载试验用荷载箱,见4.1.1e)和附录 A.2。

4.2 结构形式

4.2.1 桩间荷载箱

桩间荷载箱由液压缸、上下连接板、上下位移杆、位移护管、分油管、进油管、连接螺栓等组成,桩间荷载箱结构示意图见图1。

4.2.2 桩端荷载箱

桩端荷载箱由液压缸、上下连接板、上下位移杆、位移护管、进油管、连接螺栓等组成,桩端荷载箱结构示意图见图2。

4.2.3 地下连续墙荷载箱

地下连续墙荷载箱由液压缸、上下连接板、上下位移杆、位移护管、进油管、分油管、连接螺栓等组成,地下连续墙荷载箱结构示意图见图3。

4.2.4 沉井荷载箱

沉井荷载箱由液压缸、上下连接板、上下位移杆、进油管、内外护套、密封环、连接螺栓等组成,沉井荷载箱结构示意图见图4。

4.2.5 桩顶荷载箱

桩顶荷载箱用于水平荷载试验,荷载箱由球铰支座、球头、往复式液压缸、进油管、回油管、支撑垫、底座等组成,桩顶荷载箱结构示意图见图5。

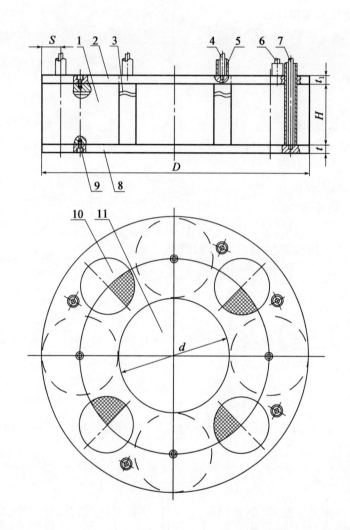

说明：
1——液压缸；　　5——位移护管；　　9——连接螺栓；
2——上连接板；　6——进油管；　　　10——翻浆孔；
3——分油管；　　7——下位移杆；　　11——导管孔。
4——上位移杆；　8——下连接板；

图1　桩间荷载箱结构示意图

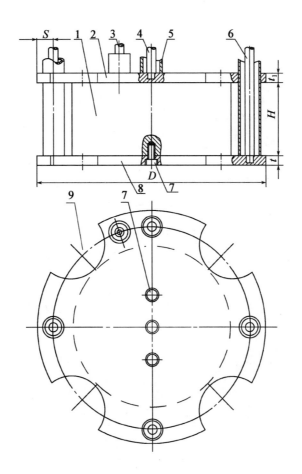

说明：
1——液压缸；　　4——上位移杆；　　7——连接螺栓；
2——上连接板；　5——位移护管；　　8——下连接板；
3——进油管；　　6——下位移杆；　　9——灌注孔。

图 2　桩端荷载箱结构示意图

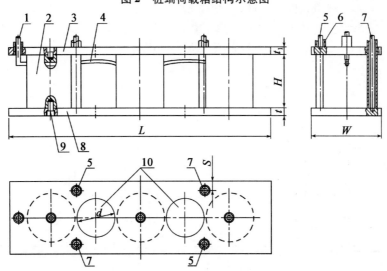

说明：
1——进油管；　　5——上位移杆；　　9——连接螺栓；
2——液压缸；　　6——位移护管；　　10——导管孔。
3——上连接板；　7——下位移杆；
4——分油管；　　8——下连接板；

图 3　地下连续墙荷载箱结构示意图

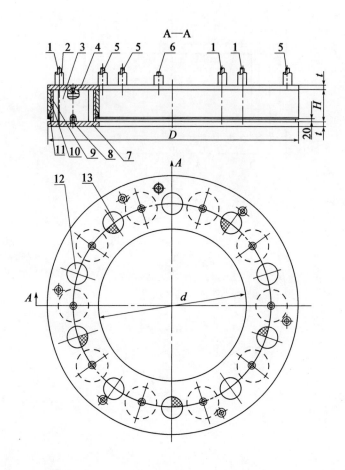

说明：
1——下位移杆；　5——上位移杆；　9——内护套；　13——翻浆孔。
2——位移护管；　6——进油管；　10——外护套；
3——液压缸；　　7——下连接板；　11——密封环；
4——上连接板；　8——连接螺栓；　12——导管孔；

图4　沉井荷载箱结构示意图

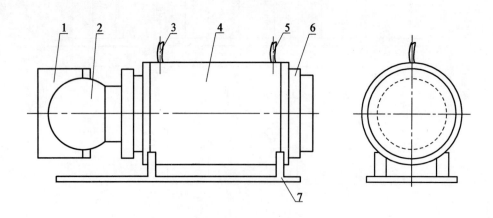

说明：
1——球铰支座；　4——往复式液压缸；　7——底座。
2——球头；　　　5——进油管；
3——回油管；　　6——支撑垫；

图5　桩顶荷载箱结构示意图

4.3 型号

4.3.1 荷载箱

荷载箱型号由荷载箱代号、额定输出推力和行程组成,表示方法如下:

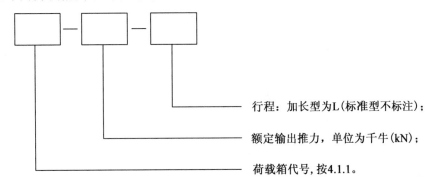

行程:加长型为L(标准型不标注);
额定输出推力,单位为千牛(kN);
荷载箱代号,按4.1.1。

示例1:
标准型输出推力为15 000kN的桩间荷载箱,其代号表示为:CH-15000;

示例2:
加长型输出推力为120 000kN的沉井桩荷载箱,其代号表示为:OH-120000-L。

4.3.2 液压缸

组成荷载箱的液压缸型号由液压缸代号、液压缸内径、单缸额定输出推力和液压缸数量组成,表示方法如下:

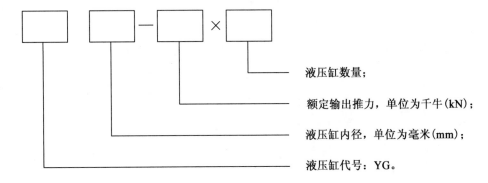

液压缸数量;
额定输出推力,单位为千牛(kN);
液压缸内径,单位为毫米(mm);
液压缸代号:YG。

示例:
由六个内径为220mm、单缸额定输出推力为1 500kN的液压缸组成,其代号表示为:YG220-1500×6。

4.4 规格

4.4.1 桩间荷载箱规格

桩间荷载箱规格见表1。

表1 桩间荷载箱规格　　　　　　　　　　　　　　　　单位为毫米

序号	桩径	荷载箱外径 D	导管孔径 d	行程 h 标准	行程 h 加长	上连接板厚度 t_1	下连接板厚度 t
1	500	420	—	120	180	20	30
2	600	500	—	120	180	20	30

表1(续)

序号	桩径	荷载箱外径 D	导管孔径 d	行程 h 标准	行程 h 加长	上连接板厚度 t_1	下连接板厚度 t
3	800	650~700	≥400	120	180	20	30
4	1 000	850~900	≥400	120	180	20	30
5	1 200	1 050~1 100	≥400	120	180	20	30
6	1 500	1 350~1 400	≥500	120	180	20~30	30
7	1 800	1 650~1 700	≥600	120	180	20~30	30
8	2 000	1 850~1 900	≥800	120	180	20~30	30
9	2 500	2 300~2 350	≥800	120	180	30	30
10	2 800	2 500~2 650	≥1 000	120	180	30	30
11	3 000	2 700~2 850	≥1 000	120	180	30	30
12	≥5 000	—	—	120	180	30	30

4.4.2 桩端荷载箱规格

桩端荷载箱规格见表2。

表2 桩端荷载箱规格   单位为毫米

序号	桩径	荷载箱外径 D	灌注孔径 d_w	行程 h 标准	行程 h 加长	上连接板厚度 t_1	下连接板厚度 t
1	800	650~700	—	120	180	20	30
2	1 000	800~900	—	120	180	20	30
3	1 200	1 000~1 100	≥350（上板开孔,下板不开孔）	120	180	20	30
4	1 500	1 300~1 400	≥500（上板开孔,下板不开孔）	120	180	30	30
5	>1 500	—	—	120	180	30	30

4.4.3 液压缸规格

液压缸规格见表3。

表3 液压缸规格

序号	内径 d_y (mm)	高度 H(mm) 标准	高度 H(mm) 加长	额定输出推力 F_r(kN) Ⅰ型	额定输出推力 F_r(kN) Ⅱ型
1	80	200	260	200	150
2	100	200	260	320	250

表3(续)

序号	内径 d_y (mm)	高度 H(mm) 标准	高度 H(mm) 加长	额定输出推力 F_r(kN) Ⅰ型	额定输出推力 F_r(kN) Ⅱ型
3	120	200	260	450	350
4	150	200	260	700	550
5	180	200	260	1 020	800
6	200	200	260	1 250	950
7	220	200	260	1 500	1 150
8	240	200	260	1 800	1 350
9	250	200	260	2 000	1 500
10	260	200	260	2 100	1 600
11	270	200	260	2 300	1 750
12	280	200	260	2 460	1 850
13	300	200	260	2 800	2 100
14	320	220	280	3 200	2 400
15	340	220	280	3 600	2 700
16	350	220	280	3 850	2 900
17	360	220	280	4 000	3 050
18	380	220	280	4 500	3 400
19	400	220	280	5 000	3 800
20	420	220	280	5 530	4 150
21	450	220	280	6 350	4 800
22	480	220	280	7 230	5 400
23	500	240	300	7 850	5 900
24	520	240	300	8 500	6 400
25	550	240	300	9 500	7 100
26	580	240	300	10 560	8 000
27	600	240	300	11 300	8 500
28	620	240	300	12 000	9 000

注：Ⅰ型为标准型,用于常规推力输出的荷载箱；Ⅱ型为低压型,用于大直径小推力输出类型的荷载箱。

5 技术要求

5.1 外观质量

5.1.1 上、下连接板切割面应平滑,边角打磨无毛刺、飞边,钻孔后应倒角或打磨孔口无锐角。

5.1.2 液压缸表面(包括焊接处)不应有裂纹。

5.1.3 荷载箱附件焊接处焊缝应均匀饱满、连续、无气孔夹渣、无漏焊和缺焊,焊接质量应符合 JB/T 5943 的规定。

5.1.4 液压软管连接应有护套封闭保护,保护套采用点焊焊接牢固,无松动后内部填满泡沫剂。

5.1.5 产品表面应整洁,无铁屑、浮锈并去除油污。

5.2 材料

5.2.1 荷载箱总成连接螺栓均采用强度等级不低于 8.8 级的高强度螺栓。紧固件机械性能螺栓、螺钉和螺柱应符合 GB/T 3098.1 的规定。

5.2.2 液压软管应采用高压钢丝编织胶管(两层或三层钢丝缠绕),由供应商提供产品质量合格证书;软管接头采用扣压式,工作压力为 60MPa,应符合 JB/T 8727 和 GB/T 9065 的规定。

5.2.3 荷载箱的液压缸密封圈采用 O 形橡胶密封圈,尺寸系列及公差应符合 GB/T 3452.1 的规定,外观质量应符合 GB/T 3452.2 的规定。

5.2.4 荷载箱上、下连接板采用 Q235C 热轧钢板,由供应商提供产品质保书,应符合 GB/T 700 的规定。

5.2.5 沉井荷载箱上、下连接板及内、外护套采用 Q345C 热轧钢板,由供应商提供产品质保书,应符合 GB/T 1591 的规定。

5.2.6 荷载箱的液压缸缸套和活塞采用 45 号优质碳素结构钢,由供应商提供产品质保书,应符合 GB/T 699 和 GB/T 17395 的规定。

5.3 力学性能

5.3.1 检定

应对荷载箱液压缸的主动值和被动值定期检定,检定率为 100%,每级检定推力值不应小于 10kN,加载分级数不少于五级。

5.3.2 液压缸负载效率

液压缸的实际输出推力与理论输出推力值之比为液压缸负载效率 η,按式(1)计算:

$$\eta = \frac{F_i}{F_l} \tag{1}$$

η 值不应小于 0.9。

其中实际输出推力以检定推力值为准,理论输出推力 F_l 按式(2)计算:

$$F_l = \frac{\pi d_y^2 P_n}{4} \times 10^3 \tag{2}$$

5.3.3 示值重复性

荷载箱液压缸检定示值重复性不应大于 3%。

5.3.4 液压缸启动压力

液压缸空载启动压力应小于额定压力的 4%。

5.3.5 有效面积比

有效面积比 ρ 按式(3)计算:

$$\rho = \frac{A_h}{A_p} \times 100\% \tag{3}$$

钻孔灌注桩荷载箱其值应为 45% <ρ≤60%（荷载箱放置桩底时 45% <ρ≤100%），挖孔灌注桩荷载箱应为 45% <ρ≤100%。

5.3.6 荷载性能

荷载箱的极限输出推力不应小于额定输出推力的 1.2 倍。加载达到 1.2 倍额定输出推力后，持荷 30min，不应出现泄漏、压力减小值大于 5% 等异常现象。

5.3.7 耐压性能

荷载箱在检验压力下持荷 2h，不应出现泄漏、压力减小值大于 5% 等异常现象。

5.3.8 检验压力

荷载箱检验压力通常情况下不应小于额定压力。

5.3.9 打开压力

荷载箱打开压力应小于额定压力的 10%。

5.4 工艺性能

5.4.1 行程

荷载箱标准型有效行程不应小于 100mm，加长型有效行程不应小于 160mm。

5.4.2 导管孔直径

荷载箱导管孔直径不宜小于 400mm，应符合表 1 的要求。

5.4.3 上、下位移杆位置

上、下位移杆和位移护管中心距荷载箱上、下连接板边缘和内孔孔壁距离均不宜小于 70mm。

5.4.4 拉杆

荷载箱上、下连接板间焊接保护拉杆，应均匀对称布置，拉杆允许总拉力应为荷载箱额定输出推力的 3%~8%，且不小于荷载箱和桩身钢筋骨架重的二倍。

5.4.5 吊环螺钉

荷载箱设有吊环螺钉，应均匀对称布置，吊环螺钉承载力应大于荷载箱重的二倍，应符合 GB/T 825 的规定。

5.4.6 荷载箱附属件

荷载箱附属件包括声测管、注浆管、导线管和导流体等，数量、布置和尺寸应符合设计图的要求。

5.4.7 荷载箱附属件抗渗压力

荷载箱附属件中管类与上下连接板之间采用密封连接，抗渗压力应大于 2MPa。

6 试验方法

6.1 仪器设备

荷载箱和液压缸试验所用仪器及配套设备应符合以下要求：
a) 压力试验机或标准测力仪：准确度等级不低于 0.5 级；
b) 钢直尺：测量范围 0~500mm，分度值 1.0mm；
c) 钢卷尺：测量范围 0~5 000mm，分度值 1.0mm；
d) 游标卡尺：测量范围 0~200mm，精度 0.02mm；
e) 秒表：分辨力不低于 0.1s；
f) 立式反力架：在最大负载下无变形；
g) 液压泵：其输入试验压力应满足 5.3.9 的要求；
h) 手动试压泵：工作压力应不小于 3MPa。

6.2 外观

6.2.1 产品外观质量，用目测方法检测，应符合 5.1 的要求。

6.2.2 焊接质量检验按 JB/T 5943 规定的试验方法进行。

6.3 材料

6.3.1 连接螺栓抗拉强度试验，按 GB/T 3098.1 的方法进行。

6.3.2 液压软管总成 100% 进行加压检验，承受压力应符合 5.2.2 的要求。

6.3.3 液压缸采用 O 形橡胶密封圈，尺寸公差检验应按 GB/T 3452.1 的规定进行，外观质量检验应按 GB/T 3452.2 的规定进行。

6.4 荷载箱性能

6.4.1 检定

荷载箱的液压缸检定按 JJG 621 或检定单位相应标准进行，应符合 5.3.1~5.3.3 的要求。

6.4.2 启动压力

液压缸空载往复运行两次后，液压缸无爬行、跳动时，记录液压缸开始移动时的瞬间压力为液压缸启动压力，应符合 5.3.4 的要求。

6.4.3 荷载性能

荷载箱的液压缸和上、下连接板组装完成后，连接好液压管，将整体放置在立式反力架中通过液压泵进行加载试验，按荷载箱额定压力的 20%、40%、60%、80%、100%、120% 分六级等速加载，加载速度约 5MPa/min，应符合 5.3.6 的要求。

6.4.4 耐压性能

耐压性能试验与荷载性能试验方式相同，将荷载箱总成逐步加载至检验压力，保压不少于 2h，应符合 5.3.7~5.3.8 的要求。

6.4.5 打开压力

荷载箱总成焊接完成后（位移杆及液压管护管除外），按同一型号随机抽取其中一台进行打开试验,荷载箱放置在立式反力架中保留10mm~20mm间隙,然后通过液压泵进行慢速加载试验,加载速度约1MPa/min,记录打开时的瞬间最大压力,应符合5.3.9及5.4.4的要求。

6.4.6 行程

液压缸空载运行时用钢直尺测量其行程,应符合5.4.1的要求。

6.4.7 结构及几何尺寸

钢直尺和钢卷尺测量荷载箱结构及几何尺寸:
a) 按式(3)计算荷载箱有效面积比,应符合5.3.5的要求;
b) 导管孔直径应符合5.4.2的要求;
c) 位移杆中心距荷载箱上、下连接板边缘和内孔孔壁距离应符合5.4.3的要求。

6.4.8 吊环螺钉

目测吊环螺钉型号及其布置,应符合5.4.5的要求。

6.4.9 荷载箱附件

荷载箱附件数量用目测,尺寸用钢直尺测量。

6.4.10 荷载箱附件抗渗压力

荷载箱附件抗渗压力试验时,管口封闭后,用手动试压泵注水加压,应符合5.4.7的要求。

7 检验规则

7.1 检验分类

7.1.1 荷载箱检验分出厂检验和型式检验两类。

7.1.2 出厂检验为生产厂家在每批产品交货前应进行的检验,由生产厂家的质量检验部门进行,并做出检验记录。

7.1.3 出现下列情况之一时应进行型式检验:
a) 新产品定型鉴定时;
b) 投入批量生产后,如结构、材料、工艺有较大改变,影响产品性能时;
c) 正常生产时,每一年至两年进行一次检验;
d) 产品停产一年后,恢复生产时;
e) 出厂检验结果与上次型式检验有较大差异时;
f) 国家质量监督机构提出进行型式检验要求时。

7.2 检验项目

出厂检验和型式检验的检验项目按表4规定进行。

表4 产品检验项目

检验项目	技术要求	试验方法	出厂检验	型式检验
外观	5.1	6.2	+	+
液压缸负载效率	5.3.2	6.4.1	-	+

表 4(续)

检验项目	技术要求	试验方法	出厂检验	型式检验
示值重复性	5.3.3	6.4.1	-	+
液压缸启动压力	5.3.4	6.4.2	-	+
有效面积比	5.3.5	6.4.7	+	+
荷载性能	5.3.6	6.4.3	-	+
耐压性能	5.3.7	6.4.4	+	+
打开压力	5.3.9	6.4.5	△	+
行程	5.4.1	6.4.6	-	+
导管孔直径	5.4.2	6.4.7	+	+
上、下位移杆位置	5.4.3	6.4.7	△	+
吊环螺钉	5.4.5	6.4.8	+	△
附属件	5.4.6	6.4.9	+	△
荷载箱附属件抗渗压力	5.4.7	6.4.10	+	+
注:"+"为必做,"-"为不做,"△"为选做。				

7.3 检验要求

7.3.1 产品应100%进行出厂检验,经厂质量检验部门检验合格并附合格证后方可出厂。

7.3.2 产品型式检验采用随机抽样的方式,抽样对象为经厂质量检验部门检验合格且为评定周期内的产品。

7.4 判定

7.4.1 出厂检验若有不合格项,可对不合格项进行修复并重新检验,所检项目全部合格后判定为合格。

7.4.2 型式检验若有不合格项,取双倍数量样品对不合格项进行检验,仍出现不合格情况,判定本次型式检验不合格。

8 标志、包装、运输和储存

8.1 标志

每套出厂的荷载箱在显著位置均应设有铭牌,注明产品名称、代号、规格、额定压力、额定输出推力、质量、出厂编号、制造日期等。

8.2 包装

需要时可用箱包装、表面喷漆,每套荷载箱出厂时均应保持外观整洁。

8.3 运输

荷载箱配备吊环等吊运装置,高压油管顺序盘绕在荷载箱上。装、卸过程中采取防护措施,正面向上,注意防滑,避免碰撞,保护高压油管以及位移护管等重要部件,运输过程中注意防雨等。

8.4 储存

产品应储存在通风良好、防雨、防潮的地方,避免与腐蚀性化学物品一起堆放。

附 录 A
（资料性附录）
荷载箱应用

A.1 竖向荷载试验用荷载箱

竖向荷载试验用荷载箱一般设置在桩身内部一次性使用，见图 A.1。

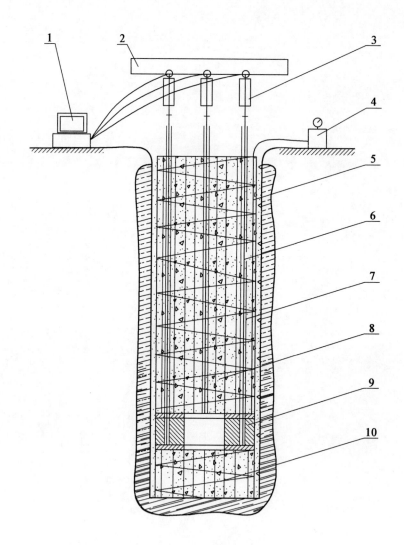

说明：
1——数据采集系统；   5——油管；   9——荷载箱；
2——基准梁；   6——位移杆；   10——下段桩。
3——位移传感器；   7——位移护管；
4——加载系统；   8——上段桩；

图 A.1 竖向荷载试验用荷载箱示意图

A.2 水平荷载试验用荷载箱

水平荷载试验用荷载箱通常设置在桩顶或地表,见图 A.2。荷载箱采用往复式液压缸,试验完成后可通过回油管加载复位液压缸来重复使用。

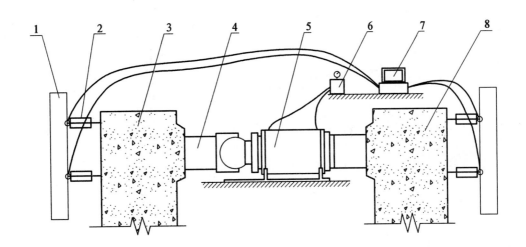

说明:
1——基准梁; 4——滑移墩; 7——数据采集系统;
2——位移传感器; 5——荷载箱; 8——试桩2。
3——试桩1; 6——加载系统;

图 A.2 水平荷载试验用荷载箱示意图

ICS 93.040
P 28
备案号:

中华人民共和国交通运输行业标准

JT/T 876—2013

填充型环氧涂层钢绞线体外预应力束

External prestressing tendons of filled epoxy-coated strand

2013-10-09 发布　　　　　　　　　　2014-01-01 实施

中华人民共和国交通运输部　发 布

JT/T 876—2013

目　次

前言

1　范围

2　规范性引用文件

3　术语、定义和符号

4　产品结构、分类与型号

5　技术要求

6　试验方法

7　检验规则

8　标志、包装、运输和储存

附录 A（规范性附录）　转向装置组合静载性能试验

附录 B（规范性附录）　转向装置组合疲劳性能试验

附录 C（规范性附录）　体外束可更换性能试验

附录 D（规范性附录）　体外束分级张拉锚固性能试验

前　言

本标准按照 GB/T 1.1—2009 给出的规则起草。

本标准由中国公路学会桥梁和结构工程分会提出并归口。

本标准起草单位：江阴法尔胜住电新材料有限公司、中交公路规划设计院有限公司。

本标准主要起草人：张喜刚、费汉兵、袁洪、赵军、许春荣、金平、赵君黎、单继安、王昀、王志刚、马伟杰、赵敏。

JT/T 876—2013

填充型环氧涂层钢绞线体外预应力束

1 范围

本标准规定了填充型环氧涂层钢绞线体外预应力束(简称体外束)的产品结构、分类与型号、技术要求、试验方法、检验规则、标志、包装、运输和储存等。

本标准适用于混凝土桥梁体外预应力束和中、下承式拱桥的系杆,其他结构可参照执行。

2 规范性引用文件

下列文件对于本文件的应用是必不可少的。凡是注日期的引用文件,仅注日期的版本适用于本文件。凡是不注日期的引用文件,其最新版本(包括所有的修改单)适用于本文件。

GB/T 197	普通螺纹　公差
GB/T 230.1	金属材料　洛氏硬度试验　第1部分:试验方法(A、B、C、D、E、F、G、H、K、N、T标尺)
GB/T 231.1	金属材料　布氏硬度试验　第1部分:试验方法
GB/T 269	润滑脂和石油脂锥入度测定法
GB/T 699	优质碳素结构钢
GB/T 700	碳素结构钢
GB/T 714	桥梁用结构钢
GB/T 1348	球墨铸铁件
GB/T 1591	低合金高强度结构钢
GB/T 1804	一般公差　未注公差的线性和角度尺寸的公差
GB/T 3077	合金结构钢
GB/T 4162	锻轧钢棒超声检测方法
GB/T 5224	预应力混凝土用钢绞线
GB/T 5574	工业用橡胶板
GB/T 5796	梯形螺纹
GB 8026	石油蜡和石油脂滴熔点测定法
GB/T 8162	结构用无缝钢管
GB/T 9439	灰铸铁件
GB/T 13663	给水用聚乙烯(PE)管材
GB/T 18365	斜拉桥热挤聚乙烯高强钢丝拉索技术条件
CJ/T 297	桥梁缆索用高密度聚乙烯护套料
JB/T 3999	钢件的渗碳与碳氮共渗淬火回火
JB/T 4730.4	承压设备无损检测　第4部分:磁粉检测
JB/T 5000.13	重型机械通用技术条件　第13部分:包装
JB/T 5936	工程机械　机械加工件通用技术条件
JB/T 5944	工程机械　热处理件通用技术条件
JG 3007	无粘结预应力筋专用防腐润滑脂

JT/T 329	公路桥梁预应力钢绞线用锚具、夹具和连接器
JT/T 737	填充型环氧涂层钢绞线
NB/SH/T 0324	润滑脂分油的测定 锥网法

3 术语、定义和符号

3.1 术语和定义

下列术语和定义适用于本文件。

3.1.1

体外预应力束 external tensile tendons

位于梁体截面之外,由体外束束体、锚固装置、转向装置及减振装置等组成,简称体外束。

3.1.2

体外束束体 external prestressing steels

体外预应力钢束及其防腐和保护的组合体,简称束体。

3.1.3

锚固装置 anchorage components

用于锚固钢束并将张拉力传递到结构的装置。

3.1.4

导管 guide pipe

位于锚固块内,与锚固装置连接,用于引导束体的预埋管道。

3.1.5

转向装置 deviator

使钢束转向、改变束力方向的装置。

3.1.6

减振装置 anti-vibration device

减小体外束振动幅度、改变束体自振频率的装置。

3.1.7

集束式 integrated

按自然叠置状态排列的钢束。

3.1.8

散束式 distributed

通过特定的分散装置,按规定分布状态排列的钢束。

3.1.9

转向段 deviator zone

位于转向装置内的体外束节段。

3.1.10

锚固段 anchorage zone

位于锚固装置内的体外束节段。

3.1.11

过渡段 transition zone

位于导管内锚固段之外的体外束节段。

3.1.12

自由段 free length

锚固段、转向段及过渡段之外的体外束节段。

3.2 符号

下列符号适用于本文件。

A_{pk}——填充型环氧涂层钢绞线的特征(公称)截面面积,单位为平方毫米(mm^2);

A_{pm}——填充型环氧涂层钢绞线的实测截面面积平均值,单位为平方毫米(mm^2);

F_{pk}——填充型环氧涂层钢绞线的特征极限拉力标准值,单位为牛(N),$F_{pk}=A_{pk}\times f_{ptk}$;

F_{pm}——填充型环氧涂层钢绞线的实测极限拉力平均值,单位为牛(N),$F_{pm}=A_{pm}\times f_{pm}$;

F_{Tu}——体外束试验中填充型环氧涂层钢绞线的实测极限拉力,单位为牛(N);

F_{max}——疲劳试验中钢束的上限荷载,单位为牛(N);

F_{min}——疲劳试验中钢束的下限荷载,单位为牛(N);

f_{ptk}——填充型环氧涂层钢绞线的抗拉强度标准值,单位为兆帕(MPa);

f_{pm}——试验用填充型环氧涂层钢绞线(截面以A_{pm}计)的实测极限抗拉强度平均值(不少于三根试件),单位为兆帕(MPa);

n——静载试验和疲劳试验中钢束内的最大预应力钢绞线总根数;

n'——静载试验和疲劳试验中选取的代表性预应力钢绞线的最小根数;

η_a——填充型环氧涂层钢绞线-锚具组装件静载试验测得的锚具效率系数;

ε_{Tu}——填充型环氧涂层钢绞线-锚具组装件达到实测极限拉力F_{Tu}时钢绞线的总应变;

$\Delta\sigma_P$——疲劳试验的应力变化范围,单位为兆帕(MPa)。

4 产品结构、分类与型号

4.1 产品结构

填充型环氧涂层钢绞线体外束由束体、锚固装置、转向装置、导管及减振装置等组成,见图1。

4.2 产品分类

4.2.1 束体分类

按构造形式分为:
a) Ⅰ型束,由多根无PE护层的填充型环氧涂层钢绞线组成,代号为:S,见图2a);
b) Ⅱ型束,由多根外包PE护层的填充型环氧涂层钢绞线组成,代号为:P,见图2b);

c) Ⅲ型束,由多根无 PE 护层的填充型环氧涂层钢绞线,经 2°～4°扭绞后缠包高强聚酯带,并热挤外层 HDPE 护套制成,代号为:H,见图 2c)。

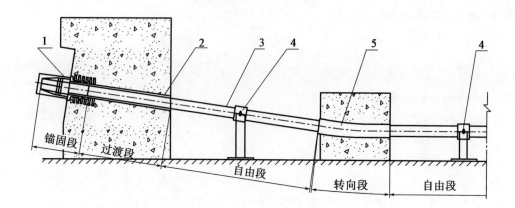

说明:
1——锚固装置;　　4——减振装置;
2——导管;　　　　5——转向装置。
3——束体;

图 1　填充型环氧涂层钢绞线体外束结构示意图

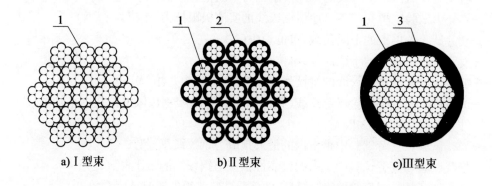

说明:
1——填充型环氧涂层钢绞线;
2——PE 护层;
3——热挤 HDPE 护套。

图 2　填充型环氧涂层钢绞线束体截面构造示意图

4.2.2　锚固装置分类

4.2.2.1　按束力可否调整分为:
a) 固定式锚具,束力不可调整,锚板外无螺母,代号为:G,见图 3a)、c);
b) 可调式锚具,束力可调整,锚板外有螺母,代号为:T,见图 3b)、d)。

4.2.2.2　按锚垫板材料分为:
a) 铸铁锚具,锚垫板材料为铸铁,代号为:Z,见图 3a)、b);
b) 钢板锚具,锚垫板材料为钢板,代号为:B,见图 3c)、d)。

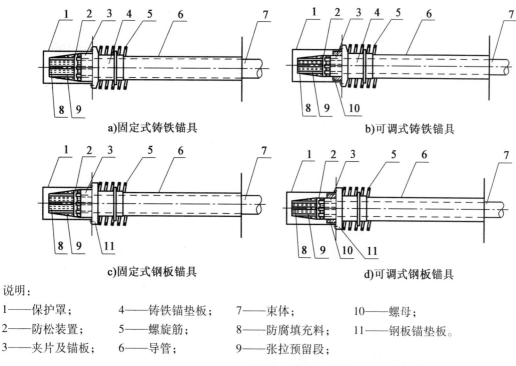

a) 固定式铸铁锚具　　　　　　　　b) 可调式铸铁锚具

c) 固定式钢板锚具　　　　　　　　d) 可调式钢板锚具

说明：
1——保护罩；　　　　4——铸铁锚垫板；　　7——束体；　　　　10——螺母；
2——防松装置；　　　5——螺旋筋；　　　　8——防腐填充料；　11——钢板锚垫板。
3——夹片及锚板；　　6——导管；　　　　　9——张拉预留段；

图3　体外束锚固装置示意图

4.2.3 转向装置分类

按束体在转向钢管内的布置分为：

a) 散束式转向装置，用于Ⅰ型束和Ⅱ型束，见图4b)；
b) 集束式转向装置，用于Ⅲ型束，见图4c)；用于Ⅰ型束和Ⅱ型束，见图4d)。

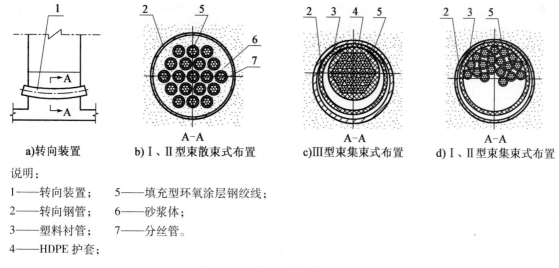

a) 转向装置　　b) Ⅰ、Ⅱ型束散束式布置　　c) Ⅲ型束集束式布置　　d) Ⅰ、Ⅱ型束集束式布置

说明：
1——转向装置；　　　5——填充型环氧涂层钢绞线；
2——转向钢管；　　　6——砂浆体；
3——塑料衬管；　　　7——分丝管。
4——HDPE护套；

图4　束体在转向钢管内布置示意图

4.2.4 减振装置分类

按定位支架类型可分为：

a) A型减振装置，用于Ⅰ型束和Ⅱ型束，见图5b)；
b) B型减振装置，用于Ⅲ型束，见图5c)。

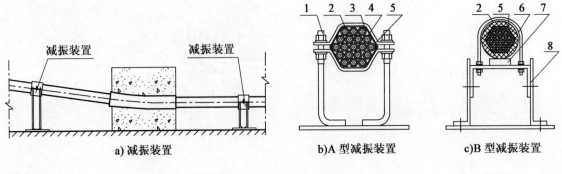

a) 减振装置   b) A型减振装置   c) B型减振装置

说明：
1——可调螺杆； 5——束体；
2——橡胶垫层； 6——U形扣；
3——束箍；   7——橡胶支撑块；
4——衬套管；   8——钢支架。

图5　体外束减振装置示意图

4.3 产品型号

填充型环氧涂层钢绞线体外束型号表示方法如下：

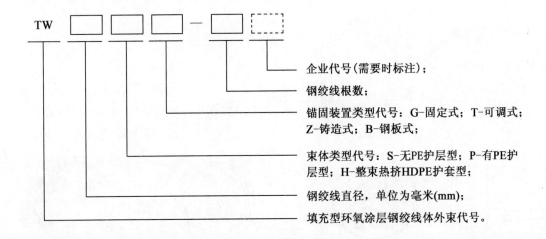

企业代号（需要时标注）；
钢绞线根数；
锚固装置类型代号：G-固定式；T-可调式；Z-铸造式；B-钢板式；
束体类型代号：S-无PE护层型；P-有PE护层型；H-整束热挤HDPE护套型；
钢绞线直径，单位为毫米（mm）；
填充型环氧涂层钢绞线体外束代号。

示例1：

由19根φ15.20mm填充型环氧涂层钢绞线组成的Ⅰ型束体，采用固定式铸铁锚具进行锚固的体外束，型号表示为：TW15SGZ-19。

示例2：

由19根φ15.20mm填充型环氧涂层钢绞线组成的Ⅲ型束体，采用可调式钢板锚具进行锚固的体外束，型号表示为：TW15HTB-19。

5 技术要求

5.1 外观、尺寸及硬度

5.1.1 Ⅰ型束和Ⅱ型束，表面应光滑，无破损、裂纹和机械损伤。

5.1.2 Ⅲ型束的HDPE护套，外观应无破损，厚度均匀，外表面不应有深于1mm的划痕。

5.1.3 转向装置的外露表面涂层应完好无损，标识应清晰醒目。

5.1.4 锚固装置和减振装置的外露表面涂层或镀层应完好无损。

5.1.5 产品尺寸应符合设计文件要求,锚具硬度应符合产品设计文件或 JT/T 329 的规定。

5.2 材料要求

5.2.1 填充型环氧涂层钢绞线

5.2.1.1 用于制作填充型环氧涂层钢绞线的光面钢绞线,抗拉强度不宜低于1 860MPa,应符合 GB/T 5224 的规定。

5.2.1.2 填充型环氧涂层钢绞线的技术性能应符合 JT/T 737 的规定。

5.2.1.3 Ⅰ型束中填充型环氧涂层钢绞线的环氧涂层厚度不应小于0.6mm。

5.2.1.4 Ⅱ型束和Ⅲ型束中填充型环氧涂层钢绞线的环氧涂层厚度不应小于0.4mm。

5.2.2 PE 护层和 HDPE 护套

5.2.2.1 Ⅱ型束 PE 护层材料应符合 CJ/T 297 的规定,厚度不应小于0.5mm。

5.2.2.2 Ⅲ型束 HDPE 护套材料应符合 CJ/T 297 的规定,厚度不应小于4.0mm 或参照 GB/T 18365 的规定。

5.2.3 锚固装置

5.2.3.1 填充型环氧涂层钢绞线用锚板和夹片的技术性能应符合 JT/T 329 的要求。

5.2.3.2 锚具夹片、锚板和调节螺母等主要受力构件,采用合金结构钢,应符合 GB/T 3077 的规定。

5.2.3.3 锚具防松装置、密封筒等其他构件,采用 Q235 碳素结构钢或45号优质碳素结构钢,应符合 GB/T 700 或 GB/T 699 的规定。

5.2.3.4 铸铁锚垫板采用不低于 QT450-10 的球墨铸铁,或 HT200 灰铸铁,应符合 GB/T 1348 或 GB/T 9439 的规定。

5.2.3.5 钢板锚垫板采用 Q345 低合金高强度结构钢,或 Q345q 桥梁用结构钢,应符合 GB/T 1591 或 GB/T 714 的规定。

5.2.3.6 锚具导管采用 Q235 无缝钢管,壁厚不小于4mm,应符合 GB/T 8162 的规定。

5.2.3.7 锚具保护罩采用 Q235 碳素结构钢,应符合 GB/T 700 或 GB/T 699 的规定。

5.2.4 转向装置

5.2.4.1 转向钢管采用 Q235 无缝钢管,应符合 GB/T 8162 的规定。

5.2.4.2 集束式转向装置的塑料衬管采用 PE 管,应符合 GB/T 13663 的规定。

5.2.4.3 散束式转向装置的分丝管采用 PE 管,应符合 GB/T 13663 的规定。

5.2.5 减振装置

5.2.5.1 定位部件、束箍、钢支架等采用 Q235 碳素结构钢,应符合 GB/T 699 或 GB/T 700 的规定。

5.2.5.2 衬套管采用 PE 管,应符合 GB/T 13663 的规定。

5.2.5.3 橡胶垫层和橡胶支撑块采用氯丁橡胶,应符合 GB/T 5574 的规定。

5.2.6 锚具防腐材料

5.2.6.1 锚具防腐材料为用于对锚具及其端部钢绞线进行防腐保护的油脂或蜡油。

5.2.6.2 防腐油脂技术性能应符合表1的规定。

表1 防腐油脂技术性能

项　　目		技 术 指 标	试 验 方 法
工作锥入度(1/10mm)		220~320	JG 3007
滴点(℃)		≥160	JG 3007
水分(%)		≤0.1	JG 3007
钢网分油量(%)	40℃,72h	≤2.5	NB/SH/T 0324
	100℃,50h	≤4.0	NB/SH/T 0324
耐腐蚀(45号钢片,100℃,24h)(%)		≤0.5	JG 3007
蒸发量(99℃,22h)(%)		≤2.0	JG 3007
低温性能(-40℃,30min)		合格	JG 3007
湿热试验(45号钢片,30d)(级)		≤2.0	JG 3007
耐盐雾(45号钢片,30d)(级)		≤2.0	JG 3007
氧化安定性 (99℃,100h,78.5×10⁴Pa)	氧化后压力降(Pa)	≤14.7×10⁴	JG 3007
	氧化后酸值(mg KOH/g)	≤1.0	JG 3007

5.2.6.3 防腐蜡油技术性能应符合表2的规定。

表2 防腐蜡油技术性能

项　　目		技 术 指 标	试 验 方 法
滴熔点(℃)		≥77	GB 8026
水分(%)		≤0.1	JG 3007
针入度(-20℃)(1/10mm)		无裂缝	GB/T 269
钢网分油量(40℃,7d)(%)		≤0.5	NB/SH/T 0324
耐腐蚀(45号钢片,100℃,24h)(%)		≤0.5	JG 3007
耐湿热(45号钢片,30d)(级)		≤2	JG 3007
耐盐雾(45号钢片,30d)(级)		≤2	JG 3007
氧化安定性 (99℃,100h,78.5×10⁴Pa)	氧化后压力降(Pa)	≤14.7×10⁴	JG 3007
	氧化后酸值(mg KOH/g)	≤1.0	JG 3007

5.3 机械加工

5.3.1 零件机械加工应符合JB/T 5936的规定。

5.3.2 螺纹副的未注精度等级,应符合GB/T 197中7H/8g的要求。

5.3.3 未注公差尺寸的公差等级,应符合GB/T 1804中c级的要求。

5.4 热处理

5.4.1 夹片应进行热处理,表面硬度不小于57HRC(或79.5HRA)。夹片热处理后,应无氧化脱碳现象,同批次夹片硬度差不大于5HRC,同件夹片硬度差不大于3HRC。其他要求应符合JB/T 5944和JB/T 3999的规定。

5.4.2 锚板和调节螺母宜经调质处理或锥孔强化处理。若采用调质处理,则表面硬度不小于225HB

(或20HRC),其他要求应符合 JB/T 5944 的规定。

5.4.3 锚板和调节螺母应逐件进行超声波探伤和磁粉探伤,探伤合格的方可流入下一道工序。超声波探伤方法应按 GB/T 4162 的规定进行,磁粉探伤方法应按 JB/T 4730.4 的规定进行。

5.5 力学性能要求

5.5.1 锚具静载锚固性能

锚具静载锚固性能应符合 JT/T 329 的规定。

5.5.2 锚具疲劳性能

5.5.2.1 钢绞线-锚具组装件应进行循环次数为 200 万次的疲劳性能试验。试验应力上限取钢绞线抗拉强度标准值 f_{ptk} 的 65%,应力变化范围为 80MPa。

5.5.2.2 试件经 200 万次循环荷载后,锚具零件不应发生疲劳破坏,钢绞线因锚具夹持作用发生疲劳破坏的面积不应大于原试件总面积的 5%。

5.5.2.3 疲劳试验后对原试件进行静载拉伸试验,应满足下列要求:
a) 实测极限拉力 F_{Tu} 不应低于 $0.92F_{pm}$ 或 $0.95F_{pk}$(取两者中的较大值);
b) 达到极限拉力 F_{Tu} 时,钢束的总应变 ε_{Tu} 不应低于 1.5%。

5.5.3 锚下荷载传递性能

锚下荷载传递性能应符合 JT/T 329 的规定。

5.5.4 转向装置组合静载性能

5.5.4.1 散束式转向装置组合静载性能应满足下列要求:
a) 极限拉力 F_{Tu} 不应低于 $0.95F_{pm}$;
b) 达到极限拉力 F_{Tu} 时,钢束试验段的总应变 ε_{Tu} 不应低于 2%;
c) 达到极限拉力 F_{Tu} 时,应由钢绞线的断裂,不应由锚具或转向装置的失效而导致试验中止。

5.5.4.2 集束式转向装置组合静载性能应满足下列要求:
a) 极限拉力 F_{Tu} 不应低于 $0.95F_{pk}$;
b) 达到极限拉力 F_{Tu} 时,钢束试验段的总应变 ε_{Tu} 不应低于 1.5%;
c) 达到极限拉力 F_{Tu} 时,应由钢绞线的断裂,不应由锚具或转向装置的失效而导致试验中止。

5.5.5 转向装置组合疲劳性能

5.5.5.1 转向装置应进行循环次数为 200 万次的疲劳性能试验。试验应力上限取钢绞线抗拉强度标准值 f_{ptk} 的 65%,应力变化范围为 50MPa。

5.5.5.2 试件经 200 万次循环荷载后,应满足下列要求:
a) 锚具零件不应发生疲劳破坏;
b) 钢绞线因锚具夹持作用发生疲劳破坏的面积不应大于原试件总面积的 5%;
c) 试验完成后Ⅰ型束和Ⅱ型束转向段的填充型环氧涂层钢绞线,其表面环氧涂层的最小残余厚度不应小于 0.4mm。

5.6 工艺性能要求

5.6.1 体外束可更换性能

体外束应进行可更换性能试验,其性能应满足下列要求:

a) 试验过程中,锚具部件和转向装置不应发生破坏;
b) 试验后锚具的静载性能应满足: $\eta_a \geqslant 0.95$; $\varepsilon_{Tu} \geqslant 2\%$。

5.6.2 体外束分级张拉锚固性能

体外束应进行分级张拉锚固性能试验,其性能应满足下列要求:
a) 试验过程中,锚具部件和转向装置不应发生破坏;
b) 试验完成后,Ⅰ型束表面环氧涂层最小残余厚度不应小于0.4mm;
c) 试验完成后,Ⅱ型束和Ⅲ型束不应露出其内的环氧涂层;
d) 试验完成后的锚具静载性能应满足: $\eta_a \geqslant 0.95$; $\varepsilon_{Tu} \geqslant 2\%$。

6 试验方法

6.1 外观、尺寸及硬度

束体、锚具、转向装置、减振装置外观用目测,尺寸用游标卡尺测量。锚具硬度试验按GB/T 230.1和GB/T 231.1的规定进行。

6.2 锚具静载锚固性能

锚具静载锚固性能试验按JT/T 329的规定进行。

6.3 锚具疲劳性能

钢绞线-锚具组装件疲劳性能试验和疲劳试验后的静载拉伸试验,按JT/T 329的规定进行。

6.4 锚下荷载传递性能

锚下荷载传递性能试验按JT/T 329的规定进行。

6.5 转向装置组合静载性能

转向装置组合静载性能试验按附录A的要求进行。

6.6 转向装置组合疲劳性能

转向装置组合疲劳性能试验按附录B的要求进行。

6.7 体外束可更换性能

体外束可更换性能试验按附录C的要求进行。

6.8 体外束分级张拉锚固性能

体外束分级张拉锚固性能试验按附录D的要求进行。

7 检验规则

7.1 检验分类

7.1.1 体外束产品检验分为型式检验、出厂检验和进场检验三类。
7.1.2 型式检验为对产品全面性能控制的检验。有下列情况之一时,应进行型式检验:

a) 新产品定型或产品转产鉴定时;
b) 正式生产后,当结构、材料、工艺等有较大改变,影响产品性能时;
c) 产品停产两年后,重新恢复生产时;
d) 出厂检验结果与上次型式检验有较大差异时;
e) 需方提出要求,经供需双方协议一致时;
f) 国家或省级质量监督机构提出型式检验要求时。

7.1.3 出厂检验为生产单位在每批产品出厂前进行的厂内产品质量控制性检验。

7.1.4 进场检验由需方抽取一定数量的产品进行质量检测性检验。

7.2 检验项目

7.2.1 型式检验

型式检验项目和取样数量应符合表3的规定。试验用样本应在同一批次产品中随机抽取。

表3 体外束产品型式检验项目及取样规定

检验项目	技术要求	试验方法	体外束规格和取样数量			
			1根~12根钢绞线	13根~26根钢绞线	27根~37根钢绞线	合计
锚具静载锚固性能	5.5.1	6.2	2	1	2	5
钢绞线-锚具组装件疲劳性能	5.5.2	6.3	1	1	1	3
锚下荷载传递性能	5.5.3	6.4	1	1	2	4
转向装置组合静载性能	5.5.4	6.5	0	0	1	1
转向装置组合疲劳性能	5.5.5	6.6	0	0	1	1
体外束可更换性能	5.6.1	6.7	1			1
体外束分级张拉锚固性能	5.6.2	6.8		1		1

7.2.2 出厂检验

出厂检验项目和取样数量应符合表4的规定。试验用样本应在同一批次产品中随机抽取。

7.2.3 进场检验

进场检验项目和取样数量应符合表4的规定。

表4 体外束产品出厂和进场检验项目及取样规定

检验项目		技术要求	试验方法	取样规定	
				出厂检验	进场检验
锚具	外观	5.1.1~5.1.4	目测	10%	5%
	硬度	5.4.1 5.4.2	6.1	100%	5%
	外形尺寸	5.1.5	实测	10%	5%
	超声波探伤	产品设计文件要求	GB/T 4162	100%	—
	磁粉探伤	产品设计文件要求	JB/T 4730.4	100%	—

表4(续)

检验项目		技术要求	试验方法	取样规定	
				出厂检验	进场检验
锚具	螺纹	5.3.2	GB/T 5796	100%	—
	互换性	具有互换性	实测实配	10%	—
填充型环氧涂层钢绞线	机械性能	5.2.1	JT/T 737	JT/T 737	JT/T 737
钢绞线-锚具组装件	静载性能	5.5.1	JT/T 329	表3	—
钢绞线PE护层	外径、厚度	5.2.2.1	实测	10%	5%
热挤HDPE护套	外形尺寸	5.2.2.2	实测	10%	5%
转向装置	外形尺寸	产品设计文件要求	实测	10%	5%
减振装置	外形尺寸	产品设计文件要求	实测	10%	5%
注:"—"为不检项。					

8 标志、包装、运输和储存

8.1 标志

8.1.1 体外束产品应在显著位置标明产品型号、规格和批号。

8.1.2 每件转向装置上应有体外束束号、转向装置编号、安装方位等与转向装置定位安装有关的显著标志。

8.2 包装

8.2.1 锚具

锚具出厂时应成箱包装,并符合JB/T 5000.13的规定。包装箱内应附有产品合格证、装箱单。产品合格证内容包括:规格型号、名称、出厂日期、质量合格签章、厂名、厂址。

8.2.2 束体

8.2.2.1 Ⅰ型束和Ⅱ型束应盘卷包装,盘内径不应小于1 100mm。每盘钢绞线应捆扎结实,捆扎不得少于六道。

8.2.2.2 Ⅲ型束应盘卷包装,其盘绕内径一般不小于20倍体外束外径,且不小于1 600mm,最大外形尺寸应满足相应的运输条件。

8.2.3 转向装置和减振装置

转向装置和减振装置应采用合适的包装方式,防止装卸和运输过程中碰伤。

8.3 运输和储存

8.3.1 体外束产品在运输和装卸过程中,应小心操作,防止碰伤,不得受到划伤、抛甩、剧烈撞击及油污和化学品等污染。

8.3.2 体外束产品宜储存在库房中,露天储存时应加遮盖,避免锈蚀、玷污、遭受机械损伤和散失。

8.3.3 防腐油脂和防腐蜡油应储存在库房中,并远离火源、热源,温度不超过40℃。

附 录 A
（规范性附录）
转向装置组合静载性能试验

A.1 试件与试验装置

A.1.1 试件为一混凝土柱体，其内设预埋转向装置，转向装置内安装钢束等组件。试验用转向装置和填充型环氧涂层钢绞线应随机选取。若同型号转向装置含多种抗拉强度级别的钢绞线，则应采用抗拉强度等级最高的钢绞线试件。

A.1.2 试验用转向装置的转向角度 α≥10°，转向半径为实际工程中该规格钢束的最小弯曲半径。

A.1.3 从转向装置出口处至锚固点之间的钢束自由长度不应小于 3 000mm。

A.1.4 混凝土柱体应选择较高的混凝土强度等级并配筋加强，以避免试验过程中过早失效或破碎。

A.1.5 试验装置见图 A.1。在满足试件要求的前提下，试验装置的具体构造可根据试验室条件作适当调整。

单位为毫米

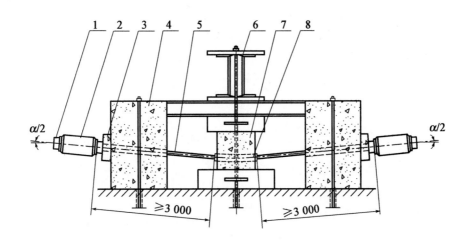

说明：
1——锚板；   5——束体；
2——千斤顶；   6——垂直调整架；
3——斜垫板；   7——混凝土柱；
4——支撑块；   8——转向装置。

图 A.1 转向装置组合静载性能试验用典型试验装置示意图

A.2 试验步骤

按以下步骤进行试验：
a) 将含转向装置的混凝土柱体安装在试验装置上，并将钢束穿过转向装置，两侧锚固；
b) 各类测量仪表在加载前安装调试正确。各根钢绞线的初应力调试均匀，初应力可取钢绞线抗拉强度标准值 f_{ptk} 的 5%～10%；
c) 按钢绞线抗拉强度标准值 f_{ptk} 的 20%、40%、60%、80%，分四级在钢束两端进行对称等速加载，加载速度宜为 100MPa/min 左右。钢束加载至 $0.8f_{ptk}$ 后，持荷 1h，然后降至 $0.7f_{ptk}$；
d) 继续以 0.002/min 的应变速率对钢束进行加载，直至失效。

A.3 测量、观察和记录

试验时应进行下列各项测量和观察,并记录结果:
a) 检查试验用填充型环氧涂层钢绞线和锚具等试件的材料、外形尺寸、外观和硬度等;
b) 测量加载过程中钢束与转向装置间的相对位移、钢束两端的张拉力和伸长值;
c) 试验后观察转向装置的情况、破坏位置和形式,并记录图像;
d) 观察转向装置内分丝管和其内填充型环氧涂层钢绞线的损伤程度,并记录图像;
e) 实测极限拉力 F_{Tu}。

附 录 B
（规范性附录）
转向装置组合疲劳性能试验

B.1 试件与试验装置

B.1.1 试件采用转向装置、钢束和锚具等组件。若同型号转向装置含多种抗拉强度级别的钢绞线，则应采用抗拉强度等级最高的钢绞线试件。

B.1.2 试验用转向装置的转向角度 $\alpha \geqslant 10°$，转向半径为实际工程中该规格钢束的最小弯曲半径。

B.1.3 试验用锚板轴线与自由段束体间应有 $0.6°$ 的偏转角。

B.1.4 当疲劳试验机吨位受限时，根据转向装置和锚板中钢绞线的分布情况，可将钢绞线根数适当减少，对转向半径最小的钢绞线应进行试验，减少后的钢绞线根数 n' 应符合以下规定：
- 当钢绞线根数 $n \leqslant 12$ 时，试验钢绞线根数 $n' \geqslant n/3$；
- 当钢绞线根数 $n \geqslant 12$ 时，试验钢绞线根数 $n' \geqslant 4 + (n-12)/4$。

B.1.5 疲劳试验用液压油缸的持续脉冲加载频率不宜超过 10Hz。

B.1.6 试验装置见图 B.1。在满足试件要求的前提下，试验装置的具体构造可根据试验室条件作适当调整。

单位为毫米

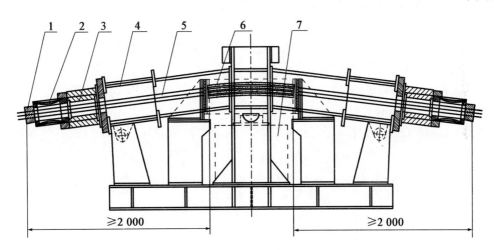

说明：
1——锚板；
2——传感器；
3——轴向加载千斤顶；
4——试验架；
5——钢束；
6——转向装置；
7——液压油缸。

图 B.1 转向装置组合疲劳性能试验用典型试验装置示意图

B.2 试验步骤

按以下步骤进行试验：
a) 将转向装置安装在试验装置上，并将钢束穿过转向装置，安装轴向加载千斤顶和传感器，两侧锚固；
b) 各类测量仪表在加载前安装调试正确。各根钢绞线的初应力调试均匀，初应力可取钢绞线抗拉强度标准值 f_{ptk} 的 5% ~ 10%；

c) 利用轴向加载千斤顶,将钢束对称等速加载至抗拉强度标准值 f_{ptk} 的 65%,加载速度宜为 100MPa/min 左右;然后将荷载降至下限值 F_{min};

d) 向液压油缸加载,使钢束加载至抗拉强度标准值 f_{ptk} 的 65%,测量并记录千斤顶位置;

e) 以荷载上限 F_{max} 为 $0.65F_{pk}$,应力变化范围 $\Delta\sigma_P$ 为 50MPa,利用液压油缸对转向装置进行脉冲循环加载,见图 B.2。循环次数不小于 200 万次。

单位为毫米

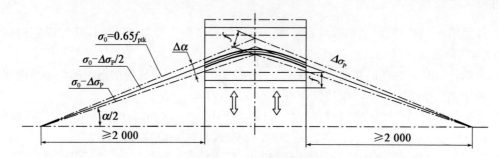

图 B.2 疲劳加载示意图

B.3 测量、观察和记录

试验时应进行下列各项测量和观察,并记录结果:

a) 检查试验用转向装置、束体和锚具试件的材料、外形尺寸、外观和硬度等;

b) 不少于三根填充型环氧涂层钢绞线母材的检验;

c) 试验装置及试验步骤的描述;

d) 疲劳试验过程中,观察钢束受荷变化情况,钢束在转向装置端部的位移和破坏情况,包括断裂位置和数量,以及失效时的加载循环次数;

e) 疲劳试验结束后,通过解剖转向装置,检查转向装置内分丝管和填充型环氧涂层钢绞线表面环氧涂层或 PE 护套的损伤程度;

f) 检验单位应向受检单位提出完整的检验报告,其中包括破坏部位及形式的图像记录,并有准确的文字评述。

附 录 C
（规范性附录）
体外束可更换性能试验

C.1 试件与试验装置

C.1.1 试验用转向装置的转向角度 $\alpha \geqslant 6°$，转向半径为实际工程中该规格钢束的最小弯曲半径。

C.1.2 试验装置应包含一个长不小于22m、高不小于1m的混凝土矩形梁，见图C.1。梁的布置应能代表连续梁中钢束的首、中和末跨。钢束轴线由首跨锚点(1)、中跨低点(2)、中跨高点(3)和末跨锚点(4)所组成的两个二次抛物线来定义。在中跨低点(2)和高点(3)处，应按该规格钢束的最小弯曲半径布置为曲线。

单位为米

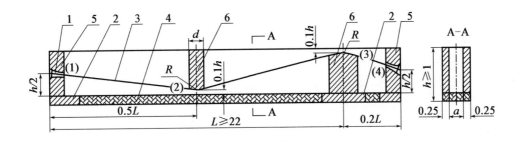

说明：
1——端部锚具；   4——软质垫层；
2——支撑梁；   5——横隔板；
3——钢束；   6——转向块。
注：R——钢束弯曲半径；d——横隔板厚度，与钢束弯曲半径R匹配。

图 C.1 体外束可更换性能试验装置示意图

C.2 试验步骤

按以下步骤进行试验：
a) 安装体外束；
b) 将钢束张拉至抗拉强度标准值f_{ptk}的70%后锚固；
c) 释放钢束的张拉力，拆卸需更换的钢束及其他体外束组件；
d) 重新安装钢束和其他体外束组件；
e) 将钢束张拉至抗拉强度标准值f_{ptk}的70%后锚固；
f) 将钢束拆除，对拆卸后的锚具按JT/T 329进行静载试验，其锚具效率系数η_a和总应变ε_{Tu}满足5.6.1的要求后停止试验。

C.3 测量、观察和记录

试验时应进行下列各项测量和观察，并记录结果：
a) 检查试验用转向装置、填充型环氧涂层钢绞线和锚具试件的材料、外形尺寸、外观和硬度等；
b) 试验装置及试验步骤的描述；
c) 钢束切割和从试验装置中移出的方法；

d) 试验过程中所遇到的问题;
e) 拆卸后体外束组件的检查结果;
f) 检验单位应向受检单位提出完整的检验报告,包括图像记录,并有准确的文字评述。

附 录 D
（规范性附录）
体外束分级张拉锚固性能试验

D.1 试件与试验装置

D.1.1 本试验适用于Ⅲ型束和相应的集束式转向装置及锚具等组件，或Ⅰ型束、Ⅱ型束和相应的散束式转向装置及锚具等组件。

D.1.2 试验用转向装置的转向角度 $\alpha \geq 6°$，转向半径为实际工程中该规格钢束的最小弯曲半径。

D.1.3 试验装置同图 C.1。

D.2 试验步骤

按以下步骤进行试验：
a) 安装体外束；
b) 按钢绞线抗拉强度标准值 f_{ptk} 的 20%、40%、60%、80%，分四级在钢束一端进行分级张拉并锚固，加载速度宜为 100MPa/min 左右。每次锚固后的持荷时间不少于 10min，最后一级锚固后的持荷时间不小于 1h；
c) 先张拉的一端最后一级锚固后持荷时间达到 1h 以上时，在钢束的另一端用千斤顶以 0.002/min 应变速率对钢束进行加载，直至失效。

D.3 测量、观察和记录

试验时应进行下列各项测量和观察，并记录结果：
a) 检查试验用转向装置、填充型环氧涂层钢绞线和锚具试件的材料、外形尺寸、外观和硬度等；
b) 试验装置及试验步骤的描述；
c) 钢束安装、张拉的记录；
d) 每级张拉的时间、荷载、钢束伸长值和千斤顶行程的记录；
e) 试验过程中，填充型环氧涂层钢绞线上的夹片刻痕分布和钢束滑移情况的记录；
f) 钢束最大张拉力 F_{Tu} 和达到 F_{Tu} 时试验段钢束的总伸长率 ε_{Tu}；
g) 失效的位置和模式；
h) 检验单位应向受检单位提出完整的检验报告，包括图像记录，并有准确的文字评述。

中交第一公路勘察设计研究院有限公司
CCCC FIRST HIGHWAY CONSULTANTS CO., LTD.

中交第一公路勘察设计研究院有限公司（简称中交一公院）始建于1952年，前身为交通部公路总局设计第五分局，后更名为交通部第一公路勘察设计院，现隶属中国交通建设股份有限公司，是我国公路工程勘察、设计、研究、咨询领域大型骨干企业，在全国交通系统最早跻身"中国勘察设计单位综合实力百强"之列。

中交一公院经过几代人艰苦奋斗，默默奉献，已经发展成为在国内外享有崇高声誉的公路勘察设计企业。公司现有职工近3000人，固定资产规模10亿元，年新签合同额超过20亿元。业务范围涵盖公路、桥梁、隧道、沿线设施、交通工程、工业与民用建筑，工程地质勘察设计、监理和咨询，国(境)外工程的勘测、咨询、设计和监理项目，独立承担国(境)内外高等级公路、复杂结构大型桥梁、特长隧道等的勘察设计及监理咨询业务，具备大型公路工程项目代建和设计施工总承包能力。

中交一公院建立了完整的经营网络和生产科研体系，公司现有17个生产单位，拥有"多年冻土公路建设与养护技术"交通行业重点实验室、博士后科研工作站和10个专职研究机构，现有9家子公司和32个地方分院及办事处。公司具备工程勘察综合类、工程设计（公路及市政行业）、测绘、咨询、地质灾害防治等8项甲级资质证书，具有公路养护工程施工从业一类资质证书，一直承担着行业法规、标准、规范等的编制以及对重大公路建设项目代部咨询、评审任务。

60年来，中交一公院共承担了近8万公里的公路勘察设计任务，其中高等级公路近万公里；勘察设计桥梁7万多延米，其中特大型、大型桥梁500多座；勘察设计隧道16万多延米；所勘察设计项目遍布全国30个省市自治区，业务范围涉足亚非等18个国家及地区。荣获国家科技进步奖、国家优质工程奖、鲁班奖、詹天佑土木工程奖、省部级特奖、优秀勘察设计奖等200多项，为我国交通事业发展建立了卓越功勋。

面对广阔的勘察设计市场，中交一公院将秉承"固基修道、履方致远"的企业使命，追求"让世界更畅通"的企业愿景，践行"转方式、调结构、新突破、上台阶"的工作方针，依托企业品牌优势，积极调整产品结构，优化产业布局和资源配置，不断完善基础管理、生产经营和资本运营能力，全面提升自主创新能力，形成持续稳定的发展格局，努力缔造一支有世界影响力的国际化工程设计咨询公司。

西安中交土木科技有限公司
CCCC Civil Engineering Science & Technology Co., Ltd.

西安中交土木科技有限公司是中交第一公路勘察设计研究院有限公司为响应中国交通建设集团关于"加快结构调整，转变增长方式"的号召，有效实施"国际化发展战略"和"新业务拓展战略"，强力推进"科技成果产业化"，完善产业链，全面实现多元化经营和集团化发展而设立的全资子公司，专职负责交通运输行业优秀科技成果(桥隧构件产品、道路材料产品、工程机械设备、工程仪器装置、工程软件系统和电子商务平台等)的 二次开发、技术转化和市场运营，并同时承接各类工程技术研究和设计咨询业务，为土木工程领域提供集成解决方案和专业技术服务，是高起点发展、高平台运营的国家级高新技术企业。

公司立足于土木工程领域，努力担当科技时代土木工程行业优秀科技成果的产业化重任，在交通运输部、中国交建等上级机构的大力扶持和各级领导的殷切关怀下，废寝忘食钻科研、脚踏实地求成果、披荆斩棘搞转化，努力探索出一条"研—转—销—产—管"的科技成果产业化道路，争当国企体制下敢于大步迈向市场并稳步位居前列的先行者，致力于以更优质的产品和更周全的服务为社会创造更大的商业价值和知识财富！

中交第一公路勘察设计研究院有限公司
CCCC FIRST HIGHWAY CONSULTANTS CO., LTD.

地址：西安市高新技术开发区科技二路63号　邮编：710075
电话：029-88322888　　传真：029-88323210
Http://www.ccroad.com.cn

西安中交土木科技有限公司
CCCC Civil Engineering Science & Technology Co., Ltd.

地址：西安市高新技术开发区科技四路205号　邮编：710075
电话：029-88851152　　传真：029-88609353
http://www.vcivil.com

成品预应力钢绞线束
——桥梁质量安全的必然选择

鑫坤泰主持编制的交通运输行业标准《桥梁成品预应力钢绞线束》（JT/T861-2013），是传统成卷钢绞线的升级产品！它是将多根钢绞线，在工厂机械化设备上平行理顺、梳理加工成型的预应力钢绞线束，运到工地不用现场下料，可直接整体穿束。

预应力钢绞线束产品特点

- 满足《公路桥涵施工技术规范》（JTG/TF50-2011）要求
- 提高了桥梁的耐久性，安全性，整束穿束，杜绝缠绕，确保单根钢绞线受力均匀
- 加快施工进度：成品束产品，到工地可直接整束穿束

预应力钢绞线束工程案例

- 交通工程案例：云南昭通金沙江大桥、黑龙江建抚高速
- 市政工程案例：锦州市中央南街立交桥、郑州市南水北调大桥
- 铁路工程案例：吉图珲客专铁路、沪昆高速铁路

预应力钢绞线束工程反馈

桥梁成品钢绞线束的销量，每年以20%速度递增，2013年成品钢绞线束销售量高达10万吨，是设计师的必然选择！

公司名称：天津鑫坤泰预应力专业技术有限公司
网址：www.shinkuntai.com　　　　　技术服务热线：022-86880106

上海彭浦橡胶制品有限公司

上海彭浦橡胶制品有限公司始建于1982年，工商注册地址：上海市沪太路1895弄58号，总部与经营部位于上海市江场西路1577弄E座3楼，生产基地座落于江苏省太仓市浮桥镇浏家港港口开发区滨洲路9号，占地面积27330亩，建筑面积25000M²。企业性质：股份制企业，法人代表、董事长：吴秋华；注册资本：人民币5080万元，资产总额逾2亿元，固定资产逾7000万元；职工200余人。公司内部设有三个生产车间和一个检测中心，生产和检测设备先进齐全。公司下属检测中心建有橡胶化学成分分析、物理机械性能和力学性能等试验室，并被CNAS认定为国家级实验室。经过几十年的不断努力，公司按照ISO9001：2008标准建立完善并实施质量管理体系，并通过挪威船级社（DNV）质量体系认证；同时取得了生产桥梁支座和橡胶止水带的《全国工业产品生产许可证》，桥梁支座和伸缩装置通过了交通运输部交通产品认证（CCPC），是具备一定生产规模和较强加工能力的正规化企业。

  上海彭浦橡胶制品有限公司严格按照交通部JT/T4-2004标准和SJT/T391-2009标准生产GJZ、GYZ公路桥梁板式橡胶支座和GPZ型公路桥梁盆式橡胶支座，生产符合GB17955-2009标准的球形钢支座；生产符合TB/1893-2006、TB/T2331-2004标准的TBZ型铁路桥梁板式橡胶支座和TPZ型、KTPZ客运专线8360型、客货共线8160型、QGPZ型、QPZ型等铁路桥梁盆式橡胶支座；亦可按英国BS5400标准、美国AASTHO标准等需方要求的其它国家的标准生产橡胶支座；生产符合JT/327-2004标准的GQF-C型和MZL型桥梁伸缩装置；按照GB18173标准生产各类橡胶止水带。企业产品种类众多，规格齐全，是国内外交通工程客户首选的厂家之一。

  上海彭浦橡胶制品有限公司是国内专业生产各类特种工程橡胶制品的厂家。产品广泛应用于公路和铁路桥梁、城市高架道路、立交桥、地铁、隧道、水利建设等各种工程中，为著名的上海杨浦大桥、徐浦大桥、卢浦大桥、地铁1号线和2号线以及南京长江大桥等重大工程配套了大量的产品。产品遍及全国30个省、市、自治区和我国台湾地区，并已出口到非洲、东南亚等地区，在国内外具有一定的知名度。

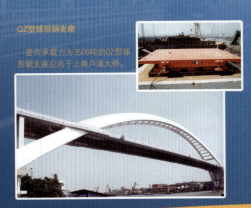

竖向承载力为3500吨的QZ型球形钢支座应用于上海卢浦大桥。

主跨为550米的世界先进钢拱桥——上海卢浦大桥采用本厂生产的GQF-MZL（II）480型及几形桥梁伸缩装置。

公司与经营部地址：上海市江场西路1577弄E座三楼　　电话：021-56689222　　传真：021-66518115
E-mail:sprp@vip.163.com　　http://www.shpengpurubber.com.cn　　邮编：200436
生产基地地址：江苏省太仓市浮桥镇浏家港港口开发区滨洲路9号
电话：0512-53378016　　　　传真：0512-53378016　　　　邮编：215433

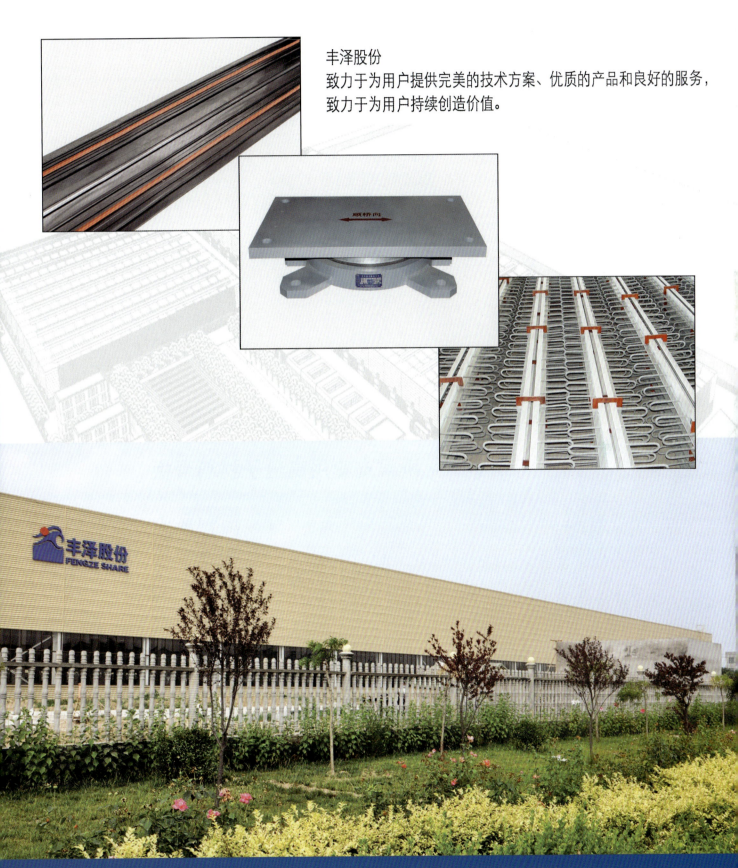
丰泽工程橡胶科技开发股份有限公司
FENGZE ENGINEERING RUBBER S&T DEVEL SHARES OPMENT CO.,LTD

丰泽股份
致力于为用户提供完美的技术方案、优质的产品和良好的服务，致力于为用户持续创造价值。

地址：衡水经济开发区北方工业基地橡塑路15号　邮编：053000　网址：www.fz-gc.com
电话：0318-2668986　2661511　邮箱：fengze20030116@163.com

深州市工程塑料有限公司

深州市工程塑料有限公司是中国塑协氟塑料加工专业委员会副理事长单位，是我国北方起步早、规模大的氟塑料加工企业，河北省高新技术企业。

我公司是生产桥梁支座滑板的专业厂家，有20多年的生产历史。产品有聚四氟乙烯滑板、改性聚四氟乙烯滑板、改性超高分子量聚乙烯滑板、SF-1三层复合板，产品规格齐全。我公司与清华大学共同研制开发的改性聚四氟乙烯滑板新产品具有高抗压、高耐磨等突出优点，适合在高速、重载的现代交通和自然条件差的环境中使用，已入编公路和铁路行业标准，由我公司主持起草的中华人民共和国交通运输行业标准（JT/T 901—2014）《桥梁支座用高分子材料滑板》达国内领先水平，并部分吸收了欧标规定，于2014年由交通运输部发布实施，将为推动我国桥梁支座滑板的规范化、提升产品品质起到促进作用。

我公司管理严谨，通过ISO9001质量管理体系认证，公司的"远征"牌商标被评为"河北省著名商标"，聚四氟乙烯板被评为"河北省名牌产品"。公司工艺设备先进，技术力量雄厚，有多年的生产实践经验，并不断开展产品技术创新，14项产品获国家专利。公司具有完备的质量检测手段，研发条件好、能力强。实验室被认定为"特种工程塑料河北省工程实验室"和"衡水市特种工程塑料工程技术研发中心"。

我公司产品被国内众多桥梁支座生产厂家采用，应用在国家的重大工程项目中，质量优异，深受用户好评。

质量为根，诚信为本，持续改进，保你满意。我们的宗旨是满足您对产品的个性化需求，我们的价值寓于你们的价值当中，欢迎各桥梁支座生产厂家和设计单位光临惠顾，垂询指导！

桥梁支座用高分子材料滑板

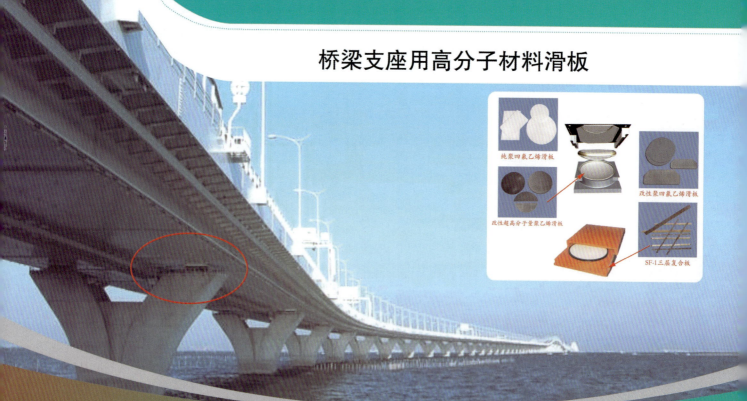

地址：河北省深州市经济开发区博陵东路106号　　邮编：053800
电话：0318-3213332　　传真：0318-3213331　　http://www.sgsflon.com　　E-mail:ptfe@ptfe.gov.cn

西安中交万向科技股份有限公司
CCCC UNIVERSAL SCIENCE & TECHNOLOGY CO., LTD.

公司简介

西安中交万向科技股份有限公司系中交集团附属子公司，位于西安市高新技术产业开发区内。公司始建于2012年，是专业从事道路桥梁伸缩装置、支座、声屏障、交通安全设施等桥梁附件产品的研发、生产、销售及安装服务于一体的高新技术服务企业。

公司注重研发与创新，目前已拥有一支由数十位业内专家组成的专业研发团队，并与中交一公院、长安大学等科研院校深入交流合作，技术实力雄厚。自成立以来，公司已获得发明专利3项，实用新型专利6项，参与编制地方标准1项，2013年被评为国家高新技术企业。

公司始终坚持"为客户、为员工、为社会"的企业价值观，倡导"创新、争先、和谐、共赢"的企业精神，严格贯彻ISO9001：2008质量体系要求，以规范的管理保障产品和服务质量，为发展我国桥梁事业及结构工程做出贡献。

产品简介

MS系列多向变位桥梁伸缩装置是公司针对目前桥梁伸缩装置存在的不足，特别是大跨径悬索桥、斜拉桥因合力扭变而产生的大量病害，进行全面研究分析，并通过实践论证，为满足桥梁在各种环境因素下发生的横向、竖向、纵向及合力扭变的需求，成功研发的一种全新多向变位桥梁伸缩装置。

该产品已列入2012年陕西省技术研究发展火炬计划项目，并获得国家相关机构及科技部门认定的成果鉴定，产品整体达到国际先进水平。

产品特点：

化整为零　多向变位　绿色环保

经久耐用　安装方便

吉林延吉长新高架桥

安徽合六叶高速公路

西安绕城高速公路

内蒙古柳林滩黄河大桥

深圳平安立交桥

联系我们

西安中交万向科技股份有限公司
CCCC UNIVERSAL SCIENCE & TECHNOLOGY CO., LTD.

地址：中国·西安市高新区科技六路37号陕西交通科技大厦8楼
电话：400-659-9966　　传真：+86-29 6871 8960
邮编：710075　　邮箱：vip@zjwxkj.com
网址：www.zjwxkj.com

桥梁加固
预应力碳纤维复合板
新工法

www.wsb-sz.com

- ▶ 中华人民共和国国家标准（GB 50367—2013）《混凝土结构加固设计规范》中预应力碳纤维复合板加固法起草单位
- ▶ 预应力碳纤维复合板张拉锚具系统
- ▶ 碳纤维复合板（双向纤维）
- ▶ 柔性碳纤维板加固工法
- ▶ 改性环氧桥梁专用结构胶，保障：匹配性 可靠性

威士邦 WEISHIBANG

成都市威士邦科技有限公司
成都市海峡两岸科技产业园
深圳市威士邦建筑新材料科技有限公司
深圳宝安松岗溪头社区大洋洲工业园

服务热线 **0755-33115965**
手机：13910177920

大道无疆 通行天下

成都市大通路桥机械有限公司创建于1999年，专注于桥梁和建筑减隔震领域，致力于减隔震整体解决方案提供，产品包括：伸缩缝、支座、防落梁装置、阻尼器、桥面防水、防滑材料等。

成套方案 广泛运用

公司整体解决方案和产品广泛应用于国内20多个省市重、特大工程，如泰州大桥、四渡河大桥、宁武高速、厦成高速等。

四渡河特大桥　成都二环高架　福州螺洲大桥

创新为先 质量取胜

公司建有企业减隔震研究所，依托同济大学、华中理工大学、英国ASL等国内外知名科研机构，对减隔震技术方案、产品研发、产品制造、安装运用进行系统研究，形成了多向变位、减噪伸缩装置、拉索支座等多项专利技术和创新产品。

公司秉承"为顾客提供满意服务和产品"的宗旨，建立了完善的质量管理体系，率先通过ISO9001质量体系认证、英国皇家许可委员会（UKAS）认证。

广阔视野 国际合作

广泛开展国际合作，致力于国际化发展，全面执行BS、EN、ASTM国际标准。

产品被BASF、RPM、Mott MacDonald等国际企业全面认可并广泛出口欧洲、中东等地，其中伸缩缝出口超过15万延米。

拥有比利时RPM、和英国ASL美国TECHSTAR等公司产品在中国的独家代理授权。

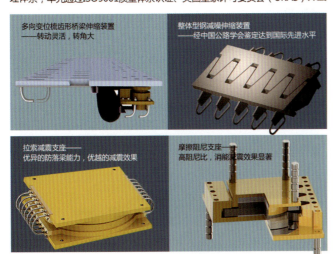

成都市大通路桥机械有限公司
CHENGDU DATONG ROAD&BRIDGE COMPONENTS CO.,LTD.

地址：成都市新津工业园区A区希望西路356号　电话：400-600-5370　13908076115　传真：028-82550185
网址：www.datonginc.com　邮箱：hq@datonginc.com　邮编：611430

天津二十冶建设有限公司

天津二十冶建设有限公司与北京支盘地工科技开发中心共同主持起草了交通运输行业标准（JT/T 855-2013）《桥梁挤扩支盘桩》。天津二十冶建设有限公司一直致力于推广应用挤扩支盘桩技术，所应用的工程项目中，北面到唐山文丰钢厂、南至海口滨涯村改造项目，超高层有珠海二十冶横琴总部大厦（高度490米）。交通项目有宁波绕城高速东段、宁波象山港连接线桥基、唐山古冶外环等，节能减排达35%~45%。

尤其是海口滨涯村改造项目，由于场地含有不均匀分布的密实粉土层，对管桩的沉桩造成了一定的困难，近一半的桩需要引孔，造成了施工困难及成本增加。改成挤扩支盘桩后，不仅解决了施工难题，还节省成本20%多。

（1）支盘地工专利科技针对复杂的软土地质条件实现了勘察、设计、施工一体化系统科技集成，使每一根工程桩的承载力可以检验、可判断、可以调控；

（2）由于每一根桩的地质情况可实现再勘察检验，每根桩的承载力可以判断调控，大量的有效信息可通过网络实现工程的信息化管理；

● 宁波绕城高速东段五乡互通

● 横琴总部大厦

（3）集成的支盘地工科技使复杂多变的软土地质工程风险降低到最低；造价和工期成为可控的工程因素。工程的安全和质量在动态管理过程中不断被调整和保障，通过科技实现了阳光工程。

● 支盘挤扩机

● 支盘液压站

天津二十冶建设有限公司
北京支盘地工科技开发中心

专注 桥梁建筑减振十余年

专业 设计生产斜拉索外置式阻尼器

公司简介

无锡市弘谷振控技术有限公司成立于1999年，系专业从事桥梁、建筑等领域结构振动控制的高新技术企业；主要从事斜拉索外置式黏滞阻尼器、斜拉索外置式黏性剪切型阻尼器、斜拉索外置式电磁流变液阻尼器、斜拉索外置式永磁调节式磁流变液阻尼器、塔梁用黏滞阻尼器、调谐质量阻尼器（TMD）等相关产品的设计、生产、安装和服务。

公司拥有自主知识产权20多项，部分专利技术还荣获了国家"专利技术发明奖"、国家"科技成果进步奖"。公司1999年开发研制的黏滞阻尼器获得国家专利（专利号：99228673.5），"土木结构隔减振若干新装置研究及应用"项目获得"2013年度江苏省科学技术奖"一等奖。在众多的大型桥梁抗风抗震项目中，承接了国内首座应用黏滞阻尼器限制斜拉桥纵向位移的湘潭湘江三大桥、斜拉索外置式黏滞阻尼器抑制拉索风雨振的重庆云阳长江大桥等，创造了多项国内桥梁史上的领先。目前，公司的各类抗风、抗震和减振装置已广泛应用于桥梁、建筑、舰船、航天航空等行业，并以其优良的品质和长期稳定的性能获得广泛好评。

弘谷振控秉承"精进不懈、共求发展"的经营理念，以优质的产品和服务，与您携手共创美好的未来。

各类产品

▲斜拉索外置式黏滞阻尼器

▲斜拉索外置式黏性剪切型阻尼器

▲塔梁用黏滞阻尼器

▲斜拉索外置式电磁流变液阻尼器

▲斜拉索外置式永磁调节式磁流变液阻尼器

▲调谐质量阻尼器（TMD）

部分案例

- 南京长江二桥
- 厦漳跨海大桥
- 泉州湾跨海大桥
- 福州琅岐闽江大桥
- 瑞安飞云江三桥
- 台州椒江二桥
- 广东江顺大桥
- 济南黄河三大桥
- 上海崇明长江大桥
- 新疆果子沟大桥
- 四川黄舣大桥
- 上海东海大桥
- 广州东沙特大桥
- 重庆鼎山长江大桥
- 内蒙乌兰木伦河4#桥
- 珠海淇澳大桥
- 恩施清江大桥
- 武汉白沙洲大桥
- 重庆云阳长江大桥
- 南广铁路桂平郁江大桥

无锡市弘谷振控技术有限公司

地址：江苏省无锡市锡山经济开发区科技工业园A区3幢
电话：0510-88261166/13506191719　　传真：0510-88261155
邮箱：hghb228@163.com　　网址：www.hgzkchina.com

让建设无忧　让工程无患

SPP高强钢塑声测管

浙江中交科技有限公司在SPP声测管的基础上主持编制了交通运输行业标准《混凝土灌注桩用高强钢塑声测管》（JT/T871-2013）并取得浙江省、湖北省建设科技成果推广项目证书【浙建推广字（201233）号】【湖北省证书编号：EJK2012060号】，浙江省交通运输厅科技成果推广应用产品【浙交办[2014]88号】。目前，该产品已在武汉四环线、宁波轨道交通1号线一期工程TJⅢ标项目工程、国道318线林芝至拉萨段公路改造工程、钱江通道南接线工程甬台温高速公路复线戴港至丹城连接线工程、104国道路桥至温岭改建工程、宁波飞云江三桥新建工程、中铁四局杭州市彩虹快速路工程滨江段四标等项目中试用并使用，得到用户广泛认可。

标准、专利证书

浙江中交科技有限公司：中国基础建设领域新技术、新产品孵化基地

中交物产集团有限公司是中国基建工程一站式【阳光】供应链集成服务创始者。

2011年，中交物产集团创建基础建设产业链专业技术整合孵化平台（浙江中交科技有限公司），依托集团行业大平台，与英国诺丁汉大学、浙江大学、浙江省交通规划设计研究院等在内的全球各大院校和科研院所建立战略合作关系，专注于行业低碳环保的新型建材技术与产品开发，逐步打造中国基础建设领域新技术、新产品研发基地、产业化平台。

目前公司拥有教授级高工在内一大批专业研发人才和服务团队，建立了中心实验室和QC管理中心，引入先进管理理念，并通过ISO9001质量管理体系认证。公司自主研发包括SPP声测管、蟹钳式三角钢管支架、彩色橡胶路面等多种产品，现已获得发明专利3项，实用新型专利45项。

公司市场拓展成效显著。依托先进的技术和集团公司资源、市场渠道，公司目前已形成应用于工程前期、中期、后期的三大主导系列产品，并与各大工程建设单位达成长期战略合作协议，平台服务获得了客户的一致好评。

中交科技未来将立足基建行业，与全球各大专院校、国内外研究机构继续紧密合作，加快专业成果转化，为基础建设领域新材料、新技术、新产品的研发和市场化做出更大贡献。

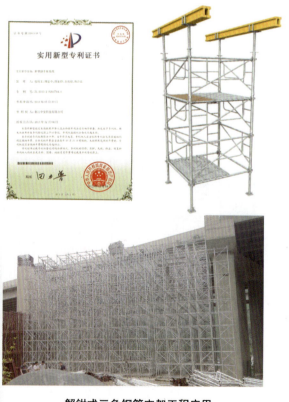

蟹钳式三角钢管支架工程应用

浙江中交科技有限公司

杭州市江干区香樟路2号泛海国际中心A座34层
Tel：0571-87567996　Fax：0571-87561999
网　址：http://www.zhongjiao.cc

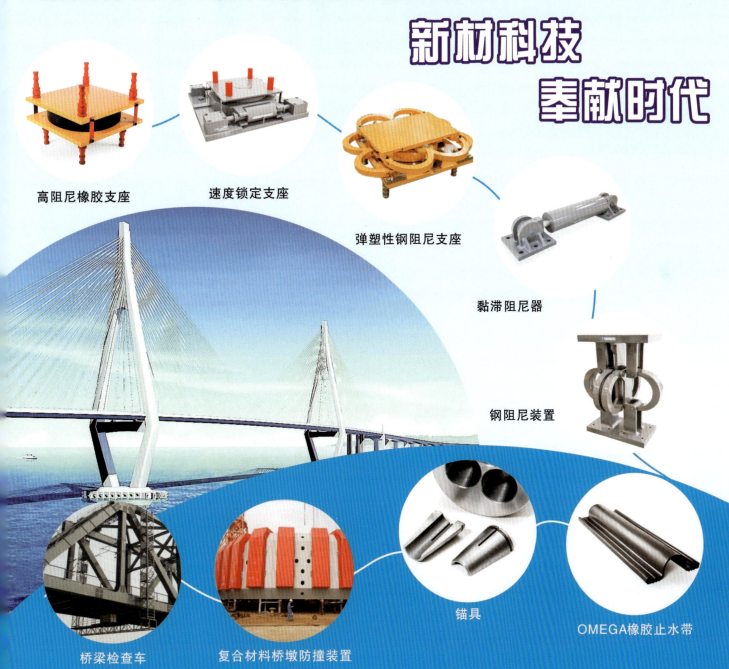

江苏中压电气集团
JIANGSU MEDIUM Voltage Electric Group

江苏中压电气集团为大型民营企业，是我国交通运输建设领域供配电、照明、电力监控系统工程建设与运行养护管理品牌企业，也是我国新能源工程建设与运行养护管理品牌企业。

经过多年的创新、创业，集团在我国长江流域和沿海30多座特大型桥梁、十多条高速公路以及隧道群、南京青奥会梅子洲市政工程的供配电照明系统领域创下了优良的业绩。同时在我国长江流域十多座特大型桥梁供配电、照明系统的营运养护管理中，不断创新，确保了我国交通运输大动脉的安全和高效畅通，成了该领域的领军企业。在江苏、宁夏等地建成的光伏电站和风电厂已经成为集团新能源建设领域的代表性工程。

中压供配电系统设备

集团拥有工程建设安装和营运管理所需的国家一级资质证书和优秀专业人才，受国家交通运输部委托承担起草的《大型公路桥梁中压配电系统技术条件》已经成为部颁行业标准。参建的苏通长江大桥项目获得了"鲁班奖"。集团董事长戴明星作为南京三桥先进建设单位的代表受到了原中共中央总书记胡锦涛同志的亲切接见。

江苏中压电气集团竭诚与国内外合作伙伴携手同行，创造更加美好的明天！

泰州长江大桥夜景

总部地址：江苏省南京市汉中路180号星汉大厦26楼C、D座；　邮编：210029　网址：www.jsmv.com
总机：025—86500419　传真：025—86500415

威胜利工程有限公司
VSL ENGINEERING CO., LTD.

威胜利工程有限公司是瑞士VSL国际有限公司（简称VSL）与中国合肥四方交通机电工程有限责任公司（简称合肥四方）合资成立的一家的中外合资企业。

威胜利工程有限公司，作为VSL在中国大陆的唯一生产基地。一方面为中国的预应力领域提供可靠的产品和引进国外先进的技术，另一方面将在中国境内将国内生产的VSL锚具产品出口到VSL在全球各地的VSL分公司。预期通过此合营公司，将有力推动预应力技术在中国的快速发展，亦为我国预应力产品走向国际市场提供可靠的保证。VSL后张法体系广泛应用于各种混凝土结构上，除了主要应用于桥梁和楼房建筑之外，亦应用于核电反应堆混凝土保护壳结构、岩土锚的锚固、结构加固和修补、重载结构的提升和平移，以及其它许多方面的应用。

VSL始终保持世界一流的产品质量与最具创新勇气和智慧的专业人士携手合作，成为您最有贡献的建造伙伴。威胜利工程有限公司愿与各设计、科研单位、大专院校、工程单位保持紧密的合作，竭诚为各同业提供先进专业的咨询服务,并真诚欢迎各位莅临敝公司指导洽谈商务！

精益求精　品质优先　让顾客满意

宜昌夷陵长江大桥
其规模为当时国内最大跨度的三塔斜拉桥，同时也是当时世界最大跨度的预应力混凝土箱梁三塔斜拉桥。

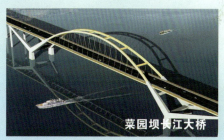
菜园坝长江大桥
菜园坝长江大桥创下了三项世界第一：钢箱拱梁跨距420米，为世界第一长；是世界第一座公路轻轨两用城市大桥；也是世界第一座采用缆线吊机安装的大桥。

湖南郴州赤石大桥
目前同类型桥梁中排名世界第一的四塔斜拉桥

南京长江第四大桥
国内首座三跨吊悬索桥

徐明高速安徽省五河淮河大桥
最"时尚"的桥：三塔斜拉跨度世界最大
最"实惠"的桥：方便船只通行
工期最短的桥：缓解过江交通压力
最抗"位移"的桥：解决世界性难题
最结实的桥：可抗5000吨海船撞击

青洲闽江大桥
为当时世界上同类桥梁的最大跨径

主要经营范围：
- 钢绞线群锚系统，高拉力钢筋系统；
- 预应力后张工法，岩土锚固系统；
- 预制挡土墙，自动攀升模板系统；
- 斜拉缆索系统，重载结构提升；
- 桥梁施工工艺，预应力张拉千斤顶及配套机具；
- 结构支座及伸缩缝；

地址：安徽省合肥市芙蓉路662号
电话：+86 0551 63822918
传真：+86 0551 63822878

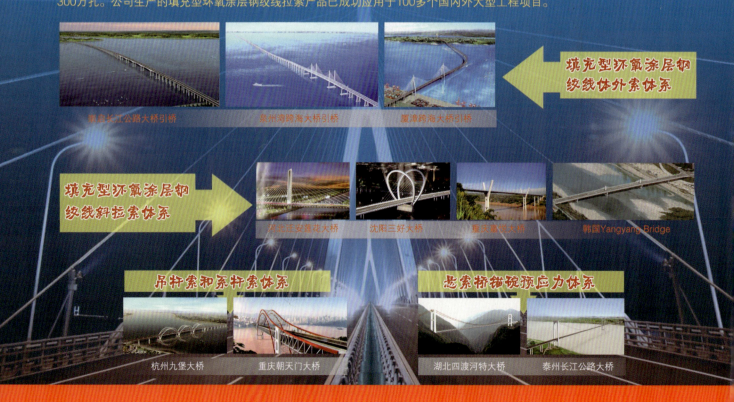